"十三五"国家重点出版物规划项目
中国经济专题史研究丛书
国家社科基金资助项目,编号15CJL037

国家出版基金项目　上海市促进文化创意产业发展财政扶持资金项目资助

「十三五」国家重点出版物规划项目
中国经济专题史研究丛书

晋绥边区经济发展史研究

（1937—1949）

张晓玲 著

上海财经大学出版社

图书在版编目(CIP)数据

晋绥边区经济发展史研究:1937—1949/张晓玲著.—上海:上海财经大学出版社,2024.4

(中国经济专题史研究丛书)

ISBN 978-7-5642-4331-9/F·4331

Ⅰ.①晋… Ⅱ.①张… Ⅲ.①晋绥抗日根据地-经济史-1937—1949 Ⅳ.①F129.62

中国国家版本馆 CIP 数据核字(2024)第 052746 号

□ 丛书策划　王永长
□ 责任编辑　王永长
□ 封面设计　钱宇辰　贺加贝

晋绥边区经济发展史研究

(1937—1949)

张晓玲　著

上海财经大学出版社出版发行
(上海市中山北一路 369 号　邮编 200083)
网　　址:http://www.sufep.com
电子邮箱:webmaster@sufep.com
全国新华书店经销
江苏苏中印刷有限公司印刷装订
2024 年 4 月第 1 版　2024 年 4 月第 1 次印刷

710mm×1000mm　1/16　28 印张(插页:2)　457 千字
定价:98.00 元

中国经济专题史研究丛书

编委会

顾 问
郭庠林　杜恂诚　戴鞍钢

编委会主任
燕红忠

执行主编
王永长

编委会成员（按姓氏笔画排名）

马陵合　王永长　兰日旭　刘成虎　李　玉
李超民　杨德才　何　平　高超群　燕红忠

作者简介

张晓玲　女,1984年生,山西忻州人,上海财经大学理论经济学博士后,现任南京审计大学教授、硕士生导师,中国经济史学会理事。研究方向为中国近现代经济史、经济思想史。主持完成国家社科基金2项,在《中国经济史研究》《中共党史研究》《财经研究》《中国社会经济史研究》《中国经济史评论》等期刊独立发表学术论文20余篇。

总　序

经济史学学科具有引领经济学发展和创新、传承历史文化的功能,同时也能够为我国当前经济社会转型发展提供必要的理论基础和历史经验。经济史学界在全球史视野和"计量史学"革命引领下,近年来已经取得丰硕的学术成果。中国经济史学界的学术研究也在不断向纵深发展,在货币金融、财政、土地制度等领域不断涌现出新的研究成果。为了进一步推进对中国经济长期发展脉络的研究,深入理解经济发展思想与经济实践之间的关系,在各兄弟院校和研究机构的大力支持下,众多专家学者群策群力,共同推出这套《中国经济专题史研究丛书》。

第一,在指导思想上,本丛书坚持以马克思主义历史观为指导,用现代学术研究方法,吸收与传承中国经济史学的研究成果,突出中国经济史学研究的民族性和原创性,彰显中国主见,发出中国声音,挖掘整理中国经济史料,回溯中国经济历史,为当代社会经济现实服务。

第二,本丛书采用经济专题史的形式,在时段上涵盖从古至今各个时期的研究,或断代研究,抑或某个朝代某个领域的研究,在内容上则包括中国经济史和经济思想史学科各个不同的专题领域。凡入选本丛书的专题研究,均由作者自主选题,惟以研究质量和创新性为准绳。

第三,本丛书第一辑共计七册,已经被列入"十三五"国家重点出版物规划、2020年度国家出版基金资助出版计划,将从2020年开始陆续出版。第一辑的选题主要分为三类:一是关于中国土地制度的演变、货币经济的长期发展之类的长时段、大跨度的研究;二是聚焦近代中国的金融发展、内债管理、房地产业发展的研究;三是开创性地展开了对晋绥革命根据地的经济史研究。

  第四,中华民族五千年的文明生生不息,延续至今,其值得研究的内容十分广泛,也具有现实意义。本丛书从经济史学的视角,探讨经济发展规律,以期达到"以史为鉴"的研究效果,因此,选题具有开放性、包容性和延展性。

  我们期待这套丛书的出版能够对中国经济史学的研究作出新的贡献,并进一步凝聚经济史学学术共同体,推进经济史学学科的持续发展。

编委会

2020 年 2 月

序

  1997年,我提出:"研究中国经济发展问题,不能从固有的概念和理论模式出发,而应从中国经济发展的实际出发,从研究中国经济发展的过程和状况出发。这样,经济史学作为研究经济发展理论的基础学科,也就显示出其重要的地位。"经济史即人类经济实践活动的历史过程,是经济理论的源泉。只有研究中国经济发展史,才能在最基层的层次上认清制约中国经济发展的各种因素,从而揭示中国经济发展的特点和规律。了解中国经济发展的历史是进行中国经济发展问题理论研究的基础。中国共产党领导的革命是从新民主主义革命转变到社会主义革命,中国共产党领导的经济是从新民主主义经济形态过渡到社会主义经济形态,这是中国社会主义经济形态产生途径的特色。这个特色像阳光一样普照到经济形态的各个方面。可以说,不了解这个特色,就很难认识中国社会主义经济的其他特色。新民主主义革命时期中国共产党领导下的根据地经济发展史,是构建中国特色社会主义政治经济学理论体系的重要基础。考察新民主主义革命时期根据地经济发展史,分析根据地经济发展过程,揭示根据地经济发展的特点和规律,对当前构建中国特色社会主义政治经济学理论体系具有奠基意义。

  2008年,张晓玲来到中南财经政法大学,在苏少之教授指导下攻读经济史专业博士学位。在读博期间,其曾担任我的助手,成为我的学友。苏少之教授以研究中国新民主主义经济闻名于经济史学界。张晓玲的博士学位论文以新中国成立前后的中农为研究对象。这属于新民主主义经济的范畴,其特点是打通了1949年的界线,在专题研究内遵循了"通"的要求。张晓玲的研究成果被评为2012年湖北省优秀博士学位论文(2020年获批国家社科基金后期资助项目)。2012年,她到内蒙古财经大学工作后,曾就她此后的研究工作方向向我征求意见。我认为她应该根据工作单位及其所在地区的具体情况,发挥自己的优势。诸如:可否继续从新民主主义经济范畴内找方向,即从博士学位论文选题向四周延展,发挥已有基础的优势;可否从地区经济史范畴内找方向,这容易获得内蒙古自治区政府的支持,列入内蒙古自治区社会科学发展规划。2015年,她告诉我她拟以"晋绥边区经济发展史"为题申报国家社科基金项目。我称赞这个题选得好,选得聪明。"绥"指原绥远省,所辖在今内蒙古自治区中部、南部地区。"晋"是山西省。张晓玲是山西人,从小学到大学本科、硕士学位,都是在山西读的,熟悉当地风俗习惯和语言,知情人多,搜集资料或访问较为方便,研究晋绥边区经济史能发挥其自身特有的优势。其课题顺利获得批准,后历时5年,如期结项,被评为优秀课题。其后,其又精益求精,修改补充,成此近40万字的《晋绥边区经济发展史研究(1937—1949)》书稿,并于2022年5月邮寄给我。我怀着高兴的心情读了一遍,认为它有两个鲜明的优点。

第一,本书以经济现代化作为全书的主线。对此,我有遇到知音之感,极为欣赏。20世纪80年代,我主编的《中国近代国民经济史教程》《中华人民共和国经济史》和2003年我写的《中国近现代经济史》等书,都以经济现代化为主线。我认为,从社会经济演变的角度观察,中国近现代经济演变是一个经济现代化的过程,包括半殖民地半封建社会经济形态下的经济现代化、新民主主义社会经济形态下的经济现代化和社会主义社会经济形态下的经济现代化三个阶段。以经济现代化作为中国近现代经济史的主线,能够使人们深刻地认识中国近现代经济演变进程的本质以及中国近代经济史和现代经济史的继承与区别,深刻地理解中国共产党100年来经济工作的一贯追求,使历史研究与当代中心任务紧密衔接。

本书把中国共产党领导下的晋绥边区经济发展史置于中国经济现代化的背景下,从实证研究和理论分析两个层面展开,详细阐述了1937—1949年中国共产党在晋绥边区探索经济现代化的历程,并通过此案例,阐述了中国共产党于1937—1949年间,在新民主主义经济形态下促进中国经济现代化的历程。

一本学术著作,有了与研究对象发展趋势一致的主线,便能将全书的各个部分串联成一个有机的整体,像把珍珠串联成瑰丽的项链一样。若没有这样的主线,书的各个部分即便都像珍珠,也是散落的,不成器件。在这个意义上,主线决定论著的质量,也决定分析框架。作者在书中对贯彻她设定的主线作了细致的安排。第一章对中国共产党选择新民主主义经济形态的经济现代化路径作了较为细致的论述,作为全书的纲。此后各章分别对经济各领域的现代化历程作了阐释。在农业方面研究了农业经济的增长、制度变迁和生产技术的改进,提出边区农业经济增长主要是通过互助合作、精耕细作以及传统农业技术改进等途径实现的,既有量的增长,也有新的质的萌芽。在工业方面研究了手工业、工矿业的发展,指出传统手工业有了向工业化发展的趋势,表现出传统与现代并存、互补、共同发展的特点。在交通邮政方面研究了交通邮政的建立及经营状况,指出交通邮政领域亦体现了从传统到现代演进、传统与现代并存的特征。在商业贸易方面分析了商业的新构成、边区集市贸易及境外贸易的发展,阐释了在流通领域向现代化的缓慢迈进。在金融业方面论述了金融机构、货币发行及流通、货币斗争、通货膨胀等,指出金融业的发展是边区经济从传统向现代迈进的重要方面。在财政税收方面分析了财政收入、支出及结构,工商税收结构、政策及运行,审计监督制度,揭示了财政由传统向现代演进。这样一来,全书对晋绥边区经济各个领域的现代化进程都作了分析,达到了全面和"横通"的境地,探索了晋绥边区经济发展演变的基本趋势,总结了中国共产党领导晋绥边区经济建设的成就与经验。这不仅深化了中国近代经济史研究,也拓展了中共党史研究的领域。

我读的书有限,就目光之所及,已经出版的根据地经济史学著作为数不少,提出过写书有主线,特别是明确提出以经济现代化为主线的,张晓玲的此书是第一本。

第二,本书运用经济史学方法分析晋绥边区经济史。经济史学科是一门独立的学科,它有自己特有的结构、研究对象、研究方法、功能、理论和历史,因而不是任何其他学科的附属物或分支学科。经济史学科的内涵与其他所有学科有不同层次的关系,因而成为多学科交流的平台。这决定了经济史学科特有的不同于其他学科的研究方法,又包含多个学科研究方法中的某些要素,融这些学科(诸如经济学、历史学、社会学、统计学、考古学、生态学等)研究方法中的要素为一体,成为一种多层次的、含多学科研究方法要素的新方法。居于第一层次的是经济学、历史学、地理学、社会学等学科。其中,经济学是首要的。这是因为经济史学的研究对象是经济演变过程,研究的目标是认识经济发展轨迹、机制和规律,只有用经济学方法才能揭示其奥秘。这里说的经济学方法和经济史学方法,指的都是特定学科特有的方法。它是特定学科思维方式的表现。这种思维方式是在特定学科专业理论、知识、技巧训练中养成的。一个研究者的这种学科思维方式,大体上是在读大学本科的年龄段形成的。在中国,由于在本科层次没有设置经济史学专业,以致从事经济史学研究者的本科专业或是历史学专业,或是经济学专业,极少数人是其他专业。经济史学的硕士和博士学位,或设在历史学院、所、系,或设在经济学院、所、系。这强化了历史学思维方式与经济学思维方式的分野。由于思维方式不同,他们写出的论著有明显的区别。《中国经济史研究》杂志的一位资深编辑告诉我,对收到的文稿,他只要看一遍,便能判断作者是历史学出身的还是经济学出身的。我的体验也是这样的。在我读过的、已经出版的根据地经济史著作中,几乎全是用历史学方法写作的。我推测,所有读了张晓玲这本书的人,都会与我同感,即它是用经济史学方法写成的。因为一眼便可看出,全书使用了融经济学与历史学方法为一体的方法。其在第一至第七章使用了经济学量化分析方法,统计图表体现了所运用的统计学方法;在农业章节用制度经济学方法分析农业制度的变迁;在工业、交通邮政、商业贸易、金融等章节，用发展经济学方法分析传统经济与现代经济的关系；在土地改革等章节中采用了社会学、社会心理学等学科方法。这使本书具有浓浓的"经济史学方法"味道。

能够这样地运用经济史学方法与作者的学术素养有关。张晓玲在山西大学经济与工商管理学院读的本科和经济史专业硕士，在中南财经政法大学经济学院读经济史专业博士，在上海财经大学理论经济学博士后流动站进行合作研究，在南京审计大学经济学院承担经济史学和理论经济学的教学与研究工作。这使她经历过长期的经济学和经济史学的专业训练，养成了经济学和经济史学的思维方式，掌握了经济史学方法，故在写作经济史学的论著时，使用这种方法便是得心应手，成为一种自然而然的事。

《晋绥边区经济发展史（1937—1949）》是第一本以经济现代化为主线分析中国共产党领导的根据地经济史著作，也可能是第一本用经济史学方法研究根据地经济史著作。这是它的特殊性，也是它在根据地经济史研究中的学术价值和历史地位。

赵德馨
2022 年 11 月 15 日

前 言

革命根据地是中华人民共和国的雏形。理解中华人民共和国经济史要从革命根据地经济史研究起步。新民主主义革命时期经济史及中共经济思想史是构建中国特色社会主义政治经济学理论体系的重要经验基础。考察新民主主义革命时期中国共产党领导下的经济发展史,分析根据地经济发展过程及规律,对于当前构建中国特色社会主义政治经济学理论体系具有不可忽略的奠基意义。晋绥边区是中国共产党较早开辟的根据地,与陕甘宁边区仅有一河之隔,具有十分重要的战略意义。本书试图以地方关照全国,自下而上审视上层和全局,注重从经济学视角、长时段地考察新民主主义经济发展历程及规律,从理论层面扩展对晋绥边区经济发展的认识,为构筑基于本土经验的关于省际交界贫困地带经济发展的中国特色社会主义政治经济学理论提供历史资料基础。从理论意义上讲,本书有助于丰富根据地经济史和中共党史研究,为根据地经济史研究和中共党史研究拓展新的理论和方法。从现实意义讲,在全面推进精准扶贫的今天,了解并深入研究革命根据地经济发展,对于时下推动该区经济发展、推动精准扶贫有重要的启示与借鉴意义。

本书除绪论部分外,共分7章对晋绥边区经济现代化的总体环境与路径选择,农业、工业、交通邮政、商业贸易、金融、财政税收行业经济发展进行了考察和论述。结语部分对边区经济发展的特征及历史经验进行了总结。本书旨在对晋绥边区的经济发展历史进行系统研究,充分展示边区经济发展的过程,总结经济发展规律和经验,尽可能指出影响经济发展的各种要素,对边区经济发展作出经济学解释。

本书的基本思路,是将"经济现代化"作为主线,把边区经济发展置于中国经济现代化的背景下,从实证研究和理论分析两个层面展开,阐述1937—1949年边区经济现代化历程。在研究时限上,本书强调历史连续性,力求突出经济史研究的"通",使晋绥边区新民主主义经济发展过程完整展现。在研究方法上,在使用传统的历史学方法的基础上,尝试使用定量分析方法对边区经济发展进行研究,尽可能地进行长时段的经济学分析,以克服定性分析之不足,提升理论深度,使根据地经济问题研究成果具有一定的"经济学"味道,突出分析性经济史的特色。

总体来看,边区经济发展具备以下基本特征:第一,农业经济增长具有鲜明的传统特征;第二,工业经济增长体现了经济增长从传统到现代的演进;第三,商业贸易推动经济市场化,但贸易水平处于初级阶段;第四,金融业发展是经济增长从传统向现代迈进的重要手段;第五,传统财政向现代财政的转变是经济现代化的重要体现;第六,经济发展是新型经济形态下的经济增长。这期间,中国共产党在边区成功实践了新民主主义经济。这是一种适合中国国情的新型经济形态,是中国共产党探索出来的实现经济现代化的新模式。在这一新型经济形态下,边区社会经济得以较快恢复与增长。但若将其放在整个20世纪经济增长的历史长河中考察,这一增长速度是比较缓慢的。这期间,虽然面对特殊和复杂的环境,但中国共产党在边区的经济工作取得了重大成就,并推动了经济发展。其主要表现在:第一,为中国共产党赢得战争胜利提供了重要经济基础,并最终建立了中华人民共和国;第二,探索出一条适合中国国情的新型经济形态——新民主主义经济形态,这是经济现代化的新道路;第三,推动了边区经济由传统向现代的演进,使其成为近代中国经济增长的重要组成部分;第四,为中国共产党积累了丰富的经济建设经验,对于新中国成立后的经济工作有重要意义;第五,中国共产党领导的新民主主义经济成为当前中国特色社会主义政治经济学的重要历史实践基础。

历史经验证明:边区经济发展史,是中国共产党通过制度变革与经济实践将马克思主义理论与中国实际相结合的过程,是新民主主义经济理论产生的过程。边区经济发展史,体现了马克思主义中国化的过程,证明了单纯的生产关系变革并不能导致经济现代化,工业化与市场化同步进行才能推进经济现代化。边区经济恢复与发展的关键在于,中国共产党选择了适合边区发展和实际的经济发展模式,从实际出发,走自己的路。

目 录

绪论 ··· 1
 第一节 学术史回顾 ··· 3
 第二节 研究思路 ·· 29
 第三节 研究方法 ·· 31
 第四节 研究资料 ·· 39

第一章 边区经济现代化的总体环境与路径选择 ············· 41
 第一节 边区经济现代化的总体环境 ························ 41
 第二节 边区经济现代化的路径选择 ························ 56

第二章 边区农业经济的发展 ······································ 72
 第一节 边区农业经济增长 ······································ 72
 第二节 边区土地制度演进 ······································ 88
 第三节 边区农业经济增长的特点 ······························ 105

第三章 边区工业经济的发展 ······································ 119
 第一节 边区手工业的发展 ······································ 119
 第二节 边区工矿业的发展 ······································ 143

第三节　边区工业发展的新结构 …………………………………… 160

第四章　边区交通邮政业的发展 ……………………………………… 180
　　第一节　边区交通邮政业的建立与运作 …………………………… 180
　　第二节　边区邮政经营状况 ………………………………………… 187

第五章　边区商业贸易的发展 ………………………………………… 198
　　第一节　边区商业的新构成 ………………………………………… 198
　　第二节　制度变迁下的私营商业 …………………………………… 208
　　第三节　边区集市贸易的发展 ……………………………………… 219
　　第四节　边区境外贸易的发展 ……………………………………… 235

第六章　边区金融业的发展 …………………………………………… 256
　　第一节　边区金融机构的建立 ……………………………………… 256
　　第二节　边区货币发行与流通 ……………………………………… 264
　　第三节　边区政府的货币斗争 ……………………………………… 273
　　小结 …………………………………………………………………… 296

第七章　边区财政税收的发展 ………………………………………… 298
　　第一节　边区财政收支 ……………………………………………… 299
　　第二节　边区公粮收支 ……………………………………………… 309
　　小结 …………………………………………………………………… 333
　　第三节　边区工商税收结构与政策演变 …………………………… 334
　　第四节　边区营业税运行程序 ……………………………………… 345
　　第五节　边区审计监督制度 ………………………………………… 361
　　小结 …………………………………………………………………… 378

结语 ……………………………………………………………… 379

主要参考文献 …………………………………………………… 393

绪　论

　　所谓经济史,是有关经济发展或经济增长过程的历史。它是以经济发展的客观过程即社会生产力和生产关系发展的过程及其规律为研究对象的经济学科。[①] 它既为总结历史经验和预见未来社会经济发展趋势提供依据,也为研究各个历史时期形成的经济思想、学说、政策提供历史背景。李伯重说:"经济史学的主要社会功能之一,是向社会提供关于经济变化的深层原因和长久趋势的正确认识。"[②] 可以说,经济史对于经济学理论研究至关重要。因此,构建中国特色社会主义政治经济学理论体系亦离不开经济史。革命根据地是中华人民共和国的雏形。因此,理解中华人民共和国经济史要从革命根据地经济史研究起步。无疑,新民主主义革命时期的经济史及中共经济思想史是构建中国特色社会主义政治经济学理论体系的重要经验基础。考察新民主主义革命时期中国共产党领导下的经济发展史,分析根据地经济发展过程及规律,对于当前构建中国特色社会主义政治经济学理论体系具有奠基意义。这是因为反映中国共产党领导下的经济发展规律的理论模式,只能从中国共产党领导下的经济发展史实中抽象出来。

[①] 赵德馨:《经济史学概论文稿》,经济科学出版社2009年版,第75页(以下注释中未标明出版社与出版时间的为同第一次出现的。其余注释同此。)。

[②] 李伯重:《理论、方法、发展、趋势:中国经济史研究新探(修订版)》,浙江大学出版社2013年版,第4页。

晋绥边区是抗战时期中国共产党较早开辟的根据地。其由于与陕甘宁边区仅有一河之隔,战略意义十分重要。特别是"晋西事变"后,"晋绥根据地即成为华北华中敌后我军与陕甘宁边区联系的唯一孔道。同时它又是阻敌西进的屏障,保卫陕甘宁的前卫阵地。"[①]1944 年,陈云指出:"两个边区要一致。这一点晋西北和我们商量得很好,他们说,晋西北垮了,只要陕甘宁边区在,还可以拉起来;如果晋西北搞好,陕甘宁垮了,晋西北也没有办法。所以晋西北一切工作都要服从于陕甘宁边区。"[②]显然,晋绥边区与陕甘宁边区有唇齿相依的关系。正如 1946 年穆欣所言:"如果说陕甘宁边区是中国解放区的首脑,就地区位置来看,那么晋绥边区就是中国解放区的咽喉。"[③]

　　因此,对于晋绥边区的研究,自抗日根据地创立伊始就有学者涉及。学界在诸多领域已经积累了丰富的研究成果。迄今为止,以根据地为中心的地方研究已成为根据地史以及中西方中共党史研究的主流。但相比之下,对根据地经济方面的研究还显得较为薄弱。特别是,从中国共产党全部根据地来看,由于"地方根据地具有较多的自主性,这一自主性主要表现在经济方面"[④]"历史演变的进程是复杂的,宏观性的结论不能取代时间过程的复杂性,也不能取代不同区域差异的复杂性"[⑤],所以研究晋绥边区经济发展问题有独特的学术意义。进一步看,与陕甘宁、晋冀鲁豫、晋察冀等边区相比,对晋绥边区的研究也明显不足。在研究方法上,已有研究多为传统的描述性史学研究。史学家们常说:"每一代人都要重写历史。"为什么这样说呢?斯塔夫里阿诺斯的解释是:"我们每一代人都需要重写历史,因为每个时代都会产生新问题,探求新答案。"[⑥]因此,在新时代背景下,我们仍有必要探讨晋绥边区经济发展问题。加之其对于

---

① 《中国敌后解放区概况》,编者与出版地不详,1944 年。
② 《关于财经问题的报告》(1944 年 12 月 1 日、2 日),引自《陈云文集》(第一卷),中央文献出版社 2005 年版,第 384 页。
③ 穆欣:《晋绥解放区鸟瞰》,吕梁文化教育出版社 1946 年版,第 1 页。
④ 李金铮:《抗日根据地的"关系"史研究》,《抗日战争研究》2016 年第 2 期。
⑤ 曹树基:《中国共产党历史研究的方法论》,《科学与管理》2012 年第 5 期。
⑥ 李伯重:《从历史中发现中国奇迹的根源(代序)》,引自[美]万志英著,崔传刚译:《剑桥中国经济史》,中国人民大学出版社 2018 年版,第 3 页。

陕甘宁边区的重要作用,本书试图以地方关照全国,自下而上审视上层和全局。本书注重从经济学视角考察新民主主义经济发展历程及规律,从理论层面扩展对边区经济发展的认识,为构筑基于本土经验的关于省际交界贫困地带经济发展的中国特色社会主义政治经济学理论提供历史资料基础。因此,从理论意义上讲,本书有助于丰富根据地经济史和中共党史研究,为根据地经济史研究和中共党史研究拓展新的理论和方法。

从现实意义讲,了解并深入研究根据地经济发展,对于时下推动该区经济发展、推动精准扶贫有重要的启示与借鉴意义。2017年6月21日,习近平总书记到山西吕梁调研考察时说:"吕梁我是第一次来,我心里一直向往着晋绥根据地。"①习近平总书记一直关心老区发展。2015年2月,他在延安考察时就强调指出:"革命老区是党和人民军队的根,我们不能忘记自己是从哪里来的,永远都要从革命历史中汲取智慧和力量,要把革命老区发展时刻放在心上,抓好革命老区扶贫开发工作。"②因此,在关注消除贫困和共同发展的当今时代,本书可为现时期晋陕蒙交界地带经济综合开发与协同发展,推动革命老区适应经济发展新常态、实现共同富裕提供历史借鉴和新的线索。

第一节 学术史回顾

一、晋绥边区相关研究现状

(一)1940—1949年的研究成果

对于晋绥边区的研究,自1940年新政权成立就开始了。这时期的研究成果多以报告或著作的形式对晋绥边区若干问题进行简要梳理或阐述。1942年,张闻天的《晋西北兴县二区十四个村的土地问题研究(报告

---

① 《习近平总书记到山西考察调研》,中新网,http://www.chinanews.com/gn/2017/06-22/8257950.shtml,2017年6月22日。
② 《习近平这样讲党史》,新华网,http://www.xinhuanet.com/politics/2018-06/29/c_129903608.htm,2018年6月29日。

大纲)》[①],是较早对晋西北经济问题进行专门研究的成果。该报告对晋西北的阶级关系、土地占有及使用情况、租佃关系、减租情况、借贷关系以及如何发展农村经济等问题进行了详细论述。1944年,《中国敌后解放区概况》对晋绥边区的地理位置、自然环境、民主政治、农业基础、工矿业生产、开荒减租等进行了论述。[②]《中国敌后抗日民主根据地概况》也对晋绥边区的上述基本概况进行了描述。[③] 1945年,新华书店编印了《边区的劳动互助》一书,对晋绥边区的劳动互助形式、发展状况及其对农业生产的作用和性质作了分析。[④] 1946年,陈漫远的《抗日战争的战术问题》论述了晋绥边区的作战经验。[⑤] 晋绥边区行政公署出版了《一年来综合性合作社的经验介绍》,介绍了1944年秋之后一年来晋绥边区发展合作社的经验。[⑥] 同时,其还出版了《一年来的妇女纺织运动及其经验教训》,对1944年后一年来边区的妇女纺织运动作了论述。[⑦] 此外,《一年来劳武结合的新发展》对1944年后一年来边区劳武结合的模式作了介绍。[⑧] 晋绥边区行署还编印了《晋绥边区变工互助的发展形式——变工合作社》,对变工合作社作了详细介绍。[⑨]

1946年,穆欣在《晋绥解放区鸟瞰》中对边区进行了较为细致的描述,其中涉及边区的劳动互助、大生产运动、减租减息、开荒运动、种棉纺织、工矿生产、人民生活等内容。[⑩] 冀南书店出版了《晋绥边区关于变工互助的几个问题》,对边区变工互助的组织形式、记工方法、组织领导方式等进行了论述。[⑪]《敌后抗日根据地介绍》一书论述了战斗中成长的晋绥

[①] 张闻天:《晋西北兴县二区十四个村的土地问题研究(报告大纲)》(1942年7月27日),引自张闻天选集传记组、中共陕西省委党史研究室、中共山西省委党史研究室:《张闻天晋陕调查文集》,中共党史出版社1994年版,第93—122页。
[②]《中国敌后解放区概况》,编者与出版地不详,1944年。
[③]《中国敌后抗日民主根据地概况》,编者与出版地不详,1944年。
[④] 新华书店编印:《边区的劳动互助》,1945年。
[⑤] 陈漫远:《抗日战争的战术问题》,抗战日报社1945年版。
[⑥] 晋绥边区行政公署编印:《一年来综合性合作社的经验介绍》,1946年。
[⑦] 晋绥边区行政公署编印:《一年来的妇女纺织运动及其经验教训》,1946年。
[⑧] 晋绥边区行政公署编印:《一年来劳武结合的新发展》,1946年。
[⑨] 晋绥边区行政公署编印:《晋绥边区变工互助的发展形式——变工合作社》,1944年。
[⑩] 穆欣:《晋绥解放区鸟瞰》,吕梁文化教育出版社1946年版。
[⑪]《晋绥边区关于变工互助的几个问题》,冀南书店1946年版。

边区,其中涉及边区地理位置、政权建设、生产建设及民主政治等内容。[①] 晋绥边区生产委员会编写了《发展工矿手工业》一书,论述了边区发展工矿手工业的原因以及方法。[②] 1947年,光明书店出版了《中国土地法大纲研究资料》,其中包括《晋绥农委会告农民书》《晋绥日报》的《论拥护告农民书》等文献。[③] 华北财政经济会议秘书处编印了《华北财政经济会议文献》,其包含晋绥各县解放区的文献资料。[④] 1948年,东北书店辽宁分店出版的《各解放区劳动互助经验介绍》论述了晋绥边区变工互助的各种发展形式。[⑤] 南虹编著的《劳动互助集论》论述了晋绥边区变工互助的几点经验。[⑥] 1949年,晋绥边区民主妇女联合会编写了《晋绥解放区妇女工作概况》,论述了边区妇女运动的基本情况,包括妇女参政、纺织以及拥军文教方面的内容。[⑦] 中国新民主主义青年团苏南区工作委员会对晋绥边区的建团经验作了专门论述。[⑧] 晋绥新民主主义青年团筹委会、晋绥民主青年联合会编印了《晋绥解放区青年运动简述》,对1937—1948年边区青年运动发展概况进行了论述。[⑨] 晋绥边区民主妇女联合会编写的《晋绥妇女参加农业生产的概况》一书,介绍了土改后边区妇女参加农业生产的概况、妇女纺织发展情况等内容。[⑩]

除上述已出版或未公开出版的著作与报告外,还有一些关于晋绥边区的研究成果刊登在《抗战日报》《解放日报》《新华日报》等报纸以及党内期刊上,以下选其中较有代表性的成果介绍如下。祝华的《晋西北的经济建设》,分析了抗战时期晋绥边区的经济建设工作,具体包括税收、贸易、

[①] 《敌后抗日根据地介绍》,编者与出版地不详,1946年。
[②] 晋绥边区生产委员会编印:《发展工矿手工业》,1946年。
[③] 《中国土地法大纲研究资料》,光明书店1947年版。
[④] 华北财政经济会议秘书处编印:《华北财政经济会议文献》,1947年。
[⑤] 《各解放区劳动互助经验介绍》,东北书店辽宁分店1948年版。
[⑥] 南虹:《劳动互助集论》,大连大众书店1948年版。
[⑦] 晋绥边区民主妇女联合会编:《晋绥解放区妇女工作概况》,1949年。
[⑧] 中国新民主主义青年团苏南区工作委员会编:《新民主主义青年团是什么》,苏南新华书店1949年版。
[⑨] 晋绥新民主主义青年团筹委会、晋绥民主青年联合会编印:《晋绥解放区青年运动简述》,1948年。
[⑩] 晋绥边区民主妇女联合会编印:《晋绥妇女参加农业生产的概况》,1949年。

农业生产等方面。① 旭初的《晋西北雇工的生活》,分析了抗战初期晋西北雇工的工资及生活等。② 贺龙的《晋西北之今昔》,介绍了晋西北的抗战情况以及晋西北如何向前发展的问题。③ 乔石钧的《晋西北农村视察记》,对抗战初期晋西北的军事、政治、经济、行政等问题进行了论述。④ 韦文的《晋西北的土地问题》,对1941年晋西北的土地分配及使用、劳动力及耕畜、土地关系等进行了论述。⑤ 1946年,《解放日报》刊登了《晋绥六年来工矿建设》一文,对边区工矿业发展情况作了论述。⑥ 雷行的《晋绥五花城变工自流的检讨》,对河曲县变工互助发展情况作了介绍。⑦ 1940年,马林的《动员公粮五日记》论述了边区公粮征收情况及动员方式。⑧ 1941年,《抗战日报》发表的《兴县的煤窑工人》对兴县煤矿工人数量、工资等进行了论述。⑨ 1943年,亚苏的《晋西北妇女纺织运动》对新政权成立后边区纺织业发展状况进行了论述。⑩ 郎觉民的《生产战线上的晋西北工人》论述了边区工人的日常生活。⑪ 海云的《界河口集市的建立及其作用》论述了边区集市发展情况及其作用。⑫ 刘献珺的《稳定的兴县金融》论述了兴县物价变动情况及边区政府的金融政策。⑬ 1945年,《抗战日报》发表的《边区工矿业概况》一文,对抗战时期边区工矿业发展情况进行了概述。⑭

我们可以看到,虽处于战争时期,但这时期对晋绥边区的研究内容是比较丰富的。研究主题涉及军事战争、民主政治、阶级关系、经济建设、土地关系、农业生产、变工互助、工矿业生产、金融物价、财政税收、商业贸

---

① 祝华:《晋西北的经济建设》,《群众》第9卷第3~4合期,1944年2月25日。
② 旭初:《晋西北雇工的生活》,《中国工人》第7期,1940年8月1日。
③ 贺龙:《晋西北之今昔》,《解放》第100期,1940年2月29日。
④ 乔石钧:《晋西北农村视察记》,《中国农村》第6卷第6期,1940年5月3日。
⑤ 韦文:《晋西北的土地问题》,《解放日报》1942年4月20日、21日,第3版。
⑥ 《晋绥六年来工矿建设》,《解放日报》1946年5月3日,第2版。
⑦ 雷行:《晋绥五花城变工自流的检讨》,《解放日报》1946年6月28日,第2版。
⑧ 马林:《动员公粮五日记》,《抗战日报》1940年11月13日,第2版。
⑨ 《兴县的煤窑工人》,《抗战日报》1941年1月4日,第1版。
⑩ 亚苏:《晋西北妇女纺织运动》,《抗战日报》1943年3月9日,第2版。
⑪ 郎觉民:《生产战线上的晋西北工人》,《抗战日报》1943年5月1日,第2版。
⑫ 海云:《界河口集市的建立及其作用》,《抗战日报》1945年3月27日,第4版。
⑬ 刘献珺:《稳定的兴县金融》,《抗战日报》1944年11月29日,第4版。
⑭ 《边区工矿业概况》,《抗战日报》1945年7月8日,第4版。

易、日常生活等方面。显然,自抗战开始,中国共产党及学者就一直在思考边区经济建设,并把边区经济建设作为根据地建设的重要内容。进一步看,这时期对边区问题的研究,不仅包括对具体问题的描述,还包括运用政治经济学理论分析根据地经济问题的理论探讨。根据地经济建设研究及经济理论探讨曾是抗战时期党报《抗战日报》的重点选题之一。1941年,《抗战日报》曾专门邀请经济学家丁冬放开设《大众经济学讲话》栏目。栏目开篇写道:"丁冬放同志对抗战经济很有研究,经常在《中国青年》《时事类编》等刊物发表经济论文,本报为适应根据地开展经济建设之需要,特约请丁同志为本报写此讲话。"①《抗战日报》曾连续17期对该讲话进行刊登。其内容涉及政治经济学的基本内容,包括地租的形态(绝对地租与差额地租)、剩余价值、资本家与工人、资本主义生产、剥削、商品与交换、价格、资本主义工业生产与手工生产、工资、工作时间、从手工工场到机械化、产业革命、供求关系与价格波动、对外贸易自由、倾销、入超、出超、银行与信用货币、汇兑、利息、货币制度、合作社、国家财政收支等。在论述上述政治经济学理论时,均将理论与根据地具体经济问题相结合,把理论运用到分析根据地经济的具体实践中,以求得对政治经济学理论解释的生动与形象。② 可以说,这时期对于晋绥边区问题的研究已不仅仅停留在单纯的经验描述上,而且上升至理论分析阶段。

总体来看,这时期研究成果颇多的主要原因在于中国共产党的倡导与推动,边区学术研究环境和氛围较好。中国共产党是马克思主义学习型政党。自其诞生以来,就把马克思主义理论学习作为党的一项经常性重要任务,并在学习理论过程中结合中国经济发展实际,不断创造历史。因此,战时边区政界和学界的理论学习氛围是比较浓厚的。比如晋绥边区于1943年9月成立了晋绥图书馆,贺龙任董事会董事长。③ 图书馆建立的目的是"为开展边区学术研究,便利各方工作参考"。④ 晋绥图书馆

---

① 丁冬放:《大众经济学讲话》,《抗战日报》1941年7月10日,第4版。
② 丁冬放:《大众经济学讲话》,《抗战日报》1941年7月10日、13日、16日、19日、22日、28日、31日、8月6日、9日、15日、18日、21日、24日、27日、30日、9月2日、8日,第4版。
③ 李烈主编:《贺龙年谱》,人民出版社1996年版,第362页。
④ 《晋绥图书馆征集图书启事》,《抗战日报》1944年5月25日,第4版。

藏书较多。其中,所藏政治经济学书目较为丰富。其主要包括译自苏联经济学家列昂节夫、科兹洛夫、洛森堡等的政治经济学著作和国内坚定的马克思主义学者如沈志远、杨培新、李方进、彭迪先、狄超白、薛暮桥、邓克生等自著的经济学著作。① 抗战时期曾长期在晋绥边区工作的知识分子高鲁在日记中记载:"清理借鲁艺图书馆的书籍,尽快归还。有《政治经济学》《抗大动态》……"② 可见,除了在党校、干部学校中系统学习理论外,很多知识分子和进步青年还常常从图书馆借阅政治经济学等理论书籍进行自学。总体来看,这段时期对晋绥边区问题的研究虽处于起步阶段,但发展很快、成果较多,影响也很大。这些成果是我们今天进行晋绥边区问题研究的重要参考。

(二)1950—1979年的研究成果

总体来看,这时期学者们较少涉足根据地研究这一领域,成果不多。如魏宏运所说:"50年代和60年代,'左'的思潮影响了抗日根据地的研究,学者们很少涉足这一领域,出的成果不多。"③ 仅有的一些成果大多是围绕根据地建设历程进行概述。1953年,人民出版社出版了《抗日战争时期解放区概况》一书,对晋绥边区概况作了论述。④ 1956年,常芝青的《在晋绥日报的年代里》一文,对《晋绥日报》的创办过程作了论述。⑤ 1959年,穆欣的《晋绥解放区民兵抗日斗争散记》,描述了抗战时期晋绥边区民兵的抗日战争事迹。⑥ 值得一提的是,1959年,山西文学艺术工作者联合会出版的《山西文艺史料》第2辑,是关于晋西北抗日根据地文艺的专门资料,其中包括文章54篇,约20万字,内容较为集中和完整。⑦ 1960年,马加鞭撰写了《读毛泽东"对晋绥日报编辑人员的谈话"读后

---

① 根据山西兴县关向应图书馆馆藏书目整理,关向应图书馆前身为晋绥图书馆。
② 理红、理京整理:《高鲁日记》,内蒙古大学出版社2004年版,第3页。
③ 魏宏运:《抗日根据地史研究述评》,《抗日战争研究》1991年第1期。
④ 人民出版社:《抗日战争时期解放区概况》,人民出版社1953年版。
⑤ 常芝青:《在晋绥日报的年代里》,《新闻业务》1956年第6期。
⑥ 穆欣:《晋绥解放区民兵抗日斗争散记》,上海人民出版社1959年版。
⑦ 山西文学艺术工作者联合会:《山西文艺史料》第2辑,山西人民出版社1959年版。

感》①。1961年,李新等主编的《中国新民主主义革命时期通史(初稿)》,包含晋绥抗日根据地建立的内容。② 1961年,贾继毅的《在战争的年代里》一文简述了晋绥边区贫穷落后的经济状态。③ 1962年,吕光的《战斗在晋绥边区的七月剧社》论述了晋剧在晋绥边区的继承和发展。④ 1965年,寇润圻的《晋绥边区化学工厂回忆片段》对边区化学工业发展情况作了介绍。⑤ 此后,对晋绥边区的研究较为稀少。

直至1977年才又零星出现了一些关于晋绥边区的介绍性文章以及纪念毛泽东、贺龙在晋绥边区的文章。1977年,山西省图书馆编著了《晋绥边区资料拾零》,对边区创建、对敌斗争和文化建设进行了论述。⑥《山西日报》记者撰写了《贺龙同志在晋绥》一文,介绍了贺龙与晋绥边区的创建历程。⑦ 庞怀志、田子俊的《贺龙同志与晋绥解放区的创立》一文,对边区的开辟、文化建设、生产建设等进行了介绍。⑧ 马森亦论述了贺龙与晋绥抗日根据地的创建。⑨ 中共吕梁地区委员会、中共兴县委员会著的《贺龙同志在晋绥边区》亦主要介绍贺龙对晋绥抗日根据地的贡献。⑩ 李长路回忆了毛泽东在晋绥的讲话。⑪ 此外,一些史料汇编也涉及对晋绥边区的论述。如《中国现代史资料汇编(1919—1945)》论述了晋绥根据地的建立。⑫ 白真、梁乙亭的《晋绥边区的图书发行工作》一文介绍了战争时

---

① 马加鞭:《党的政策要使广大群众知道——读"对晋绥日报编辑人员的谈话"》,《江苏教育》1960年第23期。
② 李新等主编:《中国新民主主义革命时期通史(初稿)》第3卷,人民出版社1961年版。
③ 贾继毅:《在战争的年代里》,《宁夏文艺》1961年第4期。
④ 吕光:《战斗在晋绥边区的七月剧社》,《戏剧报》1962年第7期。
⑤ 寇润圻:《晋绥边区化学工厂回忆片段》,《化学工业》1965年第16期。
⑥ 山西省图书馆编印:《晋绥边区资料拾零》,1977年。
⑦《山西日报》记者:《贺龙同志在晋绥》,《书刊资料》1977年第8期。
⑧ 庞怀志、田子俊:《贺龙同志与晋绥解放区的创立》,中国人民政治协商会议山西省委员会文史资料研究委员会编:《山西文史资料》第13辑,1979年。
⑨ 马森:《牢固的枢纽、坚强的屏障——回忆贺龙同志创建晋绥抗日根据地的活动》,引自中国社会科学院现代革命史研究室:《回忆贺龙》,上海人民出版社1979年版。
⑩ 中共吕梁地区委员会、中共兴县委员会:《贺龙同志在晋绥边区》,人民出版社:《忠诚的战士光辉的一生——回忆贺龙同志》,人民出版社1979年版。
⑪ 李长路:《终生难忘的幸福情景——缅怀毛主席在晋绥讲话》,《国家图书馆学刊》1977年第1期。
⑫《中国现代史资料汇编(1919—1945)》,香港文化资料供应社1978年版。

期晋绥边区的图书出版发行及文教工作。①

总体来看,这时期的研究成果是较少的。仅有的成果主要围绕根据地概况、文艺、抗战事迹、纪念领导人等主题而展开。可以说,之前较为丰富的、多层次的研究主题和多线条的研究范式被单线条的表述所取代。

(三)1980—1999年的研究成果

20世纪80年代初,随着改革开放事业的推进,晋绥边区问题重新引起学者的关注。晋绥边区问题研究逐渐呈现出一片繁荣的景象,各类成果不断涌现。这一时期研究成果的突出特点是资料建设突飞猛进。中央及各省、市均纷纷编辑出版根据地相关资料。

1. 资料整理方面

20世纪80年代至90年代,尤其是80年代,一大批关于晋绥边区资料整理的成果问世。这些资料整理汇编涉及经济、政治、交通邮政、法制、教育、科学技术、军事斗争、文艺等多方面,特别是经济类的资料整理成果尤为丰富。

在经济类资料整理方面,其主题涉及农业、工业、财政税收、金融贸易等诸多方面。晋绥边区财政经济史编写组、山西省档案馆编的《晋绥边区财政经济史资料选编》共五编,包括总论、农业、工业、财政、金融贸易。这是迄今为止第一部也是唯一一部全面反映晋绥边区财政经济建设的大型资料汇编。② 山西省工商行政管理局编印的《晋绥边区山西工商行政管理史料选编》,收集整理了晋绥边区颁布的有关工商行政管理的政策、法令、法规、命令指示、总结报告及典型经验等400余件资料。③ 财政部税务总局编的《中国革命根据地工商税收史长编——晋绥革命根据地部分(1927—1949)》,是一部关于晋绥边区税收发展的资料性历史著作。④ 晋

---

① 白真、梁乙亭:《晋绥边区的图书发行工作》,《书店工作史料》第一辑,新华书店总店1979年版。
② 晋绥边区财政经济史编写组、山西省档案馆编:《晋绥边区财政经济史资料选编》(总论编、农业编、工业编、财政编、金融贸易编),山西人民出版社1986年版。
③ 山西省工商行政管理局编印:《晋绥边区山西工商行政管理史料选编》,内部印刷,1985年。
④ 财政部税务总局编:《中国革命根据地工商税收史长编——晋绥革命根据地部分(1927—1949)》,中国财政经济出版社1988年版。

绥革命根据地工商税收史编写组编的《晋绥革命根据地工商税收史料选编》(上下册),约42万字,较为系统地对边区工商税收资料进行了整理。①《晋绥革命根据地工商税收史料选编·续编》补充了之前《选编》(上下册)部分工商税收方面的资料。② 山西省财政厅税务局、内蒙古自治区税务局、山西省档案馆、内蒙古自治区档案馆编的《晋绥革命根据地工商税收史料选编(1938.2—1949.12)》,将上述工商税收资料选了其中的156件进行公开出版。③ 中国社会科学院经济研究所中国现代经济史组编的《革命根据地经济史料选编》(上下册),亦有诸多史料涉及晋绥边区。④ 中国革命博物馆编的《解放区展览会资料》,收集了报刊登载的晋绥边区举办各种展览会的资料,反映了边区的社会生活、经济发展、军事斗争、文化事业等各个方面的情况及其成就。⑤ 山西省审计局、山西省档案局编的《山西革命根据地审计历史资料选编》收集整理了晋绥边区审计监督方面的历史资料。⑥

在政治类资料整理方面,中共吕梁地委党史资料征集办公室编印的《晋绥根据地资料选集》(共5集)⑦及《晋绥根据地大事记》⑧是关于晋绥边区较为全面的一套资料汇编。共青团山西省委、山西省档案馆编的《山西青年运动历史资料(晋绥革命根据地分册)》(第1～5辑),汇集了1937—1949年晋绥革命根据地青年、儿童革命运动的历史资料。⑨ 山西省图书馆、《山西省志·人物志》编写组编的《晋绥边区党政干部任职表

---

① 晋绥革命根据地工商税收史编写组编:《晋绥革命根据地工商税收史料选编》(上下册),内部参考,1984年。
② 晋绥革命根据地工商税收史编写组编:《晋绥革命根据地工商税收史料选编·续编》,内部参考,1984年。
③ 山西省财政厅税务局、内蒙古自治区税务局、山西省档案馆、内蒙古自治区档案馆编:《晋绥革命根据地工商税收史料选编(1938.2—1949.12)》,山西人民出版社1986年版,第234页。
④ 中国社会科学院经济研究所中国现代经济史组:《革命根据地经济史料选编》(上下册),江西人民出版社1986年版。
⑤ 中国革命博物馆编:《解放区展览会资料》,文物出版社1988年版。
⑥ 山西省审计局、山西省档案局编印:《山西革命根据地审计历史资料选编》,内部发行,1989年。
⑦ 中共吕梁地委党史资料征集办公室编印:《晋绥根据地资料选集》(共5集),内部资料,1983年、1984年。
⑧ 中共吕梁地委党史资料征集办公室编印:《晋绥根据地大事记》,内部资料,1984年。
⑨ 共青团山西省委、山西省档案馆编:《山西青年运动历史资料(晋绥革命根据地分册)》第1～5辑,1986年、1987年。

（征求意见稿）》对晋绥边区各级干部任职变迁作了系统梳理。[①] 重印的1939年版《战地总动员》记录了中共有效发动和组织晋西北群众进行抗日斗争的史料。[②] 内蒙古自治区档案馆编的《大青山抗日游击根据地档案史料选编（1938—1945年）》（下编）是中共中央晋西北区党委、中共中央晋绥分局关于绥远工作的指示文件及绥察行署的资料汇编。[③] 中共内蒙古自治区委员会党史资料征集委员会、中国人民解放军档案馆、内蒙古自治区档案馆编的《大青山抗日游击根据地资料选编（历史档案部分）》[④]，以及中共内蒙古自治区委员会党史资料征集委员会、内蒙古自治区档案馆编的《大青山抗日游击根据地资料选编（中册）》[⑤]，是第一次系统公开发表关于毛泽东、朱德等中央领导、中共中央派出机构、八路军第一二〇师和大青山抗日游击根据地各级党政军机关来往电文和文件的资料。

在教育资料方面，晋绥边区第二中学校史编写组的《晋绥边区第二中学校史暨资料汇编》，收集了为边区党政军培养青年干部的学校——晋绥二中的相关资料。[⑥] 山西省教育史晋绥边区编写组、内蒙古自治区教育史志办公室编写的《晋绥革命根据地教育史资料选编》，收集整理了晋绥边区一级党、政领导机关有关教育工作的文件和总结报告，从中可看出晋绥边区的教育方针、政策制定与执行情况。[⑦]

在文艺资料方面，中国作家协会山西分会编的《晋绥革命根据地文艺作品选》汇集了抗战和解放战争时期反映晋绥边区生活的小说、故事、散

---

① 山西省图书馆、《山西省志·人物志》编写组：《晋绥边区党政干部任职表（征求意见稿）》，山西省地方志编纂委员会办公室编印，1984年。
② 《战地总动员——民族革命战争战地总动员委员会斗争史实》（上、下），山西人民出版社1986年版。
③ 内蒙古自治区档案馆编：《大青山抗日游击根据地档案史料选编（1938—1945年）》下编，内部发行，1984年。
④ 中共内蒙古自治区委员会党史资料征集委员会、中国人民解放军档案馆、内蒙古自治区档案馆编：《大青山抗日游击根据地资料选编（历史档案部分）》，内蒙古人民出版社1986年版。
⑤ 中共内蒙古自治区委员会党史资料征集委员会、内蒙古自治区档案馆编：《大青山抗日游击根据地资料选编（中册）》，内蒙古人民出版社1987年版。
⑥ 晋绥边区第二中学校史编写组：《晋绥边区第二中学校史暨资料汇编》（内部印刷），1988年。
⑦ 山西省教育史晋绥边区编写组、内蒙古自治区教育史志办公室：《晋绥革命根据地教育史资料选编》（一、二），内部资料，1987年。

文、报告文学、诗歌等文艺作品。① 中国作家协会山西分会编的《山西革命根据地文艺资料》，对晋绥边区的文艺文献资料进行了整理。② 王一民、齐荣晋、笙鸣的《山西革命根据地文艺运动回忆录》，涉及了晋绥边区文艺运动资料。③

在交通邮政、法制和科学技术资料方面，华北交通邮政史料整理组编的《华北解放区交通邮政史料汇编（晋绥边区卷）》，收集整理了大量关于晋绥边区交通与邮政方面的资料。④ 韩延龙、常兆儒的《中国新民主主义革命时期根据地法制文献选编》（第4卷），记载了晋绥边区法制方面的文献资料。⑤ 武衡主编的《抗日战争时期解放区科学技术发展史资料》，记载了较多晋绥边区在农业、工矿业等方面技术进步的资料。⑥ 薛幸福主编的《晋绥根据地军工史料》收集了抗日战争与解放战争时期晋绥边区军事工业方面的资料。⑦

在大事记方面，中共山西省委党史研究室、中共内蒙古自治区委党史资料征研委办公室、晋绥革命根据地史料征集指导组办公室编写的《晋绥革命根据地大事记》，记载了1937—1949年晋绥革命根据地发生的大事。⑧ 中共雁北地委党史研究室编印的《晋绥雁北根据地大事记》，对雁北根据地的重大事件进行了整理。⑨ 郭士星、孙寿山的《晋绥革命根据地文化大事记》，对晋绥边区的文化事件作了整理。⑩ 山西省妇运史编纂委员会办公室编的《晋绥革命根据地妇女运动大事记》（征求意见稿），对晋

---

① 中国作家协会山西分会：《晋绥革命根据地文艺作品选》，山西人民出版社1982年版。
② 中国作家协会山西分会：《山西革命根据地文艺资料》（上、下），北岳文艺出版社1987年版。
③ 王一民、齐荣晋、笙鸣：《山西革命根据地文艺运动回忆录》，北岳文艺出版社1988年版。
④ 华北交通邮政史料整理组编：《华北解放区交通邮政史料汇编（晋绥边区卷）》，人民邮电出版社1993年版。
⑤ 韩延龙、常兆儒：《中国新民主主义革命时期根据地法制文献选编》（第4卷），中国社会科学出版社1984年版。
⑥ 武衡主编：《抗日战争时期解放区科学技术发展史资料》，中国学术出版社1988年版。
⑦ 薛幸福主编：《晋绥根据地军工史料》，中国兵器工业历史资料编审委员会编印，内部发行，1990年。
⑧ 中共山西省委党史研究室、中共内蒙古自治区委党史资料征研委办公室、晋绥革命根据地史料征集指导组办公室编：《晋绥革命根据地大事记》，山西人民出版社1989年版。
⑨ 中共雁北地委党史研究室编印：《晋绥雁北根据地大事记》，内部资料，1991年。
⑩ 郭士星、孙寿山：《晋绥革命根据地文化大事记》，内蒙古人民出版社1993年版。

绥边区妇女运动的大事进行了记载与整理。[①] 中国社会科学院经济研究所现代经济史组编的《中国革命根据地经济大事记》(1937—1949年),记载了较多晋绥边区的经济事件。[②]

2. 研究成果方面

令人可喜的是,在研究成果方面,这时期亦取得了很大进展。随着学术研究的自由氛围日渐形成,学者们对于边区的研究内容和主题亦日趋扩大。在研究方法和研究视角上,学者们开始逐渐打破原来教条式的叙事方式,开始用更为客观、实事求是的研究范式和史论结合的写作模式去思考和评价边区问题。

在著作方面,刘欣、景占魁的《晋绥边区财政经济史》是这时期边区问题研究的代表作。该书第一次从历史学而非官修史学的角度来研究边区财政经济问题,对晋绥边区的财政经济史作了较为全面的史实描述。[③] 牛崇辉的《晋绥革命根据地研究》是一本论文集,但涉及内容较广,包括晋绥边区的政治、军事、经济、文化、教育等多方面,使人们对晋绥边区能有一个较为完整的认识。[④] 中共吕梁地委党史研究室的《晋绥边区第一中学校校史》,对边区成立最早、历史最长的一所干部学校晋绥一中进行了研究。[⑤] 樊润德的《晋绥边区史话》采用虚实结合的方法论述了晋绥边区军民在战争中作出的重大贡献。[⑥]《晋绥边区七月剧社回忆录》记录了党的宣传队、工作队和人民的战斗队——七月剧社的历史。[⑦] 山西省妇女联合会的《晋绥妇女战斗历程》,系统梳理了边区妇女运动。[⑧] 晋绥革命根据地工人运动史编写组的《晋绥革命根据地工人运动史》,论述了边区

[①] 山西省妇运史编纂委员会办公室:《晋绥革命根据地妇女运动大事记》(征求意见稿),1984年。
[②] 中国社会科学院经济研究所现代经济史组编:《中国革命根据地经济大事记》(1937—1949),中国社会科学出版社1986年版。
[③] 刘欣、景占魁:《晋绥边区财政经济史》,山西经济出版社1993年版。
[④] 牛崇辉:《晋绥革命根据地研究》,中国广播电视出版社1994年版。
[⑤] 中共吕梁地委党史研究室编印:《晋绥边区第一中学校校史》,1989年。
[⑥] 樊润德:《晋绥边区史话》,中共兴县委员会党史资料征集研究办公室印,1986年。
[⑦]《晋绥边区七月剧社回忆录》,编者不详,内部印刷,1989年。
[⑧] 山西省妇女联合会:《晋绥妇女战斗历程》,中共党史出版社1992年版。

工人运动情况。① 亦文、齐荣晋的《山西革命根据地文艺运动史稿》,部分章节涉及了晋绥边区文化建设与文艺运动发展。② 内蒙古军区《大青山武装抗日斗争史略》编写组编的《大青山武装抗日斗争史略》,从武装斗争的视角论述了大青山根据地保卫晋绥边区的抗日斗争史。③《晋绥日报简史》编委会编的《晋绥日报简史》叙述了《晋绥日报》诞生、成长和发展的经历,总结了报纸的主要特点和经验。④ 第一二○师陕甘宁晋绥联防军抗日战争史编审委员会编的《第一二○师陕甘宁晋绥联防军抗日战争史》是一本关于晋绥军区的战争史著作,但其中亦涉及晋绥抗日根据地的民主政权、财政经济、文化教育等。⑤ 山西省史志研究院编的《晋绥革命根据地政权建设》既有专题概述,又有文献资料,主要围绕根据地政权建设及发展而展开。⑥

在论文方面,虽然这一时期论文数量并不多,但学者已开始从多角度思考边区各类问题,并能对相关问题进行客观的评价。例如,景占魁、李树萱探讨了边区政府为保障军民供给而采取的发展经济、开辟财源,以解决财政困难的问题。⑦ 李树萱指出边区农民负担很重,财政政策制定要从实际出发,强调要坚持量出为入与量入为出相结合的原则去解决财政收支问题。⑧ 郝建贵探讨了边区货币斗争。⑨ 王敏启论述了边区精兵简政政策。⑩ 景占魁考察了边区政府成立后如何恢复和发展农业生产的问

---

① 晋绥革命根据地工人运动史编写组:《晋绥革命根据地工人运动史》,中国工人出版社1992年版。
② 亦文、齐荣晋:《山西革命根据地文艺运动史稿》,山西人民出版社1989年版。
③ 内蒙古军区《大青山武装抗日斗争史略》编写组:《大青山武装抗日斗争史略》,内蒙古人民出版社1985年版。
④ 《晋绥日报简史》编委会:《晋绥日报简史》,重庆出版社1992年版。
⑤ 第一二○师陕甘宁晋绥联防军抗日战争史编审委员会:《第一二○师陕甘宁晋绥联防军抗日战争史》,军事科学出版社1994年版。
⑥ 山西省史志研究院:《晋绥革命根据地政权建设》,山西古籍出版社1998年版。
⑦ 景占魁、李树萱:《抗战时期晋绥根据地是怎样解决财政问题的》,引自财政科学研究所:《革命根据地的财政经济》,中国财政经济出版社1985年版,第136—146页。
⑧ 李树萱:《晋绥边区财政问题探讨》,引自财政部财政科学研究所:《抗日根据地的财政经济》,中国财政经济出版社1987年版,第214—223页。
⑨ 郝建贵:《晋绥革命根据地货币斗争史料》,《山西财经学院学报》1982年第3期。
⑩ 王敏启:《晋绥边区的精兵简政》,《晋阳学刊》1982年第4期。

题。① 韩志宇探讨了边区农业税制演变。② 他还分析了工商税制的演变，强调了工商税政策与经济发展之间的关系。③ 严映辉概述了晋绥根据地的工商税收政策。④ 黄伊基回顾了西北农民银行和晋绥贸易总局的历史。⑤ 牛崇辉论述了贺龙在晋绥根据地建立中的地位和作用。⑥ 纪希晨回忆了常芝青和《晋绥日报》。⑦ 赵晋分析了晋绥土地改革中的成绩和工作中出现的"左"的偏差。⑧ 牛崇辉论述了晋绥土改运动中出现的"左"的错误表现及原因。⑨ 他还论述了抗战时期晋绥边区的干部教育工作。⑩ 冯崇义探讨了农民、知识分子与晋绥根据地的民主建设。⑪ 孙道同论述了毛泽东与晋绥根据地的建立。⑫ 这时期还出现了外国学者的研究成果。外国学者关于晋绥边区经济问题的专门研究不多，已有的也以个案探讨为主，如日本学者小林孝纯的论文《抗日戦争時期における晋西北根拠地の財政問題》⑬。显然，这时期相关论文的研究主题涉及了财政税收、农业、土地改革、教育等方面。而财政税收问题及土地改革无疑是这一时期学者关注的重点。已有研究不仅对相关问题进行了描述，部分成果还进行了客观的评价。

（四）2000—2019 年的研究成果

进入 2000 年以后，晋绥边区相关问题研究呈现出空前繁荣的景象。这不仅体现在成果数量上，而且在研究视角、研究方法、理论方面有了突

---

① 景占魁：《晋绥革命根据地农业浅探》，《晋阳学刊》1983 年第 3 期。
② 韩志宇：《晋绥边区农业税政策初探》，《晋阳学刊》1984 年第 1 期。
③ 韩志宇：《晋绥边区工商税政策的演变》，《近代史研究》1986 年第 4 期。
④ 严映辉、刘燕明：《晋绥革命根据地工商税收概述》，《税务研究》1987 年第 3 期。
⑤ 黄伊基：《西北农民银行和晋绥贸易总局史实回顾》，《山西党史通讯》1987 年第 1 期。
⑥ 牛崇辉：《略论贺龙率领的一二〇师在开辟建立晋绥根据地中的地位和作用》，《吉首大学学报（社会科学版）》1987 年第 2 期。
⑦ 纪希晨：《常芝青和〈晋绥日报〉》，《新闻战线》1987 年第 4 期。
⑧ 赵晋：《晋绥土地改革的成绩和偏差》，《理论探索》1990 年第 2 期。
⑨ 牛崇辉：《略论晋绥土改运动中的"左"的偏向》，《中共党史研究》1994 年第 5 期。
⑩ 牛崇辉、郭翠香：《抗战时期晋绥边区党的干部教育》，《中共山西省委党校学报》1992 年第 4 期。
⑪ 冯崇义：《农民、知识分子与晋绥抗日根据地的民主建设》，冯崇义、大卫·古德曼编：《华北抗日根据地与社会生态》，当代中国出版社 1998 年版，第 193—209 页。
⑫ 孙道同：《毛泽东与晋绥抗日根据地的创建》，《军事历史研究》1996 年第 4 期。
⑬ ［日］小林孝纯：《抗日戦争時期における晋西北根拠地の財政問題》，《社会文化史学》1995 年第 34 号。

破性进展。文献检索表明,这时期针对晋绥边区的专门研究已经为数不少,学术触角触及经济史、社会史、政治史、文化史等领域,研究主题涉及边区的土地关系、农业发展、工矿业、金融、商业贸易、财政税收、社会变迁、政治结构、日常生活、邮电通信、文化教育、军事、法律、民主政治、地方治理等方面。可谓既有理论研究,也有实证分析,不乏广度和深度。

首先,专著方面。这时期,学界出版了一些为数不多的关于晋西北根据地的重要著作,主要从社会史、政治史视角围绕中共与晋西北农村社会变迁展开。岳谦厚、张玮的《黄土·革命与日本入侵——20世纪三四十年代的晋西北农村社会》考察了20世纪三四十年代晋西北农村社会变迁的历史行程,内容涉及晋西北社会生态背景、村庄以及各阶层农民生活。[①] 张玮的《战争·革命与乡村社会》以中国共产党减租减息政策的表述与实践为中心线索,通过分析展现了减租减息政策面临的现实困境以及减租减息过程的艰难曲折性。[②] 张玮、李俊宝的《阅读革命——中共在晋西北乡村社会的经历》利用丰富的资料对华北"边缘"地区农村社会进行了历史性解读。[③] 除以农村社会变迁为主题的专著外,还有一些以货币金融、教育等为主题的专著。如杨世源的《晋绥革命根据地货币史》论述了兴县农民银行的成立、农币的发行以及晋西北发行的地方抗日货币等。[④] 刘淑珍的《晋西北抗日根据地教育简史》梳理了1937—1945年晋绥边区发展文化教育事业的历史。[⑤] 此外,还有一些著作也以晋西北农村经济、农业政策为主要研究对象。王志芳的《抗战时期晋绥边区农村研究》以其博士论文为基础,从中共政策与社会反映两个视角论述了边区的农村经济。[⑥] 李常生对晋西北根据地的人力资源开发利用进行了分层研究,从一个侧面再现了中国共产党领导下的晋西北抗日根据地火热的社

---

① 岳谦厚、张玮:《黄土·革命与日本入侵——20世纪三四十年代的晋西北农村社会》,书海出版社2005年版。
② 张玮:《战争·革命与乡村社会》,中国社会科学出版社2008年版。
③ 张玮、李俊宝:《阅读革命——中共在晋西北乡村社会的经历》,北岳文艺出版社2011年版。
④ 杨世源:《晋绥革命根据地货币史》,中国金融出版社2001年版。
⑤ 刘淑珍:《晋西北抗日根据地教育简史》,四川教育出版社2000年版。
⑥ 王志芳:《抗战时期晋绥边区农村经济研究》,中国社会科学出版社2015年版。

会生活场景。① 贺文乐的《晋西北根据地互助合作运动研究（1940—1949）》以其硕士学位论文为基础，主要阐述了边区的农村互助合作运动。② 这时期，也有一些官修史学的著作问世，如山西省地方志办公室的《晋绥革命根据地史》论述了新民主主义革命时期晋绥革命根据地的情况及机构沿革，论述了根据地军民对支持战争作出的巨大贡献。③ 八路军第一二〇师陕甘宁晋绥联防军抗日战争史编审委员会的《八路军第一二〇师暨晋绥军区战史》是一部关于晋绥军区的官修战史，是了解晋绥军区战史的权威依据。④ 总体来讲，这一时期，关于晋绥边区的学术专著数量不多，已有专著大多围绕晋西北农村社会变迁、土地政策等方面展开。这些研究的共同特征是注重相关政策的梳理与实际运作情况的分析，注重考察根据地的社会变迁及结构，侧重分析中共与社会之间的互动关系。这些研究对于本书撰写具有重要的启发意义。

其次，论文方面。这一时期关于晋绥根据地的学术论文数量呈现井喷式增长态势。这些论文为本书研究提供了诸多启示。王先明关于晋绥边区土地关系与乡村权力结构变动的系列论文，以20世纪三四十年代晋绥边区土地关系的变革或"村选"为切入口，进行乡村社会的个案分析，论述了土改所导致的乡村社会变革以及由此形成的乡村社会阶级和权力关系的结构性变动。⑤ 李金铮在关于华北抗日根据地借贷、农贷等方面的

---

① 李常生：《20世纪三四十年代晋西北乡村劳动力资源开发与利用》，光明日报出版社2019年版。
② 贺文乐：《晋西北根据地互助合作运动研究（1940—1949）》，中国社会科学出版社2017年版。
③ 山西省地方志办公室编：《晋绥革命根据地史》，山西人民出版社2015年版。
④ 八路军第一二〇师陕甘宁晋绥联防军抗日战争史编审委员会：《八路军第一二〇师暨晋绥军区战史》，解放军出版社2017年版。
⑤ 该系列论文主要包括：王先明：《晋绥边区的土地关系与社会结构的变动——20世纪三四十年代乡村社会变动的个案分析》，《中国农史》2003年第1期；渠桂萍、王先明：《论述晋西北抗日根据地乡村权力结构的变动（1937—1945）》，《社会科学研究》2002年第1期；王先明：《士绅构成要素的变异与乡村权力——以20世纪三四十年代的晋西北、晋中为例》，《近代史研究》2005年第2期；王先明：《晋绥边区乡村民主建设的历史审视——以1945年的"村选"运动为例》，《福建论坛（人文社会科学版）》2016年第4期。

系列论文中涉及了大量关于晋绥边区借贷的内容。① 张玮的系列论文主题较多围绕减租减息展开,先后梳理了相关政策以及其中所涉及的乡村借贷关系、政权力量、地租、租率、土地流转、查租、农民生活水平等问题。② 岳谦厚对于晋绥根据地的研究主题较为广泛,既研究土地关系及政权建设,也涉及教育、社会、政治宣传、经济等方面。③ 董佳的系列论文也以地权变动为中心,主要考察了抗战时期晋绥边区党和村政权的关系、地权变动与社会变迁的关系、地权转移与乡村土地的关系④,还探讨了根据地的变工运动等。⑤ 笔者的系列论文则主要侧重研究晋绥根据地经济

---

① 该系列论文主要包括:李金铮:《私人互助借贷的新方式——华北抗日根据地、解放区"互借"运动初探》,《中共党史研究》2000年第3期;《论1938—1949年华北抗日根据地、解放区的农贷》,《近代史研究》2000年第4期;《华北抗日根据地私人借贷利率政策考》,《抗日战争研究》2001年第3期;《革命策略与传统制约:中共民间借贷政策新解》,《历史研究》2006年第3期。

② 该系列论文主要包括:张玮:《三四十年代晋西北农民家庭生活实态——兼论"地主阶层"经济与生活水平之变化》,《晋阳学刊》2005年第1期;张玮、岳谦厚:《中共减租政策中的两个环节及相关问题讨论——以战时中共晋西北根据地区域为中心的考察》,《中国乡村研究》(第五辑),2007年;张玮:《晋西北抗日根据地的减租与交租问题》,《中共党史研究》2008年第4期;张玮:《中共减息政策实施的困境与对策——以晋西北抗日根据地乡村借贷关系为例》,《党的文献》2009年第6期;张玮:《抗战时期晋西北的地租、租率及其变动——以1942年张闻天调查为中心的研究》,《中国经济史研究》2009年第3期;张玮:《抗战时期晋西北农村土地流转实态分析》,《晋阳学刊》2009年第3期;张玮:《抗战前后晋西北乡村私人借贷》,《抗日战争研究》2011年第3期;张玮:《抗战时期晋西北减租过程中的查租问题(1944—1946)》,《暨南学报(哲学社会科学版)》2015年第7期。

③ 这些系列论文主要包括:岳谦厚、张玮:《抗战时期张闻天之晋陕农村调查简述——兼述新发现的晋西北兴县农村调查原始资料》,《晋阳学刊》2005年第2期;岳谦厚、张基辉:《中共重构下的晋西北乡村领袖——以"张初元模式"为个案研究》,《中共党史研究》2007年第6期;岳谦厚、董春燕:《抗日根据地时期中共基层干部群体——以晋西北抗日根据地为中心的研究》,《安徽史学》2009年第1期;岳谦厚、乔傲龙:《全面抗战时期晋绥边区的冬学运动与群众办报实践——以〈抗战日报〉为中心的考察》,《党的文献》2019年第1期;岳谦厚、张文俊:《晋西北抗日根据地的"中农经济"——以1942年张闻天兴县14村调查为中心的研究》,《晋阳学刊》2010年第6期;岳谦厚、李卫平:《村选与根据地基层政权建设——1941年晋西北抗日根据地村选考析》,《党的文献》2010年第5期;岳谦厚、罗佳:《抗日根据地时期的女性离婚问题——以晋西北(晋绥)高等法院25宗离婚案为中心的考察》,《安徽史学》2010年第1期;岳谦厚、张熙:《盟友抑或"敌人":晋西北革命根据地的开明士绅》,《历史教学问题》2017年第6期;岳谦厚、韩晋成:《晋西北抗日根据地的对外贸易政策》,《中国高校社会科学》2015年第4期。

④ 该系列论文主要包括:董佳:《革命与乡村:晋绥抗日根据地党与村政权的二元分析》,《历史教学(高校版)》2007年第8期;《转变中的乡村:1942年"延安农村调查团"的记录——晋绥边区黑峪口村的地权变动与社会变迁》,《党史研究与教学》2012年第5期;《抗战时期边区农村的地权转移与乡村土地关系——以晋绥边区黑峪口村为中心的历史考察》,《中国经济史研究》2014年第2期。

⑤ 董佳:《抗战时期中共晋西北根据地的变工运动述论》,《中共党史研究》2014年第9期。

方面的问题。①

还有一些学者也对边区土地关系、地权变动、政权建设、政治意识等问题进行了研究。如罗平汉分析了晋绥土改运动中出现的"左"的偏差以及中共中央的纠正。② 韩振国以边区首府兴县几个村庄为例,探讨了抗战初期"村选"的政权结构。③ 张文俊分析了晋绥边区乡村阶级结构与土地关系的嬗变。④ 郭夏云考察了晋西北根据地冬学教育与民众政治意识的形塑。⑤ 贺文乐从政党与农民互动的新革命史视角重新解读了"组织起来"的问题。⑥ 把增强考察了晋西北根据地时期荣退军人安置问题。⑦

这时期论文的研究主题大多集中于政治史、社会史、文化史、经济史方面,而这其中又属政治史、社会史方面成果最盛。关于晋绥根据地经济史方面研究成果,除上述外,还有如下代表性成果。如周祖文从国家与农民之间关系的角度探讨了抗战时期晋绥边区救国公粮的征收。⑧ 把增强以晋绥边区为例分析了抗战时期国共两区的通邮问题。⑨ 石攀峰论述了晋绥边区营业税征缴引发的社会问题及化解。⑩ 这些研究取向对于本书

---

① 该系列论文主要包括:《解放战争时期晋绥边区物价问题研究》,《中共党史研究》2013年第4期;《抗战时期晋绥边区营业税运行程序研究》,《历史教学(下半月刊)》2014年第1期;《抗战时期晋绥边区的农业技术改进》,《中国农史》2014年第2期;《抗战时期晋绥边区的集市贸易》,《历史教学(下半月刊)》2014年第10期;《抗战时期晋绥边区的家庭手工纺织业》,《中国经济史研究》2016年第5期;《解放战争时期晋绥边区土改中私营工商业者的心态》,《中共党史研究》2018年第10期;《晋绥边区公粮收支问题研究(1940—1948)》,《中国社会经济史研究》2019年第2期;《革命根据地审计监督制度的特点、历史作用及启示——以晋绥边区为例》,《审计与经济研究》2019年第5期。
② 罗平汉:《晋绥土改的"左"倾偏向及其纠正》,《文史精华》2004年第10期。
③ 韩振国:《抗战初期"村选"政权结构探析——以晋绥边区首府兴县几个村庄为例》,《学海》2005年第1期。
④ 张文俊:《革命乡村阶级结构与土地关系之嬗变——以晋绥边区西坪村为例》,《兰州学刊》2009年10期。
⑤ 郭夏云:《冬学教育与根据地民众政治意识形塑(1937—1945)——以晋西北根据地为例》,《党史研究与教学》2017年第4期。
⑥ 贺文乐:《新革命史视野下"组织起来"之考察——以晋西北抗日根据地为例》,《历史教学(下半月刊)》2016年第1期;《晋西北抗日根据地的革命动员与互助合作》,《党的文献》2017年第3期。
⑦ 把增强:《晋西北抗日根据地精兵建设中的荣退军人安置》,《军事历史研究》2013年第4期。
⑧ 周祖文:《封闭的村庄:1940—1944年晋西北救国公粮之征收》,《抗日战争研究》2012年第1期。
⑨ 把增强:《抗日战争时期国共两区的通邮——以华北之晋绥边区为例》,《重庆邮电大学学报(社会科学版)》2007年第4期。
⑩ 石攀峰:《晋绥边区营业税征缴引发社会问题的化解》,《江西社会科学》2013年第1期。

绪　论

撰写具有重要的启发意义。

　　需要特别提及的是,这时期先后涌现出大量关于晋绥根据地的硕士、博士学位论文。这些学位论文的问世亦使对晋绥边区的研究呈现燎原之势。这些学位论文主要涉及以下主题:文化与减租[①]、农民负担[②]、拥军优抚[③]、乡村社会重建[④]、公粮田赋[⑤]、农业生产及农村经济[⑥]、农村变工互助[⑦]、劳动英模群体[⑧]、贸易政策[⑨]、合作社[⑩]、戏剧运动[⑪]、妇女日常生活[⑫]、社会教育[⑬]、抗战勤务问题[⑭]、抗战文学[⑮]、文化建设[⑯]、抗战宣传[⑰]、灾荒救

[①] 袁军:《传统对抗革命:中共减租政策下的宗族血缘认同——以晋西北革命根据地为中心的考察》,山西大学2006年硕士学位论文。
[②] 李娜娜:《非正常分家行为——晋西北农民应对抗战负担的另一景观》,山西大学2006年硕士学位论文。
[③] 王熙娟:《晋西北抗日根据地拥军优抚政策述评》,山西大学2006年硕士学位论文;刘新月:《抗战时期晋绥边区军人优抚问题研究》,太原理工大学2018年硕士学位论文。
[④] 张基辉:《中共重塑下的晋西北乡村——"张初元模式"与乡村权威(1940—1945)》,山西大学2007年硕士学位论文;祝梅:《抗日战争时期中共领导的农村社会重建——对晋西北抗日根据地的历史考察》,山西大学2008年硕士学位论文。
[⑤] 常鹏军:《抗战时期晋西北根据地的农民负担——以公粮、田赋、村摊款为主的考察》,山西大学2008年硕士学位论文;李泽:《论晋西北抗日根据地公粮政策的演变》,山西大学2011年硕士学位论文。
[⑥] 周鹏清:《清末民初与抗战时期晋西北地区农业生产对比研究》,陕西师范大学2010年硕士学位论文;王志芳:《抗战时期晋绥边区农村经济研究》,山东大学2012年博士学位论文。
[⑦] 贺文乐:《20世纪三四十年代晋西北农村变工互助探析》,山西师范大学2010年硕士学位论文。
[⑧] 王智:《晋西北抗日根据地劳动英模群体研究》,山西大学2011年硕士学位论文;贾莉:《抗战时期晋绥边区劳动英雄运动研究》,延安大学2017年硕士学位论文。
[⑨] 刘波:《论晋西北革命根据地贸易政策的演变》,山西大学2012年硕士学位论文。
[⑩] 王晓蕊:《晋西北根据地合作社研究》,山西师范大学2012年硕士学位论文。
[⑪] 曹源源:《晋西北抗日根据地戏剧运动研究》,山西师范大学2012年硕士学位论文。
[⑫] 王慧芳:《抗日根据地时期晋西北妇女的日常生活》,山西师范大学2013年硕士学位论文。
[⑬] 乔叶:《晋西北抗日根据地的社会教育》,山西师范大学2013年硕士学位论文;辛萌:《山西革命根据地社会教育研究》,山西大学2017年博士学位论文;陈波:《晋绥革命根据地社会研究》,华中师范大学2011年硕士学位论文。
[⑭] 白旭琴:《晋西北根据地抗战勤务问题研究》,山西师范大学2013年硕士学位论文。
[⑮] 翟旭超:《晋西北抗日根据地抗战文学的兴起和发展研究》,山西师范大学2014年硕士学位论文。
[⑯] 牛荣雁:《晋西北抗日根据地文化建设研究》,山西师范大学2014年硕士学位论文;高芳芳:《抗战时期晋绥边区文化建设研究》,太原科技大学2015年硕士学位论文。
[⑰] 张涛:《晋西北抗日根据地的抗战宣传研究》,山西师范大学2014年硕士学位论文;李鹏:《〈晋绥日报〉宣传方式及宣传特色研究》,内蒙古大学2010年硕士学位论文。

济①、新闻传播②、女性婚姻③、中共形象塑造④、干部建设⑤、小学教师⑥、妇女纺织运动⑦、财政工作⑧、统一战线政策⑨、会计审计制度⑩、抗战歌曲⑪、军民军事体育⑫、干部教育⑬、政治动员⑭、文化动员⑮、经济动员⑯、社会动员⑰、儿童日常生活⑱、民主政治⑲、土地法制⑳、经济技术传播㉑、冬学运动㉒、民兵组织㉓、土地改革㉔、农民阶层变化㉕、村选及农村政权建设㉖、军

---

① 张文娟：《晋绥边区1948年饥荒初探》，山西大学2008年硕士学位论文；顼熙芳：《晋西北革命根据地灾荒救济述论》，山西师范大学2014年硕士学位论文；刘册：《解放战争时期晋绥边区的政府救助》，天津大学2016年硕士学位论文。
② 马琳：《晋西北抗日根据地的新闻传播事业研究》，山西师范大学2014年硕士学位论文。
③ 李瑞生：《晋西北革命根据地乡村女性婚姻研究》，山西大学2015年硕士学位论文。
④ 兰雨彤：《抗战时期中共形象塑造研究——以晋西北士绅参观团为例》，南京大学2017年硕士学位论文。
⑤ 赵莉：《冬学与基层干部建设——以晋西北根据地为例》，山西大学2018年硕士学位论文。
⑥ 曹嘉怡：《晋绥抗日根据地小学教师研究》，太原理工大学2019年硕士学位论文。
⑦ 刘琳：《晋绥抗日根据地妇女纺织运动研究》，太原理工大学2019年硕士学位论文。
⑧ 赵艳扬：《晋绥抗日根据地财政工作研究》，太原理工大学2019年硕士学位论文。
⑨ 支丽：《晋绥抗日根据地统一战线政策的历史考察与启示》，内蒙古师范大学2019年硕士学位论文。
⑩ 王卉：《晋绥革命根据地审计制度研究》，山西财经大学2018年硕士学位论文。
⑪ 赵婧如：《晋绥根据地抗日歌曲与社会动员》，太原理工大学2018年硕士学位论文。
⑫ 向茜：《晋绥敌后抗日根据地军民军事体育研究》，吉首大学2018年硕士学位论文。
⑬ 姚惠聪：《抗日战争时期晋绥根据地干部教育研究》，山西大学2018年硕士学位论文。
⑭ 杜欣：《中国共产党在晋绥抗日根据地的政治动员研究》，太原科技大学2018年硕士学位论文。
⑮ 白金卉：《中国共产党在晋绥抗日根据地的文化动员研究》，太原科技大学2018年硕士学位论文。
⑯ 郭雨晨：《中国共产党在晋绥抗日根据地的政治经济研究》，太原科技大学2018年硕士学位论文。
⑰ 窦晓慧：《山西抗日根据地社会动员研究》，太原科技大学2017年硕士学位论文。
⑱ 王星慧：《山西抗日根据地儿童生活探究》，山西大学2016年博士学位论文。
⑲ 朱雯：《晋绥根据地民主政治建设研究》，山西大学2016年硕士学位论文。
⑳ 张婧：《晋绥抗日民主政权的土地法制研究》，山西大学2014年硕士学位论文。
㉑ 冯秀杰：《冬学视阈下根据地经济技术传播——以山西为中心的研究》，太原理工大学2016年硕士学位论文；孙翔：《试论山西抗日根据地的农业科技》，山西大学2007年硕士学位论文。
㉒ 赵君：《抗战时期晋绥根据地的冬学运动》，山西大学2013年硕士学位论文。
㉓ 于成龙：《抗战时期晋绥根据地民兵组织研究》，山西师范大学2013年硕士学位论文。
㉔ 吕铁芳：《一个县域的土改经历——以偏关县为个案之分析》，山西大学2010年硕士学位论文；马飞：《山西临县1946—1948年的土地改革运动》，华东师范大学2011年硕士学位论文；杨峰：《晋绥解放区土改的考察（1946—1948）》，兰州大学2011年硕士学位论文。
㉕ 白俊杰：《晋绥抗日根据地乡村农民阶层变动研究》，山西大学2008年硕士学位论文。
㉖ 韩振国：《村选及乡村权力结构的历史走向——抗战时期兴县基层政治的历史考察》，山西大学2004年硕士学位论文；李广军：《晋绥根据地的农村政权建设》，中共中央党校2007年硕士学位论文。

事工业①、货币金融②、地权变动③、经济政策④、交通邮政⑤等。显然,这些硕士、博士学位论文的选题非常广泛,涉及晋绥边区的政治、军事、社会、经济、交通、技术、文化、教育等诸多领域。

再次,资料整理方面。这时期,资料整理方面的成果不多见,仅发现张希坡编著的《革命根据地法律文献选辑(第3辑)》第3卷。该资料选辑收集了1937—1949年晋绥边区的法律文献,是新时期关于晋绥边区较为系统的法律文献资料汇编。⑥

综上所述,已有晋绥边区的相关研究虽然为数不少,但学者们的学术背景大多为历史学,其研究思路和研究方法仍主要是史学思维式的,属于描述性的史学研究。就研究内容看,王先明、张玮对晋西北根据地土地关系、借贷关系的研究以典型个案的方法开启了晋绥边区经济史研究的先河,但对晋绥边区经济发展史的诸多问题尚缺乏全面、系统的研究。目前对于晋绥边区经济史的系统研究可谓屈指可数,能查阅到的仅有刘欣、景占魁的《晋绥边区财政经济史》这一专著,但其仍主要是经验描述。因此,对晋绥边区经济发展的研究也就尚存过于笼统之嫌。进一步看,该书主要侧重对生产关系的阐述。赵德馨指出:"过去出版的一些中国国民经济史或经济通史著作中,生产关系写得多,生产力写得少,甚至被忽略。从研究状况来讲,这与对社会生产力研究不够有关。从认识上讲,这与有的经济史工作者提出经济史学科的研究对象只是生产关系有关。在这种理论的指导下,经济史工作者必然不注重研究生产力。"⑦吴承明也指出:"经济史既要研究生产关系,又要研究生产力。生产关系一定要适合生产力的性质。反映这两者的适合或不适合,就是经济史的全部内容。不讲

---

① 胡定:《山西抗日根据地军事工业初探》,山西大学2005年硕士学位论文。
② 赵颖:《从"西北农币"看抗日根据地政府与民众的关系》,山西大学2006年硕士学位论文;王志芳:《西北农民银行与晋绥抗日根据地的经济发展》,河南大学2009年硕士学位论文;武婵:《20世纪四十年代晋绥边区农贷研究》,山西师范大学2010年硕士学位论文。
③ 杨波:《革命·战争与村界的形成——关于抗战以来兴县黑峪口自然村地权转移的一个考察》,山西大学2006年硕士学位论文。
④ 胡子岑:《抗战时期晋绥边区的经济建设》,湘潭大学2016年硕士学位论文。
⑤ 段瑾:《晋绥边区的交通邮政研究》,内蒙古师范大学2017年硕士学位论文。
⑥ 张希坡:《革命根据地法律文献选辑(第3辑)》第3卷,中国人民大学出版社2018年版。
⑦ 赵德馨:《我们想写一部怎样的〈中国经济通史〉》,《中国社会经济史研究》1997年第3期。

生产力,生产关系也就无规律可言了。不讲生产力,经济史就变成抽象的历史,经济史就愈讲愈空。"[1]本书更关注生产力。所以,本书成果将是一本关于晋绥边区的经济通史类著作。赵德馨指出:"经济史应该叙述和阐明生产力是怎样发展和为什么会这样发展。能否做到这一点,是检验是否贯彻唯物史观的关键,也是经济通史著作科学性的试金石。"[2]因此,描述晋绥边区的经济发展过程以及解释其为什么发展是本书研究的核心内容。

二、其他抗日根据地经济史研究现状

抗日根据地经济史相关问题研究一直是学界研究的热点。迄今为止,抗日根据地经济史相关研究已经极为丰富,成果很多,研究视角与研究范式亦很多元。有为数众多的资料和论著发表,在此不一一赘述。因此,与对晋绥边区研究现状的学术史回顾不同,本书不拟全面、逐个地总结其他抗日根据地经济史的研究现状,而是仅通过已有的关于该根据地经济史的研究述评与代表性论著来反映整个抗日根据地经济史的研究现状。

1984年,南开大学召开抗日根据地国际学术研讨会。这是新中国成立以来举办的首次根据地史国际学术研讨会,研讨主题主要涉及政治、军事、经济方面。但总体来看,此时根据地史研究的成果还不多,资料挖掘也较少。[3] 江沛的《中国抗日根据地史国际学术研讨会综述》表明,20世纪80年代至90年代,抗日根据地史已引起国内外诸多学者的极大关注,不仅有大量资料汇编问世,研究主题亦涉及根据地政治、经济、军事、社会生活等方面。[4] 2000年以后,根据地经济史的相关研究不论从研究主题还是研究方法方面均进入一个新的领域,但仍存在不足。如李金铮在《近20年来华北抗日根据地经济史研究述评》中指出,华北抗日根据地经济史研究存在的问题是,在研究内容方面对减租减息运动、财政经济、货币

---

[1] 吴承明:《关于研究中国近代经济史的意见》,《晋阳学刊》1982年第1期。
[2] 赵德馨:《我们想写一部怎样的〈中国经济通史〉》,《中国社会经济史研究》1997年第3期。
[3] 魏宏运:《抗日根据地史研究述评》,《抗日战争研究》1991年第1期。
[4] 江沛:《中国抗日根据地史国际学术研讨会综述》,《中共党史研究》1992年第1期。

战等研究较多,而对农业、工业(尤其是手工业)、商业、物价等方面的研究比较薄弱,对银行、工商税收等运行程序的研究亟待加强。在研究方法上,介绍性、史实叙述性的文章较多,缺乏理论深度。以后应当在掌握马克思主义的基础上,注意借鉴经济学、社会学、统计学等相关学科的理论和方法,转换视角进行研究。① 黄正林在《20 世纪 80 年代以来国内陕甘宁边区史研究综述》一文中从研究内容和研究视角的角度指出了陕甘宁边区史研究的特点与不足。其特点是研究重点集中在抗战时期、研究内容集中在政治史和经济史两方面,其不足是资料运用不够和对社会文化史的研究不够。② 他在《1980 年以来国内革命根据地金融史研究综述》中则指出,在研究地域上已有成果分布不平衡。已有研究注重比较大的有影响的根据地,如苏维埃时期的中央苏区和川陕苏区,抗战时期的陕甘宁边区、晋察冀边区及解放战争时期的东北根据地,而研究对各个时期的其他根据地涉猎不够。在研究方法上,革命根据地金融史的已有研究多为介绍性或史实叙述性的,要转换研究视角,借鉴经济学、银行货币学、统计学等相关学科理论和方法,对根据地金融问题进行比较深入的研究。③ 仲华、赵占豪关于华中抗日根据地经济建设的研究述评也指出,已有成果对工业、手工业、商业贸易、水利等方面的研究比较薄弱,关于交通运输方面的研究几乎是空白。④ 2018 年,在第一届山东革命根据地史学术研讨会上,学者们指出,根据地史研究要注重以历史连续性的视角"打通"不同时期的革命根据地史研究。高士华认为,现有成果往往局限于不同时期、不同地区的研究,未来应以历史连续性的视角,加强革命根据地史贯通性的研究。⑤ 也有一部分学者从新政治史路径下对华北抗日根据地和解放

---

① 李金铮:《近 20 年来华北抗日根据地经济史研究述评》,《近代中国乡村社会经济探微》,人民出版社 2004 年版,第 561—572 页。
② 黄正林:《20 世纪 80 年代以来国内陕甘宁边区史研究综述》,《抗日战争研究》2008 年第 1 期。
③ 黄正林:《1980 年以来国内革命根据地金融史研究综述》,《河南大学学报(社会科学版)》2008 年第 1 期。
④ 仲华、赵占豪:《改革开放以来华中抗日根据地经济建设研究述评》,《军事历史研究》2015 年第 4 期。
⑤ 张学强:《"新革命史"视野下山东革命根据地研究的再出发——"第一届山东革命根据地史学术研讨会"综述》,《抗日战争研究》2018 年第 2 期。

区进行研究,成果较多。① 这些研究述评不论在研究内容,还是研究方法方面均为本书研究提供了极有价值的启示与参考。

此外,需提及的是抗战时期根据地经济史通史类著作的代表作。黄正林的《陕甘宁边区社会经济史(1937—1945)》是近十几年来关于陕甘宁边区社会经济史最为全面、系统的专著。他在专著中就陕甘宁边区经济史问题作了系统而全面的述评,并指出随着新资料的不断发掘和时间的推移,陕甘宁边区经济史的许多问题还有必要进行新的或者是更为深入的研究。② 陈廷煊的《抗日根据地经济史》以各主要根据地的农业、工业、商业、财政、金融等为主要研究内容,论述了毛泽东新民主主义经济理论形成和发展的历史进程。③ 2017年中国财政经济出版社出版(或修订再版)了一套抗日战争时期根据地财政经济史丛书,包括魏宏运的《晋察冀抗日根据地财政经济史》④,张晓彪、萧绍良、司俊的《陕甘宁边区财政经济史》⑤,赵秀山的《抗日战争时期晋冀鲁豫边区财政经济史》⑥,刘跃光、李倩文的《华中抗日根据地鄂豫边区财政经济史》⑦,以及朱玉湘的《山东革命根据地财政史》⑧。这套丛书展示了中国共产党领导下的各边区财政经济的发展历史,总结了其中的历史经验和教训,对当前中国特色社会主义财政经济的改革与发展有诸多启示。可以说,这是迄今为止关于抗日根据地经济史最为全面系统的论著,为笔者进行晋绥边区经济史研究提供了有价值的参照。

根据地经济史研究不限于国内。在日本,关于"中共革命根据地"已经有长达90年的研究史。在日本的中国近现代史研究中,中共革命根据地史一直占有重要位置。其显著特点是将革命根据地史研究纳入近现代以及整个中国社会历史发展的脉络之中。其在研究对象和概念上有如下

---

① 杨豪、秦铁柱:《新政治史路径下的中共党史研究述评——以新世纪以来华北抗日根据地和解放区的研究为中心》,《中共党史研究》2014年第2期。
② 黄正林:《陕甘宁边区社会经济史(1937—1945)》,人民出版社2006年版。
③ 陈廷煊:《抗日根据地经济史》,社会科学文献出版社2007年版。
④ 魏宏运:《晋察冀抗日根据地财政经济史》,中国财政经济出版社2017年版。
⑤ 张晓彪、萧绍良、司俊:《陕甘宁边区财政经济史》,中国财政经济出版社2017年版。
⑥ 赵秀山:《抗日战争时期晋冀鲁豫边区财政经济史》,中国财政经济出版社2017年版。
⑦ 刘跃光、李倩文:《华中抗日根据地鄂豫边区财政经济史》,中国财政经济出版社2017年版。
⑧ 朱玉湘:《山东革命根据地财政史》,中国财政经济出版社2017年版。

几个特征：第一，从民众史角度研究中国革命；第二，关注到中国社会非身份制和个人主义的特征；第三，从乡绅论出发，引申出对于根据地基层干部、积极分子和各种模范的研究。其中亦涉及减租减息、土地改革、互助组等经济史问题。①

在英美学界②，迄今为止，中共抗日根据地史研究亦有80多年的历史，研究成果数量可观。其研究特点呈现出宏大叙事的"大理论"研究到实证调查的"地方研究"的转变取向。在研究方法上，学者们更多地借助社会科学的统计、量化、田野调查，用微观研究的方法研究某一地区，甚至某一县、某一村庄，并开展比较研究。③ 如范力沛④、班国瑞⑤、大卫·古德曼⑥、周锡瑞⑦、拉尔夫·萨克斯顿⑧、纪保宁⑨、艾丽丝·戴维多⑩、马克·塞尔登⑪、裴宜理⑫等都致力于中共革命与根据地相关问题研究，其中涉

---

① 参见祁建民：《日本的中共革命根据地史研究》，《抗日战争研究》2019年第2期。日本学者关于中共抗日根据地的研究成果还可参见以下论文集收录的相关论文。南开大学历史系中国近现代史教研室编：《中外学者论抗日根据地——南开大学第二届中国抗日根据地史国际学术讨论会论文集》，档案出版社1993年版；南开大学历史系编：《中国抗日根据地史国际学术讨论会论文集》，档案出版社1985年版。
② 非国籍，泛指长期在英美等国工作或以英文为成果的海外学者。
③ 相关研究成果可参见刘本森：《英美学界的中共抗日根据地史研究》，《日本侵华南京大屠杀研究》2019年第3期。
④ [美]范力沛：《西方学者对抗日根据地的研究》，引自南开大学历史系编：《中国抗日根据地史国际学术讨论会论文集》，第95—107页。
⑤ [英]班国瑞：《华中与华北抗日根据地之比较》，引自冯崇义、大卫·古德曼编：《华北抗日根据地与社会生态》，当代中国出版社1998年版，第238—278页。
⑥ [澳]大卫·古德曼：《中国革命中太行抗日根据地社会变迁》，田酉如等译，中央文献出版社2003年版。
⑦ [美]周锡瑞："封建堡垒"中的革命：陕西米脂杨家沟》，引自冯崇义、大卫·古德曼编：《华北抗日根据地与社会生态》，第1—24页。
⑧ [美]拉尔夫·萨克斯顿：《1931—1945年冀鲁豫边区的民众起义和共产党政权》，引自南开大学历史系中国近现代史教研室编：《中外学者论抗日根据地——南开大学第二届中国抗日根据地史国际学术讨论会论文集》，第600—604页；《晋冀鲁豫抗日根据地农民生计问题的解决》，引自南开大学历史系编：《中国抗日根据地史国际学术讨论会论文集》，第461—473页。
⑨ [新西兰]纪保宁：《组织农民：陕甘宁边区的党、政府与乡村组织》，引自冯崇义、古德曼编：《华北抗日根据地与社会生态》，第69—98页。
⑩ [美]艾丽丝·戴维多：《山东抗日根据地的创建》，引自冯崇义、古德曼编：《华北抗日根据地与社会生态》，第210—237页。
⑪ [美]马克·赛尔登：《革命中的中国：延安道路》，魏晓明、冯崇义译，社会科学文献出版社2002年版。
⑫ [美]裴宜理：《华北的叛乱者与革命者(1845—1945)》（增订本），池子华等译，商务印书馆2017年版。

及了根据地经济问题。①

综上所述,就整个抗日根据地经济史的研究现状来看,相关成果已经颇为丰富。若将中央苏区时期革命根据地经济史的研究成果也纳入我们的视野,相关成果就更为丰富了,可谓汗牛充栋。综观已有研究,根据地经济史呈现以下几个特点:

第一,从研究地域分布来看,仍存在一些不均衡。迄今为止,关于陕甘宁边区的研究成果无疑是最为丰富的。关于其他根据地如晋察冀边区、晋冀鲁豫边区、华中抗日根据地、山东革命根据地等的研究,近年来均有经济通史类的著作出版或再版。而关于晋绥边区经济史的相关研究成果,数量虽然亦较多,但已有成果大多为关于某个具体问题的专题论著。经济通史类著作除刘欣、景占魁于1993年出版的《晋绥边区财政经济史》外,迄今为止,尚未发现新的关于晋绥边区经济通史类著作问世。

第二,从研究方法看,研究方法较为单一,介绍性、史实叙述的较多,定量分析与定性分析结合不够。已有成果的研究思路和研究方法仍主要是史学思维式的。从近年来的成果看,一些具有经济学"味道"的成果已经问世。② 但总体来看,使用经济学、统计学等工具进行根据地经济史研究的成果还不多。

第三,从考察时段看,已有研究主要为不同时期、不同地区的革命根据地经济史研究,而鲜有贯通性的研究。总体来看,贯通不同时期根据地经济史的研究成果还是较为罕见的。

显然,利用经济学、统计学等理论,从长时段视角对晋绥边区经济史进行系统研究有利于进一步深化晋绥边区史以及抗日根据地经济史研究。从经济与政治关系的角度看,中国共产党革命如何取得成功,一直是历史学、政治学研究面对的一个重要问题。本书以探讨中国共产党在晋

---

① 海外学者关于中共革命及根据地的相关研究成果可参见《中共党史研究》历年刊发的国外中共党史研究述评,以及一些学者作的学术综述研究。如路克利:《哈佛大学的中国共产党研究》,山东大学出版社2012年版;刘本森:《英美学界的中共抗日根据地史研究》,《日本侵华南京大屠杀研究》2019年第3期。

② 陈新岗、陈强:《山东革命根据地的奇迹与启示:货币、金融与经济政策》,山东人民出版社2014年版。

绥边区的经济发展史为主旨,事实上已经牵涉到了上述命题。毋庸置疑,中共革命的胜利是多种因素共同作用的结果,但其中的经济因素是绝不应该忽略的。正如杨奎松指出的,财粮的枯竭是苏区革命失败的重要原因。[①] 黄道炫也提到:"这些年来很多研究者在呼吁,(根据地)各方面的研究都可以继续推进,但短板就是财政,而财政又是一个政治力量能够成功非常关键的因素。"[②] 显然,如果从经济角度来解释中共革命胜利的最终成功,或许就是,中国共产党在根据地进行了较为成功的经济建设,推动了边区经济的发展。曾彦修回忆张闻天时指出:"张闻天强调要按法律保护生产。……现在抗战五周年都过去了,你们说还要抗几年,所以经济上不作长期打算不行。我们为什么退出中央苏区?经济上实在也支持不下去了(此意陈云、李富春同志1938年在马列学院给我们讲课时更加强调)。"[③] 显然,一个革命政党的成功,除了需要有效的组织与动员外,还需要经济支撑。从上述几点看,当前进行晋绥边区经济史的研究是有必要的。

总体来看,已有研究成果虽然给本书提供了有益的参考与借鉴,但亦给本书研究带来一定难度。本书如果在结构、内容、方法、资料、观点等方面均仿照已有成果的话,就是一种简单重复、炒冷饭。为此,在研究思路、研究方法、资料以及谋篇布局上,本书力图能与已有成果有一些差别,力求有一些贡献。以下将具体论述本书的研究思路、研究方法以及研究资料。

第二节　研究思路

本书的基本研究思路,是将"经济现代化"作为主线,把晋绥边区经济发展置于中国经济现代化的背景下,从实证研究和理论分析两个层面展

[①] 杨奎松:《"中间地带"的革命——国际大背景下看中共成功之道》,山西人民出版社2010年版。

[②] 参见《历史虚无主义泛滥,档案开放制度难辞其咎》,凤凰网,http://news.ifeng.com/a/20160616/490871580.shtml 以及黄道炫:《张力与限界:中央苏区的革命(1933—1934)》,社会科学文献出版社2011年版。

[③] 张闻天选集传记组编:《200位老人回忆张闻天》,人民出版社2013年版,第157页。

开,阐述1937—1949年边区[①]经济现代化历程。经济现代化理论包括两大核心内容,一是工业化,二是市场化。经济现代化理论把生产力放在重要地位。[②] 众所周知,从该视角分析中国近现代经济史相关问题已不新鲜,但把经济现代化理论用于分析根据地经济史问题却不常见。事实上,抗战后,晋绥边区经历从传统向现代的转变。正如杨奎松所言:"正是在应对现代侵略战争的这种组织力日渐形成的过程中,远远落后于日本的中国,一步步开始迈入了现代国家的行列。"[③]这种迈入现代的进程,自然也包含经济方面从传统向现代的迈进。为此,本书在基本思路方面与已有研究的不同之处,除研究主线外,还体现在研究时限、结构安排和研究内容等方面。

第一,在研究时限上,本书强调历史连续性,力求突出经济史研究的"通",使晋绥边区新民主主义经济发展过程完整展现。新中国成立初期经济建设的成功经验与根据地经济发展的经验积累密切相关。如果不对晋绥边区经济发展史进行长时段考察,仅仅考察抗战时期或解放战争时期,很难真正全面地作出合乎历史的评价。对晋绥边区经济发展史作全面梳理和分析,完整展现新民主主义经济全貌,总结边区经济发展特点及规律,这不仅有助于让人们系统了解新民主主义经济发展史,也能让人们深入了解新中国成立初期经济发展的来源、特点及经验、教训,进而可为当今革命老区经济发展提供历史经验与借鉴。

第二,在结构安排和研究内容上,由于刘欣、景占魁等前辈学者已出版相关专著,为避免简单重复,本书将采取与已有成果不同的结构安排,也区别于目前已有的其他根据地经济史专著的思路。与以往以时间为顺

[①] 边区,既是一个空间概念,也是行政概念。从抗战时期到解放战争时期,晋绥边区的行政区划一直处在变动中。为保证研究对象在前后论述中空间范围上的基本一致,本书论述的边区空间概念,主要包括抗战时期中国共产党实际控制的区域。抗战时期,中共实际控制的较为完整的县只有兴县、临县、保德三县,其他县均不完整。因此,我们考察的地域范围主要包括晋西北广大的山区。此外,关于边区的称呼,抗战时期亦称"抗日根据地",解放战争时期亦称"解放区"。为保证全文的统一,本书统称为边区。
[②] 赵德馨:《市场化与工业化:经济现代化的两个主要层次》,《中国经济史研究》2001年第1期;陈争平:《经济史与经济现代化研究》,《政治经济学评论》2016年第5期;虞和平:《关于中国现代化史研究的新思考》,《史学月刊》2004年第6期。
[③] 杨奎松:《抗日战争:使中国走向现代民族国家》,《文汇报》2015年8月28日,第T02版。

序分析的边区经济史不同,本书以现代经济学理论为指导,以经济史实为依据,将 1937—1949 年边区经济发展史划分为 7 个专题,专题内容涉及经济的各个主要方面,如经济现代化的路径选择,以及农业、工业、交通邮政、商业贸易、金融、财政税收等行业的发展概况。可以说,本书是以行业为对象进行论述,对各行业经济进行专题性深挖。"行业经济史是经济通史的有机构成部分。"[1]当然,为避免专题论述缺乏时序概念,在每一专题内部论述中尽可能体现时间概念。此外,为避免简单重复,对已有成果考察论述较多的问题,不再进行过多论述;对已有成果论述较少者,重点进行讨论。

总体来讲,除绪论与结语部分外,本书分为两大论证板块。第一章为第一大板块,阐述边区经济现代化是马克思主义指导实践的产物,以及选择新民主主义经济形态的历史必然性和正确性。第二章至第七章为第二大板块,分析各部门经济发展情况,指出影响边区经济发展的要素。本书旨在对晋绥边区的经济发展历史进行系统研究,充分展示经济发展的过程,总结经济发展规律和经验,尽可能指出影响边区经济发展的各种要素,并作出经济学解释。

第三节 研究方法

在研究方法上,由于目前各根据地相关研究成果较多,越来越多的资料被挖掘,因此,研究方法的改变显得尤为重要。特别是,本书的研究对象主要为根据地经济问题,对方法的要求更显迫切。正如有学者指出的:"历史研究的突破主要取决于两点,一是新资料和新对象的发现,一是理论方法的革新,二者相辅相成,不可偏废。相比之下,我以为更重要的是后者,它带给历史研究往往具有革命性的意义。即便是新资料、新对象的发现,除了偶然因素之外,也常与新的理论方法的启发有关,否则,再有价值的资料,也可能视而不见,甚至被看作一堆破烂。"[2]本书力求能够在研

---

[1] 彭南生:《行业经济研究刍议》,《近代史学刊》2016 年第 1 期。
[2] 李金铮:《小历史与大历史的对话:王笛〈茶馆〉之方法论》,《近代史研究》2015 年第 3 期。

究方法上显示出某些新意,并尽量注重与已有成果进行对话。在大数据时代,量化史学研究已成为当前中国史学研究和发展的新趋势。本书在马克思主义理论的指导下,在传统历史学方法的基础上,尝试使用量化分析方法对边区经济发展进行研究,尽可能地进行长时段的经济学分析,以克服定性分析之不足,从而提升理论深度,使根据地经济问题研究成果具有一定的"经济学"味道。用定量和定性相结合的方法,对边区经济发展作出经济学解释,突出分析性经济史的特色,力求做到经济思想、经济理论、经济政策与经济发展史的统一,为今天推动革命老区经济建设提供理论支持。从另一方面讲,运用量化方法对新民主主义革命时期中共经济发展史进行数量描述、统计研究,也是对中共党史研究的深化。

  总体来看,本书属于中国经济史研究的范畴,但由于研究对象为根据地经济史,故而亦属于中共党史研究的范畴。因此,本书也可视为经济史视角下的中共党史研究。从研究方法看,尽可能进行量化分析在经济史领域已不是什么新鲜内容。近年来,国内量化历史研究取得了长足的发展[1]。尽管量化史学在 20 世纪 80 年代就已引入中国,但长期以来,中国的历史研究基本仍以传统史学的研究范式为主。时至今日,量化方法才逐渐被一些研究者接纳并大力推广。[2] 量化方法在经济史研究领域颇受重视,成效也较为显著。在西方,量化研究导致"新经济史革命";在中国,量化研究使中国经济史研究向"新"经济史[3]转变。可以说,量化研究掀起了中国社会科学研究范式的一场"革命"。然而,与经济史领域相比,当前量化研究在国内党史学界的反响就不那么热烈。国内党史学界对量化研究的热情并未像其他领域(如经济史)那样高涨,运用量化方法分析中

---

[1] 特别是自 2013 年首届量化历史讲习班在清华大学的举办,量化历史研究显然已成为当前中国史学研究和发展的新趋势。

[2] 事实上,直至今日,学界对量化方法的争议依然存在,对量化方法的看法呈现两极化。(参见李伯重:《史料与量化:量化方法在史学研究中的运用讨论之一》,《清华大学学报(哲学社会科学版)》2015 年第 4 期。)也可参见孙圣民:《经济史研究中经济学范式的应用》,社会科学文献出版社 2019 年版。

[3] 需要说明的是,为什么在"新"经济史的新上加引号,是因为中国目前尚未完成新经济史革命。(清华大学李伯重教授在 2016 年 7 月中国经济史年会上所作的主题报告提到了这一点。)

共党史相关问题的研究成果还较少。① 特别是,在新民主主义革命时期中共经济发展史的研究中,运用量化分析的方法还是较为少见的。

理论和研究方法,对于研究中共经济发展史至关重要。习近平指出:"如果不能及时研究、提出、运用新思想、新理念、新办法,理论就会苍白无力,哲学社会科学就会'肌无力'。"② 从中共党史研究现状来看,目前研究方法仍主要侧重使用传统史学的经验归纳法。2011 年,李捷提到中共党史研究领域的薄弱环节是研究比较陈旧,须有选择地吸收借鉴其他人文社会科学和自然科学的研究方法,进行研究方法的创新。③ 2015 年,耿化敏指出长期以来党史研究存在这样的不足:党史研究理论与方法论建设相对滞后。④ 2016 年,孙英指出当前中共党史研究的成果,从理论思考的角度看,堆砌史料、罗列文件的多,抓住历史的核心要素,科学地具体再现历史真实、揭示历史内在本质和规律的还少了些。⑤ 因此,中共党史研究可以采用很多跨学科方法来进行,比如经济学、社会学、心理学、统计学等,可谓"史无定法"。而这些研究方法的运用,正是目前党史研究所欠缺的。

从研究内容看,众所周知,过去很长一段时间,中共党史研究的主要内容基本围绕中共政治、军事活动展开。之后,其逐渐扩展到政治领域外的社会、经济、文化、教育等其他领域。这其中,尤为需要关注的是中国共产党的经济活动。我们常说,经济基础决定上层建筑。中共之所以能够夺取并巩固政权,与其成功的经济活动是分不开的。特别是,改革开放以

---

① 代表性成果如:[日]村田忠禧:《通过对字词使用的计量分析研究中共党史——以政治报告素材为例》,《中共党史研究》1999 年第 4 期;《从〈人民日报〉元旦社论看中华人民共和国历史》,《中共党史研究》2002 年第 4 期;翟亚柳:《对党史资料量化研究的一种尝试——以引文分析方法分析〈中共党史研究〉中"文革"史研究论文资料利用情况》,《世纪桥》2003 年第 4 期。但上述研究亦仅为简单的数量描述,尚未使用计量经济学的相关理论。不少当代中国史研究者关于中华人民共和国经济史的研究使用了计量方法,如董志凯、武力、黄少安等的研究。但总体而言,使用量化方法研究中共党史问题,尤其是新民主主义革命时期中共党史问题的相关成果却非常缺乏。
② 习近平:《在哲学社会科学工作座谈会上的讲话(全文)》,人民网,2016 年 5 月 18 日,http://politics.people.com.cn/n1/2016/0518/c1024-28361421-4.html。
③ 李捷:《2005—2010 年中共党史研究的回顾与展望》,《江西师范大学学报(哲学社会科学版)》2011 年第 1 期。
④ 耿化敏、李春峰:《二〇一四年中共党史研究述评》,《中共党史研究》2015 年第 8 期。
⑤ 孙英:《中共党史研究中的历史思考、现实思考、理论思考》,《中共党史研究》2016 年第 2 期。

来的现代化经济建设的社会现实要求中共党史研究强调生产力。毛泽东指出："中共一切政党的政策及其实践在中国人民中所表现的作用的好坏、大小,归根到底,看它对于中国人民的生产力的发展是否有帮助及其帮助之大小,看它是束缚生产力的,还是解放生产力的。"①显然,研究中共党史必须把生产力放在很重要的地位。关于这一点,张静如指出中共党史研究主体部分的研究体系和研究重点"要体现解放和发展生产力这一核心内容"。②吴汉全、王炳林也认为："必须充分考量中共的历史活动与解放和发展生产力的关系,将生产力观点贯穿于中共党史研究之始终。"③经济史研究的核心内容也是生产力。经济史学家吴承明指出,经济史既要研究生产关系,又要研究生产力。不讲生产力,生产关系也就无规律可言,经济史就变成抽象的历史,越讲越空。④ 基于上述几点,我们可以设想,经济史的研究方法可以用来研究中共党史,尤其是研究中共经济发展史。事实上,在党史学界,用经济学方法研究党史的观点已有人提出。如欧阳淞指出,经济学是党史研究最需借鉴的学科理论和方法之一。党史研究越来越需要加强和深化党领导经济建设历史的研究,这就有必要借助经济学的理论和方法。⑤ 显然,目前中共党史研究在研究方法方面的困境已经被学界所认识,党史研究亟需新的分析工具。现代化是当前党史研究的任务之一。量化方法是实现党史研究现代化的重要手段,可以推动党史研究现代化。

第一,量化方法可以为中共党史研究提供一种分析的理论框架。量化史学作为一门将经济理论和定量分析运用于历史研究,特别是经济史研究的交叉学科,可以为党史研究提供更好的分析方法、思维工具以及构想技术。胡绳曾提出要以现代化线索书写1921—1949年的中共党史。⑥

---

① 《论联合政府》(1945年4月24日),《毛泽东选集》第三卷,人民出版社1991年版,第1079页。
② 张静如:《解放和发展生产力与党史研究》,《北京党史研究》1993年第1期。
③ 吴汉全、王炳林:《以社会史为基础深化中共党史研究的再思考》,《中共党史研究》2014年第9期。
④ 吴承明:《关于研究中国近代经济史的意见》,《晋阳学刊》1982年第1期。
⑤ 欧阳淞:《关于党史研究的理论借鉴问题》,《中共党史研究》2013年第5期。
⑥ 周一平:《胡绳中共党史研究的理论和方法》,《中共党史研究》2005年第4期。

而中国近现代经济史的研究主线目前也较多采用经济现代化。[1] 研究主线的接近使诸多党史研究问题可以使用经济史的研究方法实现。目前，运用这些方法来研究新民主主义革命时期中共党史的相关成果还较为罕见。

第二，量化方法可以使我们对中共党史的一些问题作出更为合理的解释和判断。例如，把量化方法运用于中共经济问题研究，可以使中共经济发展史研究更全面。目前把量化方法用于中共经济问题研究的已有成果，研究时段主要集中于新中国成立后，新中国成立前的相关成果较少。虽然根据地的相关研究大多涉及经济问题，反映了新中国成立前中共的经济问题，如魏宏运的《华北抗日根据地史》[2]《晋察冀抗日根据地财政经济史稿》[3]、山西省地方志办公室的《晋绥革命根据地史》[4]、谢忠厚的《晋察冀抗日根据地史》[5]、齐武的《晋冀鲁豫边区史》[6]等，以及专门论述根据地经济史的论著，如陈廷煊的《抗日根据地经济史》[7]、赵效民的《中国革命根据地经济史（1927—1937）》[8]、董志凯的《解放战争时期的土地改革》[9]等，但上述论著使用的主要是传统史学的书写方式。社会经济发展需要通过一定的量来反映，而根据地经济的已有相关研究缺乏量化分析。把量化方法运用到新中国成立前中共经济问题的分析中去，可以以更现代化的方式解释新中国成立前的中共经济问题，使中共经济发展史更为科学、完整的展现，从而深化中共经济发展史研究。

第三，从学科意义上讲，量化分析能够推动中共经济发展史研究科学化，能够促进中共党史学研究的繁荣。科学性是中共党史研究的基础和生命，只有具有科学性的中共党史才是真正的中共党史。在中共党史研

---

[1] 赵德馨：《中国近现代经济史（1842—1991）》，河南人民出版社2003年版。
[2] 魏宏运、左志远：《华北抗日根据地史》，档案出版社1990年版。
[3] 魏宏运：《晋察冀抗日根据地财政经济史稿》，档案出版社1990年版。
[4] 山西省地方志办公室编：《晋绥革命根据地史》，山西人民出版社2015年版。
[5] 谢忠厚、肖银成：《晋察冀抗日根据地史》，改革出版社1992年版。
[6] 齐武：《晋冀鲁豫边区史》，当代中国出版社1995年版。
[7] 陈廷煊：《抗日根据地经济史》，社会科学文献出版社2007年版。
[8] 赵效民：《中国革命根据地经济史（1927—1937）》，广东人民出版社1983年版。
[9] 董志凯：《解放战争时期的土地改革》，北京大学出版社1987年版。

究中,党性和科学性是辩证统一的整体,不可割裂。① 然而,一段时间以来,中共党史研究要么过于意识形态化,要么过于定性,停留在史料整理和描述性层面。正如有的学者指出的,中共历史研究的"绝大多数结论不是来源于作者个人的分析,而是采撷于某人讲话、某项决议、某次会议"②。因此,中共党史研究常受到科学化程度不足的问责,以至出现被边缘化趋势。法国著名马克思主义历史学家 A. 索布尔曾说,所有政治史都是社会史,社会史说到底就是计量历史。③ 量化分析在中共党史研究中之所以重要,就在于要说明中共党史中的生产力发展演变等问题,只能通过量的分析。事实上,不少国内学者早就意识到,解决党史研究被边缘化的出路在于党史研究要完成从研究思路到研究方法的转变。党史研究者要跳出党史研究党史,钻研和掌握社会学、经济学、政治学、政策学等现代社会科学的理论和方法。④ 可以说,量化分析能够增强党史研究的说服力,拓宽中共党史研究的领域,从而推动中共党史研究进一步繁荣。

第四,从现实意义上讲,量化研究增强中共经济发展史研究的科学性,可以有力回击历史虚无主义。当前,历史虚无主义思潮在我国泛起并有蔓延之势。历史虚无主义极力歪曲、否定中国革命史、中共党史和中华人民共和国史。⑤ 例如,历史虚无主义者宣称"中国革命是对现代化的破坏""中国共产党对中国的发展进步没有贡献"。⑥ 笔者认为,过去党史研究以定性分析为主,存在研究方法单一、论述不够精确等问题。这种传统的分析范式束缚了党史研究的解释力,从而给历史虚无主义思潮的蔓延以可乘之机。量化研究,从史实出发,通过翔实、全面、丰富的档案资料,借助数学、统计学等分析工具,实事求是、科学严谨地对党史问题进行精确的定量分析,从而得出客观、真实的结论。如果我们能够对新民主主义

---

① 宋学勤:《中共党史研究的认识误区与学术选择》,《党史研究与教学》2013 年第 2 期。
② 茅海建:《不同的声音——读〈中间地带的革命〉》,《近代史研究》1995 年第 1 期。
③ [美]格奥尔格·伊格斯:《欧洲史学新方向》,赵世玲、赵世瑜译,华夏出版社 1989 年版,第 168 页。
④ 费讯、李子白:《重视基础理论研究,加强党史学科建设——中共党史史学暨中共党史史学理论学术研讨会综述》,《党史研究与教学》2008 年第 3 期。
⑤ 《中央党史研究室副主任张树军谈历史虚无主义的实质和要害》,新华网,2016 年 7 月 6 日,http://news.xinhuanet.com/live/2016-07/06/c_1119173989.htm。
⑥ 杨军:《历史虚无主义虚无了什么?》,《中国社会科学报》2013 年 1 月 25 日,第 A7 版。

革命时期中共党史上的经济问题进行定量研究,科学地论证根据地经济发展及现代化进程,那么上述虚无历史的宣言就会不攻自破。这样的研究不仅可以弥补传统研究可靠性数据的不足,还能促进中共党史研究的精密化、深入化和国际化。通过量化党史来维护党史,加强党史研究的理论阐释、实证研究,增强党史研究的科学性,做出有说服力的、科学性强的研究成果,以有力地回击历史虚无主义,从而坚定建设有中国特色社会主义的信心。

总之,中共党史研究要实现不断科学化、现代化,就必须不断更新和发展新理论、新方法。恩格斯曾说:"马克思的整个世界观不是教义,而是方法。他提供的不是现成的教条,而是进一步研究的出发点和供这种研究使用的方法。"① 显然,以马克思主义为指导的中共党史,其研究方法应该不断改进和发展。中共党史研究者应该追赶时代,接受国外理论和方法的引进。但是,接受并非全盘接受,更非否定过去。习近平指出:"对一切有益的知识体系和研究方法,我们都要研究借鉴,不能采取不加分析、一概排斥的态度。"② 李金铮曾提出要想实现中共党史或革命史的真正突破,必须寻求研究思维的转换和研究视角的创新。而研究视角创新的途径则是加强中共革命史与中国乡村史的连接、中共革命史与社会史(尤其是国家与社会互动关系)的连接。③ 本书要提出的研究取向则是,深化中共党史研究,需要加强中共党史与经济史的连接。也可以说,要加强经济史视角下的中共党史研究。

当然,研究经济史不应该将研究方法固定化与唯一化,以上所述只是本书尝试使用的方法之一。吴承明先生早就提到经济史研究要"史无定法"。钱穆也说:"我们治中国经济史,须不忘其乃在全部文化体系中来作此表现。若专从经济看经济,则至少不足以了解中国的经济发展史。""我们当从政治史、社会史来研究经济史,亦当从政治思想、社会思想来研究

---

① 恩格斯:《致威纳尔·桑巴特》(1895年3月11日),《马克思恩格斯全集》第39卷,人民出版社1974年版,第406页。
② 习近平:《在哲学社会科学工作座谈会上的讲话》,《人民日报》2016年5月19日,第2版。
③ 李金铮:《向"新革命史"转型:中共革命史研究方法的反思与突破》,《中共党史研究》2010年第1期。

经济思想，又当从政治制度、社会制度来研究经济制度。"①从当前史学研究的趋势来看，如马敏所强调的："在研究方法上，也要采取多学科的研究方法，历史学、社会学、社会心理学、政治学乃至法学等多学科的各种理论和方法均可采用。"②基于以上几点，本书除采用经济学、历史学这两种经济史研究基本的研究方法外，还将采用社会学、社会心理学等学科的研究方法，使研究更接近历史的客观事实。本书不仅对晋绥根据地经济史问题进行了长时段研究，贯注了"大历史"的精神，而且强调其中某个具体阶层或人，如从心态史视角分析土地改革过程中私营工商业者的心态；强调宏观视角下的微观要素研究，如从经济学角度分析根据地公粮收支、财政收支等问题。可以说，从"总体史"视角观察晋绥根据地经济史，以往研究较少触及的各类微观经济要素、民众社会心态问题都将在本书中得以阐述。如此可以大大扩宽革命根据地史研究的视野，从而丰富中国近代经济史以及中共党史研究。

此外，本书还采用了制度经济学的方法，以突出制度在推动边区经济发展过程中的重要作用。从经济理论视角看，人类经济活动的历史离不开一定的技术条件，但也离不开一定的制度环境。特别是，任何技术条件都是在一定的制度环境才能产生和存在。美国经济史学家格申克龙指出："一国的经济越落后，特殊的制度因素在增加新生工业部门资本供给中的作用就越大。""如果落后国家政府未能结合本国社会经济环境适时地推行恰当的支出、税收、金融与外贸政策等，那么落后国家中原有的落后劣势就不能被弱化，反而也将不断增长，从而落后国家就有可能错过其落后的优势本可以为其提供的爆发工业革命的机会。"③可以说，在战争环境及生产力极为落后的背景下，中共设计的一系列制度安排是边区经济增长的关键因素。

---

① 钱穆：《中国社会经济史讲稿》，叶龙记录、整理，北京联合出版公司 2016 年版，封底。
② 马敏：《21 世纪中国近现代史研究的若干趋势》，《史学月刊》2004 年第 6 期。
③ ［美］亚历山大·格申克龙：《经济落后的历史透视》，张凤林译，商务印书馆 2012 年版，第 5 页。

第四节 研究资料

2015年7月30日,习近平在中共中央政治局第二十五次集体学习时强调,深入开展中国人民抗日战争研究,必须坚持正确历史观、加强规划和力量整合、加强史料收集和整理、加强舆论宣传工作,让历史说话、用史实发言。① 因此,在资料挖掘和利用方面,本书大量利用了山西省档案馆的档案资料,以及兴县、临县等县档案馆的档案和内蒙古自治区档案馆的档案,还有大量报刊资料和口述资料,还整理了大量已出版的资料汇编,力求在经济史资料的整理上有所突破。这些资料为本书研究提供了大量重要的统计数据。这是支撑本书研究的最有价值的资料。

由于战争年代,边区各项工作制度极为不健全,干部文化水平亦不高,因此,收集到的资料大多极为零散和残缺。连续性的统计资料很罕见,资料形成的背景及真实性也有待考察。有学者曾批评一些研究成果过分信赖党的文件及党报、党刊,因为党的文件常常是按"思想和政治路线的正确与否是决定一切的"来书写的。② 然而,本书收集的档案资料大多来自基层单位的文件,不论书写还是行文均较为粗糙,但很生动。这使这些资料极具有参考价值。正如有学者在评价党内文件的研究作用时指出:"我所使用的关于政策实施的中共内部材料出自中共干部之手,大多是不出名或不知名的干部,他们很少关注全国范围的党的争议和辩论。他们对党和农民在农民利益上的分歧很敏感,详细具体地描述、分析了农民的态度并艰难地调节这些分歧。有时这些材料在行文和意识形态内容上都很粗糙,但对我们而言,这恰恰增强了其历史价值。"③ 进一步看,虽然当时基层干部文化水平不高,但大部分干部的态度是端正的。在调查

---

① 习近平:《让历史说话用史实发言,深入开展中国人民抗日战争研究》,《人民日报》2015年8月1日,第1版。
② [美]黄宗智:《评关于江西时期的几本西方著作》,《中共党史译丛》第一辑,求是出版社1984年版,第223页。
③ "Preface", in yung-fa Chen: Making Revolution: The Communist Movement in Eastern and Central China, 1937—1945. 转引自李里峰:《革命政党与乡村社会——抗战时期中国共产党的组织形态研究》,江苏人民出版社2011年版,第23页。

资料时,他们是认真负责的。高鲁在日记中记载的一件事可说明这一点。"统计中农在各阶层中所占比例,花去了大半天时间。中农人口总数与各阶层人口数字不吻合,只能重头再算,发现有几户中农有户数,无口数。有同志说在其他栏内调整一下就行,我们不同意,不能随心所欲地改数字。数字不准,材料便不真实。这样的材料报上去,张晋西(闻天)同志便无法利用。"①总体来说,本书使用的档案资料是真实的、贴近事实的。

根据已收集的资料我们尽可能对其进行量化分析。有学者提出,民国时期国民政府编制的统计报告含有大量数据使对民国时期社会经济发展进行计量研究成为可能。②但对新民主主义革命时期根据地社会经济发展进行量化研究,学界则较少有人提及。事实上,中国共产党历来重视社会调查和数字统计。③因此,在晋绥边区资料中有不少数量记载。新中国成立后陆续出版的诸多系统经济资料自不必赘言,公开出版的涉及晋绥边区的如张闻天农村调查等。这些是支撑我们进行量化研究的十分珍贵的统计资料。总体来看,晋绥边区经济统计资料虽然较为零散,但仔细搜索整理还是能找到不少具有相对连续性的有价值的资料的。例如,一些关于财政税收、工业、物价等方面的资料,其中不少采用表格、折线图等统计工具表示,甚至有采用定基、环比等统计指标进行分析的数据。④把上述资料收集起来,就能对晋绥边区经济史进行数量描述,以展示根据地生产力水平,进而反映中国共产党在根据地的经济建设情况。例如,做出晋绥边区物价变化曲线,对引起曲线变动的因素进行分析,从中可以总结中共物价思想,反映中共在平抑物价方面的努力。尽管如此,由于晋绥边区资料既零散又不系统,故本书的量化研究,除少部分连续的资料可以作长时段分析外,大部分只能进行数量描述,想要达到完全量化的目标并非易事。

---

① 理红、理京整理:《高鲁日记》,第 333—334 页。
② 马敏:《计量史学与民国社会发展指标体系》,《光明日报》2001 年 8 月 7 日,第 B3 版。
③ 黄道炫也指出,抗战时期中共就极为重视数目字和精细化管理。参见黄道炫:《"一切要有数目字"——谈抗战时期中国共产党的一个贯彻机制》,《北京日报》2020 年 1 月 6 日,第 15 版。
④ 晋绥边区财政经济史编写组、山西省档案馆编:《晋绥边区财政经济史资料选编(共 5 编)》(山西人民出版社 1986 年版)以及山西省档案馆所藏相关资料。

第一章

边区经济现代化的总体环境与路径选择

研究区域经济史,离不开对该区域所处环境的总体考察。这虽是一个老生常谈的问题,但却是经济史研究无法回避的话题。因为人类社会经济的发展与其所处的自然、人文、经济、政治等环境息息相关。一定意义上讲,环境决定一个地区生产力的发展和生产方式的选择。本章将从自然、人文、经济、政治等方面对边区经济发展的总体环境进行考察。这是边区经济现代化路径选择新民主主义经济的自然社会环境与经济政治基础。

第一节 边区经济现代化的总体环境

一、自然人文环境

(一)自然环境

晋绥边区位于山西省西北部和绥远省南部,以晋西北管涔山为中心,包括管涔山、洪涛山、云中山、吕梁山和绥南的大青山等绵延千里的广大高原地区。[1]除山区外,边区还包括大同平原、崞县平原以及太原平原等

---

[1] 晋绥边区财政经济史编写组、山西省档案馆编:《晋绥边区财政经济史资料选编·总论编》,山西人民出版社1986年版,第1页。

平原地带,但新中国成立前这些地区均未被中共实际管辖。绥远省南部地区基本属于游击区。因此,我们考察的晋绥边区主要指晋西北广大的山区。该地区位于黄土高原区,气候属于大陆性气候,寒冷干燥,热量不多,降水量极少,大风天气较多。南部较北部稍暖和些,中部及北部尤其寒冷。雨水多集中在6月至8月,夏季降水量占全年雨量的60%以上,降水量变化率大。吕梁山高山区降水变化率高达26%。[1] 边区大部分地区较为落后,自然条件差,主要包括兴县、临县、岚县、保德、河曲、静乐、方山、岢岚、神池、五寨等地。

1942年,张闻天在晋陕农村调查中这样形容这里的自然条件:"濯濯的高山与险峻的深沟是这里地形的特点。……许多曲折的深沟,横躺在不断起伏的山地里,造成一种很特殊的壮观。很多深沟天旱无水,到大雨时则水势很猛。深沟两边均为沉积岩的石层。……这里气候干燥,冷热不调,带大陆性。春夏间常少雨水,易成旱灾,而秋天则往往雨水过多,造成水灾雹灾。每年三月即刮起巨风,卷来大量沙土,盖在方才耕种过的土地上,损害种子的生长。……天灾是这里人民最害怕的东西。"[2]《兴县志》这样写道:"境内山河交错,沟壑纵横,梁峁起伏,岗毗峦连。……地势东北高而西南低,逐渐向黄河谷槽倾斜,相对高差1478米。……地表多为正黄土,但土地贫瘠,植被稀疏,水土流失严重。"[3]可以说,边区的自然环境是极其恶劣的,农业生产基础极其差。地瘠民贫,土壤肥力低,广种薄收,耕作粗放。人们基本处于"靠天吃饭"的状态。1940年,高鲁在河曲、保德、岚县工作时记录了这些地方的自然环境:"河曲、保德在山西西北部的黄河边上。保德县城与陕西的府谷县城隔岸对峙,河曲则紧接着绥远。两县都土地贫瘠,或岩石林立或黄沙遍地,只有靠河曲的土地略微好些,但所产粮食远不能供给当地人民食用。"[4]1946年,穆欣曾这样描述晋绥解放区:"全区素称贫瘠,物产不丰,人民生活穷苦,文化教育落

---

[1] 山西省史志研究院编:《山西通志·气象志》第3卷,中华书局1999年版,第30—31页。
[2] 《陕甘宁边区神府县直属乡八个自然村的调查》(1942年4月12日),张闻天选集传记组、中共陕西省委党史研究室、中共山西省委党史研究室编:《张闻天晋陕调查文集》,第9页。
[3] 贾维桢、尚永红、孙海声主编:《兴县志》,中国大百科全书出版社1993年版,第1页。
[4] 理红、理京整理:《高鲁日记》,第103—104页。

后。"① 可以说,上述资料形象地反映了晋绥边区的自然条件。关于晋绥边区的自然条件,诸多著作对其作了详细介绍。② 人们对此也有大致了解和认识,兹不赘述。

(二)人文环境

晋绥边区自然环境恶劣,经济社会文化极为落后,人口素质低下。通过考察边区社会人文环境,我们可以对边区经济发展的外部环境有更为全面而深刻的认识。而这方面恰恰是目前晋西北经济史研究较为欠缺的地方。我们将从教育、医疗卫生、民众生活等方面对边区社会人文环境进行概述。

第一,边区民众受教育程度很低,大部分群众不识字。据统计,1940年晋西北16县县级以上教育行政干部达小学文化水平的仅占56%;在小学教员中,小学毕业者仅占79.2%。③ 村干部有71.4%是文盲、半文盲。④ 县级干部、小学教员和村干部文化水平尚且如此,更遑论一般民众及儿童。农民则一般不识字。其中,青年文盲比较多,特别是女青年文盲将近90%。⑤ 可见,边区民众文化教育水平非常低。"在晋西北一带,大体上还是自给自足的经济,生产力不太发达,文化知识平均起来还落后于平原地带。"⑥大多数民众对文化教育的态度是冷淡的。只有较开明的地主富农,不仅送子弟上学,还能帮助地方教育。《高鲁日记》记载:"地富有经济实力,也多有文化。地富以下的阶层文化亦随经济实力的降低而降低。贫农多文盲。"⑦大多数中农以下家庭不愿意让子弟上学。贫农孩子多半在家劳动,父母不让其上学,更不关心文化教育。雇农吃穿都有困

---

① 穆欣:《晋绥解放区鸟瞰》,吕梁文化教育出版社1946年版,第2页。
② 岳谦厚、张玮:《黄土·革命与日本入侵——20世纪三四十年代的晋西北农村社会》,书海出版社2005年版。
③ 杜心源:《"民国"二十九年度教育工作总结》,山西省教育史晋绥边区编写组、内蒙古自治区教育史志办公室编印:《晋绥革命根据地教育史资料选编》(一),第185页。
④ 共青团山西省委、山西省档案馆编:《山西青年运动历史资料(晋绥革命根据地分册)》第二辑,内部发行,1986年,第91页。
⑤ 共青团山西省委、山西省档案馆编:《山西青年运动历史资料(晋绥革命根据地分册)》第二辑,第93页。
⑥ 戴正华:《要注意公共卫生》,《抗战日报》1942年3月19日,第4版。
⑦ 理京、理红整理:《高鲁日记》,第328页。

难，更没经济能力让孩子上学。贫穷是农民受教育水平低的主要因素。

第二，儿童入学率极低，劳动是儿童日常生活的主要内容。抗战初期，边区屡遭日伪摧残，许多小学陷于停顿，国民教育几乎瘫痪，儿童入学率极低。据 1941 年粗略数据统计，边区儿童入学率一般在 30%～40%。学生流动性很大，如临县 4 429 名学生，农闲时经常到校的学生约占 69.5%，而农忙时很多学生不到校。临县每校不足 20 人的学校占 60%。很多学校都是初级小学，高级小学很少，小学三、四年级学生都很少见。① 大部分儿童不上学，很小就参加劳动。劳动种类与大人无异，劳动强度很大，如离石艾掌村有 50 个儿童，其中 30 个参加劳动。兴县东坡上村 14 个儿童全参加劳动，最小的年仅 6 岁。保德下流碛村姜四子，6 岁就参加劳动，一年到头没空闲。临南石佛山村 12 岁张合祥，靠背炭卖炭生活。② 只有极少数地主家的孩子不参加劳动。富农家的孩子亦参加劳动，帮助大人锄地、送饭、喂牲口。除自己家劳动外，不少贫农女孩还在婆家劳动。在边区，小女孩过早婚嫁或当童养媳的现象很普遍。童养媳一般生活都比较苦。如保德崔家塔一童养媳（9 岁，男人 23 岁）不仅做家务还要下地帮忙，常因想母亲而偷偷哭。③ 可见，劳动是边区儿童日常生活的主要内容。

第三，师资严重缺乏，文化水平低，教学质量低。据 1941 年 5 月统计，行署 21 县有学校 1 789 所，学生 74 959 个，教员 2 163 个，每校平均 1.21 个教员，每个教员教 34.6 个学生。临县每个教员教 46.4 个学生，有的县平均一个教员教 71.3 个学生。有的学校还有 14 岁的老师。边区老师文化程度低，中学学历以上仅占 19.9%，高小以下占 80.1%。学校教师 1/3 不会教算术、自然等，仅能教识字。学校没有规定的课程，学生到校后就由教员带着出操，玩一天就放学。很多教员工作积极性低，请假

---

① 共青团山西省委、山西省档案馆编：《山西青年运动历史资料（晋绥革命根据地分册）》第二辑，第 97 页。
② 共青团山西省委、山西省档案馆编：《山西青年运动历史资料（晋绥革命根据地分册）》第二辑，第 38 页。
③ 共青团山西省委、山西省档案馆编：《山西青年运动历史资料（晋绥革命根据地分册）》第二辑，第 38—39 页。

回家的很多。① 由上可见,边区学校教育极其不正规,不仅师资缺乏、质量低、学生少,更无规范的上课制度。

第四,医疗卫生条件差。边区医生和医疗服务机构奇缺,加之贫穷落后、敌人扫荡、疫病流行,乡村卫生保健很差。据资料显示,在农村,儿童死亡率高达 50%,两三岁儿童并不多见。② 如 1940—1944 年贺家川村共出生 64 个小孩,死亡 37 个,死亡率为 58%。③ 很多儿童生病后得不到相应医治。虽然自 1941 年起边区先后成立了白求恩国际和平总院及 8 所分院,但只有总院设儿科与妇产科。1944 年兴县人民政府和晋绥军区卫生部共建的兴县民众医院亦没有儿科和妇产科。④ 值得一提的是,边区创办的医药合作社培训了一部分妇女干部,对降低儿童死亡率起了一定作用。如 1945 年一区妇女干部尚兰子一个半月走遍 16 个村庄为 115 名儿童种牛痘。⑤ 总体来讲,尽管边区医疗机构和卫生人员有一定发展,但医疗条件依然极其有限。可以说,边区乡村的医疗卫生条件还很差,儿童能顺利存活并成长起来是比较幸运的。群众生病了大多求神拜佛,没有卫生健康观念。

第五,社会风气普遍不好,妇女地位低下。由于民众生活较为凄苦,边区青年男性娶不起媳妇的人较多。据 1940 年冬统计,临县后月镜村共有 46 个青年,未结婚者 40 人,占 73%;贺家沟共有 36 个青年,未结婚者 22 人,占 61%;花嫣村共有 20 个青年,未结婚者 16 人,占 80%。在已婚青年中,绝大部分是中农以上成分。⑥ 由于青年大多未结婚,农村社会风

---

① 共青团山西省委、山西省档案馆编:《山西青年运动历史资料(晋绥革命根据地分册)》第二辑,第 95—98 页。
② 共青团山西省委、山西省档案馆编:《山西青年运动历史资料(晋绥革命根据地分册)》第二辑,第 38 页。
③ 《武新宇主任在晋绥边区第四届群英大会上的总结报告》(1944 年 12 月 30 日),山西省教育史晋绥边区编写组、内蒙古自治区教育史志办公室:《晋绥革命根据地教育史资料选编》(一),第 117 页。
④ 山西省史志研究院编:《山西通志·卫生医药志(卫生篇)》第 41 卷,中华书局 1997 年版,第 239—240 页。
⑤ 山西省史志研究院编:《山西通志·卫生医药志(卫生篇)》第 41 卷,中华书局 1997 年版,第 243 页。
⑥ 共青团山西省委、山西省档案馆编:《山西青年运动历史资料(晋绥革命根据地分册)》第二辑,第 33 页。

气不好,赌博现象较为严重。未婚青年与已婚妇女搭伙计(也称女人搞破鞋)现象也较为常见。① 总体来说,民众生活贫苦、文化教育水平又极低,导致边区社会风气极其不好。此外,边区妇女地位很低,妇女买卖现象较普遍。买卖婚姻、早婚现象盛行,如离石艾掌村青年妇女大多是买卖婚姻。1941年该村34个青年妇女,都是16岁以下结婚,最小的12岁。已婚妇女的家庭地位很低,儿媳妇在家中被束缚得很厉害,家规很严。例如,媳妇见了公婆一定要站起来,不然就要挨打挨骂;儿媳妇要给公婆倒尿盆,公公在家不准媳妇在房里坐,不能和公婆吃一样的饭等。② 特别是,贫农家的妇女境况最惨。贫农青年妇女既要参加很重的劳动,生活极端贫困,在家里又没有任何地位。中农青年妇女劳动亦很重,吃穿能过得去,但并不富裕。地主青年妇女一般不下地劳动,但要在家做家务,经济权力很低。

由上可以看到,边区民众受教育的机会很有限,绝大部分民众处于文盲和半文盲的愚昧状态。有文化水平的也仅限于小学水平或初小水平,高小水平都很少,也有个别子弟外出读书至大学,但几乎是凤毛麟角。因此,在边区民众的日常文化生活中,供大仙等迷信现象很普遍,很多村家家供神,有病大多求神问卜。由于民众大多贫困异常,走西口现象较为普遍。民间常流行一些民间戏曲如北路梆子、中路梆子等,内容有走西口、叫亲亲、割莜麦等有关调情和劳动的小调。可以说,这是边区民众社会文化生活的一般写照。

二、经济环境

总体而言,边区经济是较为落后的。边区经济结构主要包括农业、畜牧业与手工业及工业。农业相对落后,畜牧业相对发达。传统手工业有一定基础,现代工业很少见。1942年,张闻天调查晋西北后总结到:"农

---

① 共青团山西省委、山西省档案馆编:《山西青年运动历史资料(晋绥革命根据地分册)》第二辑,第37页。
② 共青团山西省委、山西省档案馆编:《山西青年运动历史资料(晋绥革命根据地分册)》第二辑,第35页。

业生产力是低下的,农民生活是痛苦的,社会也是贫穷的。"[1]曾参加张闻天调查的薛一平回忆:"是的,那地方很穷,没有水,主要是种玉米和高粱,靠天吃饭。"[2]以下简要论述抗战前边区经济情况。

(一)农业与畜牧业

边区大多数县份海拔很高,气候寒冷,光照时间不足。因此,边区农作物以莜麦、马铃薯、胡麻、荞麦、豆类为主。马铃薯到处都是,高粱也很多。小麦、棉花、烟草仅在南部个别县份有。畜牧业以羊最多,皮毛产出较多,尤其以北部几个县最多。此外,还有马、驴、骡、猪、骆驼等。正如资料载:"该县地广人稀、人口流动性大。土地、人口分散。88%以上的土地是山地。山势较高,气候寒冷,不宜种植日期较长的作物。主要作物大概是莜麦、豌豆、胡麻、山药等。"[3]表1-1反映的是边区农业及畜牧业情况。

表1-1　　　　　　　　　边区农业及畜牧业情况

作物种类	名称	分布区域	产量情况	销售区域
主要粮食作物	莜麦、马铃薯、胡麻、荞麦、谷子、高粱、玉米、各种豆类	各县均有	河曲、保德、偏关产粮不足,其余各县粮食均往外输	岚县、静乐、宁武、岢岚、五寨的余粮一般往太原销售,雁北各县由平绥路输出,临县、离石、兴县粮食往陕西输出
工业原料作物	棉花	临县、兴县部分地区	较低	
	麻	临县、方山、离石	每亩水地能产30~50千克	能往外输出
	烟草	兴县、临县、离石	临县栽种广,每年能产150 000千克	
	胡麻	各县均有	各地栽种广泛,产量较大	太原

---

[1] 《发展新式资本主义》(1942年10月7日),引自中央党史研究室张闻天选集传记组编:《张闻天文集》第3卷,第126页。
[2] 张闻天选集传记组编:《200位老人回忆张闻天》,人民出版社2013年版,第190页、第191页。
[3] 山西省兴县专署:《山西省岢岚县石家会、王现庄、北方沟三个自然村的典型调查》(1950年9月21日),山西省档案馆,档号C049-0005-0017-0004。

续表

作物种类	名称	分布区域	产量情况	销售区域
药材	麻黄、黄芩、冬花等	各县均有	产量较多,是晋西北特产	河北、外县各处
森林	松树、杨柳	宁武、方山、交城、岚县、兴县	林木是晋西北的富源之一	太原(如西北实业公司)
畜牧	土种羊、美利坚羊	各地均有	抗战前较多	太原,抗战前成群羊被赶到太原卖
畜牧	牛、荷兰牛、爱西亚牛	各地均有	抗战前较多	太原
畜牧	毛驴	兴县、临县、岢岚	抗战前较多	太原
畜牧	骡马	宁武、静乐一带较多	抗战前较多	太原
畜牧	猪	各地均有	抗战前较多	太原,如兴县猪在太原比较有名
果木、蔬菜	蔓菁、芥菜	各地均有	产量较大	
果木、蔬菜	核桃、红枣	沿河各县	产量较大	太原

资料来源:根据中共中央财政经济部:《晋西北的自然地理社会政治经济概况》(1940年6月29日),晋绥边区财政经济史编写组、山西省档案馆:《晋绥边区财政经济史资料选编·总论编》第7—10页整理。

可以看出,临县是边区产粮大县,也是能够种植棉花、烟草、小麦的县份。其粮食不仅能够自给,还能销往太原等地。兴县也属于经济相对好一些的县份,其农业与畜牧业均比一般县强一些。而河曲、保德、偏关等地农业则较为落后,人们生活尤为苦。即便是富农,其生活水平也不高,如河曲的"中农吃糠,富农不吃糠"。[①] 进一步看,边区农业条件虽相对落后,但农产品并不局限于自给自足,而是常常销售至外地。

(二)手工业与工业

边区有一定的手工业基础。手工业与工业包括榨油、开煤窑、制毡、造酒、制粉、制革、打铁、烧瓷、造纸、纺织等。边区主要传统手工业分布情况详见表1—2。

---

① 理红、理京整理:《高鲁日记》,第398页。

表 1-2　　　　　　　　　边区主要传统手工业分布情况

	分布区域
纺织工业	兴县、临县、离石,民间有纺织业的基础
造纸	主要在临县
煤矿、铸铁厂	各地均有分布,主要在临县招贤工业区
皮毛作坊	主要在交城
民间手工业	各地均有,如油坊、烧坊、粉坊、糠坊、毡坊、丝织坊、皮坊、铁匠、木匠、瓷窑等

资料来源:根据中共中央财政经济部:《晋西北的自然地理社会政治经济概况》(1940年6月29日),晋绥边区财政经济史编写组、山西省档案馆:《晋绥边区财政经济史资料选编·总论编》,第10—12页整理。

总的来讲,纺织工业在民间有一定的基础和历史。特别是临县、兴县、离石等地,民间纺织历史较为悠久。造纸工业也主要集中在临县。煤矿各地都有分布,但临县招贤工业区煤矿业较为发达。临县招贤工业区还有很多铸铁厂。可以说,临县招贤工业区是晋西北手工业较为集中、发达的地方。此外,边区还有诸多民间手工业,如油坊、烧坊、粉坊、糠坊、毡坊、丝织坊、皮坊、铁匠、木匠、瓷窑等在各地均有分布。尤其是,榨油业是边区手工业的特色。边区矿产极其丰富,除煤、铁外,还包括金、银、铅、锰、硝、硫磺、石膏等。其中以煤、铁最多,几乎各县都有,但开采方法基本都是土法,主要销售至太原、陕西等地。边区矿产分布情况详见表1-3。

表 1-3　　　　　　　　　　边区矿产分布情况

	分布区域	开采方法	销售区域
煤	除岢岚、五寨、方山尚未发现煤矿发掘,其余各县均有,尤其是保德、兴县、临县产煤最盛	土法	山西、陕西各地
铁	宁武、静乐、河曲、偏关、保德、临县均产铁	土法	
锰	静乐		太原
其他金属矿	离石、中阳交界处产铜;临县、离石交界处产铅、银		

续表

	分布区域	开采方法	销售区域
其他非金属矿	临县、离石产石膏；河曲、偏关产硫磺、硝石；保德产土龙骨		外地

资料来源：根据中共中央财政经济部：《晋西北的自然地理社会政治经济概况》(1940年6月29日)，晋绥边区财政经济史编写组、山西省档案馆：《晋绥边区财政经济史资料选编·总论编》，第6—7页整理。

从上可见，边区各地经济环境基本一致。生产条件、农业和工业发展水平等基本相似，总体经济水平极为落后。自然条件恶劣，农业基础差，农业发展水平落后。矿产资源丰富，但开采利用不足，工业发展水平低下。但相较而言，临县、兴县、离石等地无疑是经济发展较快的县。不论是农业还是工业，临县、兴县、尤其临县是边区经济发展的重心。而保德、河曲、偏关、宁武、静乐、五寨、岢岚、岚县等地则属于经济较为落后的县。

三、政治环境

1940年是山西抗战进入战略相持阶段的关键一年。这一年山西境内的阶级矛盾暂时得到缓和。八路军、山西新军与国民党军队、阎锡山旧军在晋东南和晋西地区划界驻防协议达成。日军为准备发动太平洋战争，从华北调走了一部分军队。山西各地一时呈现出相对稳定的局面，这从客观上形成了有利于根据地建设的政治条件。[1] 山西各抗日根据地开始了自身的全面建设。该年9月至10月，北方局召开高级干部会议，重点讨论根据地建设的问题。彭德怀作了建设巩固的根据地的政策问题的报告，其中特别阐明了根据地政权建设及农村统一战线问题、财政经济政策等问题。[2] 可以说，这是边区经济发展的政治背景。

虽然此时山西各地局势相对稳定，但日军仍不时对各根据地进行扫荡。1940年，日军对边区共进行了4次扫荡。第四次扫荡是在该年冬季

---

[1] 中共山西省委党史办公室：《中国共产党山西历史(第一卷)》(1924—1949)下册，中共党史出版社2012年版，第407页。

[2] 中共山西省委党史办公室：《中国共产党山西历史(第一卷)》(1924—1949)下册，第408—409页。

进行,这次扫荡持续一个多月,对边区造成了巨大损失,详见表1-4。

表1-4　　　　　1940年冬日军对边区扫荡后各县损失估计

		方山			北临			南临			离石			离东			合计		
		损失	原有	占比(%)	损失	原有	占比(%)	损失	原有	占比(%)	损失	原有	占比(%)	损失	原有	占比(%)	损失	原有	占比(%)
人口(人)	杀死	80			211			58			76			2			427		
	中伤	13			364			127			195			5			704		
	拉走	14			4			69			95						182		
	奸淫	246			1139			629			270			7			2291		
牲口(只、头)	牛	227	1 017	42	462	2 961	17	114	1 603	7.1	16	1 061	1.6	24	1 194	2	1 042	7 624	13.7
	驴马	40	113	35.4	204	972	21	264	1 226	21.5	9	517	1.7				517	2 628	18.3
	羊	97	7 703	1.2	508	10 642	4.9	93			44	4 004	1				649	62 349	1
	猪	57			171			41			1			2			278		
	鸡	3 128						665									3 793		
房屋(间)	全烧	1 384			714			124			436			423			9141		
	半烧							5 560			174						5 734		
粮食(石)	粗粮	998			6 224			1 136			6 299			9 425			99 326		
	细粮							900			642						1 542		
洋钱	白洋	113						3 318			32						3 463		
	法币							7 778									7 932		
	元宝							98			2 473			25			92		
衣服	折洋	5 841			1 964												4 462		
家具					折洋30万														

注:(1)方山是秋冬两季扫荡的损失,其余为冬季扫荡的损失。
(2)其他琐碎损失未统计,这个统计结果不够确实,只是估计或大概。
资料来源:共青团山西省委、山西省档案馆编:《山西青年运动历史资料(晋绥革命根据地分册)》第二辑,第22-23页。

由上表可见,仅一次扫荡边区各县就损失巨大。而兴县在1940年冬扫荡中的损失情况是:死亡106人,伤63人,拉走50人;牲口损失牛404头、驴62头、羊271头、鸡3 096只;房屋被烧毁1 086间,被烧窑洞8 780孔;损失粮食508 695石,面8 692斤。[①] 可以说,边区经济发展的外部政治环境虽处于相对稳定状态,但却随时面临日军残酷的扫荡。显然,抗战

---

① 共青团山西省委、山西省档案馆编:《山西青年运动历史资料(晋绥革命根据地分册)》第二辑,第24页。

时期由于日军的分割和封锁,边区几乎处于日军的包围之中,与各根据地之间的联系也比较困难。为此,边区经济发展虽处于党的领导这个大的政治前提下,但由于各根据地之间联系困难,故边区财政经济政策又显出自己独有的特征,与其他根据地极不一致。

在上述政治环境下,边区新政权成立。1940 年 1 月,山西省政府第二游击区行政公署成立。1941 年 8 月,其改称晋西北行政公署(简称晋绥行署),下设二(岢岚区)、四(临县区)、八(文交区)、十一(雁北区,后改称五分区)4 个专员公署(地委 5 个),共辖 38 个县。此后,新设三、六专署。1942 年 8 月,三、四专署合并为三专署,五专署委托绥察行署代管。此后,行署辖二、三、六、八 4 个专署。1943 年 11 月,其又改称晋绥边区行政公署,初辖吕梁行署、雁门行署、绥蒙政府,并直辖晋绥第一专署。1949 年 2 月,其奉命撤销。下辖晋绥第一、二(五寨专署)、三(离石专署)、四、五(雁北专署)、六(雁南专署)、七、八、九、十、十一专署。行署主要任务是:制订与颁布各项法令、法规与实施细则,办理检查督导本边区的行政工作事宜。其内部机构先后设 7 处:秘书处、民教处、教育处、民政处、建设处、财政处、司法处。直属五总局:税务总局、邮政总局、工商总局、粮食总局、公安总局。主任先后由续范亭、武新宇担任。①

在边区行署成立后,边区党的机关也随之成立。1942 年 8 月,中共中央晋绥分局成立。这是晋绥边区党的最高领导机关。初辖二、三、六、八、五、绥西、绥南、绥中 8 个地委,约 40 多个县(有的说 45 个)。1943 年 7 月增设一地委。1945 年抗战胜利后,辖吕梁、雁门、绥蒙 3 个区党委和 1 个直属地委。下设 12 个地委,包括一、二、三、四、五、六、七、八、九、绥南、绥中、绥西地委,58 个县委。1946 年 2 月,四地委撤销,同年 11 月雁门区党委撤销。1947 年 10 月,七地委并入八地委,绥蒙区党委与五地委合并。1948 年 7 月,吕梁区党委撤销,八地委所辖各县均划归华北解放区。同时,洪洞、赵城以南,属太岳区的 19 个县划归晋绥边区,新设十一地委。1949 年五六月份,各地委均撤销,分别成立中共晋西北中心地委

---

① 《晋绥边区行署 A90 档案说明》,山西省档案馆藏,档号 A90。

和中共晋南中心地委,1949 年底分局撤销。[1]

从行政区划看,1940 年新政权成立时全区共 35 个县,但完整的只有兴县、临县、保德。35 个县共有人口 350 万人,实际控制范围内百余万。[2] 1944 年,晋西北抗日根据地共辖 36 个县。[3] 事实上,由于战争环境和局势的变化,边区所辖的县一直处于变动之中,各种资料记载也有不同。抗战时期,边区真正控制的完整的县是兴县、临县与保德。因此,已有资料中亦主要以这些县份为主。正如有资料所言:"抗日战争时期,晋绥边区行政公署所辖山西晋西北地区诸县,各个时期变化较大。1945 年 9 月行政区划调整时,晋西北地区共 47 县,1946 年 3—6 月再次调整时就变成了 39 县,且其中掌握的完整县为 25 个。"[4]1946 年,穆欣在晋绥边区鸟瞰中写道:"边区现在共有 50 个县。"[5]但这并不影响我们对问题的分析。因为本书的主旨是试图以地方窥视全国,探索一条以微观判断宏观,自下而上审视上层和整体的研究路径。表 1－5 反映的是 1941 年晋西北人口、面积、土地统计情况。

表 1－5　　　　　　　　1941 年晋西北人口、面积、土地统计

	县别	人口（人）	面积（平方里）	每平方里人口（人）	土地（亩）	人均（亩）
直属县	兴县	93 833			1 919 297	20.45
	岚县	24 513	16 800	1.46		
	神府	54 000	16 000	3.38	4 500 000	83.33

---

[1] 山西省地方志编纂委员会办公室印:《晋绥边区党政干部任职表》(征求意见稿),1984 年,第 12 页。
[2] 中共中央财政经济部:《晋西北的自然地理社会政治经济概况》(1940 年 6 月 29 日),晋绥边区财政经济史编写组、山西省档案馆编:《晋绥边区财政经济史资料选编·总论编》,第 3 页。
[3] 《战斗中成长的晋绥边区》(1944 年),中共中央财政经济部:《晋西北的自然地理社会政治经济概况》(1940 年 6 月 29 日),晋绥边区财政经济史编写组、山西省档案馆编:《晋绥边区财政经济史资料选编·总论编》,第 16 页。
[4] 山西省委党史办公室:《山西省抗日战争时期人口伤亡和财产损失》,中共党史出版社 2017 年版,第 63 页。
[5] 穆欣:《晋绥解放区鸟瞰》,吕梁文化教育出版社 1946 年版,第 3 页。

续表

县别		人口（人）	面积（平方里）	每平方里人口（人）	土地（亩）	人均（亩）
二专区	河曲	69 814	1 400	49.87	5 493 192	78.68
	保德	50 842	6 528	7.79	472 360	9.29
	偏关	34 506	960	35.94	858 601.5	24.88
	神池	41 330	1 200	34.44	765 430.5	18.52
	岢岚	22 000	7 200	3.06	422 418	19.2
	五寨	30 000	600	50.00	174 567	5.82
三专区	临县	92 475	10 300	8.98	1 053 727	11.39
	临南	106 634	600	177.72	55 1251.5	5.17
	离石	56 958	900	63.29	321 326	5.64
	方山	30 000	700	42.86	266 500	8.88
六专区	宁武	55 099	500	110.20	203 475	3.69
	静宁	22 068	300	73.56	139 830	6.34
	崞县	60 000	1 200	50.00	337 776	5.63
	忻县	90 560	1 100	82.33		
八专区	静乐	96 894	18 000	5.38	350 734	3.62
	阳曲	150 000	28 000	5.36		
	离东	50 190	12 500	4.02	248 822	4.96
	太原	104 010			846 466	
	清徐	10 000	780	12.82		
	文水	60 141	27 540	2.18	607 442.5	10.10
	交城	59 280	1 700	34.87	264 552	4.46
	汾阳	15 700	5 000	3.14	430 874	27.44
	交西					

续表

	县别	人口（人）	面积（平方里）	每平方里人口（人）	土地（亩）	人均（亩）
塞北分区	山朔	20 000	7 600	2.63	295 856.1	14.79
	平鲁	33 210	7 200	4.61	279 070	8.40
	右南	24 340	4 500	5.41	1 396 742	57.38
	怀仁	71 762	1 100	65.24	80 500	1.12
	左云	130 000				
	右玉	82 806	9 500	8.72	3 078 000	37.17
	朔县	30 073	18 200	1.65	636 311	21.16
	大同	32 850	41 400	0.79		

资料来源：根据《晋西北人口面积土地统计表》(1941年10月)，晋绥边区财政经济史编写组、山西省档案馆：《晋绥边区财政经济史资料选编·总论编》第14—15页整理计算。

可以看出，边区地广人稀，大部分县人口密度很小。临南[①]、宁武是边区人口密度较大的县，临南人口密度达177.7人每平方里，宁武为110.2人每平方里。从人均土地占有来看，有的县人均土地面积约50亩以上，如神府、河曲、右南等县；兴县人均土地20亩，大部分县份人均土地占有为10亩左右。据资料记载，1946年临县"人口246 100人，土地2 114 773亩"，人均土地8.6亩。[②] 显然，边区人均土地占有量并不少，但由于自然条件恶劣，土地产量很低。生产力落后是边区经济发展的基本特征。

总体来看，以上就是边区经济发展的自然、人文、经济、政治等的总体环境。环境直接影响生产力水平和生产方式的选择。这也是边区进行新民主主义经济建设及推进经济现代化历程的自然社会环境与经济政治基础。

---

① 抗战时期，临县分为临县、临南两县。
② 《临县群众负担总结》(1946年9月10日)，临县档案馆藏，档号62-2-58。

第二节 边区经济现代化的路径选择

一、中共对新民主主义经济思想的探索

众所周知,中国共产党对新民主主义经济思想的探索经历了一个长期发展的过程。大体于 1940 年前后,中共新民主主义经济思想基本形成,并开始在根据地推行与实践,至新中国成立之初在全国推行。关于中共对新民主主义经济理论的探索,学界已有较多成果。[①] 因此,本书不拟详细梳理其探索过程,而是仅从经济现代化视角,探讨中共新民主主义经济思想的演变。这不仅是因为课题的研究主线是经济现代化,更重要的是新民主主义经济制度是边区经济发展的制度背景与前提。有学者认为,新民主主义现代化的含义包括两层:一是通过开展新民主主义革命,为现代化创造良好的环境条件;二是在新民主主义社会条件下,大力发展新民主主义经济,推进工业化和民主化的进程,并基本实现中国社会的现代化。[②] 进一步看,新民主主义经济思想的内容很丰富,但简单地讲,其精髓是用新民主主义的办法实现经济现代化。总体来看,中共对新民主主义经济思想的探索经历了以下几个阶段。

（一）新民主主义经济思想的初步提出

新民主主义经济思想主要体现在党的一些高层领导人的论述中。张

[①] 主要成果有:胡绳:《毛泽东的新民主主义论再评价》,《中国社会科学》1999 年第 3 期;苏少之:《对新民主主义经济形态的系统反思——读〈中华人民共和国经济史〉第一卷》,《中南财经大学学报》1989 年第 5 期;龚育之:《新民主主义·过渡时期·社会主义初级阶段》,《中共党史研究》1988 年第 1 期;赵德馨、苏少之:《从新民主主义到社会主义初级阶段——论中国共产党对马克思列宁主义的独特贡献》,《湖北社会科学》1991 年第 7 期;苏少之、赵德馨:《毛泽东的新民主主义经济学说的理论地位》,《中国经济史研究》1994 年第 2 期;杨奎松:《毛泽东为什么放弃新民主主义——关于俄国模式的影响问题》,《近代史研究》1997 年第 4 期;刘辉:《新中国成立前后经济学界对新民主主义的理论思考》,《中共党史研究》2013 年第 1 期;任晓伟:《外资经济:新民主主义经济理论的重要组成部分》,《中共党史研究》2007 年第 2 期;马德茂:《中国共产党新民主主义经济理论的初期探索》,《中南财经政法大学学报》2004 年第 4 期;马云飞:《再论刘少奇对我国新民主主义经济建设的理论贡献》,《中共党史研究》1999 年第 6 期;任立新:《新民主主义经济体制理论与社会主义市场经济理论之比较》,《中国特色社会主义研究》2008 年第 1 期;辛逸:《山西省委农村新民主主义政策及其实践初探》,《党史研究与教学》2019 年第 2 期。成果较多,兹不一一赘述。

[②] 虞和平:《中国现代化历程》第二卷,江苏人民出版社 2007 年版,第 846 页。

闻天、毛泽东是较早对新民主主义经济提出设想的党内领导人。土地革命时期，张闻天、毛泽东就开始思考在革命战争中进行经济建设的问题。1933年，毛泽东指出必须注意经济工作："革命战争的激烈发展，要求我们动员群众，立即开展经济战线上的运动，进行各项必要和可能的经济建设事业。"①他认为，经济建设是革命战争的物质基础和保证，"这种以为革命战争的环境不应该进行经济建设的意见，是极端错误的"。② 1933年5月，张闻天发表了第一篇全面论述革命根据地经济的文章，分析了苏区的经济成分和地位，其中包含新民主主义经济形态的雏形。他指出："正是因为中国苏维埃政权所统治的区域，是在经济上比较落后的区域，……所以苏区经济的主要特点之一是农民的小生产的商品经济占绝对的优势。同样的，在工业方面，小手工业的生产者占着主要的地位。"③因此，"当苏维埃政权没有力量经营国有的大企业，那末利用私人资本来发展苏维埃经济，不能不是目前主要出路。这种资本主义的发展，目前不但对苏维埃政权不是可怕的，而且对于苏维埃政府是有利的"。④ 1934年，毛泽东初步对新民主主义经济提出设想，只是当时还没有提出"新民主主义"这个概念："我们的国民经济，是由国营事业、合作社事业和私人事业三方面组成的。国家经营的经济事业，在目前，只限于可能的和必要的一部分。国营的工业或商业，都已经开始发展，它们的前途是不可限量的。……我们对于私人经济，只要不处于政府法律范围之外，不但不加阻止，而且加以提倡和奖励。……合作社事业，是在极速的发展中。发展得最盛的是消费合作社和粮食合作社，其次是生产合作社。信用合作社的活动才刚开始。合作社经济和国营经济配合起来，经过长期的发展，将成为经济方面的巨大力量，将对私人经济逐渐占优势并取得领导的地位。"⑤

---

① 《必须注意经济工作》（1933年8月12日），《毛泽东选集》（第一卷），人民出版社1991年版，第119页。
② 《必须注意经济工作》（1933年8月12日），《毛泽东选集》（第一卷），第120页。
③ 《论苏维埃经济发展的前途》（1933年4月22日），中央党史研究室张闻天选集传记组：《张闻天文集》第1卷，中共党史出版社2012年版，第237页。
④ 《论苏维埃经济发展的前途》（1933年4月22日），中央党史研究室张闻天选集传记组：《张闻天文集》第1卷，第239页。
⑤ 《我们的经济政策》（1934年1月），《毛泽东选集》（第一卷），第133—134页。

显然,毛泽东较为详细地论述了国民经济的构成、性质及其发展方向,较为全面、细致地提出了在根据地进行新民主主义性质的经济建设的构想,并认识到经济建设对于革命战争的重要性:"只有开展经济战线方面的工作,发展红色区域的经济,才能使革命战争得到相当的物质基础,才能顺利开展我们军事上的进攻。"[①]可见,这一时期,中共新民主主义经济思想尚未把经济建设与经济现代化联系在一起,只将新民主主义经济建设与革命战争相联系。

(二)新民主主义经济思想的形成

抗战时期,随着各根据地的先后开辟以及新民主主义经济制度在根据地的实践,使中国共产党的新民主主义经济思想逐渐形成并日趋成熟。1940年1月,毛泽东正式提出"新民主主义经济",指出"在中国建立这样的共和国,它在政治上必须是新民主主义的,在经济上也必须是新民主义的"。[②] 同时,毛泽东进一步明确了新民主主义经济的构成:"在无产阶级领导下的新民主主义共和国的国营经济是社会主义的性质,是整个国民经济的领导力量,但这个共和国并不没收其他资本主义的私有财产,并不禁止'不能操纵国民生计'的资本主义生产的发展。"[③]可见,此时中共认为新民主主义经济的基本特征是经济成分多元化。这种多元化的经济结构既包括社会主义性质的国营经济,又包括资本主义性质的私营经济。而之所以允许资本主义性质的经济成分的存在,原因是"因为中国经济还十分落后的缘故"。[④] 显然,正是基于中国落后的生产力发展水平、不发达的市场经济以及半殖民地半封建经济形态的多层次所有制结构特征等因素,中国必须实行新民主主义经济这种特殊的经济形态。这种经济形态是中国共产党根据中国具体国情,在探索中国应该走怎样的经济发展道路和经济现代化路径的过程中反复实践的结果。[⑤]

---

① 《必须注意经济工作》(1933年8月12日),《毛泽东选集》(第一卷),第120页。
② 《新民主主义论》(1940年1月),《毛泽东选集》(第二卷),人民出版社1991年版,第678页。
③ 《新民主主义论》(1940年1月),《毛泽东选集》(第二卷),第678页。
④ 《新民主主义论》(1940年1月),《毛泽东选集》(第二卷),第678页。
⑤ 关于经济现代化的观点,可参见赵德馨:《中国近现代经济史(1842—1949)》,河南人民出版社2003年版,第435页。

边区经济主要是农村经济。因此,党内领导人对新民主主义经济的认识,大量体现在其对农民个体经济发展问题的分析上,突出表现在他们对富农经济的认识上。从这时期毛泽东的著述以及中共中央的文件中可以看出毛泽东允许富农经济存在的思想。1939年12月,毛泽东指出:"我们不应把富农看成和地主无分别的阶级,不应过早地采取消灭富农的政策。"①1940年1月,他在论述新民主主义经济构成时强调:"农村的富农经济,也是容许其存在的。"②1942年1月28日,中共中央在《关于抗日根据地土地政策的决定》中再次明确指出:"富农的生产方式是带有资本主义性质的。……党的政策,不是削弱资本主义与资产阶级,不是削弱富农阶级与富农生产,而是在适当的改善工人生活条件之下,同时奖励资本主义生产与联合资产阶级,奖励富农生产与联合富农。"③可以说,这一时期,党内领导人对于富农经济的基本认识是一致的。1942年,张闻天在农村调查后指出晋西北发展农村经济的任务是:"切实掌握新民主主义的经济(政治)政策(三分封建,七分资本主义),加强对干部的政策教育,扫除一部分同志对发展资本主义的两种害怕心理:一怕富农控制不住,二怕贫农受苦。"④他指出:"富农剥削是不应该怕的,提高剥削,生产力也可同时提高,故限制富农发展是不对的。……故将来发展前途是资本主义,但是新资本主义(即新民主主义),一面限制剥削,一面允许剥削存在,为大多数人谋利益。"⑤雍文涛也指出:"发展新式资本主义是从晋西北调查中得出的概括性的指导意见。"⑥无疑,落后的生产力水平决定晋西北农村必须实行新民主主义经济政策。而实行新民主主义经济就意味着必须扶助大多数小农经济的发展,鼓励富农经济的发展,积极推动资本主义经济

---

① 《中国革命和中国共产党》(1939年12月),《毛泽东选集》(第二卷),第643页。
② 《新民主主义论》(1940年1月),《毛泽东选集》(第二卷),第678页。
③ 《中共中央关于抗日根据地土地政策的决定》(1942年1月28日),《中国的土地改革》编辑部、中国社会科学院及经济研究所现代经济史组编:《中国土地改革史料选编》,国防大学出版社1988年版,第83页。
④ 《晋西北兴县二区十四个村的土地问题研究(报告大纲)》(1942年7月27日),张闻天选集传记组、中共陕西省委党史研究室、中共山西省委党史研究室编:《张闻天晋陕调查文集》,第122页。
⑤ 中共中央党史研究室张闻天选集传记组编:《张闻天年谱》(1942—1976)下卷,中共党史出版社2000年版,第471页、第472页。
⑥ 《张闻天晋陕调查50周年座谈会纪要》,张闻天选集传记组、中共陕西省委党史研究室、中共山西省委党史研究室编:《张闻天晋陕调查文集》,第423页。

的发展。我们可以看出,1942年张闻天的主张,与这时期毛泽东对于新民主主义经济的认识是一致的。张闻天的思想,是建立在毛泽东关于新民主主义经济论述的基础之上的,是对毛泽东新民主主义经济理论在农村实践的具体化。

然而,事实上,在1942年张闻天晋陕调查时,党内领导人对于农民个体经济如何发展的认识,进而在对新民主主义经济的理解上已经悄然出现了变化。据刘英回忆:"对于当时农村经济发展的趋势,闻天认为将是封建势力削弱,个体小生产经济发展;中农向富农发展,地主向富农转化,发展趋势是资本主义。据此,从是否有利于生产力这个根本点出发,闻天提出我们现时的农村经济政策应是'切实掌握新民主主义的经济(政治)政策',即三分封建七分资本主义的政策。"①张闻天在写作《发展新式资本主义》一文前曾向调查团的同志提出:"因为中国生产力太落后了",所以"新民主主义社会将是一个较为长久的过程",而"提高了生产力之后,社会的发展就很快了"。② 他强调指出:"我们有些干部,不懂得发展新式资本主义是新民主主义经济的全部方向和内容,也是将来社会主义的前提。"③"这就是说,在农村经济继续发展的过程中,将发生与发展农村资本主义。农村资本主义,是农村经济将来发展的前途。"④马洪也指出:"1942年,他就提出要发展'新式资本主义',发展富农经济。"⑤显然,张闻天对于新民主主义经济的理解和认识是准确的,对中共中央关于新民主主义经济的指示也掌握到位。为此,张闻天还提出了在晋西北发展新式资本主义的具体办法:"我们在晋西北发展新式资本主义,一定要靠农业积累资本。将来社会主义,又要靠新式资本主义发展做基础。为要发展新式资本主义,第一,不要怕晋西北资本家多。现时,不要怕富农。……

---

① 刘英:《我对晋陕调查的回忆》,张闻天选集传记组、中共陕西省委党史研究室、中共山西省委党史研究室编:《张闻天晋陕调查文集》,第415页。
② 《发展新式资本主义》(1942年10月7日),引自中央党史研究室张闻天选集传记组编:《张闻天文集》第3卷,第127页。
③ 《发展新式资本主义》(1942年10月7日),中央党史研究室张闻天选集传记组编:《张闻天文集》第3卷,第126页。
④ 《陕甘宁边区神府县直属乡八个自然村的调查》(1942年4月12日),张闻天选集传记组、中共陕西省委党史研究室、中共山西省委党史研究室编:《张闻天晋陕调查文集》,第61页。
⑤ 张闻天选集传记组编:《200位老人回忆张闻天》,第424页。

第一章 边区经济现代化的总体环境与路径选择

第二,不要怕农民受苦。就是说,不要怕雇农多,没法安插,失业、工资低,生活恶化。今天雇农、贫农的生活,都是很苦的。说贫农永远比雇农生活好,贫农不要丢失土地当雇农,这是落后的想法。"①

张闻天这样的认识,在当时并没有得到重视。这样的现实,反映了张闻天与党内主要领导人在关于如何发展农民个体经济问题上的认识存在偏差。周颐回忆到:"可惜他的思想没有得到重视。"②有人甚至说:"他是搞富农路线,要发展富农经济,告状告到毛主席那儿去。"③尚明也回忆到:"我们调查时,……张闻天提出了发展农业生产问题。但晋绥分局的领导干部和调查团的意见分歧很大。没办法,张闻天就决定提前离开晋绥。"④雍文涛也回忆:"我们在兴县还没有调查完,晋西的领导同志从延安整风回来了。"⑤显然,张闻天在晋西北的调查未能坚持下去,最后匆匆结束。其中体现了张闻天与党内领导人关于农村经济发展问题在认识上的分歧。

曾参与晋陕调查的安法孝在回忆中指出了张闻天与毛泽东关于发展农村经济问题在认识上的差别:"他主张按英、法等国由封建制度到资本主义制度的办法,解决中国的土地问题,即把地主的土地变成富农的土地,变成大农业经济,变成国营农场。他认为这样可以提高和发展生产力。但这个主张和毛泽东的主张是不一致的。他走后,晋西区党委的领导同志曾向干部讲话,说他的主张是不合适的,对干部有影响,要消毒。"⑥"过了一段时间,中央要区党委把张闻天在晋西调查的材料报上去。我看见当时向中央写的材料说,张闻天在调查中号召发展资本主义,又称发展富农经济。写材料的人说以党性保证,所写材料是真实的。我当时的印象也觉着张闻天是主张由富农经济代替地主经济的。他认为大

---

① 《发展新式资本主义》(1942年10月7日),中央党史研究室张闻天选集传记组编:《张闻天文集》第3卷,第127页。
② 张闻天选集传记组编:《200位老人回忆张闻天》,第193页。
③ 《张闻天晋陕调查50周年座谈会纪要》,张闻天选集传记组、中共陕西省委党史研究室、中共山西省委党史研究室编:《张闻天晋陕调查文集》,第427页。
④ 张闻天选集传记组编:《200位老人回忆张闻天》,第192页。
⑤ 张闻天选集传记组编:《200位老人回忆张闻天》,第185页。
⑥ 张闻天选集传记组编:《200位老人回忆张闻天》,第194页。

农业经济比小农经济进步,可以发展生产力,可以促进社会发展。那时认为他讲得有道理,但后来分局领导对他批评后,大家也就不再提了。"①显然,党内高层领导人对于发展富农经济是有保留意见的,甚至是不同意的。

曾彦修的回忆也印证了这一点:"调查中他非常注意农村生产力的调查。他的调查和提出的意见,一切都是为了发展城乡的社会生产力。……他的看法遭到当地主要领导人的反对,但闻天同志的意见是正确的,是经得起历史检验的。"②他补充回忆道:"张闻天在兴县的几次讲话,观点完全正确。那时,晋绥分局宣传部长张稼夫是搞农业经济的著名学者。他认为张闻天讲得很对,特别同意张闻天的观点。"③显然,尽管直至新中国成立前夕,从中共中央颁布的各类文件看,肯定私有制、鼓励农民个体经济发展是新民主主义经济的特征之一。如依据中共七届二中全会精神制定的建国纲领《共同纲领》规定:"凡有利于国计民生的私营经济事业,人民政府应鼓励其经营的积极性,并扶助其发展。"④然而,至少从1942年张闻天晋陕农村调查期间起,党内领导人关于农民个体经济如何发展的认识已经出现了分歧。

此后,中国共产党的新民主主义经济思想日趋成熟,并进一步将新民主主义经济建设与经济现代化联系在一起。1945年,毛泽东指出:"在新民主主义的政治条件获得之后,……在若干年内逐步地建立重工业和轻工业,使中国由农业国变为工业国。新民主主义的国家,如无巩固的经济做它的基础,如无进步的比较现时发达得多的农业,如无大规模的在全国经济比重上占极大优势的工业以及与此相适应的交通、贸易、金融等事业做它的基础,是不能巩固的。"⑤他进一步指出,新民主主义经济的任务就是开展经济现代化建设。"中国工人阶级的任务,不但是为着建立新民主

---

① 张闻天选集传记组编:《200位老人回忆张闻天》,第194页。
② 《张闻天晋陕调查50周年座谈会纪要》,张闻天选集传记组、中共陕西省委党史研究室、中共山西省委党史研究室编:《张闻天晋陕调查文集》,第424页。
③ 张闻天选集传记组编:《200位老人回忆张闻天》,第158页。
④ 《中国人民政治协商会议共同纲领(节录)》,中华人民共和国国家农业委员会办公厅编:《农业集体化重要文件汇编(1949—1957)》上,中共中央党校出版社1981年版,第5页。
⑤ 《论联合政府》(1945年4月24日),《毛泽东选集》(第三卷),第1081页。

主义的国家而斗争,而且是为着中国的工业化和农业近代化而斗争。"①显然,此时中共新民主主义经济思想明确认为,新民主主义经济的任务就是为国家工业化和农业近代化而斗争,并且指出新民主主义经济要有发达的农业、工业以及交通、贸易、金融等事业。毛泽东进一步提出了在生产力极为落后的中国实现农业近代化的路径。他指出:"土地制度获得改革,甚至仅获得初步的改革,例如减租减息之后,农民的生产兴趣就增加了。然后帮助农民在自愿原则下,逐渐地组织在农业生产合作社及其他合作社之中,生产力就会发展起来。"②可见,他认为,实行土地改革并组织农业合作社是推动农村生产力发展、实现农业近代化的关键途径,并强调农业生产合作社要建立在农民私有制基础之上。"这种农业生产合作社,现时还只能是建立在农民个体经济基础上的(农民私有财产基础上的)集体的互助的劳动组织。"③

我们可以看出,张闻天与毛泽东对于新民主主义经济的性质、目标和前途的认识基本是一致的,但对于新民主主义经济实现途径的认识是有差异的。他们都认为新民主主义经济是过渡到社会主义阶段的一个必经经济形态,其特点是多种经济成分并存,目标是发展生产力,实现社会主义。然而,对于如何实现新民主主义经济,二者的主张是有差别的。张闻天认为发展新民主主义经济,就是发展新式资本主义,也就是要发展富农经济,发展农民个体经济,从而发展农村经济,提高农村生产力。而毛泽东则主张发展新民主主义经济,要通过在农民个体私有制的基础上组织农业生产合作社,从而发展农村经济,进而提高农村生产力。

可以说,抗战时期中共新民主主义经济思想是基于众多党内领导人认识的总结,是中国共产党集体智慧的结晶。综合上述党内领导人在认识上的共性与差异,我们将此时中共对新民主主义经济的认识简单总结如下:第一,新民主主义经济是多种成分并存,允许资本主义、个体经济存在。第二,新民主主义经济的领导力量是社会主义性质的国营经济。第

---

① 《论联合政府》(1945年4月24日),《毛泽东选集》(第三卷),第1081页。
② 《论联合政府》(1945年4月24日),《毛泽东选集》(第三卷),第1078页。
③ 《论联合政府》(1945年4月24日),《毛泽东选集》(第三卷),第1078页。

三,新民主主义经济建立在落后生产力的基础之上,因此,其任务是发展生产力、推进中国的经济现代化。第四,在农村实行新民主主义经济的前提是进行土地改革,在此基础上通过组织农业合作社(前提是肯定农民个体经济)以推动农村经济发展。第五,在城市,组建国营工业与商业,但允许与鼓励个体私营工商业的存在与发展。可以说,这些认识是中国共产党人全面总结新民主主义革命和经济建设正反两方面经验的产物,是具有中国特色的经济学理论创造,是集体智慧的结晶。

(三)新民主主义经济思想的发展

解放战争时期至中华人民共和国成立之初,新民主主义经济思想进一步发展。这一时期,新民主主义经济思想逐步在较大范围内直至全国进行实践。1947年,中共制定了新民主主义革命的三大经济纲领:"没收封建阶级的土地归农民所有,没收蒋介石、宋子文、孔祥熙、陈立夫为首的垄断资本归新民主主义的国家所有,保护民族工商业。"①并进一步重申新民主主义经济的构成:"国营经济,这是领导的成分;由个体逐步地向着集体方向发展的农业经济;独立小工商业者的经济和小的、中等的私人资本经济。这些,就是新民主主义的全部国民经济。"②并强调"发展生产、繁荣经济、公私兼顾、劳资两利"③是新民主主义国民经济的指导方针。很显然,此时中共认为新中国成立后要实行的经济制度是新民主主义经济制度。

1948年7月27日,新华社发布《关于农业社会主义的问答》一文进一步强调了系统实行新民主主义经济政策的思想:"我们中国今天的土地改革,不会走到那种结果(指资本主义的小农两极分化。——引者注),因为今天的土地改革是在无产阶级及其领袖共产党领导下实现的,并且已经实行以后还要系统地实行新民主主义的经济政策。"④新华社进一步指

---

① 《目前形势和我们的任务》(1947年12月25日),《毛泽东选集》(第四卷),人民出版社1991年版,第1253页。
② 《目前形势和我们的任务》(1947年12月25日),《毛泽东选集》(第四卷),第1255—1256页。
③ 《目前形势和我们的任务》(1947年12月25日),《毛泽东选集》(第四卷),第1256页。
④ 《关于农业社会主义的问答》,中华人民共和国国家农业委员会办公厅编:《农业集体化重要文件汇编(1949—1957)》上,第25页。

出在新民主主义制度下推进经济现代化的思想:"在新民主主义的国家内,土地改革后农民中一定程度的阶级分化,仍然是不可避免的,……中国工人阶级领导农民与其他人民,进行土地改革,发展新民主主义经济,这是农民解放的第一步。……社会主义不是依靠小生产可以建设起来的,而是必须依靠社会化的大生产。首先是工业的大生产来从事建设。……但我们要达到社会主义,实现社会主义的工业和农业,必须经过新民主主义经济一个时期的发展,在新民主主义社会中大量地发展公私近代化工业,制造大批供给农民使用的农业机器。"①可以看出,直至新中国成立前夕,中国共产党对于新民主主义经济的认识与前期是一致的。

这些思想进一步体现在党内领导人的论述上。1948年9月,张闻天在《关于东北经济构成及经济建设基本方针的提纲》中提出,新民主主义经济"基本上是由五种经济成分所构成,这就是国营经济、合作社经济、国家资本主义经济、私人资本主义经济、小商品经济"。② 同年,刘少奇对新民主主义经济也作了诸多构思与论述③,他指出:"我们的政权是新民主主义性质的,经济还是新民主主义的经济。新民主主义经济是资本主义的呢?还是社会主义的呢?都不是。它有社会主义成分,也有资本主义成分。这是一种特殊的历史形态,它的特点是过渡时期的经济。"④可见,他认为新民主主义经济形态是新中国成立后必经的历史阶段,并指出"整个国民经济,包含着自然经济、小生产经济、资本主义经济、半社会主义经济、国家资本主义经济以及国营的社会主义经济。国民经济的总体就叫做新民主主义经济。新民主主义经济包含着上述各种成分,并以国营的社会主义经济为其领导成分"。⑤ 1949年3月,毛泽东在中共七届二中全

---

① 《关于农业社会主义的问答》,中华人民共和国国家农业委员会办公厅编:《农业集体化重要文件汇编(1949—1957)》上,第26页。
② 《关于东北经济构成及经济建设基本方针的提纲》(1948年9月15日),中央党史研究室张闻天选集传记组:《张闻天文集》第4卷,中共党史出版社2012年版,第19页。
③ 马云飞:《再论刘少奇对我国新民主主义经济建设的理论贡献》,《中共党史研究》1999年第6期。
④ 《新中国经济的性质与经济建设方针》(1948年12月25日),中共中央文献研究室编:《刘少奇论新中国经济建设》,中央文献出版社1993年版,第47页。
⑤ 《新民主主义经济建设问题》(1948年9月13日),中共中央文献研究室编:《刘少奇论新中国经济建设》,第3页。

会的报告中指出:"国营经济是社会主义性质的,合作社经济是半社会主义性质的,加上私人资本主义,加上个体经济,加上国家和私人合作的国家资本主义经济,这些就是人民共和国的几种主要的经济成分,这些就构成新民主主义的经济形态。"① 同年6月,刘少奇进一步将新民主主义经济的构成确定为:"国营经济、合作社经济、国家资本主义经济、私人资本主义经济、小商品经济和半自然经济。"② 并强调指出,对于这五种经济成分"除开那些投机操纵的经营及有害于新民主主义的国计民生的经营而外,都应加以鼓励,使其发展。但在这种发展中,必须以发展国营经济为主体。普遍建立合作社经济,并使合作社经济与国营经济密切地结合起来。扶助独立的小生产者并使之逐渐地向合作社方向发展。组织国家资本主义经济,在有利于新民主主义的国计民生的范围以内,容许私人资本主义经济的发展,而对于带有垄断性质的经济,则逐步地收归国家经营,或在国家监督之下采用国家资本主义的方式经营"。③ 毛泽东在中共七届二中全会的报告中也指出:"如果认为应当对私人资本限制得太大太死,或者认为简直可以很快地消灭私人资本,这也是完全错误的。"④ 显然,此时党内领导人对于新民主主义经济的基本认识是一致的。这种经济思想认为,新民主主义经济是在肯定国营经济是主体的前提下,允许个体经济和资本主义经济的存在与发展。新民主主义经济是肯定私有制的,而合作社经济则是个体经济发展的方向。总体来看,国家要通过各种途径,调剂五种经济成分,推动其共同发展,虽然各经济成分发展的速度是不相同的。

进一步可以看出,刘少奇认为对于这五种成分,要尽可能地增加社会主义性质的经济成分,逐步地引导个体农业经济和手工业经济向现代化

---

① 《在中国共产党第七届中央委员会第二次全体会议上的报告》(1949年3月5日),《毛泽东选集》第四卷,第1433页。
② 《关于新中国的经济建设方针》(1949年6月),中共中央文献研究室编:《刘少奇论新中国经济建设》,第144—145页。
③ 《关于新中国的经济建设方针》(1949年6月),中共中央文献研究室编:《刘少奇论新中国经济建设》,第156页。
④ 《在中国共产党第七届中央委员会第二次全体会议上的报告》(1949年3月5日),《毛泽东选集》第四卷,第1432页。

和集体化的方向发展,从而使新民主主义经济逐渐过渡到社会主义经济。也就是说,大体来看,此时中共对新民主主义经济各成分的认识是,既要推动社会主义性质经济成分的快速增长,又要保证非社会主义性质经济成分一定程度的存在与增长。这与之前对新民主主义经济成分多元化和过渡性的分析是一致的。这些思想后来体现在《中国人民政治协商会议共同纲领》①中,但它并未提到"社会主义"。毛泽东对此作过解释:"纲领中只说现阶段的任务,如果再说得远一点就变得空洞了。"②周恩来也指出:"之所以没有明确地把新民主主义向更高级的社会主义和共产主义这个发展前途写出来,是因为考虑到:'应该经过解释、宣传特别是实践来证明给全国人民看。'"③薄一波后来回忆道:"这是从当时的实际出发,经过中央慎重考虑作出的决策。也就是说,我们党在立国之初,要搞一段新民主主义,是真心实意的。"④直至1952年,刘少奇仍然坚持上述认识,并批评过早否定私有制、否定个体经济的做法:"逐步地动摇、削弱直至否定私有基础,把农业生产互助组织提高到农业生产合作社,以此作为新因素,去战胜农民的自发因素,这是一种错误的、危险的、空想的农业社会主义思想。"⑤可以说,从解放战争时期到新中国成立初期,新民主主义经济思想得到了较快的发展与完善。新民主主义经济制度也在全国范围内得以推行,国民经济得到较快的恢复与发展。

二、经济现代化的路径选择:新民主主义经济

(一)落后的生产力水平决定经济现代化选择新民主主义经济的必然性

经济现代化路径之所以必须选择新民主主义经济,是因为落后的生产力。在落后的生产力基础上不可能直接实现社会主义。1942年,张闻天在晋西北调查后写了一篇关于农村发展新民主主义经济的论文。该文

---

① 《中国人民政治协商会议共同纲领(节录)》,中华人民共和国国家农业委员会办公厅:《农业集体化重要文件汇编(1949—1957)》上,第5页。
② 薄一波:《若干重大决策与事件的回顾》(上),中共党史出版社2008年版,第22页。
③ 薄一波:《若干重大决策与事件的回顾》(上),第22页。
④ 薄一波:《若干重大决策与事件的回顾》(上),第22页。
⑤ 《刘少奇同志对山西省委〈把老区互助组提高一步〉的批语》,中华人民共和国国家农业委员会办公厅:《农业集体化重要文件汇编(1949—1957)》上,第33页。

指出："中国社会将来才是社会主义和共产主义,今天则要实行新民主主义,就是新式资本主义。因为中国太落后,只有走过新式资本主义的第一步,才能走社会主义的第二步。社会主义和共产主义,是我们的理想。发展新式资本主义,是我们现时的任务,也是我们当前的具体工作。若把理想当现实,乱来一阵,会弄糟糕的。"①张闻天进一步指出晋西北发展农村经济的任务是:"切实掌握新民主主义的经济(政治)政策(三分封建,七分资本主义),加强对干部的政策教育,扫除一部分同志对发展资本主义的两种害怕心理:一怕富农控制不住,二怕贫农受苦。"②无疑,落后的生产力水平决定边区必须实行新民主主义经济政策。实行新民主主义经济就意味着必须扶助大多数小农经济的发展,鼓励富农经济的发展,积极推动资本主义经济的发展。曾经在晋西北工作的高鲁在日记中也阐明他对新民主主义经济的理解。他记载:"要知道,资本主义不发展,生产就不发展,落后的中国就不能变成进步的中国,中国的社会主义就不会进步。至于小农经济,其发展方向是资本主义的,我们应指导其这个方向的发展,这就是新民主主义经济。这个时期还相当长,我们不能幻想很快进行社会主义革命,这会忘记目前任务的努力。"③

直至新中国成立前夕,这种落后的生产力水平依然没有改变。因此,从理论上来讲,新民主主义经济的路径选择也不应发生改变。1949年3月,毛泽东指出:"中国还有百分之九十左右的分散的个体的农业经济和手工业经济,这是落后的,这是和古代没有多大区别的,我们还有百分之九十左右的经济生活停留在古代。"④这种落后的生产力状态注定需要多种经济成分并存的新民主主义经济形态与之相适应。1949年2月,贾拓夫在关于1948年财经工作的检讨及1949年财经工作的任务会议上进一步指出边区经济的落后性:"现时我们所处的经济环境,基本还是分散的、

---

① 《发展新式资本主义》(1942年10月7日),中央党史研究室张闻天选集传记组编:《张闻天文集》第3卷,第127页。
② 《晋西北兴县二区十四个村的土地问题研究(报告大纲)》(1942年7月27日),张闻天选集传记组、中共陕西省委党史研究室、中共山西省委党史研究室编:《张闻天晋陕调查文集》,第122页。
③ 理红、理京整理:《高鲁日记》,第301页。
④ 《在中国共产党第七届中央委员会第二次全体会议上的报告》(1949年3月5日),《毛泽东选集》第四卷,第1430页。

个体的、落后的和小私有的农村经济。边区现在百分之九十五以上是这种经济。……从比重上来看,现时我们国营经济力量还不大,合作经济也很小很少。因此,就必须承认上述那种小农经济还是最大量最普遍存在的东西。这就是目前我们经济状况中的基本特点。"①可以说,落后的生产力决定边区经济发展必须实行新民主主义经济,反过来也可以说,新民主主义经济是建立在落后的生产力基础上的。

(二)落后的生产力基础和其发展方向决定实行新民主主义经济的长期性

我们知道,新民主主义经济的基本特征是经济成分的多元化、多种所有制并存。其中既包括社会主义性质的经济成分,也包括资本主义性质的经济成分,而资本主义性质经济成分的发展方向是走向社会主义。那么,推动资本主义性质的经济成分逐渐向社会主义性质的经济转变,就成为新民主主义经济的主要任务。"劳动互助及合作运动在土改后应成为组织农民提高生产的基本方向,并应进一步认识这是新民主主义革命在全国胜利后改造中国经济的基本内容和任务之一,也是使农民分散个体经济走上将来集体化的第一步。这些都应当肯定,不容丝毫怀疑的,否则我们就会犯政治错误。"②然而,由于边区生产力水平、市场经济发展程度都极为低下,而其发展方向却是生产力水平较高的社会主义经济,这决定新民主主义经济逐渐向社会主义经济的转变将是一个非常漫长的过程。也就是说,边区实行新民主主义经济具有长期性。

1942年,晋西北曾有关于抗日根据地社会性质是不是新民主主义的争论。有的人认为:"晋西北在经济上大半是自给自足的,农村土地还是物质地租,高利贷的剥削仍在暗中存在着,工业贸易又不发达。虽然有新的政权,进步的军队,政治上已向前前进,可是政治是建立在经济上的,文

---

① 《关于四八年财经工作的检讨及四九年财经工作的任务与方针问题》(1949年2月27日、3月18日),晋绥边区财政经济史编写组、山西省档案馆编:《晋绥边区财政经济史资料选编·总论编》,第819页。

② 《关于四八年财经工作的检讨及四九年财经工作的任务与方针问题》(1949年2月27日、3月18日),晋绥边区财政经济史编写组、山西省档案馆编:《晋绥边区财政经济史资料选编·总论编》,第830页。

化落后是晋西北的特点。"①无疑,一部分人对于新民主主义经济的认识是不够清楚的。高鲁在日记中也提到张闻天对这一点的认识:"在革命方面,我们的政策还有毛病,也是很重要的原因。表现在一部分干部对新民主主义经济认识不够。"②为此,《抗战日报》专设一版从经济视角对抗日根据地的社会性质进行了论述,指出:"抗日根据地的社会性质,是新民主主义的。在经济上来说,它是基本上排除了半殖民地因素与半封建因素的经济。新民主主义的经济,它是可以包含着各种不同的经济成分的,甚至新民主主义经济仅占着很少的成分,但它是一个发展的过程,是走向新民主主义经济的过渡阶段。今天抗日根据地的经济,正是处在这样的过渡阶段。在新民主主义的政权下,新经济将有长足的发展,旧经济被改造而完成新民主主义经济的建设。因此,说晋西北经济落后——经济上大半是自给自足,高利贷剥削存在,工商业不发达——便否认抗日根据地的社会性质是新民主主义的,是不对的。"③显然,新民主主义经济具有过渡性和长期性。正因如此,张闻天在报告中提出要"好好教育干部,切实掌握新民主主义的经济政策,就是发展资本主义。……我们现在的任务,就是大胆地发展资本主义。过去有一种错误思想,认为中国的民主革命很快就可以过渡到社会主义、社会主义革命。……幻想中国马上就是一个社会主义国家,还是老老实实地发展资本主义好。"④1949年边区财经总结进一步强调新民主主义经济的长期性:"改造这种小农经济走上合作化道路,将是一个长期而艰苦的过程,不是一蹴可成的。为什么陕甘宁边区若干地区在消灭封建之后已有十五年之久的历史,而现在还没有走上合作经济的道路呢?"⑤"这将是个长期过程。因而必须反对急性病,急性病

---

① 张平:《抗日根据地的社会性质问题》,《抗战日报》1942年5月19日,第4版。
② 理京、理红整理:《高鲁日记》,第315页。
③ 张平:《抗日根据地的社会性质问题》,《抗战日报》1942年5月19日,第4版。
④ 理京、理红整理:《高鲁日记》,第315—316页。
⑤ 《关于四八年财经工作的检讨及四九年财经工作的任务与方针问题》(1949年2月27日、3月18日),晋绥边区财政经济史编写组、山西省档案馆编:《晋绥边区财政经济史资料选编·总论编》,第820页。

不能推进这一过程,相反会迟延这一过程,我们的历史经验证明是如此。"[1]《高鲁日记》记载,张闻天在1942年就一再强调:"要同今天晋西北的实际情况密切联系起来,不要咬文嚼字,在理论上兜圈子,不要教条主义。"[2]也就是说,中共一直认为,新民主主义经济向社会主义经济的过渡是一个渐进的过程。逐步向社会主义经济演变,是新民主主义经济发展的前途。只是这个演变过程是极其漫长的。

今天我们重新认识、研究中共新民主主义经济理论,并将其与经济现代化结合,这对于探索中国式社会主义道路有重要的启示意义。这段历史实践表明,中共对中国实际的科学认识和把握是中共革命胜利与经济发展的基础与前提。这期间,虽然面对特殊和复杂的环境,但中国共产党在边区的经济工作取得了重大成就,并推动了经济发展。其主要表现在:第一,为中共赢得战争胜利奠定了重要经济基础,并最终建立了中华人民共和国;第二,探索出一条适合中国国情的新型经济形态:新民主主义经济形态,这是经济现代化的新道路;第三,推动了边区经济由传统向现代的演进,使其成为近代中国经济增长的重要组成部分;第四,为中国共产党积累了丰富的经济建设经验,对于新中国成立后的经济工作有重要意义;第五,中共领导的新民主主义经济成为当前中国特色社会主义政治经济学的重要历史实践基础。可以说,边区经济发展及其经济现代化的过程,是马克思主义理论与中国实际相结合的过程,也是新民主主义经济理论产生和实践的过程,更是中国特色社会主义政治经济学的实践源泉和基础,也是经济发展"中国道路"的核心所在。

---

[1] 《关于四八年财经工作的检讨及四九年财经工作的任务与方针问题》(1949年2月27日、3月18日),晋绥边区财政经济史编写组、山西省档案馆编:《晋绥边区财政经济史资料选编·总论编》,第830页。

[2] 理京、理红整理:《高鲁日记》,第317页。

第二章

边区农业经济的发展

农业经济增长是晋绥边区发展经济、保障供给的根本。在各经济成分中，农业经济对边区经济发展的贡献至关重要。1937—1949年，虽处战争时期，但自边区政府成立，在中共一系列政策指导与推动下，农业生产开始恢复并有了一定程度的增长。其主要表现在耕地面积扩大、农田水利发展、粮棉产量增加、畜牧数量增加、农业技术改进、亩产提高等几个方面。但因经济条件、外部环境等因素制约，边区农业经济增长基本是以经验性为特征的，有量的增长并无质的提高。这种经验性增长对于发展边区农业，帮助军民克服经济困难，起了至关重要的作用。本章主要介绍边区农业经济的恢复与增长，分析其增长的原因，并总结农业经济增长的特点。

第一节　边区农业经济增长

与近代中国农业经济发展的总体特征类似，这一时期边区农业经济虽有一定程度增长，但无实质性变化。但是，边区农业经济又与近代中国传统农业发展有根本的不同。这就是，在边区这种特殊的地区内，中国共产党探索了适合中国农村发展的新经济形态和实现农村经济增长的新模式。边区农业经济增长正是在这种新的经济思想的指导下得以

第二章 边区农业经济的发展

实现的。

一、农业经济增长情况

边区农业经济增长主要包括耕地面积扩大、农田水利发展、粮棉产量增加、畜牧数量增加等。抗战开始后，由于战争破坏和天灾，边区农业生产迅速下滑。据资料统计，"边区劳动力比战前减少三分之一，牛减少十分之六，驴骡减少十分之八九。频繁的差务，消耗着大量的人力畜力。羊减少十分之六，猪亦减少十分之八以上，因而农业肥料大感缺乏"。[1] 耕地面积大幅缩小，土地产量下跌。1940年"耕地面积仅相当于战前的84.5%，土地产量特别是山地产量降低三分之一以上，棉花总产量只有战前的3%"。[2] 可以说，战后农村经济濒临崩溃。战争、天灾使本来就脆弱的边区农业生产进一步破产，可谓雪上加霜。这是边区农业经济增长的基础和起点。

1940年晋西北行政公署建立后，中共根据晋西北经济的基础和特点，迅速把经济建设作为边区工作的重点，并决定以农业生产为经济建设的中心环节。在中共各项政策的推动下，边区农业经济得以恢复并增长。据统计，1941—1944年，新增水利亩数、开荒亩数、棉田及产量、畜牧数量都显著增加。除个别年份外，大部分年份都在增加，且增量较大。表2-1反映了1941—1944年上述指标的具体变化情况。

表2-1　1941—1944年边区水利、开荒亩数、棉田及产量、畜牧增量统计

	1941年	1942年	1943年	1944年	合计
水利(亩)	13 736.5	26 664.3	11 329.5	5 617.9	74 988.2
开荒(亩)	287 559.1	219 896.1	106 683.8	428 787	1 042 926
棉田(亩)	28 229	26 134.9	12 260.6	76 848	143 472.5
棉产量(斤)	412 920	371 990	−14 042	1 078 637	1 849 505

---

[1]《农业生产调查(1940年—1942年)》(1943年)，晋绥边区财政经济史编写组、山西省档案馆编：《晋绥边区财政经济史资料选编·农业编》，山西人民出版社1986年版，第672页。

[2]《农业生产调查(1940年—1942年)》(1943年)，晋绥边区财政经济史编写组、山西省档案馆编：《晋绥边区财政经济史资料选编·农业编》，第672页。

续表

	1941年	1942年	1943年	1944年	合计
畜牧(头)	—	25 972	34 183	—	60 155

注：1944年的水利因尚未总结，系不完全统计。1944年畜牧数亦未统计。棉田数量不包括机关种棉。开荒亩数不包括机关开荒。畜牧数包括牛、驴、羊。

资料来源：据晋绥边区财政经济史编写组、山西省档案馆编：《晋绥边区财政经济史资料选编·农业编》第817—820页整理。

由表2—1可知，自1940年行署成立，农业经济增长在数量方面是较为显著的。具体来看，边区农业产量变化情况如下：

先看粮食。1941年，兴县增种小麦、豌豆、大麦等共31 665垧，增产38 169.5大石。① 1942年天年不好，农业产量绝对数字未有明显提高。② 1944年，兴县粮食总产为22万石，比1941年总产8万石翻了一番多，超过战前粮食产量最高水平。③ 该年，边区共增产11万余大石，其中群众开荒增产8.2万余石。④《抗战日报》多次报道了边区粮食产量增加的事实。1943年展览会展出的优质玉米、谷子亩产情况是："龙爪谷又粗又大，穗尖上结着一个拳大的疙瘩，两种谷的产量都相当好，每垧地都能打一石多。美国玉荚子长的又高又大，一亩地能收一百五十多斤。"⑤1944年边区展览会展出的玉米、谷子亩产情况是："马齿玉蜀黍（俗名美国玉荚子），也是许多优良的品种之一。它比一般的长、大，收获量大，每亩至少收1石以上。"⑥抗战胜利后，农业产量继续增加。1946年，仅分局大小九个机关单位的统计，各机关生产细粮1 833石（大）9斗6升。⑦ 据宁武、崞县、岢岚、兴县、临县、左云、右玉、平鲁、代县、岚县10县可以代表一般情况的15个自然村和1个区的调查，1946—1948年土地产量由亩产1斗6升增为2斗。⑧ 不难看出，抗战时期边区农业发展呈波动增长的趋势。

---

① 《本年农业生产兴县成绩颇好》，《抗战日报》1941年10月30日，第3版。
② 《晋西北一九四二年的春耕工作》，史敬棠等编：《中国农业合作化运动史料》上册，生活·读书·新知三联书店1962年版，第550页。
③ 《兴县革命史》编写组：《兴县革命史》，山西人民出版社1985年版，第140页。
④ 晋绥边区行政公署编印：《晋绥边区第四届群英大会重要文献集》，1945年，第3页。
⑤ 《晋绥边区四三年度生产展览会开幕》，《抗战日报》1944年1月15日，第1版。
⑥ 黎军：《战斗生产展览会上——生产部分》，《抗战日报》1944年12月22日，第4版。
⑦ 《边区一级大小九单位今年产粮千八百余石》，《晋绥日报》1946年12月27日，第1版。
⑧ 《边区生产会议结束确定今年农业生产计划》，《晋绥日报》1949年2月3日，第1版。

再看棉花。边区政府成立后,为解决军民穿衣问题,边区开始试种棉花。据兴县、河曲、保德、临县、临南、离石 6 县统计,1940 年棉花产量 52 200 斤;1941 年为 465 120 斤,是 1940 年的 8.9 倍;1942 年为 837 110 斤,是 1941 年的 1.8 倍;1943 年为 823 068 斤,比 1942 年稍有下降;1944 年为 1 901 705 斤,比 1943 年又增长 1.31 倍。① 由于自然环境等多方面原因,棉花产量较低。表 2－2 展示的是 1944 年、1945 年边区种棉及棉花亩产情况。

表 2－2　　　　1944 年、1945 年边区种棉及棉花亩产统计

	亩数(亩)		平均亩产(斤)		共计产量(斤)	
	1944 年	1945 年	1944 年	1945 年	1944 年	1945 年
兴县	31 816	36 000	8	10	254 528	360 000
神府	7 000	6 107	7	10	49 000	61 070
临县	15 620	25 503	6	8	93 720	204 024
临南	62 497	54 300	10	10	60 7301	543 000
离石	18 199	30 000	7	10	123 144	300 000
河曲	6 783	8 533	10	10	76 829	85 330
保德	7 570	8 434	8	8	60 560	67 472
岚县		4.7		5		23.5
岢岚		197.3		5		986.5
离东		3 000		6		18 000
方山		50		5		250
宁武		65.5		6		393
静宁		54		6		324
忻县		749		8		5 992
静乐		240		5		1 200
阳曲		722		5		3 610

---

① 《边区扩大棉田逐年统计表》,晋绥边区财政经济史编写组、山西省档案馆编:《晋绥边区财政经济史资料选编·农业编》,第 819 页。

续表

	亩数（亩）		平均亩产（斤）		共计产量（斤）	
	1944年	1945年	1944年	1945年	1944年	1945年
交城		1 593		5		7 960
总计	149 485	175 553	8	7	1 256 082	1 659 635

资料来源：《1944年种棉统计和1945年种棉计划表》(1945年)，晋绥边区财政经济史编写组、山西省档案馆编：《晋绥边区财政经济史资料选编·农业编》第290页；《1945年种棉产量统计》，《晋绥边区农业生产统计表》，山西省档案馆藏，档号A90-5-31。

可以看出，自边区试种棉花以来，棉花总产量虽有增加，但亩产很低。棉花总产量的提高主要是广种薄收的结果。边区各地均有种棉及亩产的记载。1941年，兴县棉花一亩收26斤，成本为20元法币，可卖260元，获利240元。[①] 1941年，神府种棉130亩，收880斤，每亩平均7斤多；1943年增至2 000亩，每亩平均至少可收15斤净花，好的能摘到20余斤，全县收2万余斤。[②] 1942年，兴县高家村减租后群众变工互助，提倡大量植棉。1946年棉田增至350垧，比1942年增加8倍。水地、平地每垧收花45斤，山地每垧收花15斤以上。[③] 1943年，兴县白改玉村种了170垧棉花，每垧平均收花70斤。[④] 1944年，河曲五花城种棉77亩，产棉1 066斤，平均每亩13.8斤。[⑤] 该年临县李家沟村山地平均每亩产花4斤，平地每亩产花6.8斤；1945年山地每亩产花5.8斤，平地每亩产花8斤，最高的亩产平地15斤，山地每亩9斤。[⑥] 1946年，临南后庄棉花亩产约为9斤。[⑦] 显然，总体来看，虽然通过边区政府的大力扶助和技术改良，棉花得以存活并有极小幅的产量增加，但亩产低是不争的事实。

在耕地面积方面，由于开荒较多，1940年后耕地面积显著扩大。几乎每年都有大量荒地被开发出来。据25个县统计，1941年开荒305 090

[①] 中共晋西区党委：《经济建设材料汇集——农林牧畜》(1941年12月)，山西省档案馆藏，档号A22-7-10。
[②] 《神府种棉纺织均有飞跃发展》，《抗战日报》1943年10月9日，第2版。
[③] 《兴县高家村群众从不够吃穿到丰衣足食》，《晋绥日报》1946年10月14日，第2版。
[④] 《白改玉村变工队组织妇女儿童摘棉花》，《抗战日报》1944年10月4日，第2版。
[⑤] 《河曲五花城实验统征，负担面扩大负担率减低》，《抗战日报》1944年10月16日，第2版。
[⑥] 《李家沟自然村种棉材料》(1946年)，临县档案馆藏，档号62-2-51。
[⑦] 《临南后庄纺织材料发展概况》(1946年12月)，临县档案馆藏，档号62-1-54。

亩。又据13个县不完全统计,1942年开荒195 645亩。再据12个县统计,1942年共增加水地13 385亩。① 抗战胜利后,各地开荒运动蓬勃发展。1946年,静乐汾河两岸开展坝地运动,13 600亩荒滩变成了良田。② 又据宁武15个村统计,该年共开荒17 310亩,特别是余庄子村每日出牛7头、人力21个参加开荒,消灭敌占期间420亩荒地。③ 1948年,据宁武、崞县、岢岚、兴县、临县、左云、右玉、平鲁、代县、岚县10县可以代表一般情况的15个自然村和1个区的调查,1948年耕地面积较1946年增加23%。④

在畜力方面,牲畜增加显著。据兴县、岚县、河曲、保德、岢岚、朔县、方山7县40个村调查统计,与1940年相比,1941年增加牛3 646头,驴1 830头。⑤ 1948年,离石增加羊13 681只,其他牲畜如牛、驴、骡、马等均有增加。临县二区增加耕牛200头,全区还增加了30%的骆驼。⑥ 另据宁武、崞县、岢岚、兴县、临县、左云、右玉、平鲁、代县、岚县10县可代表一般情况的15个自然村和1个区的调查,1948年较1946年牲畜增加16%,羊增加14%。⑦

农田水利建设也有发展。1942年,静乐县恢复旧渠15道,开新渠29道,新淤地筑坝甚多。兴县开渠48道,筑码头22处。⑧ 1945年,五寨修筑二道可漫二万多垧地的大水渠。⑨ 抗战胜利后,特别是土改后各县水利建设发展加快。1946年,丰镇民主政府向立峨村群众拨款18万元鼓励兴修水利,群众兴修一条一里多长的出水渠,深宽5尺。⑩ 1947年,神

---

① 《农业生产调查(1940年—1942年)》(1943年),晋绥边区财政经济史编写组、山西省档案馆编:《晋绥边区财政经济史资料选编·农业编》,第675页、第682页。
② 《静乐汾河两岸村庄热烈开展坝地运动,一万三千余亩荒滩将成良田》,《抗战日报》1946年5月24日,第1版。
③ 《宁武新区组织各种变工,十五村开荒万七千亩》,《抗战日报》1946年5月31日,第2版。
④ 《边区生产会议结束确定今年农业生产计划》,《晋绥日报》1949年2月3日,第1版。
⑤ 《农业生产调查(1940年—1942年)》(1943年),晋绥边区财政经济史编写组、山西省档案馆编:《晋绥边区财政经济史资料选编·农业编》,第685页。
⑥ 《离石分区总结去年生产经验》,《晋绥日报》1949年2月21日,第2版。
⑦ 《边区生产会议结束确定今年农业生产计划》,《晋绥日报》1949年2月3日,第1版。
⑧ 《农业生产调查(1940年—1942年)》(1943年),晋绥边区财政经济史编写组、山西省档案馆编:《晋绥边区财政经济史资料选编·农业编》,第696页。
⑨ 《五寨新解放区兴修大水渠漫地两万垧》,《抗战日报》1945年6月23日,第1版。
⑩ 《地佃合作修筑出水渠,丰镇立峨变旱海为良田》,《抗战日报》1946年5月5日,第2版。

池县政府、游击队、完小、区公所、警卫连等机关部队,帮助温岭村群众重修两条长 15 里的大水渠。① 1948 年,农田水利建设有较大的成绩,浇地漫地达 24 万余亩(主要在雁北分区),共增产 4 万大石。② 据不完全统计,1948 年朔县新修水地 8 万亩,怀仁 4 万亩,山阴 6 万亩,平鲁 5 000 亩;崞县、代县、宁武 3 县共新修水地 51 600 亩。③ 1949 年,边区进一步大力发展农田水利。其具体方针如下:小水利发动农民自办,中型水利基本上民办但由政府予以技术帮助,大水利由国家经营。平川水利与山地水利同样重视,开水渠与打井、掏泉等大小实力同样重视,尤其提倡打水壕、引水入渠、保存雨水等办法。④

　　显然,自边区政府成立,农业生产水平逐步恢复并有了提高。从数量上看,不论是耕地面积、农田水利,还是粮棉产量、畜牧数量都有一定程度增加,部分地区甚至超过战前水平。不可否认的是,由于战争的长期影响,边区大部分地区的农业生产水平虽然得以恢复,但若与战前相比,农业发展水平仍相差很远。据晋西北 23 县统计,1949 年耕地面积较战前降低约 20%,牲畜(包括牛、驴、骡、马)较战前降低 44%,其中耕牛减少较少,驴、骡、马减少最多,有降低达 85% 以上者,羊较战前降低约 66%。土地产量按平均计算则较战前减少约 20%。⑤ 因此,可以说,这一时期农业经济增长的数量是有限的。

二、农业技术改进

　　农业技术改进与农业经济增长关系密切。农业技术改进体现了农业经济增长。农业技术改进是中共发展农业经济、保障供给的重要举措。边区以多种路径方式系统改进农业生产技术,内容丰富广泛且实用,促进了农业经济增长,为以后的农业技术改进和推广提供了基础。但因经济条件、外部环境等因素约束,边区农业技术改进主要是经验性的,而非现

---

① 《神池县府、游击队帮助群众修成两大渠》,《晋绥日报》1947 年 5 月 15 日,第 1 版。
② 《边区生产会议确定大力恢复和兴修水利》,《晋绥日报》1949 年 2 月 21 日,第 1 版。
③ 《土改后的水利建设》(1948 年),晋绥边区财政经济史编写组、山西省档案馆编:《晋绥边区财政经济史资料选编·农业编》,第 648 页。
④ 《边区生产会议确定大力恢复和兴修水利》,《晋绥日报》1949 年 2 月 21 日,第 1 版。
⑤ 《边区生产会议结束确定今年农业生产计划》,《晋绥日报》1949 年 2 月 3 日,第 1 版。

代意义的科学技术。虽无明显技术革新,但这种经验性的技术改进与农业发展相伴。边区农业技术改进始终遵循"从群众中来,到群众中去"的密切联系群众的方针,在中共组织与指导下,结合农村实际与农民经验实施技术改进,满足了当时农业发展和军民的双重需要。历史告诉我们,只有与当地农业生产、农民需要相适应的农业技术改进,才能在农业生产实践中得以成功推广,成为指导农业生产的宝贵经验。

(一)农业技术改进的路径方式

在残酷的战争环境中,边区农业实现经济增长,与这一时期农业技术改进是分不开的。农业技术改进主要通过政府主导、群众供给、机关部队援助等路径方式。

1. 政府主导

一个国家的政府参与对于经济进步是至关重要的。在经济发展历史上,它总是以一个强大的力量参与其中。国家参与经济的方式主要是以成文法规的形式确定各种制度安排,尽可能减少交易费用,以促进社会产出的最大化,进而实现国家目标。毛泽东曾指出:"鼓励和组织这些方式(指兴修水利、种植牧草等改进农业技术的活动。——引者注)的任务由党和政府来承担。"[①]"我们的第七项农业政策就是提高农业技术。"[②]自1940年晋西北行政公署成立以来,边区政府就颁布相关政策条例以推行农业技术改进。边区政府对于兴修水利、繁殖牲畜、开荒坝地、试种等,均按政策规定给予奖励。如1940年冬,边区政府公布兴办水利条例,对兴修水利者进行奖励。新开水地第一年仍按旱地的产量计算公粮。[③] 1941年绥察行署规定,新开荒地有7年永租权,第一年免征公粮,第二年征半数。[④] 边区政府特别奖励试种,贯彻减免负担、赔偿损失、棉花代交公粮、

[①] 《延安民主模式研究》课题组编:《延安民主模式研究资料选编》,西北大学出版社2004年版,第362页。

[②] 毛泽东:《经济问题与财政问题》,苏北新华书店印行1949年版,第31页。

[③] 《农业生产调查(1940年—1942年)》(1943年),晋绥边区财政经济史编写组、山西省档案馆编:《晋绥边区财政经济史资料选编·农业编》,第696页。

[④] 绥察行政公署:《关于颁发开荒条例的训令》(1941年9月14日),内蒙古自治区档案馆编:《大青山抗日游击根据地档案史料选编(1938年—1945年)》(下编),内部发行,1984年,第131页。

担水种棉可顶抗战勤务等规定。①1943年,边区行署颁布关于公粮中奖励扩大耕种轮息地的训令,决定增种轮地减少休息地者,其耕地面积增加之部分按开熟荒奖励,免公粮一年。②边区政府积极调查家畜传染病及防治法,建立防疫工作,奖励专业饲养,并发动群众进行割草运动以解决耕畜吃草问题。1943年边区行署发动群众利用冬季农闲时间,大量收割野草、囤积野草,以解决春季耕畜缺草问题,并发出"人有粮吃,牛驴有草吃,春耕才能搞好"的口号。③边区政府的奖励政策和动员在制度安排上保证了农业技术改进的有效推进和扩散。

展览会具有展示、宣传、推介及全感观、立体式、全方位和集聚性的特点,对于推动边区农业技术改进发挥了不可忽视的作用。毛泽东非常重视展览会对于改进农业技术的重要作用。他提出改进农业技术的方法之一就是举办农业展览会。④抗战期间,边区于1941年、1942年、1943年、1944年各举行一次生产展览会。⑤

边区政府强调科学研究工作与农业技术改进的结合,大力提倡自然科学研究以推进农业技术改进。1940年,晋西北政府及自然科学界人士于8月召开会议,决定筹组晋西北自然科学研究会。此事系响应陕甘宁边区自然科学研究会会长吴玉章向晋西北科学界提出的希望。⑥之后,大多数县都成立了学术委员会,基础较好的村还有技术委员会。政府组织成立自然科学研究会,对于推动农业技术研究和改良有重要作用。

边区政府重视培养技术人才,努力提高技术人员的地位,并给予物质优待。对于有技术发明者还单独给予奖励。1942年边区行政公署颁布"优待专门技术干部办法"。技术干部包括农林牧畜水利及农村副业等专门技术干部。该办法根据学历、经验、经历及技术水平,对不同的技术人

---

① 《晋绥边区的劳动互助(摘要)》(1944年7月),山西省档案馆藏,档号A220-13-248。
② 晋西北行政公署:《关于公粮中奖励扩大耕种轮息地的训令》(1943年10月21日),内蒙古自治区档案馆藏,档号1-1-8。
③ 晋西北行政公署:《关于各级政府利用冬闲广泛动员群众割草问题的训令》(1943年11月1日),内蒙古自治区档案馆藏,档号1-1-8。
④ 《延安民主模式研究》课题组编:《延安民主模式研究资料选编》,第364页。
⑤ 笔者根据相关资料统计。参见中国革命博物馆编:《解放区展览会资料》,第201—225页。
⑥ 《〈新中华报〉科技报道》(1939年—1941年5月),武衡主编:《抗日战争时期解放区科学技术发展史资料》第2辑,中国学术出版社1984年版,第334页。

员给予不同的待遇。补助津贴为15～50元。凡专门技术干部在生产及技术上有所改良与发明者,从优奖励。边区政府还供给技术干部的直系亲属及配偶以生活费。①

为提高农业技术,边区政府还于1942年成立了农事试验场。1944年,行署建设处决定由农事试验场开办"农业技术训练班",训练期1年。学生为各分区机关、学校选送的有志研究农业技术的同志。分期学习后,按时下乡实习,指导各地工作。②

此外,为提高农业生产技术,推广先进的农业生产经验,边区政府还印刷了关于怎样种田的书籍。如1943年边区行署编印了《怎样种庄稼》③一书;边区行署建设处编印了《怎样积肥》④《庄稼生虫和生病的防治法》⑤《怎样种蓝》⑥等书籍。1948年晋绥新华书店晋南分店还编辑了《生产法令经验汇集(上、下编)》⑦一书。

显而易见,对于农业技术改进,边区政府采取的是支持和鼓励的措施。通过设立各种有效的制度安排,力图最大限度减少交易费用,鼓励农业技术改进,以促进农业经济增长。

2. 群众供给

边区农业生产力水平低下,生产条件落后,加之自然灾害与战争破坏,农业技术起点非常低。在这种环境下,改进农业技术的一个很重要的路径是群众自发供给农业生产技术。

薛暮桥曾指出,农业技术人才要去农村找有经验的农民,他们熟悉农村实际状况,了解农民实际需要,能提出切合实际的办法,收到实际效果。应从劳动英雄、劳动模范以及有经验的农民中选择农业技术人才,并从农

---

① 《晋西北优待专门技术干部办法》(1942年1月10日),中共吕梁地委党史资料征集办公室编印:《晋绥根据地资料选集》第五集,1984年,第432－434页。
② 《行署农场举办农业技术训练班》,《抗战日报》1945年5月3日,第2版。
③ 晋绥边区行政公署编印:《怎样种庄稼》,1943年。
④ 晋绥边区行政公署建设处编印:《怎样积肥》,1945年。
⑤ 晋绥边区行政公署建设处编印:《庄稼生虫和生病的防治法》,1945年。
⑥ 晋绥边区行政公署建设处编印:《怎样种蓝》,1945年。
⑦ 晋绥新华书店晋南分店编:《生产法令经验汇集》(上、下编),1948年。

民中提拔和培养农村工作干部。[①]《解放日报》亦刊登过关于农业技术改进的方法,如研究当地劳动英雄的农作法、植棉英雄的棉作法、畜牧英雄的饲养管理方法和农业英雄的耕作法等。[②]《抗战日报》也常刊登农业技术改进的经验,如"劳动英雄牛长锁,他耕种的地很细致、楞楞圪圪都削下,一亩地要顶一亩三分,锄地勤,普遍都锄到三遍,地里见不到一根草,上粪也比别人多,所以每亩地要比别人多打四五升粮食。他较一般的多收十分之一"。[③] 又如三分区某部"丰收的原因在于施肥多、锄草勤,一般锄过 3 次,平地有锄过 5 次的,他们的地普遍都上粪 3 次,每亩地平均施肥 39 担以上"。[④] 上述内容反映了抗战时期农业技术改进的主要路径。1943 年,毛泽东为中直军直生产展览会的题词为:"群众生产,群众利益,群众经验,群众情绪,这些都是领导干部们应时刻注意的。"[⑤]他在《农村调查》序言和跋中曾指出:"群众是真正的英雄,而我们自己则往往是幼稚可笑的,不了解这一点,就不能得到起码的知识。"[⑥]他特别强调"群众经验"[⑦]。薛暮桥曾说:我们并不拒绝科学知识,但应与农民实际经验相结合,即用科学知识来整理和研究农民的实际经验。[⑧] 1945 年年底,习仲勋主持的西北局农业技术座谈会亦强调,必须把自己的科学理论与技术和群众的经验结合起来,对群众中已有的丰富经验加以研究,然后再到群众中去推广。[⑨] 边区农业技术改进工作遵循的路线是"从群众中来,到群众中去"。其主要路径是群众供给,收集和整理中国农民的耕作经验,研究其从勤苦耕作中获得的生产知识,用来指导农民改进农业生产。

3. 机关部队援助

[①] 薛暮桥:《农业生产建设问题》,引自武衡主编:《抗日战争时期解放区科学技术发展史资料》第 6 辑,中国学术出版社 1988 年版,第 25 页。
[②] 陈凤桐:《怎样研究农业生产技术》,《解放日报》1945 年 2 月 27 日,第 4 版。
[③] 《临县五区某村荣获秋收变工模范村》,《抗战日报》1943 年 11 月 25 日,第 2 版。
[④] 《三分区直属某部秋禾丰收生活富裕》,《抗战日报》1943 年 11 月 2 日,第 2 版。
[⑤] 毛泽东:《中直军直生产展览会闭幕》,《解放日报》1943 年 11 月 24 日,第 1 版。
[⑥] 《〈农村调查〉的序言和跋》(1941 年 3 月、4 月),《毛泽东选集》(第三卷),第 790 页。
[⑦] 《中直军直生产展览会闭幕》,《解放日报》1943 年 11 月 24 日,第 1 版。
[⑧] 薛暮桥:《农业生产建设问题》,引自武衡主编:《抗日战争时期解放区科学技术发展史资料》第 6 辑,第 25—26 页。
[⑨] 《西北局召集有关方面举行农业技术座谈会》,《解放日报》1946 年 1 月 2 日,第 1 版。

第二章　边区农业经济的发展

机关、部队在推动农业技术改进方面亦起了重要作用。

首先,学校讲授有关农业技术的知识。毛泽东曾明确指出技术教育在提高整个农业产量中所起的作用。① 例如,神府各校一般都有生产知识的课程。盘塘中心小学上种棉和种菜两门课,教员亦在学校种棉,引导学生从实际中学习种棉花的方法。② 边区新民主主义教育实验学校亦教学生种植农作物,并开生产展览会把农产品展出。1944年,新民主主义教育实验学校于纪念七一、七七中举行生产展览会半月。③

其次,边区政府机关在财力上支持农业技术改进。1942年,边区行署指示,农业贷款只收本不收利;贷款只准收本币,不准收其他非本币;对赤贫无力交付者,可以免交。④ 1943年,晋西北农民银行颁布《农业贷款暂行章程》,规定专门用于购买耕牛、种子、肥料、农具,发展种棉蓝,兴办水利等改进农业技术的农贷。⑤ 截至1944年年底,边区发放贷粮贷棉各种贷款共67 194 000元,贷粮14 485大石,贷棉10 500斤。⑥ 1945年,兴县二区贷款170 200元,贷出铧子80个,镢头18把,耕绳7付,锄片160个,锄弯36个,解决棉籽1 873斤。⑦ 边区行署的无利或低利贷款,对推动农业技术改进起了很大作用。

再次,部队帮助农民改进农业生产。1943年,边区各地驻军除出畜力帮助农民锄地下种外,还为农民运粪、修渠。兴县高家村历时2年未完工之外渠,全长三里许。在军民协力之下,不数日即提前竣工。春耕时,晋西北驻军举行拥政爱民突击月,为民众义务服务,统计某部在一个月中帮助农户200余家,进行送粪、修渠、修路、修堡、耕地、种棉及灌水等。⑧

---

① 《延安民主模式研究》课题组编:《延安民主模式研究资料选编》,第363页。
② 《神府小学教育大改进》,《抗战日报》1944年5月27日,第2版。
③ 《新民主主义教育实验学校举行生产展览会》,《抗战日报》1944年7月20日,第2版。
④ 晋西北行政公署:《关于收起农业贷款问题的指示信》(1942年11月8日),内蒙古自治区档案馆藏,档号1-1-6。
⑤ 《西北农民银行农业贷款暂行章程》(1943年1月1日),晋绥边区财政经济史编写组、山西省档案馆编:《晋绥边区财政经济史资料选编·金融贸易编》,山西人民出版社1986年版,第208页。
⑥ 《晋绥边区行政公署关于发放今年农业贷款、棉蓝贷款和纺织贷款的指示》,《抗战日报》1945年2月20日,第1版。
⑦ 《晋绥边区的农业》(1945年1月),晋绥边区财政经济史编写组、山西省档案编:《晋绥边区财政经济史资料选编·农业编》,第831页。
⑧ 《晋西北生产拾锦》,《新华日报》1943年7月13日,第2版。

1944年,边区部队开荒166 000亩,机关开荒32 304亩,占总开荒数75万多亩的27%。① 该年,塞北军分区指示军队机关应抽出牲口帮助游击区群众耕地,不取报酬。② 1945年6月,塞北军分区表扬了教三队李豹,他不仅帮助群众开荒,还研究开地方法。③

总体来说,边区政府通过多元化路径改进农业技术并进行推广,规模不断扩大。这不仅是保证军民需要、实现根据地经济增长目标推动的结果,更是群众自身需要及边区政府责任和宗旨拉动的结果。

(二)农业技术改进的内容结构

边区农业技术改进内容广泛。据《解放日报》载,边区农业技术之内容甚多,举凡施肥、锄草、深耕、细种、改良土质(修水利)、灭除虫害、改良品种、改良工具、植树造林、爱护和饲养耕畜等皆属之。④ 这些农业技术改进大多适合边区农业的实际情况与需要而被广泛推广。

1. 农业生产经验

群众的农业生产经验是边区农业技术改进的主要内容。这些经验包括施肥、锄草、耕种、饲养耕畜、改良土质和使用农具等方面的经验和技巧。边区农民总结出的农业生产经验是通过变工进行精耕细作、改良农作法。精耕细作,一是多上粪。往年农民缺乏粪土,许多地都是"甜种"(即不上粪种),不能增加产量。边区政府组织互助变工,农民利用农闲时间积肥拾粪,有很大成绩。二是精耕种。如兴县高家村,往年不少农民的地没有用牛耕过,实行变工后,大部分地都耕两次。三是细播种。如神府王寿梁村,往年不少农户种黑豆不耕地,只用镢头按,采用撒种法⑤;变工

---

① 《晋绥解放区军民在当地政府积极扶持下生产成绩斐然可观》,《新华日报》1945年2月22日,第2版。
② 《塞北军区关于游击区生产工作的意见》(1944年),中共内蒙古自治区委员会党史资料征集委员会、中国人民解放军档案馆、内蒙古自治区档案馆编:《大青山抗日游击根据地资料选编(历史档案部分)》,第436页。
③ 《战斗中成长的晋绥边区》(1944年7月16日),中共内蒙古自治区委员会党史资料征集委员会、内蒙古自治区档案馆编:《大青山抗日游击根据地资料选编(中册)》,内蒙古人民出版社1987年版,第252页。
④ 《西北局召集有关方面举行农业技术座谈会》,《解放日报》1946年1月2日,第1版。
⑤ 即用手撒种。撒的种子稠稀不均,入土深浅不一,出苗不齐,且费种子。

后,有了耧种,2/3用"排种法"①或"按种法"②。四是多锄草。如河曲巡镇河北村,往年麦子一般锄两次,变工后大部分锄三次,个别的四次。五是溜崖、挖水窖、修水道,如临县某村把所有能溜的崖都溜了。③

变工互助推进了农作法改良。变工互助是毛泽东提出的重要改革。在互助和集体生产时,农民有计划地集体研究农业技术、交流经验,而且能够互相观摩。例如,1944年温象拴领导的变工队,由富有经验会耕种的5位老农民成立了"农作方法研究组"。临县李汝林领导的变工队,为了学习种地知识,村里请了"合又"(会种地的)做老师。学习后,大部分人都懂得了"犁把不离胯"、耕地要"扣住犁"、种谷子要"把住耧"等经验。该村农民往年上粪多用"扬",经学习后把粪一道一道撒在犁沟里,比扬好得多。④

生产展览会紧密配合战争,反映和服务军民生活,有广泛的群众基础,其传播的农业生产技术亦主要来源于群众经验。举办展览会的目的一方面是奖励劳动英雄、技术能手、检阅生产成绩,另一方面则是推广技术及交流生产经验。⑤ 历次参加展览会的劳动英雄,不少是农村有经验的老农。在展览会上,他们交流选种、下种、施肥、改变山地地形、水利等问题。在展览会各类农产品前,都站立着对于某种产品有经验的人给参观者详细解说。⑥ 1943年边区展览会开完后,农民自己选出优良种子,如选出保德的郑老三黄谷和岢岚的山药。⑦ 这都充分表明,群众经验在农业技术改进中发挥重要作用。

2. 农业生产知识

以科学为基础的农业生产技术知识亦被引进边区农业生产当中。棉花是关系军民日常生活的重要战略物资。已有资料显示,农业技术改进

---

① 即将粪与种子掺好,未耕种之前,即按一定距离撒入地内,然后再耕。这种方法能多打粮食。
② 即耕过磨平再用镢头掏种,种法细致,根扎得深扎得稳,抗风耐旱,出苗快且匀。
③ 《晋绥边区的劳动互助(摘要)》(1944年7月),山西省档案馆藏,档号A220-13-248。
④ 《晋绥边区的劳动互助(摘要)》(1944年7月),山西省档案馆藏,档号A220-13-248。
⑤ 《晋西北选劳动英雄》,《解放日报》1942年12月22日,第1版。
⑥ 《对生产展览及劳动英雄检阅大会的希望》,《抗战日报》1942年12月10日,第1版。
⑦ 《众英雄参观展览会后激起更大战斗生产热情》,《抗战日报》1944年12月19日,第2版。

的各供给主体均把种棉技术知识作为其重要内容。① 聘请农业指导员是边区引进农业生产技术知识的重要方式。为解决种棉技术问题，边区政府派干部和聘请种棉指导员到试种区和推广区进行指导。据不完全统计，抗战时期，各地种棉指导员河曲有 8 个，保德 7 个，兴县 4 个，临县神府 10 个，共 30 多人。聘用费全部由政府出。每人每月 100 斤小米津贴，四个月需 12 000 斤小米。②

边区研究和传播农业生产知识的专门机构是农事试验场（以下简称"农试场"）。农试场进行过的试验有：谷种改良试验、玉蜀黍改良试验、棉花品种试验、小麦品种试验、黑豆绿肥成效试验、甘薯品种比较试验、花生芝麻等经济作物的试验以及农作物病虫害防治试验等。③ 其中，试种棉及推广相关作物是其中心任务。例如，1942 年农试场的主要收获是种棉的迟种催碰，即在较冷的边区种棉，用"处暑摘叶一半，白露切断两面茂根"的方法，可以使棉桃早碰而有收获；如果谷雨前后缺雨，迟种半月或一月也可以有收获。④ 1943 年，农试场的年度工作，一是继续研究试验种棉技术，包括下种、行株、肥料、黑豆顶土、中耕、留桃、防除害虫、迟种和摧碰及山地试种等。二是根据上年试验的摧碰办法及其他各种种棉技术，在河（曲）、保（德）、兴（县）及神府等县推广扩大棉田，并派专人直接指导各县种棉工作。三是山地的地形地质改良试验，改良和介绍农具，试种甜菜，轮种试验，采集优良种子与推广优良种子。⑤

农业科学知识还通过报纸得以宣传、普及。毛泽东提出出版有关先进农业技术的教科书是农业技术改进的重要措施之一。⑥ 为宣传农业知识，边区机关除编印一些指导性的小册子及论文外，还在报纸上报道种棉情况、转载指导技术。据不完全统计，关于种棉技术的报道诸如"怎样种

---

① 抗战时期，为发展生产、保障供给，边区政府曾在诸多未大量种棉地区如河曲、静乐、保德、临县、神府等县奖励试种棉，传播植棉技术。故在农业生产知识方面，关于植棉技术的记载较多。
② 《晋绥边区机关生产初步总结》（1944 年 11 月 30 日），晋绥边区财政经济史编写组、山西省档案馆编：《晋绥边区财政经济史资料选编·农业编》，第 798 页。
③ 山西省史志研究院编：《山西通志·总述》第 1 卷，中华书局 1999 年版，第 423 页。
④ 《农业生产调查（1940—1942 年）》（1943 年），晋绥边区财政经济史编写组、山西省档案馆编：《晋绥边区财政经济史资料选编·农业编》，第 711—712 页。
⑤ 《研究推广植棉技术，农事试验场确定工作计划》，《抗日报》1943 年 4 月 1 日，第 2 版。
⑥ 《延安民主模式研究》课题组编：《延安民主模式研究资料选编》，第 364 页。

第二章　边区农业经济的发展　　　　　　　　　　　　　　　　　　　　　　87

棉""如何给棉花上追肥""再论棉花催碰及其他"等,仅《抗战日报》就有不少。①《解放日报》亦开辟《农学知识》一栏专门介绍农业科学知识。② 例如,该刊曾刊登过诸如《农作物霜害预防法》等类文章。该文指出南瓜、黄瓜等瓜类及大豆、棉等,皆不能生长在严寒的冬天,容易受霜害。而桃、梨、苹果、葡萄、白菜等是耐寒性强的作物,轻霜微冻,亦不能受伤害。③ 这些文章宣传了农业生产知识,推动了农业技术的进步。

展览会不仅展示群众经验,还积极传播农业生产知识。例如,1942年边区展览会展出关于棉花种植的连环画,从选地、泡籽、留苗到摘棉、拔根等一系列程序均显示在内,使人看了就知道怎样种棉。此次展览会还展出了河曲的蓝苗和行署建设处试种的蓝靛标本和种植技术连环画。种植技术连环画清楚地告诉大家,泡籽要每天换一次净水,要泡五六天,下种要撒匀;移苗的窝间隔一尺,每窝七到八颗;隔20天奶一次粪,奶两次最好;还展示了怎样收割、沤蓝、打蓝等。④

3. 农业良种

农业良种是器物技术改进。白馥兰认为:"农业史的里程碑不是新法则的推演,而是新工具的进化和新作物的发现。"⑤优良作物品种的选用是农业技术改进的重要内容。例如,1943年边区生产展览会展出的农产品种类有谷黍类、麦类、豆类、蔬菜类、瓜果类、药材类、棉染类等。较有影响的谷种是"狼尾谷",比龙爪谷、黄粱谷多产1/3,每亩能收四斗。玉米是"美国玉茭子"(也称马齿玉蜀黍),它比一般的收获量大,每亩至少收一石以上。黑软糜籽,每亩可产一石以上,都适于向阳地种。优良棉种,一是农试场的"灰白籽棉",纤维长九分(市尺),又细又匀又不易断,最适宜纺经纱;二是绿籽和神府的"灰白籽棉",纤维较短,易断。⑥

---

① 《晋绥边区机关生产初步总结》(1944年11月30日),晋绥边区财政经济史编写组、山西省档案馆编:《晋绥边区财政经济史资料选编·农业编》,第801页。
② 陈凤桐:《怎样研究农业生产技术》,《解放日报》1945年2月27日,第4版。
③ 《农作物霜害预防法》,《解放日报》1944年10月6日,第4版。
④ 黎军:《战斗生产展览会上——生产部分》,《抗战日报》1944年12月22日,第4版。
⑤ 转引自曾雄生:《评李约瑟主编白馥兰执笔的〈中国科学技术史〉农业部分》,《农业考古》1992年第1期。
⑥ 黎军:《战斗生产展览会上——生产部分》,《抗战日报》1944年12月22日,第4版。

农业技术改进与农业生产关系直接。白馥兰认为："农业实践主要是受自然环境和主要栽培作物的技术要求所支配的。"[①]虽环境恶劣，但晋绥边区的农业技术改进内容仍然丰富、广泛且实用，一些农业技术在新中国成立后仍被继续推广应用。显然，边区密切联系群众、积极推广群众农业生产经验的做法是值得肯定的。

第二节　边区土地制度演进

土地制度演进，是一个老话题，但亦是学界研究至今仍蔚然成风的命题。从本质上来讲，边区经济主要是农业经济。作为农业经济最主要的生产资料，土地及其制度演变必然成为边区经济发展的核心前提，也是我们认识边区经济发展的基础。特别是，在当前中国土地制度改革的社会背景下，讨论历史上中共土地制度的演变亦显得尤为必要。众所周知，新中国成立前，边区土地制度经历了从减租减息到土地改革的历程。抗战时期中共在边区实行减租减息政策，到解放战争时期又实行土地改革。在中国土地制度变迁的历史长河中，我们考察的这段时期虽然很短，但劳动者与土地的关系却发生了历史上未有的剧烈变革。这也使我们有必要再一次考察边区的土地制度演进。总结边区农业经济发展的制度基础，可揭示边区农业经济恢复与发展的原因所在，亦可对当前土地制度改革提供历史思考。

一、抗战时期土地制度的变动

(一)减租减息政策的颁布

与抗战前土地政策不同，抗战时期中共在根据地实行的土地政策是减租减息。1940年边区政府成立后，中共开始推行减租减息政策。该年10月，中共颁布了《山西省第二游击区减租减息单行条例》，规定了地租和利息的相关条例。其规定地租方面，"出租人之土地不论租田伴种，一

[①]　[美]白馥兰:《世界农业的历史观》，陈慧贞译，转引自华南农学院农业历史遗产研究室主编:《农史研究》第5辑，农业出版社1985年版，第225页。

律照原租额原伴种分配法减收百分之二十五",即"二五减租""地租不得超过正产物收获总额百分之三十七点五";其规定利息方面,"债权人的利息收入,年利率不得超过百分之十(一分利息),超过百分之十者应减为百分之十"。①同日《抗战日报》发表社论《配合征收救国公粮开展减租减息运动》②,开始宣传号召减租减息政策。该政策实施初期,除部分地区执行较好,大部分地区停留在号召宣传阶段。为此,1941年4月,中共颁布修正了《晋西北减租减息暂行条例》③;1942年,《抗战日报》发表《继续深入开展减租减息工作》④一文,进一步对边区减租减息的执行情况进行介绍与评论。可以说,1942年减租减息进入高潮,各地政策开始得到认真执行。大部分地区一般执行了二五减租与三七点五最高租额的法令,也注意了缴租缴息。减租减息进入高潮后,为稳定租佃关系与借贷关系,有效推进减租减息工作,1942年9月10日,边区公布《晋西北减租交租条例解释》⑤;10月,《抗战日报》发表社论《减租交租和减息交息》⑥,并分别公布减租交租和减息交息两个条例。

1943年,减租减息工作逐渐形成普遍的群众运动。为适应不同地区土地质量与产量的不同,边区进一步修改减租法令,并公布《关于修改减租法令的指示信》⑦,规定各地可根据土地质量不同确定几种不同土地的标准交租率。1944年10月,减租减息运动更为普遍。边区进一步公布了《关于减租工作的指示信》⑧,指出减租程度依照各地实际收成及过去不同租额情况而定,不必拘泥于二五减租。

显然,减租减息政策一开始主要是由中共推动的自上而下的土地制度变动,但后期又是依靠群众的自下而上的土地制度变迁。这种土地制

---

① 《山西省第二游击区减租减息单行条例》,《抗战日报》1940年10月23日,第2版。
② 《配合征收救国公粮开展减租减息运动》,《抗战日报》1940年10月23日,第1版。
③ 《晋西北减租减息暂行条例》(1941年4月1日),晋绥边区财政经济史编写组、山西省档案馆编:《晋绥边区财政经济史资料选编·农业编》,第9—11页。
④ 《继续深入开展减租减息工作》,《抗战日报》1942年2月12日,第3版。
⑤ 《晋西北减租交租条例解释》,临县档案馆藏,档号62-2-5。
⑥ 《减租交租和减息交息》,《抗战日报》1942年10月10日,第1版。
⑦ 《晋西北行政公署关于修改减租法令的指示信》(1943年10月30日),引自晋绥边区财政经济史编写组、山西省档案馆编:《晋绥边区财政经济史资料选编·农业编》,第39页。
⑧ 《晋绥边区行政公署关于减租工作的指示信》(1944年10月20日),引自晋绥边区财政经济史编写组、山西省档案馆编:《晋绥边区财政经济史资料选编·农业编》,第43页。

度改变包括两方面含义：一是减少租金利息，减轻农民负担，提高生产积极性；二是交租交息，承认地主土地所有制。在抗战这种特殊的历史时期，限制封建剥削的制度能够广泛调动大部分阶层的生产积极性和抗战热情，促使农村经济有一定程度的发展。

(二)减租减息政策的实施

1. 实施效果

由于1943年后减租形成群众运动，各地减租工作得到普遍贯彻，减租效果较为明显。各地减租工作都取得一定进展。减租户和减租数均有可观的数目。1943年据边区10县统计，共减租5 010.93石；据60余村统计，退租6 963.695石。① 进一步看，减租受惠的主要是贫穷阶层，减租户主要是中贫农。据1943年河曲20个行政村的统计，经过减租的佃户共1 094户，除富农占2.5%外，97.5%都是农民，而且80%都是贫农。减过的租入土地共有水地1 535亩、山地4 595垧，除富农占6%外，94%为农民租入地。② 减租减息政策的实施，使农村社会阶级关系和土地占有关系发生重大变化。总的趋势是，地主富农的比重与经济实力下降，而中农比重开始上升，成为农村的主体阶层，农村出现中农化趋势。

首先，从农村社会阶级关系看。1944年10月中共晋绥分局调研室对兴县高家村、温家寨、临县窑头、刘家圪垯、杜家沟5个村的调查显示，1940—1944年各阶层变化如下："地主原占总户数的3.8%，现占总户的2.4%；富农原占总户的10.8%，现占总户的8.3%；中农原占总户的25.8%，现占总户的44.3%；贫农原占总户的52.3%，现占总户的40%；雇农原占总户的5.2%，现占总户的2%。"③ 又据1946年兴县、临县、临南、保德、河曲、岢岚、五寨、宁武、阳曲9县20个村的调查："从新政权成立到1945年，原中农占总户的31.3%，现占总户的59.9%，中农比重增

---

① 晋绥边区行政公署：《晋绥边区的减租工作》(1944年)，晋绥边区财政经济史编写组、山西省档案馆编：《晋绥边区财政经济史资料选编·农业编》，第97页。
② 《减租交租工作在河曲》，《抗战日报》1943年3月9日，第4版。
③ 中共晋绥分局调研室：《阶级关系及土地占有的变化》，引自晋绥边区财政经济史编写组、山西省档案馆编：《晋绥边区财政经济史资料选编·农业编》，第106—108页。

加 28.6%。"①显然,经过减租减息,农村阶级关系发生了重大变化。1945年边区政府的调查报告指出:"近一两年来阶级变化甚快。"②地主阶级开始下降,富农阶级亦大部分下降,贫雇农大部分得到发展。中农人数大大增加,阶层大幅扩大,经济情况改善,但发展有限。新政权成立前,贫农曾是边区农村最大的阶层,中农所占比重较小。但至 1945 年,由于很多贫农的上升以及地主富农的下降,贫农、地主、富农阶层缩小,中农队伍大大扩大,扩大到占全人口的约 60%。中农阶层已经成为农村最大的阶层。

其次,从土地占有关系看。1944 年兴县、临县 5 村调查显示,1940—1944 年各阶层土地占有情况如下:"1940 年地主占总人口的 4.7%,占土地的 30.3%,人均土地 133 亩;1944 年地主占总人口的 3.6%,占土地的 9%,人均土地 53 亩。1940 年富农占总人口的 15.3%,占土地的 24.8%,人均 35 亩;1944 年富农占总人口的 15.3%,土地占 17.5%,人均 30 亩。1940 年中农占总人口的 28%,占土地的 27.5%,人均 20 亩;1944 年中农占总人口的 45.9%,土地占 49%,人均 22.5 亩。1940 年贫农占总人口的 46.2%,占土地的 16.3%,人均 7 亩多;1944 年贫农人口占 35.5%,土地占 23.5%,人均 14 亩。1940 年雇农占总人口的 4.7%,占土地的 0.85%,人均 3.8 亩;1944 年雇农人口占 1.3%,土地占 0.4%,人均 6.5亩。"③又据 1946 年兴县、临县、临南、保德、河曲、岢岚、五寨、宁武、阳曲 9个县 20 个村的调查,"从新政权成立到 1945 年为止,原中农占总人口的 19%,占全部土地的 27.7%,人均土地 13 亩;1945 年中农占总人口的 64.5%,占全部土地的 70%,人均占有土地 14.6 亩。"④中农占有土地的比重增加了 42.3%。也就是说,这 20 个村全部土地的 40% 以上归中农所有。显然,这种土地占有关系的变化是巨大的。新政权成立以前,农村拥有土地最多的是地主阶级,中农次之。1945 年中农却升到第一位。

---

① 中共晋绥分局:《农村土地及阶级变化材料》(1946 年),山西省档案馆藏,档号 A21-3-14。
② 晋绥行署:《关于负担问题的调查研究提纲》(1945 年 5 月 22 日),兴县档案馆藏,档号 10-79。
③ 中共晋绥分局调研室:《阶级关系及土地占有的变化》,引自晋绥边区财政经济史编写组、山西省档案馆编:《晋绥边区财政经济史资料选编·农业编》,第 114—116 页。
④ 中共晋绥分局:《农村土地及阶级变化材料》(1946 年),山西省档案馆藏,档号 A21-3-14。

1940—1945年，中农占有土地的比重显著增加，地主、富农占有土地的比重迅速下降，经济实力亦大为削弱。

2. 曲折推进

从理论上来讲，减租减息政策不论对于农民还是边区生产都是好事，能够减轻农民负担，促进农业生产。然而事实上，这一政策却直接牵扯到传统中国农村的土地占有和租佃关系，从而引发佃户与出租户之间的内在矛盾。特别是，传统中国的土地租佃现象非常普遍，且租佃关系较为复杂。晋西北"租佃关系主要存在于地主与农民之间，但同时也存在于中农与贫农之间。现在地主与农民间的租佃关系相对减少，而农民间的租佃关系相对增加，这就造成租佃关系的复杂性。……农民间的租佃关系大多数在本村，其特点是租佃件数多、土地数量很少、牵连户数多、人多，亲属关系很复杂"。① 因此，一旦牵扯到减租，降低出租户的租税收入，出租户必然不满，势必采取各种措施抵制减租。而租入户由于各种因素牵连，也不敢大胆接受减租。特别是，在边区租佃关系中，很多出租户同时亦是租入户。"农村的租佃关系远比城市中的经济关系复杂。租入者同时又是伙出土地者或租出土地者，伙出土地者同时又是租入或伙入土地者，租入者又伙入，租出者又伙出。这些变化使土地关系复杂不堪，而这些经济现象多发生于贫农中农之间。"② 正是由于这种复杂的土地关系和租佃关系，使减租减息一开展就引发很多纠纷。

减租交租条例颁布后，特别是1942年修正颁布减租交租条例后，地主夺地现象在兴县、临县、河曲、保德等地普遍发生，尤其在水地及川地、平地等地较为严重。不少出租人暗中以夺地威胁佃户，以达到不减租或明减暗不减的目的。例如，在出租人方面，有的以夺地威胁佃户，抵制减租，说："减了租子就收地，宁荒不出租。""今年减租七折八扣，明年定要收地，这是政府的法令。"③ 或在佃户中间散布留言，准备夺地。一些出租户公开表示："你要减租，我就收地。"④ 要挟佃户不敢要求减租。如河曲县

---

① 理京、理红整理：《高鲁日记》，第306页。
② 理京、理红整理：《高鲁日记》，第340—341页。
③ 《行政公署关于防止非法夺地的说明》，《抗战日报》1943年2月13日，第4版。
④ 《行政公署关于防止非法夺地的说明》，《抗战日报》1943年2月13日，第4版。

某地主撕毁政府制定的租约,威胁佃户重签合同。① 有的是明减暗不减,如临县有些地主私自与佃户达成协议,表面减租而实际不减,双方共同隐瞒对付公家。② 河曲有的地主在群众面前承认退租,但后来又不退租,发生新的夺地现象。③ 甚至一些边区干部亦抵制减租:"个别参议员竟亦自行非法夺地,抬高租额再行转租,使农民无地可种。"④有的地方甚至是佃户不想减租。如河曲某村在减租减息政策颁布后,全村30%~40%未减租,原因是地主和租户之间的租佃关系多年且有亲戚关系。有的佃户甚至背地里给地主送租子。⑤ 这是佃户对减租无信心的表现。1942年,张闻天在对兴县14个村的调查中指出:"农民间的租佃关系,绝大部分在本村,其特点为:租佃件数多;土地数量少;牵连的户数多;人事关系复杂,带有浓厚的亲属、朋友与互助的关系。故他们对减租无兴趣,也不易减。"⑥虽然退租可以解决佃户的生产生活困难,但有的佃户"害怕地主夺地,退租时也有顾虑"。⑦ 显然,由于佃户的经济利益不尽相同,佃户之间亦不统一,加之各种亲情、人情关系复杂,因此,顺利推进减租减息并非易事。

总体来讲,出租户抵制减租交租政策的方法有以下八种:第一种,用各种方法造成明减暗不减的现象;第二种,为抬高租额借自耕或雇工耕种为名,收回转租与转伙种;第三种,假典、假卖、假雇人,实际上是转租或转伙种以抬高租额;第四种,改变租佃形式,抬高租额,佃户不许,就以夺地要挟;第五种,将自种地租出,将出租地收回自种,年年调换,在法令内钻空子,随意收地,使佃户不敢减租;第六种,今年种地利大,勉强自种或雇工耕种,明年利小即行出租,投机取巧;第七种,将契约习惯上的永佃权的地收回;第八种,真正为发展生产,收回一部分或全部土地,实行自种或雇

---

① 《减租交租工作在河曲》,《抗战日报》1943年3月9日,第4版。
② 《临县的减租工作》(1942年),山西省档案馆藏,档号A88-3-25。
③ 理京、理红整理:《高鲁日记》,第468页。
④ 《为制止非法夺地刘副议长发表谈话》,《抗战日报》1943年2月23日,第2版。
⑤ 理京、理红整理:《高鲁日记》,第408页。
⑥ 《晋西北兴县二区十四个村的土地问题研究(报告大纲)》(1942年7月27日),引自张闻天选集传记组、中共陕西省委党史研究室、中共山西省委党史研究室编:《张闻天晋陕调查文集》,第106页。
⑦ 理京、理红整理:《高鲁日记》,第360页、第499页。

工耕种。① 这种夺地现象导致农村传统的土地租佃关系受到严重威胁，直接影响农民生产积极性与边区农业经济发展。

自 1940 年开始实行减租减息政策到 1942 年，虽然大部分地区实行了这一政策，但"减租工作并不彻底，交租工作也不普遍，特别是减息与交息成为不死不活状态"。② 由于减租减息政策主要是宏观法令，并无具体条例，加之很多干部文化水平较低，且对减租减息政策重要性的了解并不彻底，对该制度的认识和理解存在不足。这使减租减息工作难以顺利开展。1942 年，高鲁在日记中指出："只有法令，但缺乏具体的明确的执行法令的指示，也造成租佃关系的紊乱，不安定。"③ 如兴县一区大队长、五区王塔村长都是经过研究才对减租有了认识，说："我们自己的还没减哩！"④ 干部尚且未减租，如何领导群众彻底减租？特别是，不少干部文化水平较低，他们不仅未能准确理解减租减息政策，遇到问题更提不出好的解决办法。1946 年，贺龙在边区高干会议上指出："减租运动中的缺点和错误，老区主要是政策思想不明确，包办代替强迫命令的作风。"⑤ 显然，政策的不明确性和基层干部文化水平低下导致减租减息难以顺利推进。

此外，阶级成分划分的不确定性也加大减租减息的执行难度。确定成分是推进减租减息的关键和基础。成分一旦划错，减租减息问题便会有偏差。阶级成分的划分依据主要是土地占有上的差异，但并不可以完全依此来划分成分，还要根据实际经济情况来确定。这导致农民阶级成分较难确定。《高鲁日记》提到很多这方面的案例，如兴县"某村康树保是经营性地主。从经济上看，他的土地占有状况是经营性地主的，但其生产方式已不及富农。……在沙沟庙，有一户略有土地出租，按此标准是中农，但其经济上不好过，政治上又是贫农"。⑥ 再者，"有时中农和富农的差别并不明显，经济力量的差距不大，而硬要划分成分加以区别，就有些

---

① 《行政公署关于防止非法夺地的说明》，《抗战日报》1943 年 2 月 13 日，第 4 版。
② 《晋西北行政公署向晋西北临时参议会的工作报告》(1942 年)，兴县档案馆藏，档号 1-2-3。
③ 理京、理红整理：《高鲁日记》，第 309 页。
④ 《春耕总结与夏锄布置》(1946 年 6 月)，兴县档案馆藏，档号 14-126。
⑤ 《晋绥边区高干会胜利结束》，《晋绥日报》1946 年 8 月 1 日，第 1 版。
⑥ 理京、理红整理：《高鲁日记》，第 325 页。

第二章　边区农业经济的发展

困难,也牵强"。① 显然,农村情况是复杂的。特别是,农民生产规模极小,经济状况不稳定,又易于分化,成分非一成不变。"中农与富农的成分极难确定,经济收入时有升降,变化微妙又不显著,标准也飘忽不定。"② 由于上述情况,有的地方在划成分时就存在一定主观性。阶级成分划分不切合实际,必然会导致减租减息政策难以顺利推进。

在这种情形下,边区政府多次反复解释政策,指出:"法令是照顾各阶层利益的。因此,任何一方都要防止片面地强调与自己有利的一面,而忽略其他方面。"③1943 年 10 月,边区进一步修改减租法令指出:"减租后,必须保证佃权,不许非法夺地。"④并严禁明减暗不减、拒绝减租的各种现象。同时,对佃户进行解释减租法令的单独教育,组织佃户与地主进行谈判,制止非法夺地。经过反复的教育和法令解释,一部分夺地的地主逐渐把地退出,夺地问题慢慢得到解决。"政府颁布减租法令后,相继颁布了制止非法夺地的法令,减租比较彻底,夺地现象也有所制止。"⑤该年 11 月,临县 5 区 10 余个村庄,退了夺回的土地 63 亩,租钱 180 白洋,租子 7 石 7 斗 5 升,回赎窑 2 孔,院子 1 间,抽回债约 31 张,补契 2 张。⑥ 兴县农民也纷纷要求地主减租、退约、退粮,大部分地主都依法向农民退租、退钱、抽约。⑦ 这之后,佃户对政府的信任度提高,兴县农民说:"不是有这个法令,明年咱们可不能活啦!""过去哪个敢站在衙门前请愿,站在地主院内要地呢!"⑧佃户马何映减租成功后,"兴奋地跳起来,并连声称赞民主政府"。⑨ 显然,减租减息政策彻底贯彻后,农民无不喜形于色,生产积极性开始提高。减租减息政策及其实施表明,由于边区农村土地关系和租佃关系比较复杂,因此,统一的法令规定必然难以适应各地不尽相同的

---

① 理京、理红整理:《高鲁日记》,第 338 页。
② 理京、理红整理:《高鲁日记》,第 339 页。
③ 《行政公署关于防止非法夺地的说明》,《抗战日报》1943 年 2 月 13 日,第 4 版。
④ 《关于修改减租法令的指示信》(1943 年 10 月 30 日),引自晋绥边区财政经济史编写组、山西省档案馆编:《晋绥边区财政经济史资料选编·农业编》,第 39 页。
⑤ 理京、理红整理:《高鲁日记》,第 467 页。
⑥ 《临县大川农民热烈展开减租运动》,《抗战日报》1943 年 11 月 18 日,第 1 版。
⑦ 《兴县减租运动开展》,《抗战日报》1943 年 12 月 21 日,第 1 版。
⑧ 《兴县三个自然村租佃关系的调整》,《抗战日报》1943 年 4 月 10 日,第 4 版。
⑨ 《兴县减租运动开展》,《抗战日报》1943 年 12 月 21 日,第 1 版。

实际。政策的顺利推进要求基层干部必须能够深刻理解和领会法令的精神,并坚定地站在群众利益的基础上,结合不同地区的实际情况,具体调查和了解各地实际情况,对群众进行耐心的解释,进而灵活执行法令。只有这样,政策才能真正得以落实。

二、解放战争时期土地制度的变动

抗战胜利后,边区土地制度由减租减息变为土地改革。土地改革废除了封建土地所有制,满足了农民拥有生产资料所有权的愿望,使劳动者和生产资料充分地结合起来,促进了农业生产的发展,使农村经济迅速恢复发展并走向繁荣,极大地解放了农村生产力。绝大多数农户经济条件普遍提高,生产规模得以扩大,生产积累有所增加,为农业生产力现代化提供了基础。土地改革后农村社会关系进一步发生重大变化。其主要表现是,地主经济被严重削弱,大批贫雇农上升为中农,中农成为农村的主要力量。

(一)从五四指示到中国土地法大纲

晋绥边区土改经历了从五四指示到中国土地法大纲两个历史阶段。1946年,中国共产党在解放区开始了疾风暴雨般的土地改革。5月4日,中共中央发布了刘少奇主持起草的《关于土地问题的指示》(以下简称"五四指示")。自五四指示发布后,边区大部分地方已经开始推行土地改革。由于土地改革是从根本上改变土地所有制,所以这一政策在执行过程中进展并不顺利,进程亦较为缓慢。1947年4月22日,刘少奇给晋绥边区同志的一封信指出:"虽然有些地方农民已分得若干土地,有些地主被斗争,有些地方正在进行工作,但群众是非常零碎的,没有系统的,因此也是不彻底的。……因此,他们至今没有一个县甚至一个区是已经像样地解决了土地问题。"[①]8月,刘少奇在各地土地会议汇报后报告指出:"晋绥土

---

① 《刘少奇同志关于彻底解决土地问题给晋绥边区同志的一封信》(1947年4月22日),引自晋绥边区财政经济史编写组、山西省档案馆编:《晋绥边区财政经济史资料选编·农业编》,第360页。

地改革不彻底,尚须进行激烈斗争,才能解决问题。"①可以说,此时的土地改革进程是较为缓慢的,许多群众尚未发动起来,土地改革并不彻底。

为彻底解决土地问题、推动土地改革,1947年7月～9月,中共召开全国土地会议,制定了《中国土地法大纲》(以下简称《大纲》)。1947年10月10日,《大纲》正式颁布。该大纲是在解放战争形势发生根本转变,解放军由战略防御转入战略进攻的历史背景下颁布实施的。《大纲》规定了按人口平均分配土地的政策,决定彻底废除封建土地制度:"乡村中一切地主的土地及公地,由乡村农会接收,连同乡村中其他一切土地,按乡村全部人口,不分男女老幼,统一平均分配。"②这是一个比较彻底的反封建的土地改革纲领,核心特征是平分土地。在《大纲》的指引下,富农不仅土地被平分,多余牲畜、农具、粮食和其他财产也被征收。有些地方,不仅动了富农,而且还动了中农。康生、陈伯达鼓吹打乱仗,甚至说:"只要发动起群众来,动了中农不算'左';发动不起群众来,不动中农也是'右'。"③不加区别地平分一切土地反映了农民的平均主义要求。在平分土地的过程中,虽然多数中农获得利益,但这些利益是土改后每个劳动者都应获得的,其被平分掉的土地并没有得到相应补偿。如此,不仅很大程度上消灭了地主富农经济,也广泛影响了中贫农经济的发展。

(二)土地改革对中农利益的侵犯

1. 经济利益被侵犯

1947年年底,在平分土地的高潮中,边区土地改革出现了侵犯中农经济利益的现象。抽动土地是对中农经济利益侵犯的最主要表现。如某些地方提出"平分要做到粮不过一升,地不过一分"或"地一粮一"的口号,导致抽动中农土地过多。据岢(岚)、临(县)、偏(关)三县材料统计,1948年土地改革,被抽出用于平分的土地共359 478亩,其中49%来源于地主、富农,16.6%是各种公地,4.2%是以前未分配的土地,29.6%是从中

---

① 《刘少奇关于土地会议各地汇报情形及今后意见的报告》(1947年8月4日),引自中央档案馆编:《解放战争时期土地改革文件选编(1945—1949年)》,中共中央党校出版社1981年版,第71页。
② 《中国共产党中央委员会公布中国土地法大纲》,《晋绥日报》1947年10月13日,第1版。
③ 薄一波:《若干重大决策与事件的回顾》(上),第83页。

农手中抽出的。其中临县抽动中农土地占总抽出土地的37.5%,偏关为40%。① 另据五寨、神池、方山、中阳、崞县、静乐、朔县、山阴8县统计,共转移出土地957 913亩,其中36.1%的土地是从中农抽出的。② 怀仁有些村庄抽动中农土地,竟达全村中农户数的50%～90%。③

土地被抽后,中农不满情绪非常强烈,如代县中农"有的在抽地会议上心疼得满头大汗。有的抽地后,几夜不睡觉"。④ 有的中农"第一天同意抽地,但抽后第二天就表示他的地不够种,'这都是我们一家子牙齿上节省下的谷米买下的地,'对抽地表示心疼。"⑤有的中农"心里不满,嘴上却说不出什么",⑥中农的利益受到侵犯。

对中农利益的侵犯不仅打击了中农的积极性,而且危害到贫雇农,严重影响农业生产。在被侵犯的中农中,有很大一部分是经历减租减息和前期土地改革后,通过自己的勤苦劳动、省吃俭用由贫雇农上升而来的。高鲁在日记中这样评价中农:"一般中农很勤俭,舍不得吃穿。他们这个阶层很值得研究。他们生活比贫农优越,但十分勤劳、聪敏。在抗战中,给我们提供帮助的一般是中农。"⑦可以说,今天的中农就是贫雇农的明天。今天平分中农的土地必然会对明天的中农产生极大的心理冲击,引起中农和贫农的强烈不安,使他们不敢放手生产。《大纲》公布后的第一个春耕季节开始后,以前每天早上都要拾粪、积肥,生产劲头很足的农民,一听说平分土地,就不拾粪了。很多农民"都不愿意当中农,实际上已都不是贫农"。⑧ 农民认为越穷越光荣,富是耻辱,不愿也不敢利用土地改

---

① 《中共中央晋绥分局关于土改工作与整党工作基本总结提纲》(1949年1月30日),山西省档案馆藏,档号A220-13-188。
② 《中共中央晋绥分局关于土改工作与整党工作基本总结提纲》(1949年1月30日),山西省档案馆藏,档号A220-13-188。
③ 《怀仁召开县农代大会总结全县土改运动》,《晋绥日报》1948年4月8日,第2版。
④ 《代县分配土地的经过》,《晋绥日报》1948年5月5日,第1版。
⑤ 《抽某些中农的地时完全由本人自愿,不愿抽的即行让步》,《晋绥日报》1948年2月15日,第1版。
⑥ 理京、理红整理:《高鲁日记》,第775页。
⑦ 理京、理红整理:《高鲁日记》,第700页。
⑧ 习仲勋:《关于土改中一些问题给毛主席的报告(节录)》(1948年1月19日),引自《中国的土地改革》编辑部、中国社会科学院及经济研究所现代经济史组编:《中国土地改革史料选编》,第451页。

革分来的胜利果实去积极地勤劳致富,结果形成了普遍的不生产和浪费。

2. 政治利益被侵犯

不仅中农的经济利益受到侵犯,其政治利益也受到侵犯。对中农政治利益的侵犯主要是错划成分。把中农错划成富农或地主后侵犯其利益,这个举措比侵犯经济利益还令其沮丧。由于成分被划高,其土地、财产被剥夺,一部分中农的经济利益被严重侵犯。据偏关、河曲、平鲁、离石、兴县5县材料统计,总户39 701户,原定地富7 829户,占总户的22.3%;重划后有2 974户,占总户的7.5%,错划户占总户的14.7%。① 又如山西崞县土改时,"一区与城区33个村子,富农错订地主者共43户,中农错订富农者106户"。② 1948年年初,李井泉跟毛泽东明确说:"划成分脱离中农成为最基本的问题。"③

由于中农经济利益被侵犯,政治地位一落千丈。在一些地区贫农团代替了农会,不尊重中农的民主权利。有的地方规定中农只有发言权没有表决权,中农不能当干部,等等。如凉城县"有人提出要动富裕中农,这不能!我们要从政治、经济两个方面看问题,不能从单纯的经济利益出发。有人夸大中农的动摇性,不让中农掌权、忽视中农,使中农不能有平等的经济待遇,片面地强调贫雇农的利益,夸大了中农和贫农的界线"。④ 关于此问题,绥蒙区党委也提到:"关于贫雇农为骨干团结中农的路线,因为我们这一期间有些地方,观念上偏重于发动贫雇农,因此对中农团结也发生偏差。"⑤《绥远日报》也反映:"看我们揭露贫雇农与中农的争论,确有过分批评中农的偏差,因而许多好事是贫雇农的,坏事是中农的。在选举农民代表机关中,许多中农被审查掉,使中农在领导机关中没有一定的领导地位;揭露农民中的某些人或者承认有错误,往往写上是中农成分的

---

① 《中共中央晋绥分局关于土改工作与整党工作基本总结提纲》(1949年1月30日),山西省档案馆藏,档号A220-13-188。
② 《山西崞县是怎样进行土改的?》,引自华北新华书店编:《土改整党参考资料》,华北新华书店发行1948年版,第4页。
③ 《李井泉同志给毛主席的报告》(1948年1月22日),引自晋绥边区财政经济史编写组、山西省档案编:《晋绥边区财政经济史资料选编·农业编》,第462页。
④ 理红、理京整理:《高鲁日记》,第811—812页。
⑤ 绥蒙区党委:《关于中农问题的通知》(1948年12月26日),山西省档案馆藏,档号24-1-16-6。

错误。"①以上材料说明,随着土改的进一步纵深推进,侵犯中农利益现象已较为普遍并日益严重。

三、对土地制度变迁的若干思考

(一)土地改革中中农利益被侵犯的原因

第一,土地占有集中程度下降。从经济角度讲,新中国成立前夕,边区很多地区已经过多年的减租减息,经济已得到发展,地主、富农占有土地的比例已经下降。据1939年晋绥区调查统计,占总户5.2%的地主占耕地总数的37.7%。②据1948年晋绥区24村调查统计,土改前地主、富农占总人口的9.2%,耕地占13.7%。③又据冀晋区17县的不完全调查统计,土改前地主、富农占总户的7.1%,耕地占23.08%。④高鲁在日记中亦提到:兴县"几个自然村几乎没有地主"。⑤可见,土改时,农村可分的土地并不很多,地主与富农合计占地已不到40%,甚至不到1/3。事实上,当时中共并不是不了解这一点。1948年3月6日,《晋察冀日报》曾发表社论说:"有一部分地区或村庄,(土改前)土地实际上已经平分了,封建制度实际上已经不存在了,农民各阶层占有土地的平均数已相差不多。"⑥加之有的地方土改工作比较粗糙和机械,甚至"将一两亩地也拿来分了"。⑦在这种背景下实施土改,势必会侵犯人数众多的中农的利益。

第二,土地改革运动一旦展开就会具有惯性。中国共产党实施土改的目的之一是重建农村新秩序。在解放战争的历史背景下,党希望消除地主等农村传统的统治阶层,没收了这些传统阶层的财产分配给贫民,农民就会更有动力去支持解放战争。因此,解放战争时期的土地改革是中

---

① 绥蒙区党委:《关于中农问题的通知》(1948年12月26日),山西省档案馆藏,档号24-1-16-6。
② 杜润生:《中国的土地改革》,当代中国出版社1996年版,第7页。
③ 《晋绥区土改前后土地变化等情况典型调查表》(1948年7月23日),山西省档案馆藏,档号21-3-56-1。
④ 冀晋区党委研究室:《土地改革数字汇集》(1947年),山西省档案馆藏,档号A42-5-6-3。
⑤ 理京、理红整理:《高鲁日记》,第326页。
⑥ 《从多方面设法满足贫雇农的要求》,《晋察冀日报》1948年3月6日,第1版。
⑦ 理京、理红整理:《高鲁日记》,第815页。

共和农民共同的需要。真正在农村亲自实施土改的人则是一批年轻而又贫苦的农民干部。党在土改前已发动过多次群众运动,成功造就了一批新型的农民干部精英。他们在各种日常的农村事务中一直在跟传统的地方领导势力作斗争。因此,一旦土改运动开始,他们会推动更加激烈的变革,把中农也当成打击对象。高鲁在日记中提到:"过左的问题不仅存在于群众中,也存在于领导干部中。干部们怕右,因为右可能被说成'是地富立场、思想'。也有些干部为了表功而过左。有些干部见群众起来后过左也不加制止,怕'给群众泼冷水'。……有些干部认为过左是必然的,不可避免。"①显然,正是这种心理,导致干部在土改时很容易产生过激行为。

第三,基层干部素质低下。基层干部是土改政策的具体执行者、各项工作的直接落实者,其素质如何既关系本地区土改及纠偏的成效,又关系新民主主义经济建设的大局。基层干部素质偏低导致中共上层制度与下层实践脱节,是中农被侵犯的重要原因之一。新中国成立前,晋绥边区很多基层干部文化水平比较低。很多参与土改的干部素质并不高。边区土改委员会主任赵林曾就临县土改中的问题向晋绥分局写信,其中第一条提的就是干部素质:"三个行政村共19个干部(现在看来质量极差,有好些还不够条件),每个行政村只有一个至二个较强干部来掌握。"②由于文化水平低,不少干部在对党的土改政策还不了解的前提下就展开土改。如崞县在讨论村主席时,群众代表们认为他们是"通天瞎棒",办不了事。③ 右玉三区几位区干部曾指出:区长和副区长识字不多。他们在接到县上指示和信件时,常因文件字体潦草马虎或一些"官话"(比如"延期""先斩后奏""手续正规化"等)而看不懂甚至无法理解指示的意思,以致工作常常被拖延、出错误,必须找文化程度较高一些的区助理员帮忙解释、

---

① 理京、理红整理:《高鲁日记》,第777页。
② 《赵林同志来信关于临县普遍群众运动中几个问题的检讨》,《晋绥日报》1947年11月3日,第1版。
③ 《谭政文关于山西崞县召开土地改革代表会议情况的报告》(1948年2月8日),引自中央档案馆编:《解放战争时期土地改革文件选编(1945—1949年)》,第289页。

讲清，才能理解文件的意思。[①] 显然，文化素质低使很多干部无力深入解读土改政策。例如，崞县土改干部在检讨过激错误时说："当时（指理解政策时）只记住一句话：'不能包庇地主。'……当时（指犯错误时），一来是'闹不机明（弄不清楚。——引者注）'，二来怕人说包庇地主、富农。"[②] 显然，基层干部未能全面地、充分地、正确地理解土改相关政策是中农受侵犯的直接原因。

（二）一个悖逆现象

这似乎是一个悖逆。土改中团结中农的政策规定与中农利益被侵犯的事实，体现了政策的主观动机与客观效果之间的悖逆。具体来讲，中农利益被侵犯不仅与土地改革的目的背道而驰，更与整个新民主主义经济纲领的内容相违背。新民主主义经济纲领的主要内容之一是消灭封建土地制度，没收封建阶级的土地归农民所有。中农的土地及其他生产资料大多是自己劳动所得，并没有对贫雇农进行剥削。侵犯中农的利益，就是侵犯农民私有制。其结果必然是挫伤中农和部分贫农的生产积极性，动摇他们劳动致富的思想。而新民主主义经济纲领的目的是使"农民都能努力劳动发展生产，使雇农升为贫农，贫农升为中农，中农升为富农。……农民一天一天上升为中农或富农，一天一天向丰衣足食的路上走，而绝少有下降的"。[③] 这就要求个体农民在土地改革之后，在自由竞争中通过自己的辛勤劳动致富。这种肯定并确立农民土地私有制的做法能够发动农民的生产积极性，对于农业生产的恢复和发展是有利的。平分土地的做法企图以侵犯中农利益去满足贫雇农的需求。显然，这实际上已触动了农民个体土地私有制。这是落后的反对的绝对平均主义。它不仅抑制了中农的生产积极性，也抑制了贫农的生产积极性，使农民不敢放手发展生产，更不敢也无动力去致富。这对于整个农村经济的恢复和发展无疑是不利的。列宁认为中农的作用至关重要。"这里，中农所起的作用特

[①] 重捷：《给区村工农干部写信下通知不要写草字文句要通俗》，《晋绥日报》1948年7月9日，第2版。

[②] 《谭政文关于山西崞县召开土地改革代表会议情况的报告》（1948年2月8日），引自中央档案馆编：《解放战争时期土地改革文件选编（1945—1949年）》，第280页。

[③] 《关于吴满有的方向》，《解放日报》1943年3月15日，第1版。

别明显,特别重大。在代表大会上,我们不仅应当特别强调我们对中农让步的态度,而且要想出许多尽量具体的、使中农直接得到一些好处的办法。"①"许多事情取决于我们如何确定对中农的态度。"②因此,列宁对中农的态度亦是保护与鼓励。他指出:"对于中农,我们不容许采取任何暴力手段。""从经济上看,显然我们需要帮助中农。""用暴力对待中农是极有害的。……无论哪一个最革命的社会主义者,都没有主张用强制手段对待中农。""在这里(指中农)采用暴力,就是葬送全部事业。""再愚蠢不过的是想在经济方面对中农采用暴力。"③

  解放战争时期,党一直高度重视中农问题。就原则而言,团结中农是党在土改期间对中农的基本政策。即使在具体操作过程中严重侵犯中农利益时,这一原则也没有改变。这说明党十分清醒地了解中农在农村土改中的重要性。如中共冀鲁豫边区政府强调:"中农在人口以至生产上,比重都较大。所以中农本身的政治动向及其要求,要非常注意,对中农的政策要很慎重。"④刘少奇曾明确指示:"坚决用一切方法吸收中农参加运动,并使其获得利益,决不可侵犯中农土地。凡中农土地被侵犯者,应设法退还或赔偿。整个运动必须取得全体中农的真正同情和满意,包括富裕中农在内。"⑤可见,中农问题是关系土改成效的重大问题。因此,团结中农这一原则一直是党所坚持的。然而,在土改迅速推进时,一直强调被团结的中农,却常常成为被侵犯的对象。这些现象的发生,有党的政策不完善的原因,也有更深刻的社会历史原因。⑥

  1948年年初后,政策开始纠偏。中共中央发现中农利益被侵犯的现

---

  ① 《关于党纲的报告》(1919年3月19日),《列宁选集》(第三卷),人民出版社1972年版,第782页。
  ② 《关于农村工作的报告》(1919年3月23日),《列宁选集》(第三卷),第799页。
  ③ 《关于农村工作的报告》(1919年3月23日),《列宁选集》(第三卷),第798页、第800页、第803页、第804页。
  ④ 《中央局冀鲁豫工作团关于整党与民主运动向中央局并冀鲁豫区党委的报告》(1948年5月31日),引自中共冀鲁豫边区党史工作组办公室:《中共冀鲁豫边区党史资料选编》第3辑(上),山东大学出版社1989年版,第626页。
  ⑤ 《关于土地问题的指示》(1946年5月4日),引自《刘少奇选集》(上),人民出版社1981年版,第378页。
  ⑥ 中共中央党史研究室:《中国共产党历史(第一卷)》(1921—1949)(下册),中共党史出版社2011年版,第757页。

象后，立刻采取措施加以纠正。毛泽东明确指出土地改革的总路线是："依靠贫农，团结中农，有步骤、有分别地消灭封建剥削制度，发展农业生产。"①这一总路线指明了土地改革的直接目的是发展农业生产。中共领导人逐渐把注意力从平分土地转移到发展生产上来。这也是从根本上真正满足贫雇农土地要求的唯一途径。真正满足贫雇农的要求，必须努力发展生产，勤劳致富，进行生产竞赛，依靠自己以及群众变工互助劳动以提高自己的经济水平，不能等待分配又分配。如果不努力发展生产，即使把社会上一切阶层的土地财产按绝对平均分配的方法分配了，所得结果，一定是大家的共同贫困。所以，必须把发展生产放在第一位，同时对贫雇农和中农进行发展生产的教育。"在彻底完成土地改革的农村中，封建剥削关系已被消减，土地业已大体平分。这时候在农村中的动员口号是生产发家，而不是强调阶级划分，特别不要强调中贫农的界限，否则对于发展生产是不利的。"②列宁曾说过："只有我们改进和改善了中农生活的经济条件，中农在共产主义社会里才会站到我们方面来。"③可见，土改后进行提高生产和发家致富的教育，组织生产互助，提高农业生产技术，加大对农业的投入与扶助，保障多数农民都能过富裕生活，这才是实现土地改革目的的关键途径。

经过长期反复实践，中国共产党取消了以"平分土地"为核心的土地改革政策，坚决团结中农，采取了完全不动中农土地的政策。虽然中农在新中国成立前遭受了诸多利益侵犯，使土改政策的实施效果与初衷相悖，但由于中共及时纠偏并调整政策，在多数地区组织互助组以支持、补充小农生产，解决农业生产困难，并加大对农业的扶助与投资，使土改后的农村经济获得了全面而显著的进步。土改后，绝大多数农户经济普遍上升，生产规模得以扩大，生产积累有所增加，收入和支出得到提高，经济上升到或接近中农水平。从长远来看，土地改革不仅带动了农村社会经济结构的变革与稳定，更为农村经济发展创造了条件。

---

① 《在晋绥干部会议上的讲话》(1948 年 4 月 1 日)，引自《毛泽东选集》第四卷，第 1317 页。
② 《新华总社关于农村划阶级的几点解释》(1949 年 10 月 17 日)，河北省档案馆藏，档号 758-1-1。
③ 《关于农村工作的报告》(1919 年 3 月 23 日)，引自《列宁选集》第三卷，第 806 页。

第三节　边区农业经济增长的特点

近代中国农业经济增长的特点,是学界热门话题。目前较为一致的观点是,近代中国的农业一直没有突破障碍进入现代经济增长的进程,属于过密型农业生产。如珀金斯认为:"1949年前的中国农业未达到西方那种质变的程度。甚至在1960年和1961年,从某些基本观点来看,它的耕作技术跟19世纪甚至14世纪流行的方式相比,改变很少。"[1]黄宗智指出,新中国成立前华北的小农经济基本属于过密型生产,是在生产技术没有质性突破的情况下进行生产,高密度人口的事实妨碍了节省劳动的技术革新,而被困在一个如伊懋可提出的"高水平均衡陷阱"中。[2] 赵冈也认为,传统中国农业陷入人口陷阱,人口密度太高,人均耕地太少,将贫穷农民推入效率低下、耗费劳动的农业技术,进而导致过密型农业的产生。[3] 如前所述,边区农业经济在数量上虽有较为可观的恢复与增长,但这种增长基本属于量的增长而缺乏质的改变。

一、农业经济有量的增长但缺乏质的改变

化肥使用率、农业机械化等技术变化是农业近代化的标志。从这个标志看,边区农业生产中这些现代的生产要素几近为零。农业技术改进可反映出这种有量的增长但缺乏质的改变的特点。上文所论述的边区农业技术改进,从其本质来讲,是经验性改进,并非实质性的技术变化。可以说,边区农业技术改进与经济学家强调的促进经济增长的关键因素——技术变化的含义是不太相同的。一般来说,"技术变化"常被解释为至少一种生产要素的增加、减少或改变的结果。[4] 然而,边区农业技术改进基本源自实践经验,而非主要从科学和实验得到的现代技术。"目前

---

[1] [美]德怀特·希尔德·珀金斯:《中国农业的发展(1368—1968年)》,宋海文等译,上海译文出版社1984年版,第5页。
[2] [美]黄宗智:《华北的小农经济与社会变迁》,中华书局2000年版,第177页。
[3] 赵冈:《过密型农业生产的社会背景》,引自《农业经济史论集——产权、人口与农业生产》,中国农业出版社2001年版,第34页。
[4] [美]西奥多·W. 舒尔茨:《改造传统农业》,梁小民译,商务印书馆2006年版,前言第7页。

中国农村由于土地零碎、经营分散,且因工业幼稚、农民贫困,所以农业技术改进也不应作过高要求。今天农民的技术改进,主要是采集农民已有经验,加以科学整理,选择好的方法加以推广传布。"①

　　边区农业经济增长的特点进一步论证了中国传统农业在技术上的特征。伊懋可曾就中国传统农业在技术上的特征写道:"它大量进行调整以适应通过不断的经验性实验而得知的当地条件,从这当中获得较高的单产。"②珀金斯亦指出,中国农民提高粮食产量或多或少是以扩大耕种面积与提高单位面积产量来实现的。③他还进一步指出,虽然中国传统农业技术是停滞的,但会有点滴改良。但这种改良一般也是由农民本身发明或者从别的农民那里学来的。④马若孟对近代华北农民经济的研究亦表明,农业技术进步更常见的方式是,农民用反复试验和失败的方法选择较好的种子和适于当时环境的耕作方式。⑤薛暮桥曾这样描述边区农业技术改进情况:"今天农民缺乏耕畜农具,即连现有耕作技术也难充分利用,所以更重要的问题,是保证贫困农民也能充分利用现有耕作技术。……当然我们并不反对采用改良农具,以及更科学的耕作方法。但是要求太高便非今天所能办到,即能办到亦非农民所能接受。我们现在所要求的只是充分利用现有耕作技术,并在现有基础之上使它逐渐提高。过去有些同志在这方面曾有若干过高要求。例如,试用改良农具以及科学耕作方法,结果劳民伤财,不能获得应有效果。"⑥习仲勋指出:"必须使干部充分认识到改良农业技术的重要,认识农业建设和农业技术改进工作的长期性,必须采取有领导、有计划的群众路线。一方面反对对此不闻不问的错误思想和态度;另一方面又不能操之过急,必须根据当地群众的具体情况,先选择典型群众一步步地做。"⑦

---

　　① 薛暮桥:《农业生产建设问题》,引自武衡主编:《抗日战争时期解放区科学技术发展史资料》第 6 辑,第 23~24 页。
　　② 转引自[美]李丹著:《理解农民中国》,张天虹等译,江苏人民出版社 2009 年版,第 115 页。
　　③ [美]德怀特·希尔德·珀金斯:《中国农业的发展(1368—1968 年)》,宋海文等译,第 11 页。
　　④ [美]德怀特·希尔德·珀金斯:《中国农业的发展(1368—1968 年)》,宋海文等译,第 45 页。
　　⑤ [美]马若孟著:《中国农民经济》,史建云译,江苏人民出版社 1999 年版,第 243 页。
　　⑥ 薛暮桥:《农业生产建设问题》,引自武衡主编:《抗日战争时期解放区科学技术发展史资料》第 6 辑,第 24 页。
　　⑦ 《西北局召集有关方面举行农业技术座谈会》,《解放日报》1946 年 1 月 2 日,第 1 版。

综合上述情况,我们认为,虽然边区农业生产技术处于不断地改进过程中并导致了农业经济的增长,但这种改进并没有出现现代意义的技术突破和革新。农田水利数量的不断增加,水浇地面积的逐渐扩展,耕作方式的日渐精细,选种育种观念的逐步增强,耕畜数量的增加,农作物种植范围的扩大等都表明边区农业技术的改进。然而,事实也表明,在上述农业技术改进过程中,新的农业生产要素显然是异常缺乏的,农民的经验本身无疑重于现代科学技术。边区政府曾指出:"农业产量的提高决定于技术条件。虽然由于我们所处的环境,不能应用现代科学的方法,但是土方法中也有比较进步的。"[1]这进一步印证了诸多学者提出的中国传统农业技术难题。不过,即便如此,与之前相比,边区农业经营和生产技术有明显的进步。边区农业发展的情况是:现代因素较少的农业技术改进伴随农业产量的增加。

进一步分析可发现,边区农业技术改进的特点与其他根据地具有共同性。这时期,为打破经济封锁、支援前线,各根据地在农业技术改进、推广方面,均做了可贵的努力。本着自力更生的原则,各地积极创办试验农场(有条件的还设立农业学校)以探索农业技术改进的路径。在推进农业技术改进的过程中,各地都非常重视农民经验。晋察冀边区曾提倡农业技术干部要有计划地搜集农谚(如"稀谷秀大穗""锄带三分雨"等)加以研究,并选择有科学价值的进行推广。[2] 晋冀鲁豫边区开办农业技术训练班后,在教学方法上努力做到"科学理论与实际经验相结合"[3],收效甚大。山东抗日根据地在设立农业实验场时积极吸收农民生产经验,通过科学分析与研究,创造新的生产经验,以提高农民生产技术。[4] 在陕甘宁边区从事农业技术工作的康健如[5]回忆说:"那时搞农业技术工作的人少,没有仪器设备,也没有科技书籍和资料,再加上敌人对边区的封锁,搞

---

[1] 《对生产展览及劳动英雄检阅大会的希望》,《抗战日报》1942年12月10日,第1版。
[2] 陈凤桐:《北岳区的农业推广》,《解放日报》1944年12月2日,第4版。
[3] 太行革命根据地史总编委会:《政权建设》,山西人民出版社1990年版,第313页。
[4] 《胶东行署农林局设立农业实验场创造农业生产经验》,引自武衡主编:《抗日战争时期解放区科学技术发展史资料》第7辑,中国学术出版社1988年版,第56页。
[5] 康健如,1936年毕业于河北省农业职业学校。1940年从延安抗大毕业后分配到延安光华农场做农业技术工作。1942年调到绥德专署任植棉指导员。

农业科技工作是非常困难的。我在绥德工作了4年多,主要是总结群众经验,发展生产。"①1942年,毛泽东指出:"提高技术,是说从边区现有的农业技术与农民生产知识出发,依可能办到的事项从事研究,以便帮助农民对于粮棉各项主要生产事业有所改良,达到增产目的。……夸大改良性以为边区可以实行现代化的大规模农业技术,则是没有依据的。"②通过比较晋绥边区与陕甘宁、晋察冀等边区的农业技术改进,不难发现以经验为特点是各边区农业技术改进的共性。这种经验性的农业技术改进构成各边区农业技术改进的主要内容。

尽管这种经验性技术改进的水平现在看来很低下,技术也落后,甚至微不足道,但它对于发展边区农业,帮助军民克服经济困难,起了至关重要的作用。当然,边区农业技术改进也曾尝试过由农科大学、农学博士、外国教授或留洋生来传授"科学方法"③,但由于边区经济基础较差,农民知识水平较低,局势也不安定,这种科学方法与边区农村实际状况相距太远,很难单独发挥作用,农民也不容易接受。从技术改进的具体落实来看,有的地方落实并不好。如临县一份种棉总结指出:"种棉的关键在于技术指导上。但我们这次发动种棉是有较大缺点的。这次在论证捉苗技术上的研究,特别是试种区与推广区,部分地区仅做了些发动工作,对如何保证捉苗、拌籽、上粪等,在大小、雨水不一种的深浅,不能按具体情形进行指导。既不耐心深入研究,自己不多了解,又不召集种棉有经验的老农。"④有的技术干部自己对技术掌握也不是太好,不能根据实际情况出发进行具体指导,如临县"去年部分地方因气候关系,稍种的深一点好;但今年情况不同去年了,技术干部仍教群众按去年的种。结果很多棉花因种得过深没出来。这说明,我们今后指导技术要根据实际出发从群众中物色经验。当然不能以群众不正确的经验压倒正确的经验"。⑤ 总体来

---

① 康健如:《回忆在陕甘宁边区绥德分区从事农业技术工作的片段》,引自武衡主编:《抗日战争时期解放区科学技术发展史资料》第2辑,第282页。
② 毛泽东:《经济问题与财政问题》,苏北新华书店印行1949年版,第31页。
③ 薛暮桥:《农业生产建设问题》,引自武衡主编:《抗日战争时期解放区科学技术发展史资料》第6辑,第25页。
④ 《春季生产中的具体工作及问题》(日期不详,可能是1946年),临县档案馆藏,档号62-2-57。
⑤ 《春季生产中的具体工作及问题》(日期不详,可能是1946年),临县档案馆藏,档号62-2-57。

看,由于边区农业技术改进仍停留在经验性改良阶段,因此,农业经济增长也基本上是有量的增长但缺乏质的改变。张闻天总结道:"这里土地生产量,在落后的小生产技术下,主要的是靠天吃饭。如果天时不好,尤其是不下雨,荒年即会降临,收成就会锐减或根本收不到。"①"所以,农业生产力是低下的,农民生活是痛苦的,社会也是贫穷的。"②曾参加张闻天调查的薛一平回忆:"是的,那地方很穷,没有水,主要是种玉米和高粱,靠天吃饭。……神府还是比较安定,生活负担也不算重。但是老百姓还是很穷的,衣服也都破破烂烂,生活还很苦。晋绥则是一年比一年穷,当兵的人数很多,生产普遍下降,产量很低,农民负担很重。"③可以看到,张闻天深刻认识到生产力水平低下是晋陕农村经济的基本特点,而这一生产力的落后性则是发展农村经济以及确立农村生产关系的基本出发点。

二、新型生产关系下的农业生产

劳动互助是新民主主义经济条件下一种新的生产关系。根据以往劳动互助合作的经验并结合边区农业经济的特点,中共创造性地领导农民开展了劳动互助合作。可以说,在边区农业经济较为落后、生产资料较为缺乏的情形下,劳动互助合作是一种在生产关系领域的创新改革。这种新的生产组织形式推动了农业生产力的恢复和发展。长期以来,劳动互助合作一直是根据地相关问题研究的重点,成果较多。学者们大多从劳动互助的革命动员、组织模式、效果等方面进行论述。④ 本部分将弱化以上这几方面的分析,注重从新民主主义经济的特点及边区对新民主主义经济的实践出发,对这时期的劳动互助进行评价。可以说,这时期的劳动

---

① 《陕甘宁边区神府县直属乡八个自然村的调查》(1942年4月12日),引自张闻天选集传记组、中共陕西省委党史研究室、中共山西省委党史研究室编:《张闻天晋陕调查文集》,第32页。
② 《发展新式资本主义》(1942年10月7日),引自中央党史研究室张闻天选集传记组编:《张闻天文集》第3卷,第126页。
③ 张闻天选集传记组编:《200位老人回忆张闻天》,第190页、第191页。
④ 这些论述有:黄正林:《抗战时期陕甘宁边区农业劳动力资源的整合》,《中国农史》2004年第1期;耿磊:《探索中的转型:1941—1942年陕甘宁边区的农业劳动互助》,《党史研究与教学》2014年第2期;魏本权:《革命与互助:沂蒙抗日根据地的生产动员与劳动互助》,《中共党史研究》2013年第3期;贺文乐:《晋西北抗日根据地的革命动员与互助合作》,《党的文献》2017年第3期。

互助体现了中共对新民主主义经济的良好实践。①

（一）鼓励个体经济发展，劳动互助建立在个体劳动者私有制基础上

1940年，新政权成立伊始，边区政府就指出："必须对经济建设的重要性有足够的认识，反对那些轻视经济生产事业，把经济建设看成事务工作的单纯的近视的观点。"边区政府还强调："进行经济建设工作，首先必须有一套正确的办法，就是必须有正确的财政经济建设政策。"②这时，虽然边区政府提出了经济建设要有正确的财政经济建设政策，但并未说明正确的财政经济建设政策就是新民主主义经济政策。该年6月，中共中央财政经济部对晋西北经济建设的建议指出："晋西北今日社会生产力的基础，即生产力的基本力量，还建筑在广大农村的群众身上，公营企业、合作社经济还没有丝毫基础。"③因此，中央建议，要组织一切力量，恢复农业生产与家庭手工业的生产，资助发展私人工厂、作坊等，同时组织合作社。④显然，这时期边区鼓励农民个体经济发展，并积极组建具有社会主义性质的合作社。该政策虽未指明这样的经济政策就是新民主主义经济政策，但其内容确实是新民主主义经济的。可以说，自新政权成立，边区就在积极践行新民主主义经济政策。

劳动互助是边区践行新民主主义经济政策的重要内容，也是生产资料短缺情形下边区发展生产的现实需求。抗战开始至1940年，边区农业

---

① 事实上，本书的主旨之一就是系统阐述中共新民主主义经济思想在晋绥边区的实践。关于新民主主义的已有研究虽然较多，但已有研究大多基于党内文件及党的领导人论著与讲话，较少有研究新民主主义经济的实践(参见丁龙嘉：《论"南下"与"南下干部"研究中的若干问题及当代价值》，《中共党史研究》2016年第1期)。有学者对山西长治地区的个案研究表明：土改后，该地区领导层无论是在思想上还是在政策上，对新民主主义并没有完全、积极地贯彻落实；其乡村工作的重点是通过试办农业合作社逐步否定个体农业中的私有成分，力争尽快过渡到社会主义(参见辛逸：《山西省委农村新民主主义政策及其实践初探》，《党史研究与教学》2019年第2期)。然而细致考察可以发现，各地对于新民主主义经济政策的执行情况有很大差异。特别是，在抗战时期及解放战争时期，各根据地之间由于相互距离较远，各地在政策上出现差异是难免的。在中共政权建立较早的地区与建立较晚的地区，其在政策落实与执行上会出现较大差别。晋绥边区是中共较早建立的根据地。因此，新民主主义经济思想在晋绥边区有较长时间的良好实践。
② 《加强晋西北经济建设》，引自晋绥边区财政经济史编写组、山西省档案馆编：《晋绥边区财政经济史资料选编·总论编》，第462页。
③ 中共中央财政经济部：《关于对晋西北经济建设的建议》(1940年6月29日)，引自晋绥边区财政经济史编写组、山西省档案馆编：《晋绥边区财政经济史资料选编·总论编》，第464页。
④ 中共中央财政经济部：《关于对晋西北经济建设的建议》(1940年6月29日)，引自晋绥边区财政经济史编写组、山西省档案馆编：《晋绥边区财政经济史资料选编·总论编》，第465—469页。

第二章 边区农业经济的发展

经济遭受严重破坏。不论耕地还是人力、畜力均大幅减少。边区政府成立后,中共通过制度规定大力扶助农业生产,但由于生产资料匮乏,农业经济恢复和发展极为有限。如1940年时,临南县后庄村一条耕牛要耕地200亩以上。① 又如1942年,兴县、临县、临南、保德四县每头耕牛负担土地256亩,临南县每头耕牛负担土地760亩。② 至1948年,临县全县春耕有耕牛5 820头,耕地2 144 223亩,平均每头耕牛耕地361亩;1949年春耕有耕牛8 294头,比上年增加2 474头,每头耕牛耕地253亩,比上年减少了108亩。③ 显然,畜力短缺使边区连春耕都无法及时进行,更别提做到精耕细作。1942年,边区政府就开始注意组织群众力量以克服生产中的困难,特别是在大生产运动的号召下,组织起来的农民越来越多,互助合作的形式也日渐多样化。可以说,互助合作不仅是中共宣传号召的产物,而且是农民在生产资料极度短缺情形下的确实需求。因此,互助合作对于发展边区农业生产的作用是很大的。

变工互助是中国农业生产的传统。这种变工互助不涉及生产资料的所有权分配。1940年边区政府成立后,中共利用这种传统,积极组织农民之间的劳动互助,以解决生产资料缺乏的问题。特别是土地改革后,曾经无地或少地的农民均获得了土地,农具、耕畜等生产资料更显缺乏,劳动互助尤为需要。新中国成立前,边区劳动互助组织形式经历了从变工互助到变工合作社的发展过程。虽然这时期劳动互助形式较为多样化,但共同特点是都坚持农民土地私有、家庭经营。变工的目的主要是调剂劳力、耕畜等生产资料。

诸多事实证明,劳动互助能够克服农业生产过程中生产资料不足的困难,可以提高劳动效率,从而增加粮食产量。例如,1944年,劳动互助使送粪效率从32.5%提高至200%;耕地效率从23%提高到100%;使开荒效率从20%提高至87%;使锄草效率从34%提高到50%。④ 该年临县

---
① 《临南后庄纺织材料发展概况》(1946年12月),临县档案馆藏,档号62-1-54。
② 《农业生产调查(1940年—1942年)》(1943年),引自晋绥边区财政经济史编写组、山西省档案馆编:《晋绥边区财政经济史资料选编·农业编》,第689页。
③ 《临县领导生产的经验》(1949年9月9日),引自晋绥边区财政经济史编写组、山西省档案馆编:《晋绥边区财政经济史资料选编·农业编》,第594页、第595页。
④ 《晋绥边区的劳动互助(摘要)》(1944年7月),山西省档案馆藏,档号A220-13-248。

实行变工互助后，老百姓"情绪更高了，真正体验到变工互助的好处。检查以后就召开群众大会宣布，对全村的开荒生产起了很大作用。同时大家对变工互助也非常关心，有什么问题就提出要求解决"。"在互助变工条件下节省下的劳力又多种了不少的土地。"①1948年，兴县普遍发动变工互助，克服各种困难，耕地面积比上年增加。② 可以说，变工对于边区特别是游击区农村生产起了较大的促进作用。

显然，在生产力落后的农村，在肯定农民土地私有制的前提下，实行劳动互助能够充分发挥各要素的生产潜力，推动农村生产力进步。坚持农民土地私有，实行劳动互助，这是符合新民主主义经济制度的，是对新民主主义经济制度的较好践行。这种实践反映了中共对新民主主义经济的认识。1942年，张闻天在对晋西北农村作了调查后指出："因为中国太落后，只有走过新式资本主义的第一步，才能走社会主义的第二步。"③这里的新式资本主义就是后来的新民主主义。1944年，毛泽东进一步指出："现在我们建立新民主主义社会，性质是资本主义的，但又是人民大众的，不是社会主义，也不是老资本主义，而是新资本主义，或者说是新民主主义。"④土地改革后，边区进一步强调新民主主义经济制度的具体落实。"土地改革完成后，封建经济制度自必迅速崩溃，但是封建经济制度崩溃以后，新的经济制度（新民主主义的经济制度）能否顺利发展，这个问题还要依靠我们主观努力才能解决的。"⑤边区政府反复强调组建合作社要建立在农民私有制的基础上。"扶助小生产者的私营经济，并把他们逐渐组织起来，使之成为建立在个体经济基础上的合作社经济，便应成为我们经济工作中的主要任务。"⑥1949年边区再次强调，劳动互助应从小型开始

---

① 《1944年窑头自然村的互助变工》，临县档案馆藏，档号62-1-20。
② 《兴县关于总结夏锄工作的报告》（1948年9月17日），兴县档案馆藏，档号14-129-6。
③ 《发展新式资本主义》（1942年10月7日），中央党史研究室张闻天选集传记组编：《张闻天文集》第3卷，中共党史出版社2012年版，第127页。
④ 《关于陕甘宁边区的文化教育问题》（1944年3月22日），引自《毛泽东文集》（第三卷），人民出版社1996年版，第110页。
⑤ 《华北财政经济会议综合报告》（1947年4月），引自晋绥边区财政经济史编写组、山西省档案馆编：《晋绥边区财政经济史资料选编·总论编》，第668页。
⑥ 《华北财政经济会议综合报告》（1947年4月），引自晋绥边区财政经济史编写组、山西省档案馆编：《晋绥边区财政经济史资料选编·总论编》，第671页。

为宜,"不应是破坏农民私有制的,而正是以私有为基础的"。① "只有发展小农私有经济才能给合作经济的发展创造有利条件,二者是互相一致的,不是互相矛盾的。今天离开私有制是不能发展生产的。"② 显然,鼓励个体经济的发展、强调农民私有制体现了边区对新民主主义经济制度的落实。

可以说,肯定私有制是新民主主义经济的特征之一。这也是新中国成立前中共领导人对农民个体经济问题的共同认识。这种思想体现在依据中共七届二中全会精神制定的建国纲领——《共同纲领》中。《共同纲领》既规定了公私兼顾,又规定了要调剂国营经济、合作社经济、农民和手工业者的个体经济、私人资本主义经济和国家资本主义经济。"凡有利于国计民生的私营经济事业,人民政府应鼓励其经营的积极性,并扶助其发展。"③ 显然,肯定农民私有制是新中国成立前中共领导人的一贯共识。这种思想一直延续至新中国成立初期。而肯定私有制这一思想也在边区基层合作组织中得到了较好的强调与执行。1949年6月,临县合作社主任会议报道强调:"我们的合作社……都是以私有制为基础的。"④ 可以说,这时期中共在农村劳动互助的经济实践与其理论设想是一致的。中共设计的这种生产关系的变革符合中国农村的生产力水平,因此,能够推动生产力水平的提高。也正因如此,新民主主义经济成为中共在经济领域的一大创举。

(二)劳动互助的作用是帮助农民解决生产困难,发展生产力

这一时期中共在认识上肯定农民个体私有制,强调劳动互助的首要作用是帮助农民解决生产困难,明确发展农业合作社是解决农民生产困

---

① 《关于四八年财经工作的检讨及四九年财经工作的任务与方针问题》(1949年2月27日、3月18日),引自晋绥边区财政经济史编写组、山西省档案馆编:《晋绥边区财政经济史资料选编·总论编》,第831页。
② 《关于四八年财经工作的检讨及四九年财经工作的任务与方针问题》(1949年2月27日、3月18日),引自晋绥边区财政经济史编写组、山西省档案馆编:《晋绥边区财政经济史资料选编·总论编》,第820页。
③ 《中国人民政治协商会议共同纲领(节录)》,引自中华人民共和国国家农业委员会办公厅编:《农业集体化重要文件汇编(1949—1957)》(上),第5页。
④ 《合作社应为社员群众服务》(1949年6月30日),引自晋绥边区财政经济史编写组、山西省档案馆编:《晋绥边区财政经济史资料选编·工业编》,山西人民出版社1986年版,第781页。

难、发展农村生产力的主要途径。1943年,毛泽东提出"组织起来"的号召后,边区就开始积极落实这种思想。1944年3月,《抗战日报》发表社论指出:"这种变工队与合作社,都是群众的合作组织。它们不仅是现在我们新民主主义经济中提高劳动生产力的主要方法,而且是团结教育全体农民实现当前革命任务的强大力量。"①这篇社论明确指出合作组织是新民主主义经济中提高劳动生产力的主要方法。显然,中共认为合作社就是推进边区经济现代化的重要路径。

当然,在发展合作社的过程中,也出现了一系列问题。一些地方出现了强迫命令、形式主义等问题。在经济上升过程中,一些农民开始不愿意参加变工,如兴县"在变工中群众有的占了便宜,有的吃了亏。占便宜的就变下去,吃亏的就不干了"。②在这种情况下,有的基层干部开始强迫群众变工。如1944年组织变工时,有的人接受不了,干部就强迫问:"新政权对你好不好,你为什么不变工呢?"被问的人觉得新政权对他确实是好,不好意思不变工,就勉强参加了。③又如兴县有的村为了完成上级互助任务,一连开了五次会议,开得群众麻烦不过就说:"你要我入多少就入多少吧。"④在这种情况下,不少地方组织了一些形式主义的小组,群众不是完全自愿的组织。在临县某村"一些干部群众都没有在思想上搞通,为了应付上级,一下子就形式主义的组织了20组,没有起什么作用"。⑤事实上,此时勉强或被迫参加互助导致的效率低下问题已开始显现。有些地方互助并没有提高劳动效率,"二三亩地四五十个人锄,一人下不了几锄就完了,工夫都费在路上"。⑥强迫变工甚至导致吃亏的群众开始卖耕牛。"个别地区有卖耕牛的现象,除了特殊原因及土地分散的结果外,大多数是因为参加变工队吃了亏,是'牛不由己'造成的。"⑦显然,这一时期

---

① 《开展生产运动中的重要问题》,《抗战日报》1944年3月7日,第1版。
② 晋绥边区行政公署:《关于春耕几个问题的紧急指示》(1945年4月3日),兴县档案馆藏,档号14-125。
③ 雷行:《晋绥五花城变工自流的检讨》,《解放日报》1946年6月28日,第2版。
④ 《刘长亮同志一分区扩干会上的总结报告》(1945年8月),兴县档案馆藏,档号1-5。
⑤ 《窑头自然村的互助变工》(1944年),临县档案馆藏,档号62-1-20。
⑥ 雷行:《晋绥五花城变工自流的检讨》,《解放日报》1946年6月28日,第2版。
⑦ 晋绥边区行政公署:《关于春耕几个问题的紧急指示》(1945年4月3日),兴县档案馆藏,档号14-125。

的强迫命令与基层干部有关。"在有的做法上和干部有问题。……干部没有走群众路线,简单从事,强迫命令。"①这是基层干部未能正确理解中共上层的政策,在没有经验的情况下进行强制变工导致的。基层干部主观上对变工互助的理解不深入、不透彻导致强迫命令等不民主现象发生。"较普遍的干部对民主思想不了解,并不是不愿实行民主。"②这是中共上层制度与下层实践脱节的表现。显然,在推进变工互助过程中,干部是决定因素。高鲁在日记中记载:"人的经验很重要。干部好变工组就好。"③无疑,干部是推动变工互助以及农村经济发展的关键动力。

进一步来看,这时中共的上层制度是鼓励变工但不强迫变工,也不强调变工的数量与速度,而是较多注重农民意愿和经济利益。边区政府指出:"组织形式的提高,应当随群众觉悟程度的提高,经过民主讨论,按自愿原则来解决。"④并强调劳动互助的目的和意义是帮助农民解决生产中的困难:"让群众了解组织变工的意义——节省劳动力扩大生产,精耕细作多打粮食,过丰衣足食的好光景。"⑤显然,这种做法是符合新民主主义经济性质的。劳动互助应该依据群众的意愿,考虑农民的经济利益。1944年,临县变工互助总结经验指出:"变工组要真正地给群众解决了困难问题。"⑥边区进一步指示:"要以实际的事例说服群众,具体解答他们的疑问,团结积极分子,使群众自愿参加变工合作组织。对于某些一时说服不了的人,亦不宜加以强迫。"⑦可见,在发展合作社过程中,中共反对强迫命令、强调自愿,明确组建合作社的目的是发展农村生产力。在生产力较为落后的情况下,不宜在违背民众意愿的情况下快速实行组织上或生产关系的高级化。"强迫命令或用种种限制办法迫其参加,变工工作是

---

① 《刘长亮同志一分区扩干会上的总结报告》(1945年8月),兴县档案馆藏,档号1-5。
② 《扩大会后生产的检查》(1945年),兴县档案馆藏,档号14-123。
③ 理红、理京整理:《高鲁日记》,第534页。
④ 《晋绥边区关于变工互助的几个具体问题》(1945年),引自史敬棠等编:《中国农业合作化运动史料》(上册),第578页。
⑤ 晋绥边区行政公署:《关于春耕几个问题的紧急指示》(1945年4月3日),兴县档案馆藏,档号14-125。
⑥ 《桦林村互助变工材料》(1944年10月19日),临县档案馆藏,档号62-1-20。
⑦ 《开展生产运动中的重要问题》,《抗战日报》1944年3月7日,第1版。

搞不好的。"①显然,正是因为此时的劳动互助能够充分考虑民众意愿,在理论上强调新民主主义经济的过渡性、持久性及经济多样性,强调个体经济的积极作用,在互助变工速度上没有要求过急,所以这一新型的生产关系才能有利于农业生产力的发展。

1945—1946年,边区不少变工组织自动解散,出现自流现象。"变工互助,在春耕期间,有些地区组织得较实际,但自流现象是很严重的。"②1946年,边区五区参加变工互助的劳动力比上年减少一半。③ 面对出现的变工互助涣散、自流等现象,中共除强调不勉强、不强迫农民入组,宣传劳动互助的意义外,还积极解决变工互助出现的问题,使农民真正体会到劳动互助的好处。1944年临县变工互助时总结经验指出:"在变工互助当中要真正地解决困难和各种细小的问题。"④1946年春耕时,边区政府批评基层干部的做法:"去年有些干部在变工中讨便宜欠下牛工、人工不愿偿还。这种自私自利的行为是不对的,应该批评纠正。"⑤从经济学角度讲,劳动互助是一种经济行为,农民会仔细地进行经济核算。农民不愿意参加就意味着其认为收益少、不合算。边区政府也深刻认识到这一点,反复强调劳动互助必须考虑农民的意愿与经济利益,让农民实实在在得到好处。在面对互助组涣散的问题时,边区政府首先应从生产力角度考虑如何增加农民收入,而非从生产关系视角。

土地改革后,边区进一步强调新民主主义经济制度的具体落实,并指出发展农业合作社是解决农民生产困难、发展农村生产力的主要途径。1947年4月,华北财政经济会议指示边区,土地改革后更需帮助农民组织起来、生产发家,发放大量贷款,帮助贫困农民解决缺乏生产资金的困难,调剂耕畜农具,保证生产品的销路。会议指出,土地改革后边区政府应该考虑如何鼓励农民生产发家,"在土地改革完成后,发展生产更将成

---

① 晋绥边区行政公署:《关于春耕几个问题的紧急指示》(1945年4月3日),兴县档案馆藏,档号14-125。
② 晋绥边区行政公署:《关于夏锄工作指示》(1945年6月12日),兴县档案馆藏,档号14-125。
③ 《春耕总结与夏锄布置》(1946年6月),兴县档案馆藏,档号14-126。
④ 《桦林村互助变工材料》(1944年10月19日),临县档案馆藏,档号62-1-20。
⑤ 晋绥边区行政公署:《关于春耕几个问题的紧急指示》(1945年4月3日),兴县档案馆藏,档号14-125。

第二章　边区农业经济的发展

为群众迫切要求,我们更应当用互助合作形式,把分散的、落后的农业和手工业生产组织起来,帮助他们发家致富"。[①] 1948年5月,行署关于生产的指示进一步强调合作社发展生产力的目的:"合作事业应确定合作社的方针是组织生产与运销,切实为人民服务。"[②]此后,边区多次批评合作社发展过程中的强迫命令及急躁现象。1948年,兴县县委在夏锄前指示:"变工组必须把全村不荒一垧地的要求经过贫农团、农会周密讨论后再进行发动,达到完全自愿。"[③]1949年2月,贾拓夫在关于四八年财经工作的检讨及四九年财经工作的任务会议上也指出:"边区在组织农民劳动互助及发展合作社问题上,曾经遇到过多次挫折,也走了不少弯路。"[④]其中原因在于:"主要就是在我们组织劳动互助及合作社中,犯了急性病。不了解或不很了解边区分散个体及小私有者农民经济的特点。没有从这里出发去逐渐地有步骤地组织农民经济,是脱离了边区农民经济的现实条件,从理想出发,想一下子大发展起来。结果不能不受到挫折与失败。"[⑤]

显然,这时期中共对于互助组出现问题的认识是正确的,符合中共对新民主主义经济的最初设想。可以说,这时边区对于新民主主义经济政策的把握与中央对新民主主义经济的基本精神是一致的。在落实发展合作社的过程中,边区严禁发生强迫命令的现象,强调其中的自愿原则,并坚持农民私有制原则。组织合作社的出发点是让农民发家致富,而非让农民迅速走向集体化的道路。中共深知,劳动互助的首要作用是帮助农民解决生产中的困难、发展生产力,其次才是逐步引导农民走向社会主义

[①]　《华北财政经济会议综合报告》(1947年4月),引自晋绥边区财政经济史编写组、山西省档案馆编:《晋绥边区财政经济史资料选编·总论编》,第670页。
[②]　《行署关于发展生产的指示》(1948年5月10日),引自晋绥边区财政经济史编写组、山西省档案馆编:《晋绥边区财政经济史资料选编·总论编》,第693页。
[③]　中共兴县县委会:《关于深入领导生产具体组织夏锄工作指示》(1948年6月14日),兴县档案馆藏,档号14-129-4。
[④]　《关于四八年财经工作的检讨及四九年财经工作的任务与方针问题》(1949年2月27日、3月18日),引自晋绥边区财政经济史编写组、山西省档案馆编:《晋绥边区财政经济史资料选编·总论编》,第830页。
[⑤]　《关于四八年财经工作的检讨及四九年财经工作的任务与方针问题》(1949年2月27日、3月18日),引自晋绥边区财政经济史编写组、山西省档案馆编:《晋绥边区财政经济史资料选编·总论编》,第829—830页。

道路。因此,中共认为在农业生产力比较落后的阶段,解决互助组涣散的问题,应该考虑如何改进生产技术、如何公平地计算换工、如何解决农民生产中的资金问题、如何提高农民收入等。通过上述内容进一步完善互助组,吸引农民自愿入组,而不是强迫农民入组、追求组织形式的更进一步。逐步引导农民走向社会主义道路,这是互助合作的更高级目标,但应是在农业生产力已有一定发展的基础上。可以说,中共认为这一时期不适宜追求这个高级目标,或者说不适宜在组织形式上追求这一更高的目的。

显然,正是因为这一时期中共清醒地认识到,中国农村的生产力还极为落后,并不具备实行社会主义经济制度的物质基础,因此,在具体实践中,劳动互助并不过度追求组织形式上的社会主义化,不强调生产关系的快速进步,而是坚持在农民私有制基础上推动劳动互助,着重从生产、技术等生产力层面解决互助组的问题,而非从生产关系入手。所以,此时边区农村的生产关系与生产力基本是相符的,从而农业生产力得以恢复和发展。这时期中共对于合作社的认识,是从发展生产力的视角进行,而非单纯从生产关系视角。有学者认为:"早在土改前,中共地方干部积极落实中央'组织起来'的号召,就已经产生尽早向集体化过渡的动议。"[①]这样的提法也许对于个别地区或个别地方干部适合,但绝对无法从微观判研宏观,恐难代表全部。

[①] 辛逸:《山西省委农村新民主主义政策及其实践初探》,《党史研究与教学》2019年第2期。

第三章

边区工业经济的发展

1937—1949年边区工业经济不断恢复与发展。边区工业主要是传统手工业。虽如此,工业生产力仍发生了较为显著的变化。这不仅表现在工矿业数量的变化上,还体现在生产技术的变化上。具体来说,这种生产技术的变化表现为传统生产方式的普遍延续与缓慢改进,以及少数机器生产的出现。这些重要变化标志着传统手工业正在发生变化,有了向工业化发展的趋势。这种变化已经逐渐打破传统的手工业生产,诱导和刺激手工业向现代工业缓慢过渡。进一步看,这种变化尽管意义重大,但其在边区工业生产中的比重极小,传统力量仍然非常强大。不论是作为轻工业代表的纺织业,还是作为重工业代表的煤矿业,其发展都表现出传统与现代并存、共同发展的特点。这也是边区工业生产力结构的特征。

第一节 边区手工业的发展

关于近代乡村手工业,目前已有较多研究成果。其中,关于江南、华北乡村手工业史的研究较为丰富,其他地区则较为薄弱。[1] 就研究时段

---

[1] 彭南生:《近50余年中国近代手工业史研究述评》,《史学月刊》2005年第11期。

看,学者论述主要集中于抗战前,较少关注抗战后的乡村手工业。① 就学术观点看,对于 20 世纪二三十年代手工业经济的变化,虽然部分学者仍持"衰退论",但中国近代乡村手工业的延续和发展已基本成为学界共识,只是手工业延续和发展的动力仍需突破。② 自古以来,手工业就是乡村经济的必要组成部分,其在根据地亦十分重要。特别是,边区工业主要是手工业。边区手工业包括纺织、榨油、皮毛、烟、面、粉、酒、醋、糖等行业。其中,又以纺织业最为普遍。1948 年,毛泽东在晋绥干部会议上的讲话指出:"晋绥的党组织在抗战时期的领导路线,是基本上正确的。这表现在实行了减租减息,相当地恢复和发展了农业生产和家庭纺织业、军事工业和一部分轻工业。"③可以说,家庭纺织业是边区手工业的重中之重,是发展较快较好的产业,也是中共极为看重的行业。前已所述,本书的研究意图在于着重对边区某一个产业进行深入挖掘,而非面面俱到阐述所有产业,以区别于已有研究。因此,在手工业的论述中,本部分将关注重点家庭纺织业,而其他手工业则简要概述。

一、纺织业发展情况:近代手工业的延续

中共非常重视根据地的经济建设。发展根据地的手工纺织业是中共进行根据地经济建设的重要内容。目前关于根据地手工纺织业,学者注重考察妇女纺织运动,侧重探讨其政治意义,④甚少从手工业经济史视角

---

① 乡村手工业一直是抗日根据地经济史研究的薄弱之处(李金铮:《近 20 年来华北抗日根据地经济史研究述评》,引自《近代中国乡村社会经济探微》,人民出版社 2004 年版,第 571 页)。据笔者管见,目前关于抗日根据地手工业,仅黄正林和光梅红分别对陕甘宁边区和华北抗日根据地的手工业进行过考察(黄正林:《论抗战时期陕甘宁边区的手工业》,《天水师范学院学报》2003 年第 4 期;光梅红:《华北抗日根据地的手工业研究》,《晋阳学刊》2008 年第 4 期。陈廷煊的《抗日根据地经济史》一书对根据地家庭手工业有所涉猎,但因其是宏观、整体性研究,故而对于家庭手工纺织业未作深入探讨(陈廷煊:《抗日根据地经济史》,社会科学文献出版社 2007 年版)。
② 李金铮:《传统与现代的主辅合力:从冀中定县看近代中国家庭手工业之存续》,《中国经济史研究》2014 年第 4 期;史建云:《论近代中国农村手工业的兴衰问题》,《近代史研究》1996 年第 3 期。
③ 《在晋绥干部会议上的讲话》(1948 年 4 月 1 日),《毛泽东选集》第四卷,第 1310—1311 页。
④ 该方面成果主要有:张国祥:《论山西妇女纺织运动》,《经济问题》1982 年第 9、第 10、第 11 期;刘萍:《对华北抗日根据地妇女纺织运动的考察》,《抗日战争研究》1998 年第 2 期;刘晓丽:《山西抗日根据地的妇女纺织运动》,《晋阳学刊》2005 年第 3 期;许淑贤:《抗日战争时期妇女纺织运动及其意义——以山西省武乡县为例》,《妇女研究论丛》2012 年第 3 期。

进行分析。就研究方法看,已有研究侧重使用传统史学的研究方法,与其相关学科理论和方法的使用虽然已广泛展开,但仍显不够。① 总体来看,从经济史视角对抗战时期根据地手工纺织业进行全面、深入的研究目前仍较为罕见。这与根据地手工纺织业在中国工业化中的作用和地位极不相称。基于上述几点,本部分拟梳理相关资料,勾勒抗战时期晋绥边区家庭手工纺织业②发展的基本概况,运用经济学相关研究方法对边区手工纺织业进行分析,以期验证中国传统手工业在根据地的延续和发展,展现中共在敌人的严密封锁下进行根据地经济建设的历史图景,试图从理论和方法上拓展抗日根据地经济史研究的新视野。

在分析近代乡村手工业经济时,学者常以手工业经济发展较好的地区如河北高阳、定县、宝坻等织布区、山东潍县织布区、江苏通海织布区、山东平湖针织业区、环太湖蚕丝业区、华南缫丝业区为例,并把日本侵华战争当成近代手工业发展变化的重要分水岭。事实上,抗战后,在广大的根据地,手工纺织业以一种与其他经济产业不同的姿态继续向前发展。抗战时期晋绥边区的手工纺织业发展表现出快速扩张、分布较广但不平衡的特点。

(一)快速扩张

由于特殊的政治和宏观环境变化,1941—1945 年边区手工纺织业经历了快速扩张时期。这时期,织机、纺车、纺织妇的数量几乎都从零开始得以数倍甚至数十倍增长。

晋绥边区属高寒山区,农业、手工纺织业并不发达。据资料显示,抗战前,许多妇女衣不蔽体;不少十多岁儿童严冬还赤裸着身体。临县一农家无衣无被,用一件烂皮背心一连包养大三个小孩。群众穿着破烂是常见现象。③ 临县、离石是产棉区,土机织布曾有较大发展。康熙《临县志》

---

① 从总体看,整个根据地史的研究方法亦存在此不足。
② 家庭手工纺织业是边区纺织业的主要经营方式(参见晋西北行政公署:《关于发展纺织业的决定》,《抗战日报》1943 年 9 月 2 日,第 1—2 版)。本部分讨论的家庭手工纺织业,不包括工厂、机关和部队的纺织业。
③ 晋绥边区民主妇女联合会编:《晋绥解放区妇女纺织发展概况》,全国图书馆文献缩微中心 2013 年版,第 1 页。

就有"棉微出""布微出"的记载。民国初期,"城南且习纺织",梭布列市交易。① 特别是在临南三交至碛口一带,几乎每家都有机子,每个妇女都会纺织。1925 年后,新兴改良木机逐渐代替土机,土法纺纱被洋纱打垮。洋布在市面大量倾销,家庭手工纺织几乎完全停顿。据 1940 年 6 月临县调查统计,原有 200 余架改良机、2 000 余架土机完全停开,军民穿用主要是洋布。又据该年 10 月份统计,边区 7 县布匹入口值 498 701.4 元,占入口总额的 60%。② 可见,在洋布倾销下,边区手工纺织业亦难逃衰落的命运。抗战开始后,洋布来源减少,边区布匹供不应求,需求量巨大,土机织布再次抬头,边区手工纺织迎来迅速发展时期。

1940 年新政权成立后,工业恢复成为边区政府进行经济建设的首要目标。从这时起,很多妇女开始拿起纺织工具、学习技术。1941 年,群众纺织空前发展,新织机增加很多。1940 年,全区织机数共 900 架左右,1941 年,有 4 195 架,开工约 90%,是上一年的 4 倍以上。③ 1942 年后,手工纺织业有了更大发展。1943 年,纺车、土机、改良机均增加了原有机数的 2 倍。④ 1944 年,边区各地群众种棉 18 万亩,产棉约 200 万斤,共有纺车 5 万架、纺妇 6 万人、织机 9 200 架、快机 1 344 架。⑤ 临南是纺织人数最多的县。据统计,1943 年,该县有纺妇 15 324 人、织妇 9 884 人,1944 年分别增至 21 928 人、16 604 人,各增加 0.4 倍、0.7 倍,分别占全县妇女人口的 40% 和 30%。原先纺织业较落后的地区发展速度也很快。例如,1944 年兴县有纺妇 9 220 人,比 1940 年(300 人)增加 30 倍,比 1943 年增加 8.4 倍。织妇比 1940 年增加 650 倍,比 1943 年增加 8.7 倍。⑥ 可见,边区纺织业进步迅速。可以说,至 1945 年边区纺织业不仅恢复了战前水平,而且扩大了纺织区。纺织已成为抗战时期边区群众普遍的家庭副业生产。不少地区的棉布不仅可以自给,而且可以卖出一部分供给军用及

---

① 临县志编纂委员会编:《临县志》,第 239 页。
② 中共晋西区党委:《经济建设材料汇集——工矿生产》(1941 年 12 月),山西省档案馆藏,档号 A22-7-9。
③ 祝华:《晋西北的经济建设》,《群众》第 9 卷第 3、第 4 期,1944 年 2 月 25 日。
④ 膺庸:《保护土布生产》,《抗战日报》1943 年 1 月 19 日,第 2 版。
⑤ 《晋绥解放区生产运动今年得到很大成绩》,《新华日报》1944 年 8 月 8 日,第 2 版。
⑥ 《边区工矿业概况》,《抗战日报》1945 年 7 月 8 日,第 4 版。

第三章 边区工业经济的发展

其他地区。应该说,边区手工纺织业的发展,改变了边区纺织业的落后状况。

抗战期间,家庭纺织业在其他根据地亦有很大发展。例如,在陕甘宁边区的绥德,纺织是农家主要副业。抗战后,家庭纺织业有了突飞猛进的发展。农民衣着基本全部自给。凡是能劳动的妇女几乎都参加纺织。[1]美国学者马克·赛尔登曾指出纺织业是陕甘宁和其他根据地最重要的工业,而家庭纺织业是战时纺织业增长最快的部分。[2]

(二)分布较广但不平衡

抗战期间,边区每个县都有手工纺织,纺织区分布很广。据资料统计,1940—1945年,晋绥纺织区由2个县发展到26个县。过去丝毫没有纺织基础的兴县、神府、河曲、保德、神池、五寨等县亦发展成纺织区。连边缘区、游击区,如忻县、崞县、静乐、宁武等地也相继开展了纺织运动。纺织区域甚至扩展到山里。如临县后寨子,临南府底沟、西沟、杜家圪台、寺上村等村都出现了新纺织机。[3] 曾在抗战期间参加张闻天农村调查的高鲁写道:"有地区妇女纺织已成为主业,只有在地里活急时,才以农活为主业。"[4]而曾任中共晋绥分局秘书长的周文日记记载:"蔡家崖不上学的儿童也组织起来和妇女一起学纺线(共11个儿童),每天能纺22两。每家每个妇女都有一个纺车。"[5]可以看出,边区纺织不仅区域分布广,而且已成为妇女生活的重要组成部分。至1941年,军、政、民冬衣都用了土布,洋布数量极少。据8个县统计,入口布匹总量不过200匹,占入口总额的18%。[6] 新发展的纺织区亦可以做到大部分自给。

边区纺织业分布虽广,但分布不平衡。其主要集中在临县、临南与离石。这一带妇女普遍参加土纺土织运动,各地多数成立精纺小组。如离

---

[1] 柴树藩等:《绥德、米脂土地问题初步研究》,人民出版社1979年版,第20页。
[2] [美]马克·赛尔登著:《革命中的中国:延安道路》,魏晓明、冯崇义译,社会科学文献出版社2002年版,第242—245页。
[3] 晋绥边区民主妇女联合会编:《晋绥解放区妇女纺织发展概况》,第2、第3页。
[4] 理红、理京整理:《高鲁日记》,第533页。
[5] 周文:《周文文集》第4卷,作家出版社2011年版,第160页。
[6] 中共晋西区党委:《抗战中的晋西北纺织业》(1941年12月),引自晋绥边区财政经济史编写组、山西省档案馆编:《晋绥边区财政经济史资料选编·工业编》,第152页。

石某村 150 个成年妇女,参加纺织的有 142 人。① 特别是临县与临南两县是边区纺织业分布最密集的区域。1941 年,这两地拥有边区 87.7% 的改良机、73% 的土机和 82% 的纺车。② 至 1944 年,虽然其他地区的纺织业发展较快,但临离一带仍为纺织密集区。表 3-1 列出的是 1944 年边区从事家庭手工纺织业的人数、纺织工具及产量情况。

表 3-1　　1944 年边区各地家庭手工纺织人数、纺织工具及产量情况

		纺织人数		纺织工具		纺织产量	
		数量（人）	占总量（%）	数量（架）	占总量（%）	数量（匹）	占总量（%）
一分区	兴县	10 520	12.98	9 747	11.61	25 000	10.46
	神府	3 870	4.77	3 690	4.39	2 637	1.1
	岚县	472	0.58	318	0.38	—	—
	小计	14 862	18.33	13 755	16.38	27 637	11.56
二分区	河曲	4 296	5.3	4 768	5.68	141.5	0.06
	保德	6 705	8.27	8 006	9.53	2 214	0.93
	岢岚	765	0.94	811	0.97	107	0.04
	神池	—	—	20	0.02	—	—
	五寨	5	0.01	—	—	—	—
	小计	11 766	14.51	3 585	16.18	2 462.5	1.03
三分区	临县	14 779	18.23	12 478	14.86	37 190	15.56
	临南	19 532	24.1	28 328	33.73	133 169	55.73
	离石	15 515	19.14	11 933	14.21	37 362	15.64
	小计	49 826	61.47	52 739	62.8	207 721	86.93

---

① 祝华:《晋西北的经济建设》,《群众》第 9 卷第 3、第 4 期,1944 年 2 月 25 日。
② 中共晋区党委:《抗战中的晋西北纺织业》(1941 年 12 月),引自晋绥边区财政经济史编写组、山西省档案馆编:《晋绥边区财政经济史资料选编·工业编》,第 160 页。

续表

		纺织人数		纺织工具		纺织产量	
		数量（人）	占总量（%）	数量（架）	占总量（%）	数量（匹）	占总量（%）
六分区	宁武	575	0.71	521	0.62	33	0.01
	静宁	202	0.25	82	0.1	—	—
	忻县	20	0.02	68	0.08	—	—
	小计	797	0.98	671	0.8	33	0.01
八分区	离东	1 673	2.06	1 093	1.3	1061	0.44
	静乐	522	0.64	622	0.74	24	0.01
	交东	388	0.48	488	0.58	—	—
	交西	730	0.9	561	0.67	—	—
	小计	2 195	2.7	1 715	2.04	1 085	0.45
	朔县	166	0.2	162	0.19	—	—
	偏关	317	0.39	279	0.33	15	0.01
	小计	483	0.59	441	0.52	15	0.01
合计		81 052	100	83 975	100	238 953.5	100

注：纺织人数包括纺妇和织妇；纺织工具包括纺车和织机。

资料来源：根据《1944 年及 1945 年纺织劳动人数统计表、纺织工具统计表》，引自晋绥边区财政经济史编写组、山西省档案馆编：《晋绥边区财政经济史资料选编·工业编》，山西人民出版社 1986 年版，第 247—252 页相关数据整理。

表 3-1 显示了边区家庭手工纺织业发展的基本概况。可以看到，三分区是边区纺织业最发达的地区。1944 年，该区纺织人数占总数的 61.47%，纺织工具占总量的 62.8%，纺织产量占总量的 86.93%。一分区次之，上述指标分别为 18.33%、16.38%、11.56%。二分区虽然拥有约 15% 的纺织人数和纺织工具，但产量仅占总量的 1.03%。六分区、八分区及塞北分区属边缘区和游击区，上述纺织指标均在总量的 3% 以下，有的不足 1%，甚至为 0。从棉布产量看，1944 年全边区产量为 23.9 万匹。其中，三分区最高，为 20.8 万匹；一分区次之，约为 2 万匹；二分区第三，仅有约 0.2 万匹；八分区有 0.1 万匹；六分区和塞北区分别为 33 匹和

15 匹。在短短 5 年内，边区家庭棉布产量由 0 快速增加至 23.9 万匹。可以说，家庭纺织的棉布产量增加很快。资料又显示，1944 年边区棉布的总产量是 60 万匹。[①] 由上可计算出，家庭纺织的棉布产量占边区纺织总产量的 40%。显然，家庭纺织业在边区纺织业中占相当比重。但显而易见的是，虽然边区手工纺织业发展迅速，但发展极为不平衡，纺织业依然集中于以往有纺织基础的地区。

根据上述内容，我们将边区家庭纺织业分布及纺织业较发达的重要村落做示意图（如图 3－1 所示）。

从图 3－1 看，边区手工纺织业分布呈现明显的区域化。大体来看，其可分为四类区域。第一类是核心区。临县、临南两县无疑是边区手工纺织业的中心。两县周围纺织业较为发达的村落约有 30 个。其余各村大多有发展程度不等的纺织业。在手工纺织业方面，临县、临南的地位明显高于兴县。第二类是次核心区。以兴县为中心的区域是边区纺织业次核心区，兴县周围虽有几个纺织业发展较快的村落，但其生产能力明显低于临县。第三类是半边缘区。二分区河曲、保德等地是纺织新开展区，纺织业虽有所发展，但还没有类似临县或兴县的纺织集中村落。1943 年高鲁在河曲县抗联时就写道："河曲纺织业发展过于分散，要集中。"[②] 第四类是边缘区。除上述三类区域外的其他地区是边缘区，手工纺织业分布更为零星和稀少。核心区和次核心区的关系大体是：核心区纺织总量大于次核心区，但次核心区的发展速度快于核心区。可见，边区手工纺织业发展和分布呈现发展迅速但分布不平衡、不均匀的态势，表现出整体分散、局部集中的特征。其与边区集市的分布及特征有相似之处。总体来看，手工纺织业分布集中的区域一般也是集市较为密集的区域，而纺织业不发达地区亦是集市分布稀少的区域。可以说，边区手工纺织业的发展与乡村集市贸易的繁荣相互影响、相互促进。

---

① 《晋绥解放区军民在当地政府积极扶持下，生产成绩斐然可观》，《新华日报》1945 年 2 月 22 日，第 2 版。

② 理红、理京整理：《高鲁日记》，第 505 页。

第三章 边区工业经济的发展

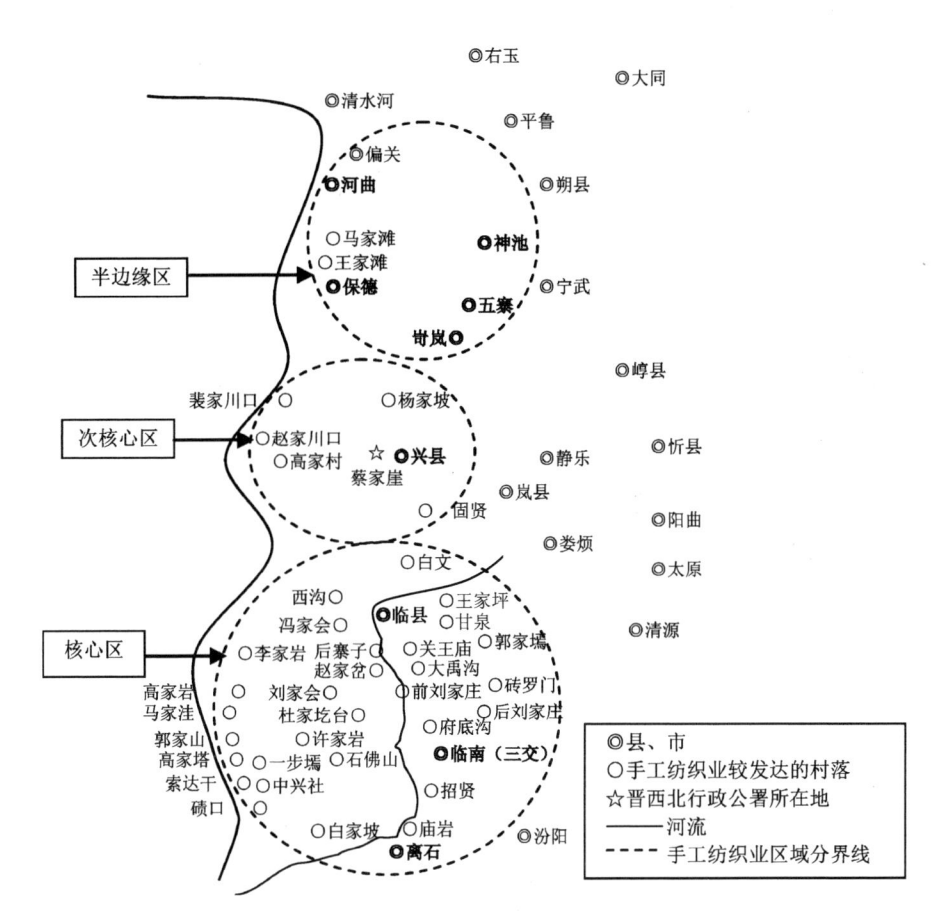

注:手工纺织业较发达村落的选取标准是:中共晋西区党委1941年对晋西北群众纺织典型调查选取的临县8个村(此8村年产土布均在1 000匹以上)、临南县47个村(此47村均有手工纺织,但文中只选取年产棉花1 000市斤以上的13个村)、兴县5个村(年产土布500匹以上)以及1941年为临县同济转运栈提供土布的6个主要村落和1943年保德开展妇纺运动的2个典型村。

图3—1　边区家庭手工纺织业分布示意图

二、手工纺织业发展的动力

抗战期间,边区家庭纺织业发展的动力是多方面的,但主要有两点:一是传统因素,从事纺织业可以提高农民收入、维持农家生计;二是制度因素,边区政府鼓励发展纺织业的相关政策措施创造了支持纺织业发展的制度环境,这在纺织业发展中发挥了关键作用。

(一)传统因素

提高农民收入、维持农家生计是边区纺织业发展的传统力量。费孝通认为,农村手工业是农村经济的必要部分,中国农业并不能单独养活农村的人口,是手工业帮助农业来养活庞大的乡村人口。[①] 黄宗智将手工业看作农户补充收入的手段,但认为手工纺织仅能为农户提供够糊口的微薄收入。[②] 近代以来手工业的衰落导致农民生活水平下降,说明从事手工业是农民改善生活水平的重要途径。抗战期间,从事手工纺织业虽不能使边区很多农户致富,但却可以使大部分农户收入增加、家庭生计得以维持,部分农户还可以致富。特别是在战争的特殊情况下,严重的经济封锁使洋布入口锐减,布匹价格飞涨,极大地刺激了家庭土布生产,从而使农民经济状况有较大改善。如边区某村全家 2 男 2 女 7 个月连纺带织净赚银洋 800 元。另一女子纺花半年净赚农币 1 600 元。[③] 又如临县兴黎村车茂荣家婆媳 3 人,3 天可织一匹布。王村车老万女人一年仅纺花净赚农币 3 500 元。五区坡家垣、白致良两妇女一年织布 12 匹、纺花 12 斤、织口袋 20 条,其生活水平因纺织而大大提高。赵家川口一抗属,其生活除政府补贴外,全靠纺花解决。一个妇女每天用纺织所得,完全够一个人日常生活。[④] 不仅纺织业较发达的临县,过去无纺织基础的河曲、保德等地农民亦通过纺织提高了收入、改善了生活。例如,河曲全县 76 000 人,1945 年织布 45 700 匹,基本可自给。兴县、保德、神府等县,大体如此。这些地区,妇女孩子已经能够穿上簇新的衣服。[⑤] 1944 年,高鲁在中共晋绥分局党校时写道:"在呼家庄,妇女纺线能解决穿衣问题,有余时还能换些钱。"[⑥] 可见,抗战期间手工纺织业对稳定和维持农家经济、改善农户生活有很大作用。

(二)制度因素

不可否认,传统因素有助于边区家庭纺织业的发展,但纺织业发展显

---

① 费孝通:《中国乡村工业》,引自《费孝通文集》第 3 卷,群言出版社 1999 年版,第 5 页。
② [美]黄宗智:《长江三角洲小农家庭与乡村发展》,中华书局 2000 年版,第 86—87 页。
③ 膺庸:《保护土布生产》,《抗战日报》1943 年 1 月 19 日,第 2 版。
④ 亚苏:《晋西北妇女纺织运动》,《抗战日报》1943 年 3 月 9 日,第 2 版。
⑤ 晋绥边区民主妇女联合会:《晋绥解放区妇女纺织发展概况》,第 5 页。
⑥ 理红、理京整理:《高鲁日记》,第 512 页。

第三章 边区工业经济的发展

然离不开政府的大力扶植。因此,制度是边区家庭纺织业发展的关键动力。制度促进边区纺织业发展可从两个层面进行分析。

一是宏观层面。这表现为边区有效的制度环境降低了纺织业发展中的交易(或生产)成本、减少了交易(或生产)中的不确定性,为家庭纺织业的恢复和发展提供了一个良好的制度基础和环境。抗战期间,在外部经济封锁情况下,边区棉纺织业面临供给严重不足和需求巨大的局面。为解决供需严重失衡的问题,自1941年始,边区开展大生产运动。发展家庭纺织业是大生产运动的主要内容之一。毛泽东指出,解决边区穿衣问题"一是依靠公营工业;二是依靠民间妇女织布;三是依靠合作社"。[①] 其中,家庭纺织业是关键,"是达到全边区穿衣自给的最大保证"。[②] 正如时人所言:"我们妇女们都织起布来,队伍就有穿的,老百姓也有穿的,大家的生活过得好,打鬼子就更有办法。"[③]因此,边区政府给予家庭纺织业发展一定的宏观制度支持。正是在此制度环境下家庭纺织业得以快速发展。[④] 具体而言,边区政府主要在税收、资金、原料、工具、技术及销售[⑤]等方面提供有助于家庭纺织业发展的制度安排。其一,税收制度。战时边区政府执行种棉免征公粮、妇女纺织不征税等税收保护政策。例如,1943年规定纺织收入3年免征公粮,后又延长了3年;试种棉全免公粮并赔亏损一半。[⑥] 同时,政府还实施土布贸易保护政策。一方面提高布匹入口税,另一方面降低土布出口税。其二,资金制度。这期间,边区政府发动贷款计划为家庭纺织生产提供贷款资金。如1943年,为推动纺织业发展,边区政府发出纺织贷款50万元。[⑦] 1945年,边区发出纺织贷款1 600万元、棉花1万斤。[⑧] 不仅如此,政府还准备好纺车、织机和棉花,配上受

---

① 毛泽东:《经济问题与财政问题》,引自《毛泽东选集》(卷五),东北书店1948年版,第781页。
② 《论自纺自织》,《解放日报》1945年5月13日,第1版。
③ 《劳动英雄大会开幕、生产展览会同时举行》,《抗战日报》1942年12月19日,第1版。
④ 马克·赛尔登对陕甘宁根据地的研究亦表明:根据地家庭纺织业的发展是由政府和军队这种行政技能最发达的机构推动的。([美]马克·赛尔登著:《革命中的中国:延安道路》,魏晓明、冯崇义译,第246—247页。)
⑤ 工具、技术、销售方面的制度支持将在下文论述,此不赘述。
⑥ 晋西北行政公署:《关于发展纺织业的决定》,《抗战日报》1943年9月2日,第1—2版。
⑦ 亚苏:《晋西北妇女纺织运动》,《抗战日报》1943年3月9日,第2版。
⑧ 晋绥边区民主妇女联合会编:《晋绥解放区妇女纺织发展概况》,第4页。

过训练的纺织推广员,以解决纺织原料、工具、技术以及销售等方面的实际困难。① 临县刘家沟一个中农向贸易局借花后说:"向公家借花并不吃亏。"②1946年6月,边区行署、抗联联合发布了《关于坚持发展民间纺织有计划的准备开展今冬明春纺织运动的指示》,要求明确认识自纺自织和贯彻纺织结合的方针。③ 从事后绩效看,这一系列制度对家庭纺织业的发展起了决定性作用。

二是微观层面。这主要表现为边区有效的制度为家庭纺织业发展提供了激励机制。经济人对利润最大化的追求是经济发展的根本动力。由于家庭纺织的产权已最小化到家庭这一生产单位,家庭纺织的成本和收益是一致的。因此,上述制度保护、刺激妇女经济人本性的发挥,对妇女形成一定激励,极大调动了妇女纺织的积极性。她们不断创新、努力纺织,"所有妇女(包括老婆婆和小女孩)几乎人人纺织",④甚至"有些婆姨回娘家也带着羊毛,手不闲着"。⑤"送饭的和有娃娃的妇女,抽时间就纺线。时间多就多纺,时间少即少纺。"⑥很多农民惊讶地说:"想不到纺花织布这些外路的事,咱们这些地方也能干了。……共产党真是说干甚就能干成甚。"⑦显然,边区政府规定的相关制度产生了绩效,使整个边区社会的妇女充满了"生产精神",并最终导致家庭纺织业的蓬勃发展。正如林毅夫所说:"政府政策对经济增长的重要性是怎么强调也不为过的。""明智的政府和不明智政府的区别……在于政府如何引导个人激励。"⑧

边区手工纺织业发展的历史经验为以下一般结论提供了根据:国家

---

① 事实上,即便在纺织业非常发达的河北高阳地区,1945年抗战胜利后,冀中根据地政府在高阳的首次尝试亦是帮助贫穷的织户购买织布机,这是其在抗战时期指导根据地乡村生产运动的宝贵经验([日]顾琳著:《中国的经济革命:二十世纪的乡村工业》,王玉茹等译,江苏人民出版社2010年版,第165页)。
② 《临县纺织业发展及其现状》(1949年5月),临县档案馆藏,档号62-2-9。
③ 晋绥边区行政公署、抗联:《关于坚持发展民间纺织有计划的准备开展今冬明春纺织运动的指示》(1946年6月10日),临县档案馆藏,档号62-2-55。
④ 晋绥边区民主妇女联合会编:《晋绥解放区妇女纺织发展概况》,第3页。
⑤ 理红、理京整理:《高鲁日记》,第512页。
⑥ 周文:《周文文集》第4卷,第160页。
⑦ 晋绥边区民主妇女联合会编:《晋绥解放区妇女纺织发展概况》,第3页。
⑧ 林毅夫:《关于制度变迁的经济学理论:诱致性变迁与强制性变迁》,引自[美]罗纳德·H.科斯等著:《财产权利与制度变迁——产权学派与新制度学派译文集》,刘守英等译,上海人民出版社2014年版,第282—283页。

尤其是国家的稳定性是经济发展的必要条件,政府的决策严重影响经济运行绩效。特别是,在经济落后、有效制度较缺乏的地区或新旧体制交替时期,制度因素在经济发展中的作用越大,制度效率就越高。总体来看可以说,边区政府的制度是抗战时期手工纺织业发展的关键动力。

三、纺织原料情况

原料是边区手工纺织业发展的重要因素。边区纺织业的原料种类是传统与现代结合,但较多使用传统原料,以土纱代替洋纱。原料来源范围是内外结合。

抗战开始后,边区手工纺织业的现代原料减少,传统原料渐增。现代机器生产的原料——洋纱[①]来源日益困难。据调查,1940年至1941年上半年,边区洋纱供给主要来自太原、榆次、平遥、绛州等各大纱厂。之后,由于敌人封锁严重,洋纱几乎绝迹。在此情况下,边区纺织业主要依靠传统原料(土纱),棉花需要量逐渐增多。边区棉花来源一方面是本地种植,另一方面是从外地运来。外地棉花主要由晋西南及河西运来。不完全资料显示,1941年棉花输入超过上年10倍以上。[②] 抗战时期边区纺织业虽然主要使用传统原料,其来源已不仅仅局限于本地供给。手工纺织业与原料种植的结合程度大大降低。

进一步来看,较多使用传统原料、以土纱代替洋纱的现象是在外部封锁环境下出现的不得已而为的特有现象,并非农民抵制洋纱的结果。抗战后,洋纱价格飙升。洋纱价格暴涨导致改良木机的织布成本短期内迅猛增加,从而利润降低。从图3-2可以看到,抗战后土机和改良木机的成本出现显著增长的趋势,但改良木机成本增速更快,这使其成本迅速超过土机。与此同时,改良木机的利润呈现下降趋势,土机利润则逐渐胜过改良木机。正因为此,边区人们选择了较为落后的纯土纱织布。特别是试用土经土纬织布获得成功后,土布产量骤增,质量亦有改进,有的土布

[①] 这里指国产机纱。由于资料中一般写为洋纱,故文中把国产机纱称为洋纱。
[②] 中共晋西区党委:《抗战中的晋西北纺织业》(1941年12月),引自晋绥边区财政经济史编写组、山西省档案馆编:《晋绥边区财政经济史资料选编·工业编》,第163、第164页。

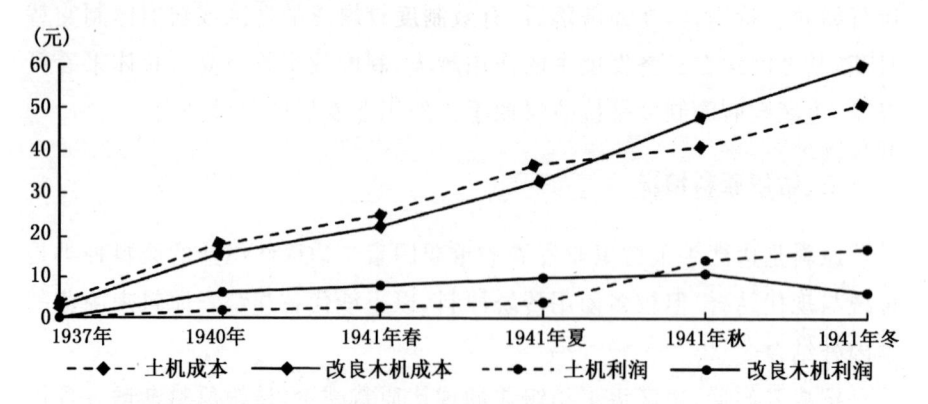

质量甚至可以和洋纱织的布相比。①

数据来源：根据中共晋西区党委：《经济建设材料汇集——工矿生产》(1941年12月)，山西省档案馆藏，档号 A22-7-9 有关数据整理。

图 3-2　1937—1941 年改良木机与土机织一匹布的成本、利润变动趋势

不过，从长期来看，依旧是改良木机织布更受群众欢迎。原因在于，使用改良木机纺织方式的年产量高、总成本低、布的质量好。表 3-2 展示的是 1941 年土洋结合与纯土纱织布两种方法的成本与利润。

表 3-2　　　　　　　1941 年边区两种织布方法的成本、利润

织布方法	使用织机类型	价格(元/匹)	成本(元/匹) 洋纱	土纱	需工折合	间接成本	合计	利润(元/匹)	年产量(匹)	年利润(元)
土洋结合	改良木机	65	30	17.6	2.4	7.2	57.7	7.3	300	2 100
纯土纱	土机	60	0	35	8	4.3	47.3	12.7	90	1 143

注：土洋结合织布一般使用改良木机，而纯土纱织布使用传统土机。
资料来源：根据中共晋西区党委：《经济建设材料汇集——工矿生产》(1941年12月)，山西省档案馆藏，档号 A22-7-9 有关数据计算。

由表 3-2 可看出，改良机节省劳力，需工少，是土机的 30%，但洋纱价格高，故而原料费是土机的 1.6 倍，每匹布利润 7.3 元。土机需工多，但不需要洋纱，原料费用低，每匹布利润 12.7 元。然而，从全年看，情况

---

① 祝华：《晋西北的经济建设》，《群众》1944 年第 9 卷第 3、4 期，1944 年 2 月 25 日。

第三章 边区工业经济的发展

则有很大不同。改良机产量高,一般一人一架年产300匹(每天按10小时算,下同),一年可获利2 100元。土机产量小,年产仅90匹,一年利润1 143元。① 很显然,由于改良机织布产量高,其年利润高于土机。田野访谈中,边区妇女对土纱和洋纱是这样讲的:"洋纱做经线、土纱做纬线织的布又细又密,用纯土纱织的布比较粗,窟窿较大。后来都土洋结合织布了。"② 因此,抗战时期尽管洋纱价格高昂,西安大华纱厂出品的洋纱仍通过商人走私运输经过遥远的路进入边区。③ 这说明,边区农民不偏爱土纱,懂得选择产量大、利润高的洋纱,只是由于洋纱难得才选择土纱。这是一种被迫的应变措施。

以上说明,在近代以来经济现代化大背景下,传统手工业与机器工业相互依存,传统因素对经济现代化有长远而深入的影响。关于手工业与机器工业的关系,学界一直存在争论。④ 但目前较多学者肯定二者的相互依存关系。李金铮在分析抗战前定县手工业时批判了曾经流行的传统与现代完全对立的"二元经济论",并指出机器工业与手工业、现代与传统的关系不是彼此排斥,而是相互依存、相互促进。⑤ 彭南生把机器大工业后农村手工业发展的现象称为"半工业化"。⑥ 欧洲经济史的经验表明,工业革命后手工业是机器工业的重要补充和附属。马克思通过对服饰业的调查说明过这一点。⑦ 因此,在中国近代工业化进程中,乡村手工业并非一定成为近代工业发展的阻碍。⑧ 费孝通曾指出乡村工业在中国工业

---

① 中共晋西区党委:《经济建设材料汇集——工矿生产》(1941年12月),山西省档案馆藏,档号A22-7-9。
② 访谈对象:张双鱼,1930年生,山西省临县碛口镇人,小学文化程度。访谈时间:2014年8月。访谈人:张晓玲。
③ 中共晋西区党委:《抗战中的晋西北纺织业》(1941年12月),引自晋绥边区财政经济史编写组、山西省档案馆编:《晋绥边区财政经济史资料选编·工业编》,第163页。
④ 彭南生:《近50余年中国近代手工业史研究述评》,《史学月刊》2005年第11期。
⑤ 李金铮:《传统与现代的主辅合力:从冀中定县看近代中国家庭手工业之存续》,《中国经济史研究》2014年第4期。
⑥ 彭南生:《半工业化:近代乡村手工业发展进程的一种描述》,《史学月刊》2003年第7期。
⑦ 马克思著:《资本论》(第一卷),中共中央马克思恩格斯列宁斯大林著作编译局译,人民出版社2004年版,第541—542页。
⑧ 不少学者(如严中平、黄宗智、陈庆德等)认为乡村手工业阻碍了近代工业的发展(彭南生:《近50余年中国近代手工业史研究述评》,《史学月刊》2005年第11期)。日本学者森时彦亦指出传统部门的土布生产随着近代工业化发展而不断衰退([日]森时彦著:《中国近代棉纺织业史研究》,袁广泉译,社会科学文献出版社2010年版,第384页。)

化进程中的重要作用,"中国将来工业化的过程,若是在民主方式中去决定,我相信乡村工业的发展很可能成为一个主流"。① 吴承明一再强调手工业对于经济近代化、现代化的贡献。② 林刚也指出中国的现代化过程不可能脱离传统和国情。③ 史建云亦提出近代农村手工业促进机器工业发展的观点。④ 进一步看,其实何止是近代,即便是新中国成立后在棉布统购统销政策下,农村的土纺土织亦是禁而不止;一旦政策松动,土纺土织便又发展起来。⑤ 显然,传统家庭手工业对于现代化的作用不容忽视。尽管发展家庭纺织业是战时边区政府为解决军民穿衣问题的权宜之计,但正是因为传统本身对于现代化有重要作用,才使边区政府推动家庭纺织业发展的制度得以成功实施并取得成效。

四、纺织工具与技术

生产工具和纺织技术是手工纺织业的又一重要因素。从西方国家工业化历史来看,纺织业生产工具的改进及技术变革带动了整个国家的工业化进程。抗战时期,边区家庭纺织工具主要是传统工具。事实上,即便是近代手工纺织业较为发达的河北定县,其生产工具也以传统工具为主。⑥ 据兴县、临县、临南、离石、方山调查,1941 年 5 县共 4 195 架织布机,其中铁机 15 架,改良机 855 架,土机 3 325 架。⑦ 铁机仅占总数的 0.4%。就连晋西北纺一厂织土经布亦未试用过铁轮机,只使用木机(俗称快机)。⑧ 晋西北纺织业最发达的临南县,其纺织工具依然全部是土机

---

① 费孝通:《内地农村》,引自费孝通:《费孝通文集》第 4 卷,群言出版社 1999 年版,第 186 页。
② 吴承明:《近代中国工业化的道路》,《文史哲》1991 年第 6 期;吴承明:《中国近代经济史若干问题的思考》,《中国经济史研究》1988 年第 2 期。
③ 林刚:《传统、变革与国情——对鸦片战争后至抗战前中国手工业的一个分析》,《中国经济史研究》2005 年第 4 期。
④ 史建云:《从市场看农村手工业与近代民族工业之关系》,《中国经济史研究》1993 年第 1 期。
⑤ 徐建青:《棉花统购、棉布统购统销政策与手工棉纺织业》,《当代中国史研究》2010 年第 2 期。
⑥ 李金铮:《传统与现代的主辅合力:从冀中定县看近代中国家庭手工业之存续》,《中国经济史研究》2014 年第 4 期。
⑦《发动妇女纺纱织布》,《抗战日报》1940 年 12 月 18 日,第 1 版。
⑧《晋西北纺一厂织土布的初步经验》,《解放日报》1943 年 10 月 15 日,第 3 版。

和快机,用铁机纺线织布非常罕见。① 1945年资料显示:临南县"从1943年看,土机是逐年增加的,这说明纺织发展是一贯的"。② 在妇女纺织中,土机和快机更受欢迎。兴县妇女纺织工具的基本情况反映出这一特征,见表3—3。到1949年5月,土机仍然较为普遍。临县的一份纺织总结材料说明了这一点:"土机织布还很普遍,且日益发展。土布是群众整个经济生活的重要内容之一。纺织对于群众有极大的好处,可以补充家庭收入。而洋机织布根基不深且更资本主义化,受各种影响,销路不振。一般职业化的还维持着。"③李金铮对近代定县纺织业的研究亦表明"一般妇女多不愿用铁机而喜用木机"。④ 1949年5月,临县纺织业总结指出了各地土机布和样机布的大致分布情况:"边区纺织品中,土布占五分之二,洋机布占五分之三。各地具体分配情形如下:兴县是洋机布,临县土洋机布各半,白文、方山是土机布。"⑤

表3—3　　　　1940—1944年兴县妇女家用织布机基本情况

年份	总数(架)	土机(架)	占总数百分比(%)	快机(架)	占总数百分比(%)
1940	4	2	50	2	50
1941	8	2	25	6	75
1942	20	7	35	13	65
1943	85	33	38.8	52	61.2
1944	309	159	51.5	150	48.5

资料来源:沈越:《兴县今年的春耕运动》,《抗战日报》1944年8月31日,第4版。

不过,在边区流行的纺织传统工具并非保持原样,而是在原有基础上有所改良。1944年《解放日报》评论说:"在开展纺织运动中,纺织工具正

---

① 《临南县纺织工作总结》(1945年8月2日),晋绥边区财政经济史编写组、山西省档案馆编:《晋绥边区财政经济史资料选编·工业编》,第253—256页。
② 《临南县纺织总结》(1945年8月2日),临县档案馆藏,档号62-2-41。
③ 《临县纺织业发展及其现状》(1949年5月),临县档案馆藏,档号62-2-9。
④ 李金铮:《传统与现代的主辅合力:从冀中定县看近代中国家庭手工业之存续》,《中国经济史研究》2014年第4期。
⑤ 《临县纺织业发展及其现状》(1949年5月),临县档案馆藏,档号62-2-9。

在不断地改造。"①改良工具的原因有二：一是使精纺土纱能代替洋纱做经线用。土经布每寸摆多少经线才能使布的密度适中，一直是困扰边区纺织生产的问题。②为此，边区政府一方面奖励精纺土纱，代替洋纱；另一方面积极改进技术和工具，研究自纺经纱、改造七七纺纱机及手摇纺纱机，使精纺土纱能在改良机使用。二是抗战期间已有传统工具大多损坏严重，必须进行改进。高鲁指出："边区不少地方的纺车用烂剪刀做摇把，铁丝锭子跳得太厉害不行。干部必须注意解决这些问题，帮助改进工具。"③陕甘宁边区的纺织工具亦主要为传统的且较为落后。④ 在绥德，纺纱所用的都是手摇纺车，织布绝大多数是土机，手拉机在农家中用的很少。⑤ "极落后的手纺机、捻线锤……纺织业的发展首先是利用原有的落后生产工具与技术，在可能条件下逐渐进行到新的。"⑥为此，边区政府采取一系列制度安排改进、推广纺织技术。这些制度安排有：

第一，举办纺织生产展览会。展览会是展示、宣传、推广纺织技术最有效的方式之一。边区政府多次组织纺织生产展览会推广纺织技术。历次纺织生产展览会均有棉花、棉纱、棉布、毛布、毛衣、纺织用具、新式纺纱车、绕线车、打毛衣用具、轧花车等展出，以及从植棉到织布的演示过程。例如，1942年生产展览会展出边区自制的18根锭子脚踏纺纱机和15头手摇络纱机。织布机有铁制和木制的，有织2尺多宽的洋布机和织1尺多宽的"抗战布"机。⑦ 1943年，展览会展出了保德劳动英雄白候小制造的能纺且又快又能匀紧经线的纺纱机，以及工具厂改进的手摇络纱机和仿造的铁织机、七七纺纱机。⑧ 1945年，展览会不仅陈列20多块好布，还展出精纺精织账单："好布一匹，用花二斤四两，卖价三千二百元，能穿二

---

① 《晋西北战斗纺织厂自造弹花机齿条等》，《解放日报》1944年11月9日，第2版。
② 《晋西北纺一厂织土布的初步经验》，《解放日报》1943年10月15日，第3版。
③ 理红、理京整理：《高鲁日记》，第534页。
④ 马克·赛尔登认为，陕甘宁边区纺织业是中共利用家庭纺织业的传统和现成的传统工艺而发展起来的（[美]马克·赛尔登著：《革命中的中国：延安道路》，魏晓明、冯崇义译，第246页）。
⑤ 柴树藩等：《绥德、米脂土地问题初步研究》，第20页。
⑥ 《陕甘宁边区纺织工业的现状》，《新华日报》1942年1月18日，第3版。
⑦ 雷行：《生产展览会》，《抗战日报》1942年12月22日，第4版。
⑧ 《晋绥边区四三年度生产展览会开幕》，《抗战日报》1944年1月15日，第1版；祝华：《晋西北的经济建设》，《群众》第9卷第3、第4期，1944年2月25日。

第三章　边区工业经济的发展

三年;坏布一匹,用花二斤十四两,卖价二千三百元,顶多穿半年。"①不难看出,生产展览会在政府的技术制度实施过程中扮演着重要角色。

第二,训练纺织干部。抗战期间,边区政府多次举办纺织训练班培训纺织干部,并采用技术送上村的做法传授纺织技术。由县区召开训练班,动员妇女干部及积极分子学习;然后由政府贷给学会纺织的妇女纺车及棉花,将其分派到农村召开训练班。例如,兴县杨家坡杨雨儿在边区纺织厂学会纺纱织布后,先后组织5期纺织培训班,共教会300多名妇女。②五寨妇女部长张守忠走遍各村亲自纺纱织布传授技术。神池杨林在义井村发动纺织时亲自将妇女们的鸡蛋收集起来担到贸易局换回棉花,教妇女纺线。兴县五区康桂英训练的纺妇有800多人。③ 这种办法获得广大妇女及其家庭的支持。很多妇女纷纷报名参加,"甚至年近花甲之老人亦赶来受训纺纱"。④

第三,鼓励妇女创新。妇女创新主要包括两方面:一是纺织技术创新。边区政府倡导妇女认识、爱护工具,注意工具的创造与修理。在纺织过程中,边区妇女自己创造多种代用工具,代替买不到的外来器材,如鯮、杼等。⑤ 二是组织形式创新。其主要体现在妇女变工组织纺织与组织纺织生产合作社上。例如,1943年,离石妇女发动纺织合作运动,以提高妇女纺织生产积极性。⑥ 1944年,张家梁村会纺织的妇女28人,其中16人带着纺车变工。⑦ 该年《新华日报》还专文刊登临县妇女刘能林组织妇女纺织合作社的事迹。⑧ 有的合作社还开办纺织训练班,吸收社员及附近妇女传授技术。组织形式创新代表了边区家庭纺织发展的新方向,不仅有效地传授了纺织技术、解决了资金困难问题,还提高了纺织效率。

---

① 穆欣:《参观文化棚》,《抗战日报》1945年7月14日,第4版。
② 任子杰、贾银玉:《纺织英雄杨雨儿》,引自中国人民政治协商会议、山西省兴县委员会文史资料委员会编:《兴县文史资料》第8辑(内部资料),2004年,第64页。
③ 晋绥边区民主妇女联合会编:《晋绥解放区妇女纺织发展概况》,第5页。
④ 《晋西北妇女积极参加纺织,陕北米脂纺纱英雄受奖》,《新华日报》1943年5月13日,第2版。
⑤ 晋绥边区民主妇女联合会编:《晋绥解放区妇女纺织发展概况》,第5页。
⑥ 《晋西北妇女争作劳动英雄,热烈展开纺织运动》,《新华日报》1943年3月28日,第2版。
⑦ 理红、理京整理:《高鲁日记》,第534页。
⑧ 鲁石:《刘能林怎样组织纺织》,《新华日报》1944年10月22日,第4版。

第四,规定公营纺织厂、农具厂研究改进纺织工具及技术。为推广改良机和织布技术,边区政府规定各公营纺织厂、农具厂等均需研究改良木机用土经的技术,逐渐完全改用土经,并将研究结果向民间介绍推广。①例如,二分区某纺织厂研制出仿德货制轧花机,从转轮、带动轮到轧花滚均为翻砂铸造,每天能轧 300 斤籽花,和舶来品并无差别,而价格仅为外货的一半。② 1943 年,晋西北农具厂研制出每天弹 40 斤棉花的弹花机。③

边区政府大力推广纺织技术的制度安排取得良好绩效。不少妇女把手传梭土机改为改良快机。过去快机织布,经线需用外来洋纱,纺纱技术提高后,完全采用土纱织布。纺织工具的改进导致织布技术提升,大大提高了纺织产量和质量。例如,临南薛汝花、离石刘尚英用快机织的标准布漂亮又结实。临县刘能林蓝白相间的席瓣花布,不但平整匀称且细软、光亮,和洋布不相上下,在三分区有"花布之王"的称号。④

总体而言,虽因战时经济封锁,边区不得不大量使用土机、土纱纺织,但由于边区政府的大力鼓励,土机得以改良、纺织技术得以提高,使边区提高纺织生产效率、活跃经济成为可能,进而实现军民衣料自给的目的。其他根据地纺织亦主要使用土机土纱,也有纺织工具改进的情况。例如,陕甘宁、晋冀鲁豫边区不惜以数十万元为资本研究洋纱的代用品与改良纺织的工具。政府还给足够的资本与行署工具厂,使之安心研究纺织工具的改进。⑤

不过,与战前中国纺织业发达地区的手工纺织技术进行比较,边区妇女的织布技术还相对落后。据资料记载,边区上等技术的纺妇 3 天织一匹布(约 1 天 3 丈多),中等技术的 5 天织 1 匹布(约 1 天 2 丈)。⑥ 1941 年,临县 8 个自然村典型调查表明,改良机一年织布 300 匹左右(最高 375

---

① 晋西北行政公署:《关于发展纺织业的决定》,《抗战日报》1943 年 9 月 2 日,第 1—2 版。
② 黎军:《战斗生产展览会上——生产部分》,《抗战日报》1944 年 12 月 22 日,第 4 版。
③ 武衡主编:《抗日战争时期解放区科学技术发展史资料》第 3 辑,中国学术出版社 1984 年版,第 374 页。
④ 黎军:《战斗生产展览会上——生产部分》,《抗战日报》1944 年 12 月 22 日,第 4 版。
⑤ 乔正:《发展纺织业的几个问题》(1941 年 10 月),引自晋绥边区财政经济史编写组、山西省档案馆编:《晋绥边区财政经济史资料选编·工业编》,第 146—148 页。
⑥ 亚苏:《晋西北妇女纺织运动》,《抗战日报》1943 年 3 月 9 日,第 2 版。

匹,最低200匹,平均基本可接近一机一天一匹),而土机仅90匹左右。一个农妇一年织布平均90匹(最高约111匹,最低55匹)。[①] 据调查,20世纪初期江阴农村每台织机一天可织布1匹,一年共织布180匹(不是每天都工作)。而同期的上海郊区,一个农妇每天织布1匹,一年织布200匹左右。[②] 可见,抗战时期,边区改良机的技术、性能基本接近纺织业最发达的江南地区20世纪初的水平,而妇女的织布技术则与该时期江南水平相差较大。值得一提的是,文章第一部分数据显示,边区有些县份如二分区各县、静宁、忻县、朔县等,虽然拥有一定量的纺织人员和纺织工具,产量却很低,甚至没有产量。这一现象也从一个侧面反映了边区妇女较低的纺织技术。

五、纺织品的市场销售

流通在经济发展中的作用至关重要,工业的扩大以市场扩大为前提。顺畅的市场销售是边区手工纺织业发展的基础。市场化是抗战时期边区乡村手工纺织业的重要特征。边区手工纺织业与传统手工业的一个重要区别是生产目的不仅为家庭消费,也为市场生产,还有跨县份销售。新政权成立后,边区内部商业、集市逐渐恢复,纺织品的原料供给与成品推销均比较流畅。临离集市上,每天上市土布平均不下八九百匹。临南招贤、碛口及离石集上,每次都有大批土布上市。河西葭县、神木、府谷、保德、榆林等地布匹,大都依靠晋西北,数量很大。[③] 临县同济转运栈是代客买卖货物的过载店,主要任务是布匹收销。该转运栈几乎统治了市面上的土布交易,上市布匹中70%以上由该栈经手买卖。临县生产的土布大多销往本县以外市场,且几乎能够全部售出。如土布产量较高的1941年,该年5月同济转运栈土布的售出率为94.7%,87%的销售量在临县以外县份,7%销往本地,6%销往临县较大的白文镇。其具体销售情况见

---

① 根据中共晋西区党委:《抗战中的晋西北纺织业》(1941年12月),引自晋绥边区财政经济史编写组、山西省档案馆编:《晋绥边区财政经济史资料选编·工业编》,第159页相关数据计算。
② 徐新吾:《江南土布史》,上海社会科学院出版社1992年版,第242—243页、第472页、第553页。
③ 中共晋西区党委:《抗战中的晋西北纺织业》(1941年12月),晋绥边区财政经济史编写组、山西省档案馆编:《晋绥边区财政经济史资料选编·工业编》,第165页。

表 3—4：

表 3—4　　　　　1941 年 5 月临县同济转运栈土布销售情况

种类	上市数（匹）	买入（匹）	卖出（匹）	售出率（%）	来源	销路
4 丈	2 068	1 481	1 458	98.5	50%来源于临县前后刘家庄；50%来源于郭家塌、赵家岔、石底沟、甘泉	兴县 48.5%；神木 38.5%；临县白文镇 6%；本地 7%
5 丈	1 868	1 570	1 432	91.2		
合计	3 936	3 051	2 890	94.7		

资料来源：根据中共晋西区党委：《经济建设材料汇集——工矿生产》(1941 年 12 月)，山西省档案馆藏，档号 A22-7-9 有关数据整理计算。

边区销售代理使家庭织户不断调整织布质量及标准，以适应战时不断变化的销售环境。与此同时，边区政府亦颁布了便于土布销售的相关政策。一方面，政府规定土布标准。抗战时期，边区土布的宽度、长度、卷度与重量很不一致，极大影响销售。为此，政府对土布标准作了规定：一种长度为 4 丈 8 尺，宽度为 1 尺 3 寸；一种长度为 2 丈 8 尺，宽度为 1 尺 3 寸。经线如用洋纱至少各为 720 根，如用土经线至少各为 650 根。每卷各为 30 匹。贸易机关与各公营商店均依照统一标准收买，售出时加盖本商店图记。[1] 另一方面，政府订购标准布。政府订购标准布的做法，对于纺织数量及质量的提高起很大推动作用。政府规定统一标准，供给原料，发给工资(工资是相当高的)或以一定价格收买，织下布立刻换钱，可以预领工资，也可以顶交公粮。这种方法比自己织布拿到集市卖既便宜又不愁销路。如果布织得好，还有额外奖赏。群众把标准布叫作"翻身布"，表示他们对标准布办法的拥护。[2] 显而易见，纺织品销售的制度约束鼓励了手工纺织生产。

可以说，边区纺织品销售基本不成问题。只有在季节性萧条时，囤布者少，织布农户的成品不能全部销售。"春季布匹产量极大，除尽量输出外，本地尚存土布甚巨，对推销上感到困难。"[3] 在这种情况下，一般贸易

---

[1] 晋西北行政公署：《关于发展纺织业的决定》，《抗战日报》1943 年 9 月 2 日，第 1—2 版。
[2] 晋绥边区民主妇女联合会编：《晋绥解放区妇女纺织发展概况》，第 6 页。
[3] 《临县纺织业发展及其现状》(1949 年 5 月)，临县档案馆藏，档号 62-2-9。

局会收买土布土纱,有计划地向边区各地推销,并奖励贩运土布的商人,使织布户得以顺利生产。在新纺织区,边区政府还在重要市镇设立机构建立纱市,确定专门机构专营土布业务。① 事实上,抗战时期陕甘宁边区的家庭手工纺织的商品生产成分亦高于自给性成分。② 1949 年 5 月,临县纺织业总结指出:"临县输出的纺织品占全部物品输出额的 15%。输出纺织品占总产额的三分之二。"③对于边区大部分家庭土布,其销售情形是:"一是到市场出卖给小商人,或小商人到村里收买,再转到临县以至兴县;二是卖给邻近或邻村的农家;三是成宗或小宗布匹上城里卖给店家,由店家招揽生意。"而洋机布则"直接到城里出售,再到各地;或直接被本县贸易局收购"。④ 不难推断,边区的家庭纺织手工业已经卷入市场。

显然,外部经济封锁和物资统制客观上推动了边区手工纺织业的繁荣,而边区内部市场需求则拉动了边区乡村手工业的延续与发展。商人以及转运栈是联系边区手工纺织业者与市场的桥梁,他们将手工纺织品销往边区的各个县份。政府则为边区手工纺织业的市场销售提供了制度保障。政府界定并形塑了一个能够激励手工生产的边区市场体系,这是边区手工纺织业发展的最关键因素。可以说,在边区手工纺织业发展进程中,市场化与工业化同步前进⑤,市场化是手工纺织业发展的基础和前提。

六、其他手工业

除纺织业外,晋西北的手工业还包括榨油业、皮毛业、麻业、烟业以及粉、酒等。其中,榨油业是晋西北的传统手工业,实力最强、数量也多,恢复较快。晋西北油业主要包括大麻油、胡麻油、麻子油等产品。所产油不仅供本地需要,还大量销往外地如交城、文水、阳曲、崞县和太原等地。由于原料广、销路大,所以油坊生意利润大。1937 年后油业逐渐萧条。据

---

① 晋西北行政公署:《关于发展纺织业的决定》,《抗战日报》1943 年 9 月 2 日,第 1—2 版。
② 《陕甘宁边区民间纺织业》(1945 年 1 月),引自中国财政科学研究院主编:《抗日战争时期陕甘宁边区财政经济史料摘编》(第三编·工业交通),长江文艺出版社 2016 年版,第 424 页。
③ 《临县纺织业发展及其现状》(1949 年 5 月),临县档案馆藏,档号 62-2-9。
④ 《临县纺织业发展及其现状》(1949 年 5 月),临县档案馆藏,档号 62-2-9。
⑤ 关于市场化与工业化的相关理论,参见赵德馨:《市场化与工业化:经济现代化的两个主要层次》,《中国经济史研究》2001 年第 1 期。

不完全统计,1937年春兴县全县油坊有35家,1939年则减至31家,1940年上半年减到10家。① 1940年后,边区政府开始奖励油坊、粉坊、酒坊、豆腐坊等以推动农村手工副业发展。因此,边区手工业开始恢复。据兴县、保德两县统计,边区手工业自1937年开始萧条,但从1940年上半年又开始恢复与发展。手工业数量变动情况见表3-5。

表3-5　　1937—1941年兴县、保德两县其他手工业数量变化情况　　单位:家

		1937年春	1939年	1940年上半年	1940年下半年	1941年上半年	1941年下半年
油坊	兴县	35	31	10	25	10	24
	保德	5	3	10	10	3	8
粉坊	兴县	40	37	15	17	12	30
	保德	3	1	2	3	3	3
酒坊	兴县	12	10	5	5	5	5
	保德	4	3	4	5		2
麻坊	兴县	2	2	1	2	2	2
	保德	3	2	3	4	4	4
皮坊	兴县	3	3	2	2	2	3
	保德	5	2	4	4	4	4
毡坊	兴县	2	1	1	1		
	保德	2	2	1	1	1	1
烟坊	兴县	2	2	1	2	1	1
	保德	3	6	6	7	8	8
合计		121	103	65	88	55	94

资料来源:中共晋西区党委:《晋西区党委经济建设材料汇集——工矿生产》(1941年12月),山西省档案馆藏,档号A22-7-9。

可以看出,榨油、烧磁、造纸厂等民间作坊,自1940年开始恢复并增长,个别行业增长较快。至1945年,边区大部分手工业已经恢复到战前

---

① 中共晋西区党委:《经济建设材料汇集——工矿生产》(1941年12月),山西省档案馆藏,档号A22-7-9。

第三章 边区工业经济的发展

水平。据资料整理,各行业发展情况如下:榨油业:据兴县、神府、岚县、河曲、保德、岢岚、五寨、临县、宁武、静乐、离石、阳曲、交城、朔县、偏关等16县统计,1944年共有油梁521条,产油210余万斤。1945年油梁增至662条,产油约达478万斤。烧磁业:据兴县、河曲、保德、临县、离石、静乐、交城、偏关8县统计,1944年共有轮盘57个,出碗26万余个、磁器23万余件。1945年,轮盘增至108个,出碗36万余个、磁器23万余件。造纸业:据兴县、神府、河曲、保德、临县、宁武6县统计,1941年产纸15万余刀,1944年产纸增至38万刀,1945年产纸约达89万余刀。[①] 至1946年,兴县全县榨油已全部自给。按不完全统计,该年种油籽7 000多垧,平均每垧产2斗,可产油籽1 400大石,每斗榨油6斤,可榨油84 000斤,自给有余。[②] 其他如制药厂、化学厂(制造肥皂、牙粉、油墨、酒精、硫酸)等亦有发展。

1947年,边区手工业发展出现变化。不同行业发展情况有不同,部分行业发展缓慢。如纸业有一定程度的萎缩,据兴县、岚县、神府、保德、河曲、偏关、神池、岢岚、五寨、离石、临县、宁武12县统计,1947年共计纸池数150个,产纸349 180刀,比1945年少。[③] 油坊比1945年有增长,但增长缓慢。如据兴县、岚县、神府、保德、河曲、偏关、岢岚、五寨、离石、临县、方山、朔县、宁武、静乐、交城、阳曲16县统计,1947年油坊为761条,比1945年增加99条。[④] 总体来看,边区手工业的增长趋势是,抗战时期恢复与增长较快,抗战胜利后有所回落,发展缓慢。

第二节 边区工矿业的发展

煤矿业是晋西北最主要、最重要的工矿业。本节将重点关注煤矿业,

[①] 《晋绥六年来工矿建设》,《解放日报》1946年5月3日,第2版。
[②] 《晋绥一分区关于发展工矿业争取主要工业品自给的检查》(1946年1月15日),引自晋绥边区财政经济史编写组、山西省档案馆编:《晋绥边区财政经济史资料选编·工业编》,第387页。
[③] 《晋绥边区纸坊统计》(1947年2月),引自晋绥边区财政经济史编写组、山西省档案馆编:《晋绥边区财政经济史资料选编·工业编》,第616页。
[④] 《晋绥边区油坊统计》(1947年2月),引自晋绥边区财政经济史编写组、山西省档案馆编:《晋绥边区财政经济史资料选编·工业编》,第617—618页。

其他工矿业则简要概述。煤矿业可代表边区工矿业发展的基本情况。从某种意义来说,一个地区燃料的使用情况,是其工业发展水平的标志。山西煤炭资源非常丰富。通过近代山西煤矿业发展,可以管窥中国近代工业化进程。关于近代山西煤矿业,学界已有较多论述。[①] 在已有论述中,学者们得出的结论虽然不尽相同,但其分析视角大多集中于煤矿业与近代化或工业化。值得注意的是,学者们较多集中在抗战前这一阶段,而对抗战后根据地煤矿业的发展关注较少。郝平曾对太行、太岳根据地煤矿业进行过论述。[②] 该研究强调中共推动根据地煤矿业发展的政策结果,而根据地煤炭经济发展的特点及其中的制度因素,以及反映的根据地工业化进程则未引起其重视。这恰恰亦是当前诸多根据地工业问题研究所忽视的。[③] 为此,本部分将边区煤炭经济置于中国近代工业化进程的背景下,从制度经济学角度解读边区煤炭经济发展,探寻边区煤矿业发展的特点,试图展示中共是如何在战争环境下、在经济文化较为落后的边区开展工业建设的历史图景的。

一、煤炭经济增长情况

(一)生产情况

1. 生产趋势

抗战期间,边区煤炭生产呈现较快的增长趋势。我们可从表3—6观察边区煤炭的生产趋势。第一,自1940年新政权成立后,根据地煤产量呈现显著增加的趋势,1944年开始剧增。据兴县等12县统计,1944年煤

[①] 主要成果有:全汉昇:《山西煤矿资源与近代中国工业化的关系》,《中国经济史论丛》,香港中文大学新亚学院1972年版;[澳]蒂姆·赖特著:《中国经济和社会中的煤矿业》,丁长清译,东方出版社1991年版;马伟:《煤矿业与近代山西社会:1895—1936》,山西大学2007年博士学位论文;李丽娜等:《铁路与山西近代煤矿业的发展:1907—1937》,《山西师大学报(社会科学版)》2008年第1期;张伟保:《艰难的腾飞:华北新式煤矿与中国现代化》,厦门大学出版社2012年版。

[②] 郝平:《太行、太岳革命根据地煤矿业发展》,《抗日战争研究》2012年第3期。

[③] 从当前各根据地工业问题的研究现状来看,不仅研究成果较为单一,较少有学者从近代中国工业化进程视角予以考察,而且地域研究呈现不均衡态势。已有成果较多集中在陕甘宁边区,少数成果对山东、晋察冀抗日根据地工业进行了探讨。关于晋绥根据地工业的专门研究则较为罕见。李金铮在作关于华北抗日根据地经济史研究的述评时亦指出抗日根据地工业方面研究的薄弱(参见李金铮:《近20年来华北抗日根据地经济史研究述评》,引自李金铮:《近代中国乡村社会经济探微》,第561—572页)。

产量比上年增长92.8%。1944年年底,煤产量已超过战前水平①。1945年,离石5月份1个月的煤炭产量就超过1944年全年产量1倍以上。②第二,煤窑数亦大抵呈现相同的增长趋势,但小于产量增幅。总体来看,边区煤产量和煤窑数均增长较快。煤炭生产之所以增长较快,主要是新政权的积极倡导协助,使煤业生产逐渐恢复,并保持逐年发展的势头。特别是边区进行减租减息、开展生产运动后,贫农大部分翻身,劳动力有了剩余,煤窑生产规模扩大,煤产量于1944年得以急剧增长。

表3-6　　　　1942—1945年兴县等12县煤矿恢复及产量变化情况

年份	煤窑（座）	窑数年增长率（%）	年产量（千斤）	产量年增长率（%）
1942	198	—	182 803	—
1943	214	8	253 150	38.5
1944	333	55.6	487 976	92.8
1945	431	29.4	849 081	74

资料来源:根据《晋绥六年来工矿建设》,《解放日报》1946年5月3日,第2版相关数据计算。

2. 生产规模

边区煤炭储量丰富,但因现代工业较少,故绝大多数煤窑是小规模生产。以临县招贤煤窑为例。1941年,招贤共34座煤窑,有煤工244人,年产煤13 317吨。年产煤量最高的煤窑仅2 424吨,最低者仅22吨。年产量500吨以上的窑占总窑数的26.5%,年产量200吨以下的占总窑数的32%。③山西境内其他根据地的煤炭生产规模亦很小。如1944年太行、太岳革命根据地的长子县有煤窑11座,年产煤5 062吨;潞城县有煤窑10座,年产煤5 469吨;襄垣县有煤窑8座,年产煤2 080吨;陵川县有

---

① 《晋绥边区的战斗生产与建设》,《解放日报》1944年12月28日,第3版。
② 晋绥革命根据地工人运动史编写组:《晋绥革命根据地工人运动史(1937.7—1949.9)(讨论稿)》,1991年,第77页。
③ 中共晋西区党委:《晋西北煤矿业抗战前后的变迁》,引自晋绥边区财政经济史编写组、山西省档案馆编:《晋绥边区财政经济史资料选编·工业编》,第98页。

煤窑 7 座,年产煤 2 040 吨;长治县有煤窑 15 座,年产煤 2 780 吨。① 这说明边区煤业因战争的破坏、封锁,即使新政权大力提倡和保护,也很难突破生产的瓶颈。

(二)需求情况

表 3-7 展示的是 1941 年边区 19 县煤炭的需求结构。数据显示,该时期边区民间用煤占煤炭总需求的比重最大,达 87.7%;而部队用煤仅占 0.7%,比重最小;工矿用煤仅占 4.58%,部队工矿用煤占 1.35%,比重很小。这说明,尽管边区煤业得以较快恢复发展,但仍然滞后、缓慢,其功能主要是满足民间日常用煤。煤是制造业的灵魂。工矿、作坊的煤炭需求比重小,不仅说明工矿业、作坊对煤炭的购买力有限,也反映出边区工矿业及手工业整体发展落后的情况。从供求对比看,1941 年 19 县煤炭总产量为 44 818.2 万斤,总需求量为 41 042 万斤②,总产量大于总需求量。显然,在煤炭总产出较低的情况下,边区煤炭总需求不足。边区煤炭业呈现供给和需求双重不足的特征。这不仅反映出抗战期间敌人对边区工业经济的严重破坏,而且说明工矿业经济的恢复和发展是极为艰难的。

表 3-7 　　　　　　　　1941 年边区 19 县煤炭需求结构

		用煤单位 (个)	需求量 (万斤)	各单位需求量占 总需求量(%)
民间		100 000	36 000	87.7
部队		800	288	0.7
党政		1 070	1 335	3.25
工矿	瓷窑	70	33.5	4.58
	铁厂	38	1 456.2	
	矿厂	9	241.3	
	纸业	142	88.8	
	工厂	7	59.2	

---

① 郝平:《太行、太岳革命根据地煤矿业发展》,《抗日战争研究》2012 年第 3 期。
② 中共晋西区党委:《晋西北煤矿业抗战前后的变迁》,引自晋绥边区财政经济史编写组、山西省档案馆编:《晋绥边区财政经济史资料选编·工业编》,第 97 页。

续表

		用煤单位（个）	需求量（万斤）	各单位需求量占总需求量(%)
作坊	油坊	300	270	1.54
	粉坊	300	270	
	酒坊	10	90	
部队工矿		152	550	1.35
烤火		8 000(炉子)	360	0.88
合计		110 898	41 042	100

资料来源：中共晋西区党委：《晋西北煤矿业抗战前后的变迁》，引自晋绥边区财政经济史编写组、山西省档案馆编：《晋绥边区财政经济史资料选编·工业编》，第96、第97页。

二、新型劳资关系下的工人工资

抗战期间，随着新民主主义经济制度在边区的实施，传统劳资关系面临困境。这种困境表现为：一是煤矿工人与窑主之间旧式的剥削关系被取消。抗战前，工人常受压迫，被人称为"炭黑子"。还经常有赚了工资要不回来的现象，如"刮了"（指一筐子煤不够规定数目，就完全不算）"窑头炭"（工人每天要无代价地给窑头挖一些煤）等。[①] 新政权建立后，诸如上述旧式的有剥削性质的劳资关系被依法取消。二是新民主主义框架下新型劳资关系的确立。新型劳资关系强调劳资两利、兼顾资本家和工人的双重利益。在新的劳资关系下，除正式工资外，煤矿工人还另有坐底钱、灯油工具钱、烧炭、月假、纪念日假、年假、红利等。[②] 某些地区还设置了教育基金、保险金。[③] 在新型劳资关系背景下，矿主不能无故拖欠工资。劳资纠纷一般由工会负责处理。工会处理劳资关系的原则是团结工人，提高产量，争取煤炭自给。新政权成立后，兴县煤窑工人组织了自己的煤窑工会。1941年全县已有煤窑工会27个，会员420余人。在全县会员

---

① 《民营工矿工运问题》，《抗战日报》1945年7月29日，第4版。
② 《边区一年来工矿业生产总结（草）(1945年7月)》，引自晋绥边区财政经济史编写组、山西省档案馆编：《晋绥边区财政经济史资料选编·工业编》，第75页。
③ 《民营工矿工运问题》，《抗战日报》1945年7月29日，第4版。

大会上，工人决定了他们的工作方针，选出了工会的负责人，并决定每个煤窑工会每月召开会员大会一次，讨论他们自己的问题。① 新型劳资关系的确立使工人效率得以提高，工人工资一般都有提高。表 3—8 显示的是抗战前、1939 年、1945 年边区各地煤矿工人工资情况。

表 3—8　　　　　战前、1939 年、1945 年各地煤矿工人日平均工资

	临县	临南	离石	兴县	保德	河曲	静乐
抗战前	2.2 升	3.3 升	3 升	5 毛	12.9 斤	—	—
1939 年	2.5 升	1.8 升	2 升	1 元	4.4 斤	7.5 斤	1.5 升
1945 年	3.6 升	3.3 升	3.3 升	3.5 升	7.5 斤	4—8 斤	2.5 升

注：计量单位有升、斤、元。升和斤是折合小米后的。元是省票（阎省票）。
资料来源：《各业工人工资逐年变化》（1945 年 6 月），引自晋绥边区财政经济史编写组、山西省档案馆编：《晋绥边区财政经济史资料选编·工业编》第 371—372 页；《民营工矿工运问题》，《抗战日报》1945 年 7 月 29 日，第 4 版。

从表 3—8 看，抗战时期大多县份煤矿工人的实际工资呈上升趋势，1945 年工资水平一般都高于 1939 年水平，不少地区甚至超过战前水平，但上升趋势并不十分显著，个别地区有下降趋势。兹将上述数据作图如图 3—3 所示：

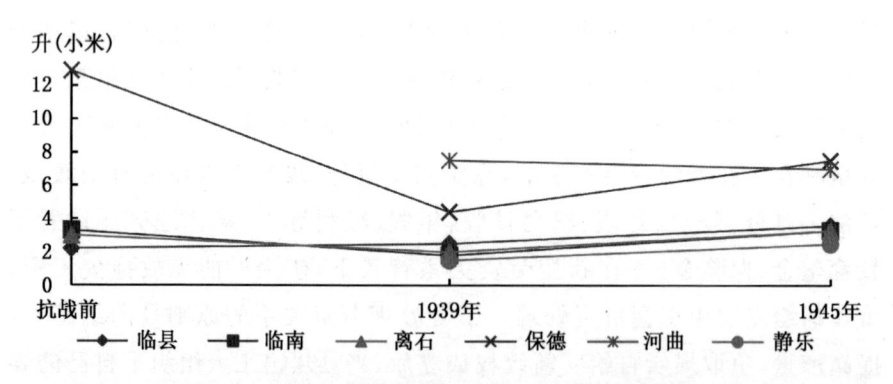

图 3—3　抗战时期边区各县煤工实际工资变化趋势

---

① 《兴县的煤窑工人》，《抗战日报》1941 年 1 月 4 日，第 1 版。

显然,抗战开始后,边区各地工人工资大多在下降。但这一下降趋势在1939年改变,工人工资由此开始上涨。边区煤矿工人的实际工资总体呈波动上升趋势。例如,河曲磁窑沟煤矿1941年工人日工资折小米4.5斤,1942—1944年均为4斤小米(但名义工资为140元、150元、160元农币),1945年为6.9斤小米。[①] 可见,由于抗战时期物价波动较大,一些地区的工人工资呈现实际工资增长小于名义工资增长的现象,个别煤矿还有实际工资下降的情况。以临县招贤煤矿工人工资为例,其可以进一步反映这一规律(详见表3—9)。

表3—9　　1939—1942年招贤煤矿工人名义工资与实际工资变动情况

	1939年		1940年		1941年		1942年	
	上半年	下半年	上半年	下半年	上半年	下半年	上半年	下半年
日工资(元)	1.8	1	3	1.5	6	4.5	5.1	3.9
折米(升)	1.8	1	1.5	0.7	1.6	1.2	1.7	1.3

资料来源:根据《招贤煤铁瓷矿工人、榆林纸工、离石煤工工资变化及名义工资与实际工资比较》(1943年),引自晋绥边区财政经济史编写组、山西省档案馆编:《晋绥边区财政经济史资料选编·工业编》,第369页数据整理计算。

如表3—9所示,1939—1942年招贤煤矿工人工资的变化趋势是,名义工资在曲折波动中逐步上涨,而实际工资则在曲折波动中逐渐下降。名义工资和实际工资增长率的变动趋势基本吻合,只是变动幅度有别。其区别在于:工资上涨时,名义工资上涨得更快;而工资下降时,实际工资下降幅度要么与名义工资下降幅度相同,要么大于名义工资下降幅度。1939年上半年到下半年,工人名义工资和实际工资都在下降。1939年下半年后名义工资和实际工资都开始增加,但名义工资增加更快,实际工资增幅缓慢。1940年上半年后二者均又下降,但到1941年上半年二者又开始增加,名义工资增幅较大,而实际工资增幅较小。之后,工人工资又开始下降,1942年上半年有微小增长后又开始回落。图3—4显示了招

[①]《各地煤窑历年工资比较表》(1946年7月),引自晋绥边区财政经济史编写组、山西省档案馆编:《晋绥边区财政经济史资料选编·工业编》,第786页。

贤煤矿工人名义工资和实际工资的变化趋势。工人实际工资增长缓慢，从一个侧面展示出抗战时期边区煤炭经济虽有增长但增长缓慢的特点。

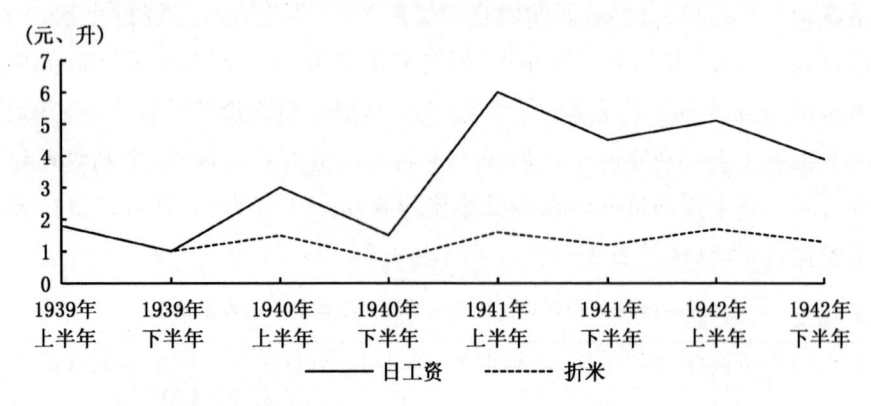

图3—4　1939—1942年招贤煤矿工人名义工资与实际工资变动趋势

三、煤炭经济增长的制度因素

制度在经济增长分析中至关重要，而国家在制度创新过程中起十分重要的作用。随着社会经济形态的转变，制度变迁和创新在边区煤炭经济增长中发挥了极为重要的作用。可以说，新政权推动的制度创新是边区煤炭经济增长的基本动力。新政权在边区建立的一系列制度，不仅减少了煤炭经济增长中的交易成本，而且极大地激励了个人和组织进行生产性活动，导致边区煤炭经济增长。

1. 金融制度

金融支持对于煤炭经济发展具有重要作用。抗战初期，边区煤矿私人资本日渐缩小，公营、合作社资本为数尚少。为此，边区政府积极组织资本，不仅规定了建设费用于推广、奖励、投资，还通过工业贷粮组织资本。1940—1943年，新政权通过贷款扶植工矿业发展，共计贷款4 000余万元，贷粮1 000余石。[①] 1945年，政府向铁、煤、纸、瓷、硝磺等矿业发放

[①]　《晋绥六年来工矿建设》，《解放日报》1946年5月3日，第2版。

贷粮1 000大石①。政府还积极发展借贷合作社，鼓励农村游资转入企业，以解决工矿业经营中的资本困难。这些制度安排降低了煤炭经济增长中贷款、筹集资本的各项费用，提高了资本运行效率，对于边区煤炭经济增长具有极大的推动作用。

2. 奖励、福利制度

奖励、福利制度安排能鼓励工人进行技术创新，进而提高工作效率。奖励为具体发明带来了刺激。边区政府曾分别于1941年、1942年颁布关于奖励生产技术的暂行办法和优待专门技术干部的办法。②如招贤煤矿规定，凡煤厂看炉的、造模的、捏锅子的、巡窑的都属于技术工人。技术工人的工资高于普通工人20%以上，但不能超过50%。煤厂不得开除技术工人。技工如有过犯，可请工会批评教育。技术工人的家庭有困难，经生产建设委员会调查属实者给予优待，供给救济。③边区政府对于采取新法制造、改进生产、提高质量降低成本者，发明与创造外货代用品者以及仿制进步生产工具成功者均给予奖励，如边区政府曾对刘全保改良的工具——掏炭锛子进行过奖励。④

3. 运销制度

有效的运销制度安排能减少市场、交通的不完善，从而起到提高运销效率的作用。边区煤矿分布不平衡。产煤地区一到淡月就出一日停三日等着卖煤，而无煤区则常年燃料缺乏，许多劳动力浪费在寻找燃料上。为保证供销畅通，把生产与市场连接起来，边区政府极力改善交通运输条件，如政府投资修通了保德刘家畔至黄河渡口的大车路，大大提高了煤炭出口与产量。⑤贸易机关还建立了许多炭站合作社，以调剂供销，如偏关

---

① 《晋绥解放区行署发放工业贷粮千石，解决工矿业困难扶助工人翻身》，《新华日报》1945年5月26日，第2版。
② 《优待技术工人和干部奖励生产技术暂行办法》(1941年11月公布)、《优待专门技术干部办法》(1942年1月10日公布)，引自晋绥边区财政经济史编写组、山西省档案馆编：《晋绥边区财政经济史资料选编·工业编》，第341页、第345页。
③ 《招贤工业建设委员会优待技术工人条例(1941年12月)》，引自晋绥边区财政经济史编写组、山西省档案馆编：《晋绥边区财政经济史资料选编·工业编》，第343—344页。
④ 《边区工矿业概况》，《抗战日报》1945年7月8日，第4版。
⑤ 《边区工矿业概况》，《抗战日报》1945年7月8日，第4版。

炭站成立一个月就运出 15 万斤煤炭,为工人增收 72 万元。① 1944 年,兴县贸易局、市府与兴市运输队合作设立煤炭运输站。群众把煤驮到运输合作社卖,虽然比市价低 10%,但挂炭就交钱,不耽误时间,一天至少能驮两回。群众到合作社买炭,比市价少 5%,随时都可以买到。② 又如临南歧道合作社在边区边缘地点建立炭站,便利沦陷区群众卖炭与本区群众买炭。卖价等于买价,调剂供给与需要,使炭价平稳,便利买卖双方。③为协助群众发展运输业,边区政府还组织了运输队、运输合作社、堆栈业,以及供商人食宿的骡马大店以便利商旅,使煤矿产品可以畅销各地。

4. 税收制度

税收制度是影响边区煤炭经济发展的一个举足轻重的因素。税收制度安排的改变对于边区煤炭生产的效率有重要影响。1945 年,边区政府对煤矿业实施减免政策,规定工业收入按 8 折计税。④ 修复的旧窑出炭后免征 1 年营业税。新窑 1 年内开掘出煤者免征营业税 2 年;开采期达 1 年以上免征 3 年。淡月不停工者,在淡月产煤折半计算收入。⑤ 煤炭营业税税率在各业中处于较低水平,后有所提高。1940—1943 年边区各工商业营业税税率范围为 2‰～20‰,而煤炭业营业税税率 1940 年仅为 2‰,1943 年提高至 10‰。⑥ 1944 年,政府规定各种生产合作社免征营业税与公粮。⑦ 为防止国统区经济倾销打击区内煤矿业,边区政府还根据实际情况规定进出口税率以保护区内煤矿产业。1946 年,为照顾煤业劳资双方利益及人民对燃料的需要,奖励淡月生产,边区政府决定凡煤窑在

---

① 《边区工矿业概况》,《抗战日报》1945 年 7 月 8 日,第 4 版。
② 《兴市设立煤炭运输站》,《抗战日报》1944 年 9 月 26 日,第 2 版。
③ 《晋绥边区一年来综合性合作社的经验》(1943 年),引自全国供销合作总社编:《中国供销合作社史料选编》(第二辑),中国财政经济出版社 1990 年版,第 558 页。
④ 《边区工矿业概况》,《抗战日报》1945 年 7 月 8 日,第 4 版。
⑤ 《边区一年来工矿业生产总结(草)》(1945 年 7 月),引自晋绥边区财政经济史编写组、山西省档案馆编:《晋绥边区财政经济史资料选编·工业编》,第 70 页。
⑥ 参见《山西省第二游击区营业税分类税率评定表》《晋西北行政公署物品贩卖业营业税税率表》,山西省财政厅税务局、内蒙古自治区税务局、山西省档案馆、内蒙古自治区档案馆编:《晋绥革命根据地工商税收史料选编(1938.2—1949.12)》,第 149 页、178 页。
⑦ 《晋绥边区修正营业税暂行条例》(1944 年 12 月 31 日),引自山西省财政厅税务局、内蒙古自治区税务局、山西省档案馆、内蒙古自治区档案馆编:《晋绥革命根据地工商税收史料选编(1938.2—1949.12)》,第 279 页。

第三章　边区工业经济的发展

阴历四月一日以后八月底以前产炭所得利润免征营业税。[①]

5. 经济统制制度

为保护幼稚的煤矿业,政府对部分煤炭贸易实施统制,如对于产量小、成本高、质量低的无力与外货竞争的煤矿业产品,边区将同类外货的价格提高,只准贸易机关运销,并将一部分利润补贴给区内同产品的经营者,用于生产技术的研究与改良,扶植到其产品可以与外货相抗衡为止。工矿业所需原料、器材如需外货,贸易机关负责统一供给。[②]

6. 安全生产制度

抗战时期,边区政府已在煤矿安全生产方面有一定的制度安排。边区政府规定,矿主应保证矿工生命安全,如发生水火及崩毁情形,应立即停止工作从速修理。矿工因工受伤时矿主应负责医治,并照发工资。因工受伤、残废不能工作时,矿主应给1～3个月的生活费。死亡时,应负责棺木费,并发1～3个月工资。[③]

7. 文化制度

边区政府注重煤矿的文化制度建设。其主要包括政治思想、专业技能、基础知识等方面的学习制度以及娱乐制度。例如,边区政府规定,窑主应保证工人每日一小时的学习制度,供给必要的书籍和文具等,并对政治文化学习进步者给予奖励。[④] 厂矿门口都挂有"识字牌",帮助工人认字。煤矿工会还组织工人进行娱乐活动,如煤矿拥有篮球队、排球队、戏剧队、歌咏队、青年跳舞队等。[⑤] 1945年,临县积极开展工人文化娱乐活动。[⑥] 文化制度安排一方面提高了工人的文化程度和素质;另一方面,文化制度中包含的巨大的政治动员力为煤炭经济发展提供有力的精神动力

[①] 《晋绥边区行政公署命令(财政字第110号)》(1946年6月25日),山西省档案馆藏,档号A90-4-106。
[②] 《边区一年来工矿业生产总结(草)》(1945年7月),引自晋绥边区财政经济史编写组、山西省档案馆编:《晋绥边区财政经济史资料选编·工业编》,第71～72页。
[③] 《矿工(煤矿)劳动合同》(1942年12月),引自晋绥边区财政经济史编写组、山西省档案馆编:《晋绥边区财政经济史资料选编·工业编》,第358页。
[④] 《矿工(煤矿)劳动合同》(1942年12月制订),引自晋绥边区财政经济史编写组、山西省档案馆编:《晋绥边区财政经济史资料选编·工业编》,第358页。
[⑤] 郎觉民:《生产战线上的晋西北工人》,《抗战日报》1943年5月1日,第2版。
[⑥] 《临县1945年生产奋斗目标》,临县档案馆藏,档号62-2-41。

和智力支持。

综上可知,制度在边区煤炭经济增长中起极为重要的作用。在战争和外部经济封锁的环境下,边区政府通过一系列具有激励功能的制度创新使煤矿生产率得以提高,并实现煤炭经济的增长。从技术上讲,边区煤炭开采技术极为落后,虽有一些现代机器设备,有了现代工业,但为数尚少。例如,兴县东坡村有7座煤窑,采用辘工、筐子等工具生产。临县范家山1座煤窑抗战前有一小型锅炉吸水机,但抗战开始后被摧毁,直至抗战结束都没再增加设备。宁武王家沟、东庄村、孝兑九峪等村的煤窑有小型机器开采。① 此外,边区煤炭勘探技术较低,新开窑亦不多,偶有新开者常会陷入进退两难的境地。② 显然,虽然边区煤矿业生产力结构从原来的手工生产转变为手工生产与机器生产并存,但其工业基础依然极为落后。生产技术虽有改进但基本没有产生太大变化。因此,边区煤炭经济增长是有量的扩大而无质的改进的增长。可以这样说,虽然制度创新引起了煤炭经济绩效的改变,制度是主导的决定力量,但由于煤炭开采技术不变或变化极小,边区煤炭经济增长缓慢且有限。

四、煤炭经济增长与边区工业化

煤在近代工业化进程中扮演重要角色。英国工业革命史研究专家里格利反复主张煤在英国工业革命中的中心地位。彭慕兰亦非常强调煤在英国工业化进程中的重要性。"我们也无法确定如果没有煤,具体的工业进步——更不必说一般意义上的工业化——是否会刹车。"③全汉升则以山西为例分析指出中国煤炭资源没有大量开发是近代中国工业化失败的原因。④ 李伯重也认为如果没有煤铁革命,工业革命是不能想象的。近

---

① 《晋绥边区抗战中工矿厂、作坊被敌摧毁统计》,引自晋绥边区财政经济史编写组、山西省档案馆编:《晋绥边区财政经济史资料选编·工业编》,第388—389页。
② 《边区一年来工矿业生产总结(草)》(1945年7月),引自晋绥边区财政经济史编写组、山西省档案馆编:《晋绥边区财政经济史资料选编·工业编》,第69页。
③ [美]彭慕兰著:《大分流:欧洲、中国及现代世界经济的发展》,史建云译,江苏人民出版社2004年版,第54页。
④ 全汉昇:《山西煤矿资源与近代中国工业化的关系》,引自全汉昇:《中国经济史论丛》(合订本),香港中文大学新亚书院1972年版,第745—766页。

第三章 边区工业经济的发展

代荷兰工业长期停滞不前,以致丧失原来的领先地位,与煤炭的贫乏有重要关系。① 斯塔夫里阿诺斯亦指出,法国之所以不能像英国那样引起工业革命,一个主要原因是煤不足。② 煤是重要的工业燃料。煤矿业的兴旺与现代国家的工业化密切相关。可以说,边区煤炭经济的发展,特别是公营、合作社煤矿业的发展,不仅促进了边区工业经济的发展,而且推进了中国工业化进程。

进一步来看,边区煤炭经济增长促进了新民主主义经济发展。新政权成立后,边区政府废除了煤矿业中旧的封建剥削劳资关系,确立了新型的劳资关系,并发展了多种工业经营方式。在新民主主义经济条件下,工人积极改良与研究生产技术,煤矿业培养了大批生产建设的干部和工人。这不仅说明新民主主义性质的工业结构及生产方式有利于发挥多方面的生产积极性,而且展示出新民主主义经济在边区不断发展壮大的可喜局面。毛泽东等领导人在论述新民主主义经济思想的过程中,特别强调新民主主义社会是建立在工业化基础之上的。③ 他指出:"要打倒日本帝国主义,必须工业化;要中国的民族独立有巩固保障,就必须工业化。我们共产党员是要努力于中国的工业化的。"④在新民主主义社会,要"使中国由农业国变为工业国"。⑤ 因此,工业是新民主主义社会的主要经济基础,而边区煤炭经济增长则进一步促进新民主主义经济发展。从某种意义上说,煤炭经济增长是边区经济发展的重要原因。彭慕兰认为,创造持续增长最重要的革新是节约土地的革新,特别是那些与矿物燃料联系在一起的革新。⑥ 煤炭经济的增长,不仅推动了边区工业化,而且对于边区经济增长产生了重要影响。因此,我们可以得出这样的结论:边区煤炭经济增长构成中国近代工业化的重要组成部分。我们如果这样认识边区煤

---

① 李伯重:《江南的早期工业化(1550—1850)》,中国人民大学出版社2010年版,第399、第401页。
② [美]斯塔夫里阿诺斯著:《全球通史》(1500年以后的世界),吴象婴等译,上海社会科学院出版社1999年版,第283页。
③ 赵德馨:《中国近现代经济史(1949—1991)》,第163页。
④ 《毛泽东同志号召发展工业打倒日寇》,《解放日报》1944年5月26日,第1版。
⑤ 《论联合政府》(1945年4月24日),引自《毛泽东选集》(第三卷),第1081页。
⑥ [美]彭慕兰:《大分流:欧洲、中国及现代世界经济的发展》,史建云译,第44页。

炭经济增长,就能够更深入理解边区煤矿业发展以及中国工业化。

综上所述,抗战时期边区煤炭经济呈现整体增长、局部停滞的特点。名义工资有一定增长,但实际工资增幅较小。边区煤炭经济增长的主要原因是新政权成立后实施的一系列制度安排,但由于煤炭生产技术不变或变化极小,煤炭经济增长有限。这说明,在经济发展过程中,制度与技术因素是互补、互动的关系。经济增长是在技术和制度的相互作用中进行的,单纯强调任何一方都不能使经济持续增长。进一步来看,边区煤炭经济增长虽然有限,但这是在战争和外部经济封锁的特殊环境下展开的。因此,它不仅有支援战争、保障军民供给的重要意义,更是中共新民主主义经济建设的成功实践,构成中国近代工业化进程的重要组成部分,从而保证边区工业化进程能沿着历史轨迹向前进。而边区煤炭经济增长以及其中的制度因素与技术因素,成为新中国成立后中共实施大规模技术引进工业化战略的重要前提和基础。

五、其他工矿业

晋西北矿产资源丰富。除最大的矿产煤炭外,铁、硝、硫磺等资源的蕴藏量也较为丰富。因此,这期间,边区的铁业、硝业、硫磺业、磁业等也有一定增长。以下简要论述边区这几项工矿业的发展情况。

(一)铁业

铁是军需工业的重要部分。随着战争的开展,边区对铁的需求越来越大。抗战开始后,边区各地铁矿逐年衰落,晋西事变后又减少一部分。直至1941年,在政府的奖励与帮助下,边区铁业才开始逐渐恢复。临南县招贤镇铁业在边区实力最强,其铁产量约占边区铁业总产量的一半。该镇有赤铁矿、褐铁矿及大量贫铁矿,也有可供炼铁用的石灰石、耐火黏土等。由于招贤产铁量大,招贤成为边区制造炮弹、手榴弹、掷弹筒所需白口铁、毛铁的供应基地。[1] 所以,临南县招贤镇的铁业变化可以代表边区铁业的总体变化趋势。表3-10反映了1937—1941年临南县招贤镇

---

[1] 薛幸福主编:《晋绥根据地军工史料》,中国兵器工业历史资料编审委员会编印,内部发行,1990年,第263页。

第三章 边区工业经济的发展　　　　　　　　　　　　　　　　　　　　　157

铁矿业的变迁情况。

表 3－10　　　　　1937—1941 年临南县招贤镇铁矿业变化情况

年份	厂数(家)	工人(人)	产量(斤)
1937	13	195	549 000
1938	9	135	388 800
1939	14	210	612 000
1940	12	180	518 400
1941	18	185	777 600

资料来源：中共晋西区党委：《晋西区党委经济建设材料汇集——工矿生产》(1941 年 12 月)，山西省档案馆藏，档号 A22-7-9。

可以看出，受战争影响，战后招贤铁业数量由 13 家减至 9 家，减少 31%。1939 年，临南县开始办工业合作社，铁业数量又有所回升，恢复至 14 家，增加 56%。1940 年受晋西事变影响，又减少至 12 家。1941 年新政权成立后，又增至 18 家。此后，边区铁矿数量逐渐增长。至 1947 年，兴县、保德、河曲、偏关、离石、临县、中阳、宁武、静乐、阳曲等县均办了铁厂，铁厂总数达到 42 家。[①]

在生产技术方面，这期间炼铁技术得到较大进步。其主要表现在两方面：一是传统方法的改进。过去边区农民多在农闲时按传统的方法用坩埚炼铁，以生产锅、铧为主。1944 年，临南县招贤矿在传统技术上进行改进，自主炼制了焦炭和铸铁，而这之前边区不能提炼焦炭。[②] 传统方法的改进是边区工业技术进步的主要形式。边区政府曾指示吸收民间经验以改进炼铁技术："铸铁成品要吸收民间经验，改进成品质量与尺寸，创造牌子清云铧、□锅等，树立中心厂研究试验减低成本的各种关键，及节省原料增加产量的地方。"[③] 二是机器的运用。抗战胜利后，边区技术人员自主设计了较为现代的高炉炼铁，以代替传统的土法炼铁。1948 年 6

[①]《晋绥边区铁厂统计》(1947 年 2 月)，引自晋绥边区财政经济史编写组、山西省档案馆编：《晋绥边区财政经济史资料选编·工业编》，第 510 页。
[②] 黎军：《战斗生产展览会上——生产部分》，《抗战日报》1944 年 12 月 22 日，第 4 版。
[③]《临县 1945 年生产奋斗目标》，临县档案馆藏，档号 62-2-41。

月,刘柏罗、吴路青夫妇设计的小高炉在招贤镇落成。在这过程中,刘柏罗设计了V型铸铁管热风炉,改造了一台12马力的蒸汽机。这个高炉的投产开创了晋西北高炉炼铁的历史,使晋绥军事工业的炮弹产量成倍增加。[1] 而这之前,边区炼铁都是采用土方炉炼铁。

(二)磁业

抗战前,边区磁业较为发达。据资料记载,保德、河曲、临南、离石、朔县、静宁、静乐、兴县8县统计共有磁窑114家。磁器是晋西北的大宗出口品之一,销售范围较广,如保德、河曲的磁器,常常北运至绥远,南运韩城、宜川以至关中;朔县、静乐的磁器,常销往大同、冀中、冀南及陕北的神府、榆林一带。抗战爆发后磁业逐年衰落,晋西事变后衰落尤为严重,1940年减为45家,减少60%。个别地区减少更多,如保德曾有一个时期磁业生产完全停工。1941年磁业陆续恢复,共计开工者77家,较前一年增加70%,但仍未恢复到抗战前水平。[2] 表3-11反映的是抗战前至1941年临南县招贤镇磁业变化情况。

表3-11　　　　　抗战前至1941年临南县招贤镇磁业变化情况

年份	厂数(家)	工人(人)	产量(件)
抗战前	48	—	—
1937	29	94	105 300
1938	33	106	90 800
1939	34	109	124 800
1940	17	85	55 550
1941	36	180	121 500

资料来源:中共晋西区党委:《经济建设材料汇集——工矿生产》(1941年12月),山西省档案馆藏,档号A22-7-9。

可以看出,临南县招贤镇磁业自1940年后开始恢复,到1941年虽有相当程度的恢复,但尚未达到抗战前水平。到1944年,边区部分县份的

---

[1] 薛幸福主编:《晋绥根据地军工史料》,第263—266页。
[2] 中共晋西区党委:《经济建设材料汇集——工矿生产》(1941年12月),山西省档案馆藏,档号A22-7-9。

第三章　边区工业经济的发展　　　　　　　　　　　　　　　　　　　　　　159

磁业已经基本恢复,有时产品甚至卖不出去。例如,1944年,临县磁业要向河西一带扩充市场,以免导致成货停滞。①

（三）硫磺业

河曲、保德、偏关等县都产硫磺。抗战前政府统制收买,抗战爆发后因销路断绝,大多停产。1940年后,由于军需和加强生产建设的号召,河曲、保德又恢复了几家。以河曲为例简述边区硫磺生产的基本情况。该业一般为农民经营,专门从事该业的工人甚少,大多是农民趁冬闲时抽空开掘,硫磺产量极低。1940年10月后,边区政府发动河曲某村进行开采。截至1941年元月底,共烧出硫磺1 500斤。烧出后的硫磺由政府统购,卖给二旅,价格由政府和农民双方协议,每斤换小米二斤四两。②因销路不广、价格低,硫磺生产具有很强的季节性,春季一般都歇业。至1946年,边区硫磺业有了一定程度的增长。这表现在硫磺业有了固定的工人,产量也有增长。例如,河曲硫磺业,1944年产量为107 638斤,工人289个；1945年产量为810 800斤,工人815个；1946年7月产量为239 016斤,工人75个。③从生产技术看,硫磺开掘方法为人力土法,生产工具钝拙,每人每日仅可得一斤至一斤半,相当费力。

（四）硝业

近代以来,晋西北硝产量较大,曾占山西总产的重要部分。据山西省"民国"二十三年(1934)年鉴所载,该年山西省总产硝量为855.16斤,晋西北即占其总产量的30%。抗战爆发后,硝产量急剧下降,1941年时,兴县只有2家硝坊。④硝为兵工原料,为解决兵工需要,政府曾多次号召各地组织群众从事熬硝生产。"扫硝造成普遍的男女儿童家庭副业生产运动,合作熬卖。"⑤虽经政府一再鼓励,由于熬硝成本较大,硝的发展并不

---

　　①《临县1945年生产奋斗目标》,临县档案馆藏,档号62-2-41。
　　②　中共晋西区党委:《经济建设材料汇集——工矿生产》(1941年12月),山西省档案馆藏,档号A22-7-9。
　　③《河曲县历年来硫磺产量及工人数比较表》(1946年7月),引自晋绥边区财政经济史编写组、山西省档案馆编:《晋绥边区财政经济史资料选编·工业编》,第513页。
　　④　中共晋西区党委:《经济建设材料汇集——工矿生产》(1941年12月),山西省档案馆藏,档号A22-7-9。
　　⑤《临县1945年生产奋斗目标》,临县档案馆藏,档号62-2-41。

快。1945年兴县有12家硝坊，1947年降为4家。①硝的生产方式也多为民间的土法熬炼，技术拙劣。

总体来看，新政权成立后，边区工业不断恢复与壮大。不论是煤矿业，还是铁业、硫磺业、磁业、硝业等矿业，均有一定程度的恢复与增长。政府的各项制度安排是边区工矿业恢复与发展的重要原因。边区工业主要是传统手工业。但这期间，边区工业发生了较为显著的变化。这不仅表现在工矿业数量的变化上，还体现在生产技术的变化上。具体来说，这种生产技术的变化表现为传统生产方式的普遍延续与缓慢改进，以及少数机器生产的出现。这些重要变化标志着边区传统手工业正在发生变化，有向工业化发展的趋势，但传统力量仍然非常强大。即便如此，这种变化已经逐渐打破传统的手工业生产，诱导和刺激边区工业向工业化缓慢过渡。

第三节　边区工业发展的新结构

本节将着重论述边区工业领域的重要变化。这种变化主要体现为边区工业结构产生了新变化。边区工业结构的变化，主要表现为经济结构与生产力结构两方面。经济结构变化是生产关系领域的，表现为工业结构从单一的私营工业向公营工业、公私合营以及合作社经营、私营工业并存的多元化结构转变。这是历史上前所未有的。生产力结构的变化则是指边区工业从手工生产到手工生产与机器生产并存，现代工业逐渐从无到有、从少到多。彭南生把这种近代中国手工生产与机器生产并存的技术叫做"中间技术"②。生产力结构的变化体现了边区工业从传统向现代的演进。

---

① 《兴县熬硝概况》(1947年)，引自晋绥边区财政经济史编写组、山西省档案馆编：《晋绥边区财政经济史资料选编·工业编》，第514页。
② 彭南生：《中间经济：传统与现代之间的中国近代手工业(1840—1936)》，高等教育出版社2002年版，第187页。

一、新的经济结构

（一）多元化工业经济结构

1940年前，边区工业的经营方式主要是私营的。1940年后，中共在边区逐渐建立了公营工业与公私合营工业，并广泛推广合作社经营。边区工业的生产经营方式主要有公营、私营和合作社经营三种，呈现多元化特点。其中，公营工业资本较多，合作社工业数量最多。合作社工业的合作形式有私人合作与公私合作两种。公营工业的目的在于服务抗战、抵制外货，主要由私人工业转让而来。私营工业以获得利润为主要目的，但抗战期间因敌人破坏及封锁倾销、劳资关系不协调、负担较重，加之公营工业与合作社工业的排挤，私人资本日渐缩小，私营工业渐趋倒闭。合作社工业是边区工业生产的新方向。但因工人大多较为贫困，不能积累资本开办规模比较大的工厂，且稍遇困难就支持不住，亦有面临倒闭的风险。因此，边区工业结构呈现私营工业日渐缩小、公营与合作社工业发展较快的趋势。至抗战胜利后这种发展趋势日趋明显。表3－12展示的是1947年边区各县煤矿经营方式。据此可窥见边区工业经济结构的概况。

表3－12　　　　　　　　1947年边区各县煤窑经营方式统计

| | 公营 || 合作社经营 |||| 私　营 ||
| | 数量（座） | 比重（%） | 公私合作 || 私人合作经营 || | |
			数量（座）	比重（%）	数量（座）	比重（%）	数量（座）	比重（%）
兴县	10	52.3	4	21	2	10.5	3	15.8
岚县			1	100				
中阳			1	33.3	1	33.3	1	33.3
临县			5	18	13	46	10	36
离石	1	4	7	26	9	33	10	37
太原	1	1.4	6	8.3	46	63.9	19	26.4
清源	1	4.5	1	4.5	14	63.6	6	27.3

续表

	公营		合作社经营				私营	
			公私合作		私人合作经营			
	数量（座）	比重（%）	数量（座）	比重（%）	数量（座）	比重（%）	数量（座）	比重（%）
交城			3	5.8	28	53.8	21	40.4
文水					20	100		
阳曲	3	10.3	2	6.9	24	82.8		
保德	11	21.2			39	75	2	3.8
河曲	3	6.8			41	93.2		
偏关	3	27.3			8	72.7		
神池	2	12.5			14	87.5		
合计	35	8.8	30	7.6	259	65.4	72	18.2

资料来源：根据《关于晋绥工矿业中的几个问题》(1947年2月6日)、《晋绥边区煤窑统计》(1947年2月)，引自晋绥边区财政经济史编写组、山西省档案馆编：《晋绥边区财政经济史资料选编·工业编》，第415—418、第468页整理计算。

从表3—12可看出，公营、合作社经营、私营的工矿业在各地比重是不同的。但很明显的是合作社工业已占较大比重，成为边区工业生产的一支重要力量。这是一种新型的经营组织方式。有的地区公营、公私合营工业发展较快，如兴县。其他各地的工业、公私合营工业也经历了从无到有的过程，而私营工业比重则日渐下降，但仍占有一定的比重。可以说，在公营、合作社工业发展的同时，私营工业处境艰难。

边区纺织业的经营形式也主要是上述四种模式。下面以边区最大的纺织业县临南为例来说明这种情况。据资料记载，临南纺织业的组织形式有："一种是私人小型工厂和家庭副业或公私合办的小型工厂以及公家办的干属工厂，这是一个很大的力量。一种是合作社，本村妇女集股买大机，有训练回来的妇女，吃饭各吃各家，除本外，纯利四六或三七分。七成归劳动，按工分红，如纺、织、轮、奖、经、纬都各分开记工、分红；三成归资本分红。"① 显然，临县纺织业的经营方式主要是私营、公私合营、公营、私人合作经营。资料中的"私人小型工厂和家庭副业"是私营，"公家办的干属工厂"是公营，"合作社"是私人合作经营。

（二）新民主主义工业结构的形成与发展趋势

这时期边区新民主主义性质的工业经济结构初步形成。这种经济结构鼓励发展公营工业、积极建立工业及手工业合作社，并保护私营工业发展。这是一种新型的工业经济结构。其形成过程表明，新型的经济结构有利于发挥工人的积极性，有利于边区工业发展。这种工业新结构的形成，是在中国共产党的推动下实现的。刘少奇指出："在新民主主义社会中发展工业，我们同时采用私营与公营这两个办法。我们应该帮助私人多办一些工厂，因为生产出来的东西多了，对于我们的经济是有好处的。"② 边区政府对于工业的政策是：自力更生、自给自足，实行工业奖励并推广扶植工业的政策，积极推动工业合作。③ 在这种政策的指引下，边区工业的发展趋势主要有三种模式。

1. 公营工业

公营工业是边区工业的骨干。虽然数量不多，但资本实力雄厚。公营工业在整个边区建设领域起着领导和推动的作用。毛泽东指出："在无产阶级领导下的新民主主义共和国的国营经济是社会主义的性质，是整个国民经济的领导力量。"④ 因此，公营工业的任务主要是供给抗战军需及其他一切用品，改良与研究生产技术、协助民间生产，培养大批生产建设的干部和工人。公营工业主要通过接管公营工业与转让私营工业而来。如用老百姓的话说："公家得煤窑的原因主要是为了机关烧炭，同时自力更生解决内部问题，所以就买窑股子，或自己出资本修坏的旧窑。"⑤ 自 1940 年 5 月边区政府成立，中共开始接管旧厂、建立新厂。由于原有

---

① 《临南县纺织总结》(1945 年 8 月 2 日)，临县档案馆藏，档号 62-2-41。
② 中共中央文献研究室编：《刘少奇年谱(1898—1969)》(上卷)，中央文献出版社 1996 年版，第 442 页。
③ 晋绥边区行政公署：《晋绥边区的工业》(1944 年 6 月)，山西省档案馆藏，档号 A220-13-247。
④ 《新民主主义论》(1940 年 1 月)，《毛泽东选集》(第二卷)，第 678 页。
⑤ 《兴县东坡几个煤窑的材料》(1948 年 3 月)，引自晋绥边区财政经济史编写组、山西省档案馆编：《晋绥边区财政经济史资料选编·工业编》，第 484 页。

公营工厂大多被战争破坏，处于停业状态，因此，接收后中共开始恢复与整顿原有的公营工厂。① 中共认为，发展边区工业的重要途径是发展公营工业。1940年，《抗战日报》发表社论指出："发展纺织事业要积极开办公营纺织工厂。"② 自此，造枪厂、翻砂厂、缝纫厂、纺织厂、战斗厂、炸弹厂、工具厂、印刷厂、化学厂、制药厂、修械厂、造纸厂、染织厂等公营工厂相继建立。显然，公营工业既有重工业，也有轻工业。为了扶植公营企业的发展，大批技术人员与工人从部队机关转入工厂作坊。1946年，边区各类公营工厂约有23座。③ 可以说，公营企业在边区经济发展中起着极为关键的作用。"公营工厂是属于新民主主义政权即三三制政权所共有的革命财产。这种财产是经过无数艰苦的斗争才建立起来的。它的目的是适应革命战争的需要，同时是为了适应新民主主义经济的繁荣。"④尽管如此，由于晋西北经济极为落后，直至1949年5月边区政府统计，国营的社会主义性质的经济仍是极少数。⑤

显然，公营工业与私营工业有很大的不同。公营工业不以获取利润为目的，而是为战争与根据地建设服务的。公营工业按照边区政府的政策、方针进行经营，是执行政府法令的模范。其产品优先供给边区部队机关的需要。但这种供给与专门的供给机关的供给又有区别，公营工业有企业的基本性质。因此，虽然其产品主要供给部队机关，但这种供给不是直接的给予，而是正常的商业关系。部队机关要按合同按期付款。在经营方式上，公营企业与私营企业类似，要支付工人工资、承担各种负担。在技术方面，公营企业肩负改良生产技术的重任。在工人方面，工人是自由职业，但首先强调的是工人的政治水平。可以说，公营工业在整个新民主主义经济中起着极为关键的领导与推动作用。

---

① 中共晋西区党委：《经济建设材料汇集——工矿生产》（1941年12月），山西省档案馆藏，档号A22-7-9。
② 《发动妇女纺纱织布》，《抗战日报》1940年12月18日，第1版。
③ 《晋绥六年来工矿建设》，《解放日报》1946年5月3日，第2版。
④ 邓发：《边区工业建设中的几个问题》，《解放日报》1944年7月29日，第1版。
⑤ 《关于推广和发展合作经济的指示（草案）》（1949年5月），引自晋绥边区财政经济史编写组、山西省档案馆编：《晋绥边区财政经济史资料选编·工业编》，第772页。

2. 合作社工业

为推动工业发展,边区组织了各种工业生产合作社。其主要有私人合作与公私合作两种形式。公私合作以公私两利为原则。私人合作社工业是工人、农民、个体手工业者、城市贫民等劳动群众合股集资,实行民主管理,从事工业生产的一种社会经济组织。[①] 合作社工业主要是较为贫困的人们之间的合作,政府给予积极帮助和奖励,一般采取民办公助的方式。由于工人生活大多较为贫困,合作社工业是较为现实的一种经营方式。

1940年,边区政府提出发展工业合作社,但收效甚微,1942年号召村村建立合作社,1943年普遍发动成立,1944年形成合作社运动的高潮。在这种政策指引下,边区小型工厂及合作社都逐渐发展起来。除纺织合作社外,兴县的木工、铁工手工合作社亦逐渐组织起来。[②] 抗战时期,在整个工商业萧条的情况下,合作社运动普遍发展。有的村有2~3个,甚至4个以上的手工业合作社。[③] 可以说,手工业合作社的成立取得了一定的成绩。比如,在纺织领域,有的手工合作社不仅解决了穿衣问题,增加了农民收入,还提高了工人、妇女的地位。[④] 在煤矿领域,有的合作社调整了劳资关系,改善了工人生活,扩大了生产资本。[⑤] 兴县两个工人生产合作社成立后,生产效率有了明显的提高。一向做个体劳动的手工工人们感动地说:"呀!这一窝子家做活实在威哩!"[⑥] 临县多数人认为:"参加这个(纺织)变工合作社倒是正经出路,现已进行入股。"[⑦]临县窑头村妇女明确了纺织的重要性,都自动参加纺织。她们"在家里吃饭,吃了饭就来学习纺织"。[⑧] 可以说,在晋西北这种工业基础极为落后的经济环

[①] 赵德馨:《中国近现代经济史(1842—1949)》,第415页。
[②] 晋绥边区行政公署:《晋绥边区的工业》(1944年6月),山西省档案馆藏,档号A220-13-247。
[③] 《关于合作事业的检讨》(1948年3月),引自晋绥边区财政经济史编写组、山西省档案馆编:《晋绥边区财政经济史资料选编·工业编》,第746页。
[④] 《一个纺织合作社的发展——兴县二区张家湾纺织合作社的调查》,《抗战日报》1945年12月17日,第2版。
[⑤] 《劳资合作的临县石甲上煤窑》,《抗战日报》1946年6月4日,第2版。
[⑥] 晋绥边区行政公署:《晋绥边区的工业》(1944年6月),山西省档案馆藏,档号A220-13-247。
[⑦] 《杜家岭纺织材料》(1945年),临县档案馆藏,档号62-2-41。
[⑧] 《窑头行政村纺织材料总结》(1945年7月17日),临县档案馆藏,档号62-2-40。

境下,合理妥善地组织合作社有利于边区经济发展和农民生活的改善。也只有这样,手工业合作社才能成为边区工业经济的重要力量。

进一步看,从变工组织的规模看,由于民众没有较多的资本积累开办比较大规模的工矿业,合作社工业一般都是小规模的工矿业以及手工业合作。如临县招贤是创办工人合作社较早的县份,1941年招贤有3家合作社铁厂,工人均为10人。[①] 可以说,合作社工业主要是手工业合作,具有半社会主义的性质,其涉及的行业主要是满足军民日常生活的生产必需品行业。1940年《抗战日报》发表社论,指出合作社工业主要发展的对象是:"手工业与农村副业的生产,如纺纱、织布、织毛巾、织袜子、毛织业、制纸、制革、制肥皂、煤炭、铁器、磁器、木料及一切农具的生产等。"[②] 至1944年,边区手工合作社主要在纺织领域发展较快。[③] 手工业合作社的建立强调群众自愿与效率的提高。1943年8月,临南县提出组建纺织变工组的几点意见:"编组必须提高劳动效率、生产快、产量大;编组一定是自愿的结合,小组长由其自选。"[④] 可以看出,合作社工业是以生产为主,特别是以纺织为中心,在发展纺织事业上起了极大的推动作用。合作社工业是边区工矿业发展的新方向,也是新民主主义经济的重要组成部分。

毛泽东极其重视工业与合作社在新民主主义经济中的重要作用。1944年毛泽东给解放日报社社长秦邦宪(博古)的信中指出:"新民主主义社会的基础是工厂(社会生产,公营的与私营的)与合作社(变工队在内),不是分散的个体经济。分散的个体经济——家庭农业与家庭手工业是封建社会的基础,不是民主社会(旧民主、新民主、社会主义,一概在内)的基础,这是马克思主义区别于民粹主义的地方。"[⑤] 显然,毛泽东认为机器与工业化是新民主主义经济的特征,也是革命与建设的目标,而合作社

[①] 中共晋西区党委:《经济建设材料汇集——工矿生产》(1941年12月),山西省档案馆藏,档号A22-7-9。
[②] 《合作社应向生产方面发展》,《抗战日报》1940年10月24日,第1版。
[③] 《兴县中心合作社联席会议的决议》,《抗战日报》1944年9月26日,第2版。
[④] 《临南棉纺织》(1943年8月25日—9月20日),临县档案馆藏,档号62-2-15。
[⑤] 《给秦邦宪的信》(1944年8月31日),引自中共中央文献研究室编:《毛泽东文集》第三卷,人民出版社1996年版,第207页。

工业则是通往工业化的重要组织形式。

然而,由于地方很多干部未能深入理解中共高层的合作社思想,不少手工业合作社发展盲目追求速度及数量。这种组织形式的快速发展很快为其垮台埋下了危机种子。不少合作社亏本严重,干部贪污。如1943年临南县报告指出:"不少纺织合作社的干部贪污腐化,视合作社为己有,且无工作经验致赔累不堪,甚至说不清如何赔亏。"①很多合作社只有空壳,根本没有资本,赊账及贷款无力偿还,如手工纺织合作社贷纺车、贷花在外欠账很普遍。有的手工合作社贷款买下机器没有发给群众,也不保管,损失亏本现象各地都有。如1945年忻州杨胡合作社借贸易公司100元白洋,买下30辆纺车,放了3年,全部丢失损坏了。②资金有限极大影响了合作社的发展和民众参与的热情。如1945年临县南庄村纺织合作社"因机则(子)少,没有棉花纺,所以和合作社主任来闹意见。怨不给解决困难,合作社也不想办法给解决。因此,妇女们的学习情绪不高,都想回家"。③可以说,抗战时期合作社发展得并不顺利,存在很多问题。

土地改革后,边区着手整理留下的手工合作社,并指出工业合作社的第一任务是生产。边区政府组织群众产、运、销的业务方针是:"不论经营农业或纺织以及其他的副业工矿业作坊等,首先是组织群众生产,……解决群众生产、技术及资本的困难,……寻找销路。"④边区政府也总结了合作社出现垮台的主要原因是"过去对工商业政策认识不明确",不应该有包办代替、硬赊死账的恩赐观点。⑤可以说,边区手工合作社在抗战时期发展较快,但到解放战争时期垮台较多。土改后中共检讨并重新强调合作社工业经济的重要性。1949年5月,中共指出:"在今后大生产运动

---

① 《临南棉纺织》(1943年8月25日—9月20日),临县档案馆藏,档号62-2-15。
② 《关于合作事业的检讨》(1948年3月),引自晋绥边区财政经济史编写组、山西省档案馆编:《晋绥边区财政经济史资料选编·工业编》,第749页。
③ 《五区纺织总结》(1945年5月12日),临县档案馆藏,档号62-2-40。
④ 《关于合作事业的检讨》(1948年3月),引自晋绥边区财政经济史编写组、山西省档案馆编:《晋绥边区财政经济史资料选编·工业编》,第762页。
⑤ 晋绥区工商局资料室:《合作经济现存问题及今后做法》(1948年11月),引自晋绥边区财政经济史编写组、山西省档案馆编:《晋绥边区财政经济史资料选编·工业编》,第770页。

中,把推广与发展合作经济当作重要任务之一。"[1]在新的政策指导下,合作社工业又有了一定程度的恢复与发展。

3. 私营工业

私营工业是 1940 年前边区工业的主要经营方式。因此,私营工业一直是中共革命关注的重要问题。众所周知,中共对私营工业的政策是明确的,就是保护。这种保护的思想明确体现在中共历次颁布的相关文件中。边区政府成立后,由于政策执行妥当,私营工业得到较快恢复与发展。正因为此,解放战争时期土改伊始,中共就进一步确立了保全私营工业的政策,其目的就是尽可能地保全私营工商业者的利益。这一政策体现在 1946 年 5 月 4 日中共中央发布的《关于土地问题的指示》(即《五四指示》)中。该文件提出"除罪大恶极的汉奸分子的矿山、工厂、商店应当没收外,凡富农及地主开设的商店、作坊、工厂、矿山,不要侵犯,应予以保全,以免影响工商业的发展"。[2]

然而,这一"保全"政策实际上并未做到保护、保全私营工业。抗战时期,有的公营工厂与干部劳模开办的合作社常发生企图独占、排挤私营工业的倾向,私营工矿业日渐缩小。例如,1937—1945 年临县东坡私营煤窑由 11 座减为 0;保德铁匠铺的私营煤窑由 6 座减为 2 座。[3] 1945 年临县招贤[4]有 20 多座煤窑,只有 2 座是私营的。[5] 土地改革期间,私营工矿业进一步被严重侵犯。据临县统计,1947 年,其 22 座铁厂中被斗争、打击的有 16 座。由于对于地主、富农经营的工矿业生产,没有在性质上认识清楚,没有把工矿业部分和封建土地财产部分分别对待,所以对于地富的工矿业,虽然没有明确宣布没收,但实际上全由工人接收过来。与

---

[1] 《关于推广和发展合作经济的指示(草案)》(1949 年 5 月),引自晋绥边区财政经济史编写组、山西省档案馆编:《晋绥边区财政经济史资料选编·工业编》,第 772 页。

[2] 《中共中央关于土地问题的指示》(1946 年 5 月 4 日),引自中央档案馆编:《解放战争时期土地改革文件选编(1945—1949 年)》,第 3 页。

[3] 《边区一年来工矿业生产总结(草)》(1945 年 7 月),引自晋绥边区财政经济史编写组、山西省档案馆编:《晋绥边区财政经济史资料选编·工业编》,第 63 页。

[4] 招贤镇:位于临县西南 46 公里处,为临县经济第一镇。该镇地下资源丰富,以煤、铁、铝、瓷等为主,汉代就有开发记载。招贤是晋绥边区重要的工矿区。

[5] 《边区一年来工矿业生产总结(草)》(1945 年 7 月),引自晋绥边区财政经济史编写组、山西省档案馆编:《引自晋绥边区财政经济史资料选编·工业编》,第 73 页。

此同时，普通劳动人民的工矿业也被侵犯。如临县把8家中贫农和翻身工人的铁厂加以斗争接收，并课以重税。① 如以1945年日本投降后各业矿厂数目为100%，则1947年土改期间因错误侵犯私营工矿业的结果是：铁矿减为33.3%，煤窑减为54.5%，铁厂减至38.1%，磁窑则几乎完全停止。② 土改甚至影响到一般的家庭手工纺织业，使纺织业受到损失。1947年，边区的纺织业"陷于严重的停顿状态，老纺织区临、离两县产量远差于往年。无论家庭土机还是作坊快机，大部分都停了"。③ 普通老百姓的纺织业无法开展。如"兴县城关有两家中农，一家中商和两家小商贩的共5架机子给没收了，有两家机子还是零件被村里拿走，城里只留两个空架子，弄得谁也织不成"。④ 可以说，土地改革对私营工业与手工业的影响甚大。

在这种情况下，中共采取的对策是更加关注工业生产，进一步完善保护私营工业的政策。晋绥边区行署公布了保护工业的具体条例。1948年3月10日，边区对私营工业政策作出重要决定。5月，行署发布关于保护工商业问题的布告："凡遵守政府法令，进行营业的工厂、作坊、商店，不分阶级、籍贯，政府均依法保护其财产所有权与经营自由权，任何个人或团体，均不得加以干涉或侵犯。"同时还公布了保护工商业的一些具体细节。⑤ 显而易见，中共对私营工业的政策进一步明确，对私营工业的保护决心进一步坚定，对工业的作用进一步肯定。此后，政府逐渐补退了私营工业的营业税，并把收回的厂矿退回，确立了私人产权。私营工业才又得以走向恢复与发展。如1948年11月，朔县煤窑窑权确定后，煤窑数量与产量都有大幅增加。⑥ 12月，临县招贤煤窑自窑权确定后，管理加强，

---

① 纪希晨：《临县招贤镇恢复与发展工矿生产的情况和经验》，《晋绥日报》1948年10月12日，第2版。
② 纪希晨：《临县招贤镇恢复与发展工矿生产的情况和经验》，《晋绥日报》1948年10月12日，第2版。
③ 《四七年纺织的检讨与今后意见（草稿）》，引自晋绥边区财政经济史编写组、山西省档案馆编：《晋绥边区财政经济史资料选编·工业编》，第585页。
④ 《四七年纺织的检讨与今后意见（草稿）》，引自晋绥边区财政经济史编写组、山西省档案馆编：《晋绥边区财政经济史资料选编·工业编》，第586页。
⑤ 《晋绥边区行政公署布告（关于保护工商业问题）》（1948年5月），引自山西省工商行政管理局编印：《晋绥边区山西工商行政管理史料选编》，内部印刷，1985年，第203—204页。
⑥ 《坚决贯彻工矿业政策，朔县煤窑生产大有发展》，《晋绥日报》1948年11月29日，第2版。

股金增加,生产扩大。① 1949 年 2 月,静乐县积极宣传政策,确定了窑权,纠正了土改时的错斗倾向,鼓励了人们的生产情绪。全县煤窑恢复到 64 座,仅比抗战前少 2 座,产量亦大有提高,达到 1946 年的水平。② 由此可以看出,就中共高层来看,保护私营工业发展是其始终坚持的基本认识,但在基层执行政策时,却出现了保护不力的现象。显然,政策和实践存在反差。可喜的是,面对政策失误中共敢于承认、坚决纠正,这种优良品质使中共最终赢得了民心。

至此,边区新民主主义性质的工业经济结构初步形成。在其形成过程中,各经济成分经历了艰难曲折和不断总结经验的过程,但最终中共明确了新民主主义工业经济结构的多元性,通过制度规定与调整,明确了各经济成分的地位与作用。这种多元化的新型的工业经济结构有助于发挥多种工业生产的积极性。

二、新的生产力结构

(一)机器生产逐渐增加

边区工业较为落后。边区政府成立初期,几乎没有什么现代工业。已有工业的生产方式大多为手工生产。即便是边区最大、最重要的工业——煤矿业,基本上也主要是人力开采。"在各地仅有些手工作坊,煤铁矿之开采,均用旧式方法。"③1941 年,兴县、河曲、保德、偏关、临县、离石 24 家磁业的生产技术均为人力土法。④ 抗战前边区还有极少数现代工业,但这些机器在抗战时期基本被破坏了。表 3-13 反映的是抗战前至 1946 年边区各地工矿厂、作坊损失及设备情况。

---

① 《招贤煤窑窑权确定后各窑资本扩大产量增加》,《晋绥日报》1948 年 12 月 20 日,第 2 版。
② 《宣传政策确定窑权,静乐煤窑数量产量大增》,《晋绥日报》1949 年 2 月 3 日,第 2 版。
③ 《晋绥六年来工矿建设》,《解放日报》1946 年 5 月 3 日,第 2 版。
④ 《晋绥边区磁业统计资料》(1941 年),引自晋绥边区财政经济史编写组、山西省档案馆编:《晋绥边区财政经济史资料选编·工业编》,第 141 页。

表 3—13　　抗战前至 1946 年边区各地工矿厂、作坊损失及设备情况

行业	地址	抗战前 数量	抗战前 设备	1946年 数量	1946年 设备
煤	兴县东坡村	10座	辘工、筐子等用具	7座	辘工、筐子等用具
	临县范家山	1座	小型锅炉、吸水机	—	
	太原九峪十八沟	300座	土法开采、流动资本	70座	
	孝义兑九峪等村	200座	土法开采、流动资本	70座	小型机器开采
	宁武王家沟东庄村	113座	土法开采、流动资本	78座	小型机器开采
铁	临县招贤	24个	炉子等用具	18个	
磁	保德铁匠铺	5个	轮子等	4个	轮子等
	河曲硬地都	16个	轮子等	10个	轮子等
火柴厂	交城	1个	机器	—	
炼油厂	左云吴家窑	1个	机器		
蛋厂	岢岚	1个	流动资本		
	静乐	1个	流动资本		
作坊	兴县杨会崖	13个	香坊设备、流动资本	7个	香坊设备、流动资本
	临县东圪述、碛口	8个	弹棉花机	—	
	离石柳林一带	80个	磨坊磨子	11个	磨坊磨子
	汾阳杏花村	12个	缸房	2个	
	交城西冶	60个	磨坊磨子	10个	
	静乐	3个	帽铺、流动资本	—	
	清源	62个	盐锅等用具	62个	
纺织厂	临县大业丰布厂	1个	土快机32架、铁机10架、花机3架	—	
粉笔厂	离石	1个	流动资金	—	
锰	宁武西马坊	1个	机器	—	
运输	临县	500辆	车、牛、驴、骡、马780头	100辆	牲口170头
	静乐	150辆	牲口240头	50辆	牲口82头

续表

行业	地址	抗战前 数量	抗战前 设备	1946年 数量	1946年 设备
牲畜	兴县、岚县、静乐、保德、交城	6处	美国配种11 000只 中国种1 600只	1处	猪种40只、配种20只、中国种20只
牲畜	兴县、岚县、静乐、保德、交城	6处	荷兰牛200头	1处	荷兰牛10头

注：以上为不完全统计。

资料来源：《晋绥边区抗战中工矿厂、作坊被敌摧毁统计》（1946年3月），引自晋绥边区财政经济史编写组、山西省档案馆编：《晋绥边区财政经济史资料选编·工业编》，第388－389页。

可以看出，不论是边区的主导工业——煤矿业，还是其他工业如铁矿、磁矿、纺织厂及作坊等都遭受战争重创，不仅数量急剧减少，而且原有的设备亦被损坏。边区政府成立后，部分受损工业得以恢复，有的还增加了机器设备。如1946年孝义、宁武等地煤矿有了小型机器生产。总体来看，边区工业结构虽有一定变化，出现了机器生产，但大部分工业的生产方式仍然为手工生产。边区各地煤矿的生产方式代表了边区生产力结构，详见表3－14。

表3－14　　　　　1948年晋绥边区各地煤矿生产方式统计

	调查煤矿数（座）	工人数（人）	生产技术	生产时间
兴县	19		人力土法	夏季有的停工
岚县	1	7	人力土法	
河曲	44	481	人力土法	6个月
保德	54	558	人力土法	6个月
神池	16	201	人力土法	6个月
偏关	16	700	人力土法	6个月
岢岚	1	6	人力土法	6个月
临县	28	944	人力土法	
离石	27	1 044	人力土法	
中阳	3	120	人力土法	

续表

	调查煤矿数(座)	工人数(人)	生产技术	生产时间
左云	22	1 075	机器、人力	
怀仁	18	3 000	机器、人力	
大同	11	4 020	机器、人力	
朔县	17	1 800		
山阴	64	1 600		
平鲁	5	1 100		
右玉	23	3 500		
宁武	1	30	人力土法	7个月
崞县	1	290	电气化	
太原	72		机器、工架	
清源	22		人力、牛力	
交城	52		人力、牛力	
文水	20	225	人力土法	
阳曲	29	231	人力土法	
孝义	65		人力、牛力	7个月
合计	631	20 932		

资料来源:《晋绥边区煤矿材料统计》(1948年1月),引自晋绥边区财政经济史编写组、山西省档案馆编:《晋绥边区财政经济史资料选编·工业编》,第472—476页。

在被调查的25县631座煤矿中,只有太原、大同、左云、怀仁4县是机器生产与人力生产并存,崞县是电气化生产,但资料却明确注明崞县的电气化生产源自阎锡山时期。[①] 其余各地均为人力土法开采。孝义曾经有机器,但在抗战中被破坏了。可以说,直至1948年,边区工业中的机器生产仍然是微乎其微的,传统手工生产仍然是边区工业的主导力量。从工人数来看,所调查的631座煤矿共20 932人,其中有的煤矿人数众多。农民逐渐从事工业生产,工业正在成为边区产业的重要力量。从这个数

---

① 《晋绥边区煤矿材料统计》(1948年1月),引自晋绥边区财政经济史编写组、山西省档案馆编:《晋绥边区财政经济史资料选编·工业编》,第476页。

据我们也可看出,这一时期边区产业结构在悄然发生变化。1948年,毛泽东在晋绥干部会议上的讲话明确表明晋绥边区的生产力结构:"你们有广大的农业和手工业,也有一部分使用机器的轻工业和重工业。"①显然,这一时期,现代的机器生产已开始在边区工业领域渗透,但力量极为微弱,传统因素依然强大。

无疑,边区工业的发展主要依靠的是传统土法,或者经过改进的传统方法。这是在生产力基础极为落后的边区发展现代工业必须经过的过渡阶段。正如1942年晋西北第二次生产展览会时《抗战日报》指出的:"不论农业和工业生产,其产量的提高,都是决定于技术条件。虽然由于我们所处的环境,不能应用现代科学的方法,但是土方法中也有比较进步的。"②可见,边区工业发展依靠的技术更多的是把已有的土办法和好的生产经验总结起来,或在原有基础上进行改进,再向作坊和工厂进行推广。也就是说,边区工业技术更多地强调经验,机器生产还是极少数。如临南县纺织行业总结指出:"织布最关键的是手法。一切都是织好布应具备的条件,手法是有决定作用的。一切条件具备了没有好手法,布是织不好的。"③民众在具体生产过程中,采取的也是传统与现代相结合的方法。如临县麻峪村纺织训练班在培训妇女纺织技术时也是"一方面学笨机,另一方面学快机"。④又如临县三区某村纺织训练班指出:"本村的纺织有少数的纺,并没有织的,有一个织的还是笨机。"⑤不少妇女更乐意学习土机,而不愿意学习新式的快机。但依靠传统并不意味着在传统技术上止步。群众曾经试图进行过技术改进,但很多不太成功。如临南县在改进织布机时,"为了节省钢棕,曾做过丝线棕试验,结果缠在一片,因之不成功,以后再未研究"。⑥显然,由于边区生产技术落后,在技术改进方面虽有成绩,但也有差强人意之处。有的地方则是因为资金缺乏,导致政府配制的织布机停着不用,从而抑制生产技术的改进。如1946年临县都督村

---

① 《在晋绥干部会议上的讲话》(1948年4月1日),引自《毛泽东选集》第四卷,第1311页。
② 《对生产展览及劳动英雄检阅大会的希望》,《抗战日报》1942年12月10日,第1版。
③ 《临南县纺织总结》(1945年8月2日),临县档案馆藏,档号62-2-41。
④ 《一区纺织工作总结材料报告》(1945年6月2日),临县档案馆藏,档号62-2-40。
⑤ 《三区训练班总结》,临县档案馆藏,档号62-2-40。
⑥ 《临南县纺织总结》(1945年8月2日),临县档案馆藏,档号62-2-41。

共有192架织布机,但有37架停着不用,原因是"资本小,周转不动"。[1]

进一步来看,由于边区工业技术具有浓厚的传统性特点,所以在边区推进技术改进时,不少群众积极性并不高,从而导致资源浪费。如临县杜家沟村组织纺训小组,"领导人抓得不紧,妇女们去了训练班就乱唱一气"。[2] 有的家里男人不支持妇女学纺织:"她们学上就是个神了,饭不做,锅不洗,回来家里的营生什么都不做。"[3] 由于群众学习技术的热情不高,导致织布技术不高。如1945年临县郭家沟组织了两组人共10人、机子几架,共织了50天,织出布13丈6尺,织下的布都自己穿了,穿的原因是"技术不高、织的不好,卖不出去"。[4] 又如临县五区某村在推广快机与改良机时,"改良机一织就乱的不能织了,结果都在快机上学的"。[5] 由于边区掌握技术的人不多,有的技术人员甚至把技术当作私有财产,不好好向群众传授技术。如临县高明村"因没技术指导,请了一个妇女指导,酬劳是布一丈。但这个指导不好,怕教会徒弟困了师傅,织布时线断了也不耐心地教"。[6] 可见,对于现代技术,由于知识有限,人们有一定的抵触与排斥。

此外,普通群众由于资金短缺,无力购买现代织机,从而降低了学习现代技术的兴趣。1946年,临县在总结纺织经验时指出:"资本问题、经济力有限也是主要问题。"[7]"群众经济条件不允许,土机价格只需快机的四分之一。"[8] 一般来讲,生产技术的改进是用机器代替手工生产,但是机器要被社会公众普遍接受并广泛使用。首先,需要资本,用资本来买机器,扩大再生产;其次,需要劳动力,需要一无所有的劳动力。而边区工业恰恰不满足这两个基本条件。资本极为缺乏,劳动力也并非一无所有。因此,边区工业技术改进只能是一个极为缓慢的进程。

---

[1] 《都督村纺织材料》(1946年12月10日),临县档案馆藏,档号62-1-54。
[2] 《一区纺织工作总结材料报告》(1945年6月2日),临县档案馆藏,档号62-2-40。
[3] 《四区两个村纺训班的总结材料》(1947年2月),临县档案馆藏,档号62-1-63。
[4] 《一区纺织工作总结材料报告》(1945年6月2日),临县档案馆藏,档号62-2-40。
[5] 《临县五区半年来纺织总结》(1944年8月6日),临县档案馆藏,档号62-1-20。
[6] 《一区纺织工作总结材料报告》(1945年6月2日),临县档案馆藏,档号62-2-40。
[7] 《全县纺织材料》(1946年),临县档案馆藏,档号62-2-57。
[8] 县政府:《临县1946年纺织工作总结》,临县档案馆藏,档号62-2-51。

(二)手工生产与机器生产并存:从传统到现代的演进

由上我们看到,尽管历经残酷的战争、严峻的经济封锁和复杂的政治环境,但边区工业(主要是手工业)仍得到了恢复与发展。特别是家庭手工纺织业保持了较为快速的发展势头,在边区工业中占有重要地位,有利于边区经济向现代化迈进。总体来看,不论是作为轻工业代表的纺织业,还是作为重工业代表的煤矿业,其发展都表现出传统与现代并存的特点。这也是边区工业生产力结构的特征。这在一定程度上反映了边区工业发展的基本轨迹。

毫无疑问,传统因素是边区工业的基本生产要素。不论是纺织业还是煤矿业,抑或是其他工业领域,生产方式主要是人力与土法,生产要素更多采用手工这种传统的生产要素。虽然机器生产亦存在,但这种机器生产显然力量过于薄弱。这种现象反映了传统力量的持久性和传统手工业与机器工业的相互依存性。而这种依存性,正是边区特有的生产力结构,体现了边区工业经济从传统到现代的演进。事实上,关于近代以来传统手工业的变化趋势,到底是解体还是延续,学界一直争论不休,长期以来备受学者关注。不同观点主要是在解体与延续之间存在。如果是延续,原因是什么,学者也从不同角度进行了探讨。[①] 但已有研究均较少涉及抗战之后的乡村手工业。解体与延续之争主要集中在 20 世纪 30 年代前。我们的研究将考察视野后延至抗战后。研究表明,边区手工业经济发展的关键动力是边区政府鼓励工业发展的一系列制度安排。这时期工业的恢复与发展为边区军民坚持长期战争奠定了物质基础,其在维持农家经济、保障供给方面的地位和作用不容忽视。边区政府在推动工业发展的进程中,始终从群众利益出发,将发展工业与革命战争紧密联系在一起,实现了边区手工业在战争环境下的延续与发展。

显然,传统的手工生产具有顽强的生命力。尽管曾经一度中断,[②]但

[①] 研究成果较多,可参见李金铮所作的相关述评。李金铮:《中国近代乡村经济史研究的十大论争》,《历史研究》2012 年第 1 期。
[②] 彭南生:《日本侵华战争与近代乡村手工业发展进程的中断——以近代乡村织布业、缫丝—丝织业为讨论中心》,《江汉论坛》2007 年第 9 期。

第三章　边区工业经济的发展　　　　　　　　　　　　　　　　　　　　177

其总是顽强地存在、再生。而手工生产延续和存在的原因则是中共强有力的制度安排。这种制度安排充分考虑晋西北落后的经济基础，因地制宜地恢复与发展了传统手工业，是符合当地生产力发展要求的。正因为如此，这种制度安排促进了边区生产力的发展，推动了边区生产力结构的改变。因此，我们可以证明，在现代化进程中，需要尊重传统要素、注重传统的延续性，而不是抛弃或否认。李金铮提出，在近代手工业的发展演变中，现代因素远未占领农村手工业的阵地，手工业的变化更多是传统因素所致，传统力量绝非不堪一击。[①] 边区手工业的延续和发展进一步检验了这一结论。

进一步来看，由于边区工业发展主要依靠传统经验，虽有产量的恢复与增长，但技术变化不大，基本没有技术突破。亚当·斯密认为经济增长的动力是劳动分工及专业化。[②] "斯密型"成长是明清以来中国经济增长的特点。[③] 可以说，边区工业的发展也属于"斯密型"成长。边区工业的发展是一个很复杂的历史事实。由前所述，其发展动力主要是政府主导的制度变迁。制度变迁蕴含劳动分工和专业化。边区劳动分工和专业化主要体现在两方面：一方面是工业和农业之间的逐步分工与专业化。这一点表现得较为明显。我们可以看到，边区农村已经出现了一定数量的专业工人，相当一部分妇女开始独立地从事纺织业。这反映出边区农村开始出现了工农业分离的现象，以及男女之间的劳动分工与专业化。另一方面是地区之间的分工与专业化。战争时期，边区虽被经济封锁，但边区各地内部，以及边区与其他根据地、地区之间（尤其是与陕甘宁边区）已有产业上的分工与专业化。比如，边区内部形成了纺织区、榨油区、煤矿区等。边区亦从外地输入不少纺织业所需原料，同时向外输出棉布等产品。可见，根据地之间的劳动分工与专业化是通过对外贸易实现的。这里的对外贸易，指的是边区与其他根据地、地区之间的贸易（关于贸易，我

[①] 李金铮：《传统与现代的主辅合力：从冀中定县看近代中国家庭手工业之存续》，《中国经济史研究》2014年第4期。

[②] ［英］亚当·斯密：《国民财富的性质和原因的研究》（上卷），郭大力、王亚南译，商务印书馆1972年版，第5—12页。

[③] 李伯重：《江南的早期工业化(1550—1850)》，第413页。

们将在下一章详细论述)。可以说,制度变迁下的劳动分工与专业化是推动边区工业发展的主要力量。所以,边区内部,以及陕甘宁边区这些巨大的市场能够使边区得到劳动分工的好处,从而推动边区工业的发展。

一般认为,由于没有技术突破,所以斯密动力无法导致近代工业化。不论是近代早期西欧国家还是明清江南工业的发展都没有导致工业革命。而江南近代工业化最主要的制约因素是能源与材料,缺乏煤铁。①这样,边区工业经济发展与明清江南的工业化就有很大不同。边区盛产煤铁,这是边区工业能够发展的重要基础。马克思的再生产理论也认为,扩大再生产需要重工业有较快的发展。② 更重要的是,边区出现劳动分工与专业化有一个重要前提,这就是政府主导的制度变革。换言之,边区的劳动分工与专业化是在新民主主义经济条件下实现的。也就是说,边区的劳动分工与专业化既有自然形成的因素,更是制度变革推动的结果。这是边区劳动分工与专业化区别于以往近代中国及欧洲分工与专业化③的地方。正因为如此,这时期边区工业经济的增长虽属于"斯密型"增长,但却为边区工业化提供了基础与保障,从而有利于边区经济从传统到现代的演变。

基于上述认识,从生产力结构和经济结构的角度审视,边区工业经济的发展开辟了边区通往工业化、经济现代化的新道路、新方向,反映出边区生产力由传统向现代的转变与前进。生产力的这一转变,是马克思主义理论与中国经济实际情况相结合的过程与结果,亦是适合中国国情的新型经济模式——新民主主义经济形态产生的过程。④ 它不仅使被日本侵华战争中断的近代农村经济现代化进程得以延续,而且证明传统手工业是中国现代化进程不可逾越的阶梯。从更广阔的空间视野看,传统手工业把工业传播到边区农村的每个角落。由此,新民主主义经济的新观念逐步深入人心,为农村向工业化、现代化前进提供了基础和前提。荣维

---

① 李伯重:《江南的早期工业化(1550—1850)》,第 412—413 页。
② 李伯重:《江南的早期工业化(1550—1850)》,第 418 页。
③ 关于近代欧洲范围的劳动分工与专业化,参见[美]王国斌:《转变的中国——历史变迁及欧洲经验的局限》,李伯重、连玲玲译,江苏人民出版社 1998 年版,第 10—12 页。
④ 赵德馨:《中国近现代经济史(1842—1949)》,第 434 页。

木提出:"中国原有的现代化进程伴随着日本侵华战争而中止,但全面抗战的兴起又逐渐地积累了新的现代化因素。而中共在敌后抗日根据地实施的一系列经济政策成为现代化因素的间接积累。"[①]无疑,边区工业的发展是新的现代化因素积累的重要表现。

---

① 荣维木:《从抗日战争看中国现代化历程的顿挫与嬗变》,近代中国研究网,http://jds.cass.cn//Item/31450.aspx,2015年8月25日。

第四章

边区交通邮政业的发展

　　1940—1948年,边区交通邮政业发生了较大变化。边区建立了较为完善的交通邮政网络体系,邮政业务能力不断提升,畅通了信息传播。边区邮政业务量虽小,甚至看似微不足道,但对于战争胜利与经济建设却至关重要。交通邮政业的发展得益于边区政府采取的一系列发展邮政业务的制度举措。在战争环境下,边区依靠传统人力和畜力运输工具,构建出一个较为完善的邮政网络体系。虽然边区交通邮政的建立与发展是基于经济现代化背景,有现代因素的刺激,但总体来看,支撑边区交通邮政的重要基础是传统力量。显然,在特定条件下,传统力量甚至成为推动边区经济发展的主要动力。

第一节　边区交通邮政业的建立与运作

一、交通邮政网络的建立与发展

　　交通邮政的发展反映一个地区经济发展程度。交通邮政的发展取决于经济发展,但交通邮政又是经济发展的必要条件。交通邮政事业的发展对于推动边区经济发展至关重要。自边区政府成立,中共就开始建立边区的交通邮政网络体系。抗战时期,交通邮政工作主要由交通站完成,正规的邮局系统尚未建立。1941年,边区交通站成立。1942年,交通站与新华书店、党委发行部合并,实行了"交书合一"。1946年,边区成立邮政管理局,交通站撤销,与中华邮政合并,实行"交邮合一"。边区邮政工作开始正规化和专业化。关于边区邮政组织机构的变迁,已有学者做过较为细致的梳理。本部分研究的主要目的是从经济史视角阐述邮政网络的变化及特点,故对于边区邮政机构的变迁,这里不赘述。这时期边区交通邮政网络主要经历以下几次大的变化与发展。

1941年3月,边区成立晋西通信总站,各分区设中心站,县设小站。据1941年晋西北行政公署交通总局制订的《各级组织暂行条例》记载,当时全区设有交通干线5条,即由兴县分别至雁北区、宁武区、临县区、太原区和静乐区。晋绥边区与大青山抗日游击区的通信联系邮路为:由兴县经岢岚、五寨、神池、朔县、平鲁、右玉、凉城、林格尔、托克托、萨拉齐和包头,到大青山游击区。[①] 1942年,交通局改为交通站,机构紧缩。边区设总站,分区县设分站。其主要交通线路有:兴县经廿里铺、恶虎滩、界河口、岢岚、五寨到达宁武;兴县经录家岔、临县、三交、大武、离石、吴城到达汾阳;兴县经录家岔、临县、三交、碛口、孟门镇、军渡、吴堡到达绥德;兴县经黑峪口、林遮峪到达保德。[②] 1946年3月,晋绥边区邮政管理局成立,交通站改为邮局,实行正规的邮局制度。其主要邮路包括:由兴县经沟门前、大蛇头、岚县、静乐、康家会、三交到达忻县;兴县经录家岔、临县、三交、南沟、大武、离石、吴城、向阳、汾阳到达平介(通晋冀鲁豫);兴县经录家岔、临县、碛口到达军渡(通陕甘宁);兴县经沟门前、岢岚、五寨、土棚、利民、井坪、大马营、左云、吴家堡到达丰镇(通晋察冀及东北);兴县经瓦塘、林遮峪到保德(通陕北)。[③] 1948年3月1日,华北交通会议决定建立直贯全华北的总线邮路。边区以兴县为中心,以原有主干邮路为基础,建立了直通区外的总线邮路。其具体包括三段:南至赵城段,直通晋冀鲁

---

① 《边区交通邮政网路建设》,引自华北交通邮政史料整理组编:《华北解放区交通邮政史料汇编(晋绥边区卷)》,人民邮电出版社1993年版,第179页。
② 《边区交通邮政网路建设》,引自华北交通邮政史料整理组编:《华北解放区交通邮政史料汇编(晋绥边区卷)》,第180页。
③ 《边区交通邮政网路建设》,引自华北交通邮政史料整理组编:《华北解放区交通邮政史料汇编(晋绥边区卷)》,第170—181页。

豫;西至宋家川段,直通陕甘宁;东至崞县野庄段,直通晋察冀。①

1940—1948年,边区交通邮政网络有了较大的扩大与延伸。特别是,1946年边区邮政管理局成立后,边区邮政制度开始走向正规,边区邮政网络进一步发展。边区交通邮政网络主要由数目众多的邮政局与代办所构成。边区行署所在地设管理局,下设二等局、三等局,县以下设邮政联络站、代办所及邮站。边区交通邮政网络通过邮局等流通点以及邮路等线路连接而成纵横交错、形如蛛网的、多层次的邮政网络体系。

二、交通邮政网络体系结构及特点

(一)交通邮政网络体系结构

行署所在地兴县为边区邮政网络的中心点,是邮政网络的依托与轴心。边区内重要县份都与兴县有直接的邮路联系。边区邮政机构从上至下分别是边区邮政管理局(中心局)、二等局、三等局、邮政代办所、邮站。以兴县为中心,通往边区外如陕甘宁边区、晋察冀边区、晋冀鲁豫边区的邮路为主干线,通往各县的邮路为干线,县与其下各代办所之间的邮路为支线。一般通往边区外的邮件通常由二等局或三等局经转,通往边区内各地的邮件则由二等局或三等局转至代办所进行。除兴县为邮政中心局外,二等局保德、丰镇,三等局碛口、平介、凉城为边区几个重要的邮政中转中心,具体详见表4—1。

表4—1　　　　　　　　边区邮路层级体系

边区中心局	二等局	三等局
兴县	临县	平介
	离石	碛口
	汾阳尽善	偏关
	保德	河曲
	五寨	神府

---

① 《边区交通邮政网路建设》,引自华北交通邮政史料整理组编:《华北解放区交通邮政史料汇编(晋绥边区卷)》,第181页。

第四章　边区交通邮政业的发展　　183

续表

边区中心局	二等局	三等局
兴县	静乐	兴县高家村
	交城	岢岚
	左云	岚县
	丰镇	柳林
	阳曲官庄	临县圪洞
	集宁	右玉
	商都	平鲁
		朔县
		凉城
		神池
		宁武
		忻州田家堰
		清徐
		崞县
		大同
		山怀
		卓资山
		隆盛庄

资料来源：根据《晋绥边区邮路图》(1946年8月31日)，引自华北交通邮政史料整理组编：《华北解放区交通邮政史料汇编(晋绥边区卷)》，人民邮电出版社1993年版，前言页以及《晋绥边区邮局及各地邮局编制表》(1946年3月)，山西省档案馆藏，档号A90-5-100整理。

总体来看，保德、丰镇、碛口、平介、凉城、忻县田家堰是边区通往区外的经转局。凡边区去晋察冀边区、河北、东北各省邮件通过丰镇局经转。凡去晋冀鲁豫边区各处邮件由平介局经转。凡去天津、上海、北平、阳曲各处邮件经忻县田家堰经转。凡去甘肃、陕坝、五原、陕北各处邮件经保德局经转。凡去陕甘宁边区、西安、大后方各处邮件则由碛口局经转。去往大青山区的邮件由左云经凉城经转。除保德、丰镇、碛口、平介、凉城、忻县田家堰外,临县、交城、静乐、左云、五寨等二等局又是边区内的区域中心。从空间分布看,边区邮政网络存在明显的层级体系。以兴县为中心,通过连接保德、丰镇、碛口、平介、临县、交城、静乐、左云、五寨等二等局或三等局,再以这些二等局与三等局为次级中心,连接其他三等局或邮政代办所。边区邮政形成一个具有层级特点的邮政网络结构。

图 4—1 是 1946 年边区邮政网络层级体系示意图。示意图只画出了中心局、二等局与三等局,大量邮政代办所及邮站未标出,但这并不影响我们对问题的分析。可以看到,尽管外部环境极为复杂,战争局势亦非常严峻,但在这种极为困难的情况下,中共建立了相对完善的邮政网络体系。总体来看,边区邮政网络的流通一般是由中心局流向二等局,再流向三等局,再流向代办所。各区域又有各自的次级中心。显然,边区邮政网络体系层级性较强,邮路较多,分布也较密、较广。

(二)边区交通邮政网络的特点

边区交通邮政网络在建立与发展的过程中,呈现出以下一些特点:

首先,运输工具的传统性。边区交通邮政网络虽然较为完善,邮局分布亦较为广泛,但各种运输力量均为人力与畜力,是传统运输工具。主干邮路大部分是牲口运输,少部分是人力运输。例如,南北主干邮路神池到离石,是骡子、毛驴运输;南北主干邮路朔县至左云是人力运输。主干邮路临县三交至离石军渡也是人力运输。而干线与支线均为人力运输。"在蛛网似的通讯线上,没有马、没有车,凭着两条腿、两只手、一双肩,负担起边区的通讯工作。边区绿衣人的生命是和他肩头上挑的包裹互相连接着的。"[①]运输工具的传统性与边区特定地理环境、经济水平以及社会环境有关。由于边区地处贫穷落后的山区,交通极其不便,加之战争环境,使传统运输工具成为边区交通邮政的基础。1948 年 1 月,董必武在华北交通会议上指出:"我们除无线电外,只能利用最落后、最原始的交通工具,借以保持各地区的联系。"[②]这说明,在特定条件下,传统工具有其

---

① 莫艾:《边区通信站》,《解放日报》1942 年 2 月 1 日,第 4 版。
② 《董必武同志在华北交通会议上的结论》(1948 年 1 月 4 日),引自华北交通邮政史料整理组编:《华北解放区交通邮政史料汇编(晋绥边区卷)》,第 85 页。

第四章 边区交通邮政业的发展

适用性,并能在相当程度上发挥重要作用。虽然边区交通邮政的建立与发展是基于经济现代化背景,有现代因素的刺激,但总体来看,支撑边区交通邮政的重要基础是传统力量。费孝通曾指出:"强调传统力量与新的动力具有同等重要性是必要的。因为中国经济生活变迁的真正过程,既不是从西方社会制度直接转渡的过程,也不仅仅是传统的平衡受到了干扰而已。目前形势中所发生的问题是这两种力量相互作用的结果。"① 显

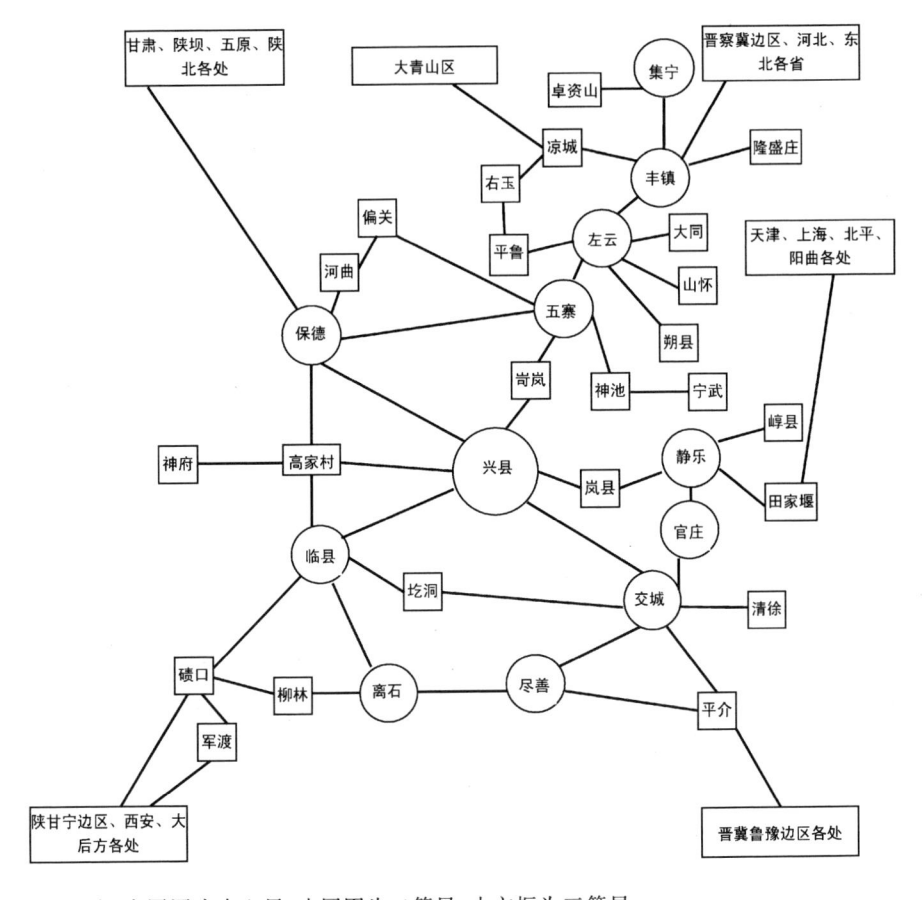

注:大圆圈为中心局,小圆圈为二等局,小方框为三等局。

图4—1 1946年边区邮政网络层级体系

---

① 费孝通:《江村经济——中国农民的生活》,商务印书馆2012年版,第20页。

然,在边区交通邮政事业发展过程中,虽然新的现代因素至关重要,但传统的重要性亦不容忽视。在特定条件下,传统力量甚至成为推动边区经济发展的主要动力。可以说,传统性是边区交通邮政网络体系的最显著特点。

其次,干部来源的多元性。边区邮政干部一部分来源于原交通站,另一部分则来源于中华邮政。除中华邮政人员外,其余干部大多缺乏邮政业务知识,专业技术较差。由于干部来源差异较大,加之经济困难,不少干部思想庞杂,不愿从事邮政工作,情绪较低,不安心工作。[1] 据张建业回忆:"中华邮政员工的思想主要是铁饭碗思想。他们对自己的职业充满自豪感,觉得待遇高,生活有保障。局长以上的邮政人员的思想比较难做。他们知道共产党是供给制、低薪制。因此,身在解放区,心在国统区。"[2]这种多元化导致边区邮政业务效率低下,邮件运送常常不能保证正常速度,很多邮政制度停留在文件上。例如,南北主干线昼夜兼程班制度从未执行,邮件延误现象非常普遍。邮件延误大部分情况是人为因素导致。例如,据1947年7月、10月两月统计,14%的邮件延误是因人畜生病或河水大涨等原因所致,其余86%都是无故延误的,[3]即便正常的业务,也常常出现差错。例如,1947年1月~3月,五寨、岢岚、碛口、兴县四局在业务上发生少收资费、不盖邮戳、漏登记邮件等错误的就有84件。特别是错发邮件的现象更为严重。以上四局3个月内错发邮件达299件,平均每局每月错发25件。[4]

再次,业务的非公共性。邮政业务的非公共性是指边区邮政业务主要为官方服务,尚未普及至个人。边区邮政的主要任务是传送报纸、书刊与机关部队的公文信件。私人信件虽有,但主要为革命军人、机关干部与其家属之间的往来信件,真正意义的私人信件并不多。邮政业务的非公

---

[1] 《晋绥邮政概况》(1947年11月),引自晋绥边区财政经济史编写组、山西省档案馆编:《晋绥边区财政经济史资料选编·工业编》,第691页。
[2] 张建业:《我在兴县中华邮政局》,引自华北交通邮政史料整理组编:《华北解放区交通邮政史料汇编(晋绥边区卷)》,第252页。
[3] 《晋绥邮政概况》(1947年11月),引自晋绥边区财政经济史编写组、山西省档案馆编:《晋绥边区财政经济史资料选编·工业编》,第695页。
[4] 《晋绥邮政概况》(1947年11月),引自晋绥边区财政经济史编写组、山西省档案馆编:《晋绥边区财政经济史资料选编·工业编》,第696—697页。

共性表明了边区邮政的性质。边区邮政不是企业,是政府机关。边区邮政管理局不是独立的经济单位,其业务收支由边区政府统筹。邮局各项开支如办公费用、邮工及干部供给、牲口等均由当地政府供给,实行统一供给制。原中华邮局的员工,最初保留了原来的薪金制,后全部改为供给制。特别是1941—1946年,战时交通邮政为无资寄递,所有邮件实行免费邮寄,1946年实行邮资制度。1949年2月进一步加强邮资制度,各种政府公文及革命军人等的信件邮寄才开始收费,如党、政、军、民、学及村级以上各级机关,银行、贸易公司、非企业性的公营工厂、新华书店上下级往来公文等均按公文邮寄。不论公私只免信函费,挂号费与回执费一律不免。[①] 总的来看,1946年前交通邮政机构的主要任务是传递党报、党刊和政府文件,不办私人业务。直至1946年3月,交通站改为邮局后,才开始逐步办理私人邮件。可以说,边区邮政的业务基本是非公共性的。

第二节 边区邮政经营状况

一、邮政业务收支情况

边区邮局收入主要包括出售邮票费、报纸邮寄费、书籍邮寄费、新闻稿件邮寄费、包裹邮费、保价邮费、杂项收入。其支出包括代办所津贴、夜班灯油火柴费、加班运费、制备用具费、营业费、杂项支出等。边区邮局属于政府机关。因此,营业费支出只包括各局所用办公用品的补充,如单册表格、运送邮局的包袱皮、背绳扁担、邮袋、油布等。其他支出如邮局员工的工资、主要公杂费、牲口及装备的供给都由政府统一供给。

从业务收支情况看,尽管边区邮政经营业务在扩大,但邮政经营基本处于亏损状态。1946年前尚未实行邮资制度,邮局免费邮寄,故无从判断。据1946年5月至10月6个月数据统计,边区邮政收入共计农币3 883 400元,支出共计农币4 258 337元,支出超农币374 937元,月均收

---

① 《晋绥边区各类邮件资费表》(1949年2月10日),山西省档案馆藏,档号 A90-5-107-5。

入 647 233 元。1947 年 11 月至 1948 年 7 月,边区邮政收入共计农币 22 729 536 元,支出 20 732 545 元,盈余 1 996 991 元,月均收入 2 525 504 元。[①] 当然,这里的支出均不包括员工工资、运输工具的购置等。我们把 1946 年、1947 年、1948 年边区邮政营业收支情况统计如表 4-2 所示。

表 4-2　　1946 年、1947 年、1948 年边区邮政营业收入总额及结构情况

单位:万元(农币)、%

时间	邮票 总量	邮票 比重	报纸 总量	报纸 比重	书籍 总量	书籍 比重	新闻稿件 总量	新闻稿件 比重	包裹 总量	包裹 比重	保价 总量	保价 比重	杂项 总量	杂项 比重	合计 总量	合计 比重
1946年5月至10月	350.5	90.3	20.3	5.2	15.4	4	1.15	0.3	0.6	0.2	0.2	0.05	0.2	0.05	388.35	100
1947年11月至1948年7月	1919.6	84.5	78.5	3.5	49.8	2.2	3.2	0.1	47.15	2.1	166	7.3	8.6	0.4	2273	100

资料来源:根据《1946 年度(5 月至 10 月份)邮政营业收支状况表》《1947 年度(11 月至 1948 年 7 月份)邮政营业收支状况表》,引自晋绥边区财政经济史编写组、山西省档案馆编:《晋绥边区财政经济史资料选编·工业编》,第 699 页、第 700 页整理计算。

可以看出,边区邮政的主要营业收入是出售邮票收入,这一比例占营业总收入的 80%~90%。其次是报纸与书籍邮寄费收入。1947—1948 年信函保价收入约占 7.3% 的比例。显然,边区邮政收入结构较为单一。总体来看,边区邮政的业务量较小,业务种类较为单一,收入也较少。从图 4-2 与图 4-3 可以较为直观地看出边区邮政收入结构这一特点。

进一步看边区邮政营业支出的情况。通过表 4-3 可以看出,边区邮政营业支出主要集中在营业费上,这里的营业费主要是指各局所用的单册表格。1946 年 5 月—10 月营业费支出比重占总支出的 48.5%,1947—1948 年考察月份这一比例则为 94.5%。其他支出如代办所津贴、夜班、加班运费等比重均很少。此外,1946 年考察月份有开办费、战时损失等支出。开办费主要包括制备用具及邮袋等办公用品等支出。图 4-4、图 4-5 较为直观地展示了这一时期邮政营业支出的特点。

---

① 《1946 年度(5 月至 10 月份)邮政营业收支状况表》《1947 年度(11 月至 1948 年 7 月份)邮政营业收支状况表》,引自晋绥边区财政经济史编写组、山西省档案馆编:《晋绥边区财政经济史资料选编·工业编》,第 699 页、第 700 页。

第四章 边区交通邮政业的发展

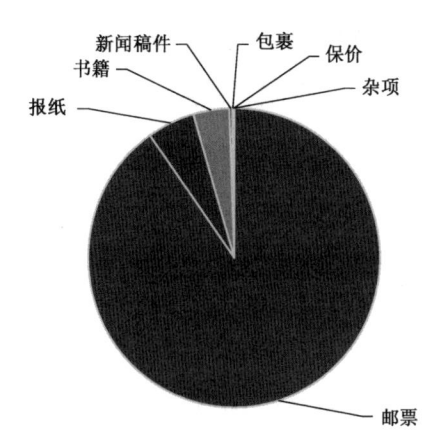

图 4-2　1946 年 5 月—10 月邮政营业收入结构

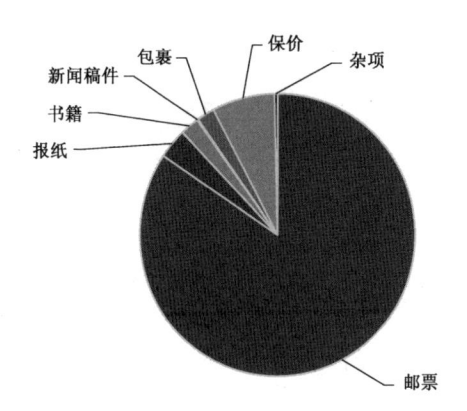

图 4-3　1947 年 11 月至 1948 年 7 月邮政营业收入结构

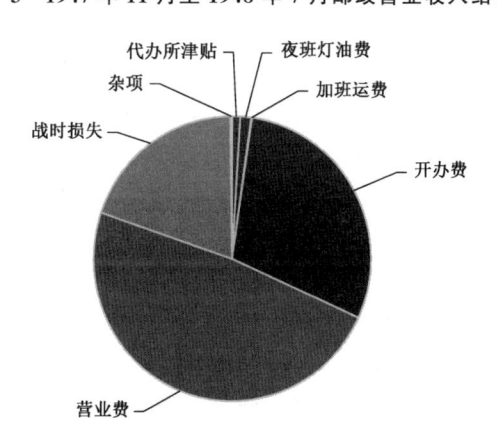

图 4-4　1946 年 5 月—10 月邮政营业支出结构

表4—3　　1946年、1947年、1948年边区邮政营业支出总额及结构情况

单位:万元(农币)、%

时间	代办所津贴 总量	代办所津贴 比重	夜班灯油火柴费 总量	夜班灯油火柴费 比重	加班运费 总量	加班运费 比重	开办费 总量	开办费 比重	营业费 总量	营业费 比重	战时损失 总量	战时损失 比重	杂项 总量	杂项 比重	合计 总量	合计 比重
1946年5—10月	3.9	0.9	5.3	1.2	0.4	0.09	125.8	29.5	206.3	48.5	83.2	19.5	0.9	0.2	425.8	100
1947年11月至1948年7月	45.1	2.2	42.1	2	26.9	1.3			1959.2	94.5					2073.3	100

资料来源:根据《1946年度(5月至10月份)邮政营业收支状况表》《1947年度(11月至1948年7月份)邮政营业收支状况表》,引自晋绥边区财政经济史编写组、山西省档案馆编:《晋绥边区财政经济史资料选编·工业编》,第699页、第700页整理计算。

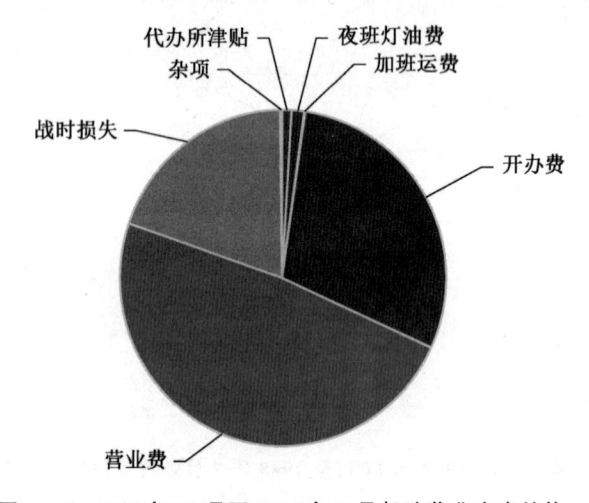

图4—5　1947年11月至1948年7月邮政营业支出结构

通过对比边区邮政营业收支情况,我们可以看到,边区营业收入仅能维持业务单册、邮袋等事业费的补充。邮局营业状况是基本不能自负盈亏。主要的开支如员工工资、主要运输工具的配置等均依靠政府统一供给。进一步可看出,边区邮政的基本任务是负责政府机关的通讯和书报的传递,是国家经营的社会事业。然而,正是邮政的这种性质,使边区财政有了一定负担。1948年5月,华北交通会议决定要把邮政经营当作一种长期的专门事业来管理,要求邮政要走向企业化的路子,不论在业务手

第四章　边区交通邮政业的发展

段上、人员管理上还是财政收支上都须建立一套完整的制度。目的是争取增加邮政收入,做到事业费(除去干部、邮工的生活费用,其他如牲口的草料装备、单册、工具、公杂等费用均属事业费)的全部或大部分自给。生活费如能自给一部分,当然更好。[①] 1948年边区邮政工作总结也指出:"目前客观形势的发展,要求我们正规化和企业化,不然就不能完成任务,将来也很难走向企业化。"[②] 显然,正是由于政府的大力支持,边区邮政才能勉强维持下去。但毫无疑问,这种支持不仅加重财政负担,也使邮政效率极为低下。当然,边区政府也试图通过一些方式刺激邮政逐步走向自负盈亏的状态,如尝试推进邮政企业化,实行邮票制度,提高邮资,在技术上推进邮政效率等。总而言之,单从营业收支看,边区邮政的经营状况是不太好的。

二、邮政业务量

边区邮政业务主要包括信函类、保价信、包裹、印刷物、新闻纸等。其中,信函类包括平信、挂号信、稿件、邮政公事。1942年,边区政府发布的《各级组织暂行条例》规定,边区交通局的主要任务是递送抗日军政民机关、团体函件、书报、各种刊物杂志等。[③] 直至解放战争时期,边区邮局的主要任务仍然是这些。1948年,边区邮政管理局编写了《晋绥邮政业务规程》,邮政业务有了具体遵循的规范,邮政业务逐渐走向正轨。[④] 表4—4展示的是1946年7月—1947年3月边区邮件情况。

[①] 许琦之:《邮政工作会议总结》,引自晋绥边区财政经济史编写组、山西省档案馆编:《晋绥边区财政经济史资料选编·工业编》,第703页、第704页。
[②] 许琦之:《邮政工作会议总结》,引自《晋绥边区财政经济史资料选编·工业编》,第710页。
[③] 《各级组织暂行条例》(1942年12月15日),引自华北交通邮政史料整理组编:《华北解放区交通邮政史料汇编(晋绥边区卷)》,第124页。
[④] 袁宝林:《晋绥边区的交通邮政工作》,华北交通邮政史料整理组编:《华北解放区交通邮政史料汇编(晋绥边区卷)》,第239页。

表 4—4　　　　　1946 年 7 月至 1947 年 3 月边区邮件统计　　　　　单位：件

	信函类					保价信	包裹	印刷物	总计
	平信	挂号信	稿件	邮政公事	小计				
1946 年 7 月	902	576	283	77	1 838			252	2 090
1946 年 8 月	2 423	869		112	3 404			3 275	6 679
1946 年 9 月	1 368	841	589	117	2 915			1 893	4 808
1946 年 10 月	1 297	980	660	163	3 100			2 083	5 183
1946 年 11 月	1 504	1 010	608	171	3 293	66	1	1 101	4 461
1946 年 12 月	1 569	1 105	783	189	3 646	51	1	1 887	5 585
1947 年 1 月	1 542	1 013	676	202	3 433	34	4	1 355	4 826
1947 年 2 月	1 467	983	635	191	3 276	41	8	686	4011
1947 年 3 月	1 595	1 116	701	155	3 567	52	7	1 096	4 722
合计	13 667	8 493	4 935	1 377	28 472	244	21	13 628	42 365

注：数据包括五寨、岢岚、碛口、兴县四局数据；统计中不包括新闻纸的件数，不包括各地区村互寄的邮件。

资料来源：根据《"民国"三十五年七月至三十六年三月九个月邮件统计表》（引自晋绥边区财政经济史编写组、山西省档案馆编《晋绥边区财政经济史资料选编·工业编》）第 698 页整理。

边区邮局成立后，邮政业务逐步规范，有了较为系统的业务数据资料统计。可以看出，在考察的这 9 个月内，边区邮政业务量有增长，但增长幅度较小。从业务内容看，信函类业务是边区邮政业务的主体，其次是印刷物，包裹业务是极少量的。在信函类业务中，平信业务占第一位，其次是挂号信，再次是稿件。从业务量看，边区业务量不大。边区 9 个月收寄邮件仅 4.2 万多件，平均每局每天收寄不足 40 件。显然，在极为困难的战时环境下，凭借极为传统的运输工具，边区邮政事业缓慢发展。边区邮政业务量虽小，甚至看似微不足道，但其对于战争胜利与经济建设却至关重要。

还可从一则资料可看出这时期边区邮政事业的进步。1946 年，边区邮局成立后，各地邮件的寄递速度加快，天数缩短，邮政效率提高。例如，

"由兴县到左云昼夜兼程,过去看报常在七、八天,甚至超过十天;自11月18日后,正常5天就看到了。报纸从兴县一支局出发第二天早晨到岢岚,下午到五寨,第三天早晨到神池,下午到朔县,第五天清晨即达左云。左云邮局为使读者更早看到报纸,全局职工一齐动手,天一明就进行分拨投递,各机关在早操回来就可以看到新报。"①显然,边区邮政事业在信息沟通、商品流通等方面极大地支撑着战争与经济建设。

三、发展邮政业务的制度举措

(一)健全邮务制度

抗战时期,交通邮务制度很不健全,大部分地区对交通发行工作不够重视,如"交通组织不健全,手续办法不能完全按照规定执行"。有些地方"交通站与机关收发未分开,还有专署秘书和民教科长双方领导交通站的不正常现象"。某些地方"让交通站长兼做其他工作,某些县府把交通人员调去兼做机关生产,把转运书报公文放在次要地位"。②这导致不少机关部队很长时间收不到报纸。"各地邮局对于投递邮件是注意得不够的,前方部队时久看不到报纸,收不到信件,而邮局却滞留大批的报纸、书刊与信件。"③1948年,边区邮政工作会议指出:"我们过去在抗战环境中的游击习气、满不在乎、怕麻烦、图省事、嫌机械、好简单、空头领导、粗枝大叶的一套作风,成为我们今天走向企业化、正规化的严重障碍,必须坚决克服。须知邮政制度是一种科学方法,没有统一完整的一套制度,就无法做到迅速、保险、完全、秘密的。"④为此,边区政府在以下几方面做了努力:

第一,健全邮路制度。健全邮路制度有两大好处:一是不误班期,二是严格排单。在邮件运送中,无故不发班和擅自更改班期的现象相当普遍,如"报纸不来,或上班不来,即停止发班"。据1948年1月份统计,整

---

① 《五分区邮政已有改进,左云五天内读到新报》,《晋绥日报》1947年1月3日,第2版。
② 《关于交通发行工作的指示》(1943年9月18日),引自华北交通邮政史料整理组编:《华北解放区交通邮政史料汇编(晋绥边区卷)》,第106页。
③ 张敏:《关于投递部队邮件问题的研究》,《晋绥日报》1947年1月3日,第2版。
④ 许琦之:《邮政工作会议总结》,引自晋绥边区财政经济史编写组、山西省档案馆编:《晋绥边区财政经济史资料选编·工业编》,第710页。

个延误班期中,无故不发班的占 90% 以上。① 有的邮局无故改夜班为昼班,邮工常在出班途中私自回家或探访亲友,无故延误。二是严格排单制度。这时期排单制度一直不规范,接收员和邮工常常"不履行交接手续,出了差错无法稽查,或填注排单,只填袋套不填邮工姓名"。② 边区要求封发员、接收员和邮工一定要履行交接手续。

第二,严格业务制度。边区在包裹、保价信函、书报发行等几种业务上都制定了相应条例,制定了邮件接收、封发、经转、投递、查验等相关制度和会计制度。这些制度保证了邮件递送的迅速、安全与准确,不丢失一封信、一张报。

第三,健全乡村邮路。抗战时期,边区对于代办所和乡邮工作重视不够,广大农村的邮政工作没有得到应有的重视。乡邮组织涣散、极不统一。解放战争时期,边区进一步加大乡村邮路建设。乡村邮政对于土改、整党、救灾生产、支援前线等工作有重要的作用。特别是随着农村经济日渐发展,群众对乡村邮政的要求较为迫切。1948 年,边区邮政会议工作专门指出要健全乡村邮路,主要采取巡回投递、过境投递、沿途设立信箱、设立中心村等模式进行乡村邮政的建设。③

(二)对邮局员工进行教育与培训

抗战时期,边区交通员素质普遍低下,导致交通邮政工作效率极低,如有些地方吸收交通员不注意质量,没有注意加强教育,常有开小差、违反群众纪律、投递错误遗失的现象,使工作受到很大损失。④ 一些地方的交通干部对书报存在严重的错误态度,如"把新报铺炕糊窗,或埋藏地窖,沤坏或被敌人烧毁。有的把书报积压起来不迅速发给民众和读者。还有发行报纸不加检查,有的干部同时收到两份以上,民众却看不到报

---

① 许琦之:《邮政工作会议总结》,引自晋绥边区财政经济史编写组、山西省档案馆编:《晋绥边区财政经济史资料选编·工业编》,第 705 页。
② 许琦之:《邮政工作会议总结》,引自晋绥边区财政经济史编写组、山西省档案馆编:《晋绥边区财政经济史资料选编·工业编》,第 705 页。
③ 许琦之:《邮政工作会议总结》,引自晋绥边区财政经济史编写组、山西省档案馆编:《晋绥边区财政经济史资料选编·工业编》,第 707 页。
④ 《关于交通发行工作的指示》(1943 年 9 月 18 日),引自华北交通邮政史料整理组编:《华北解放区交通邮政史料汇编(晋绥边区卷)》,第 106 页。

纸"。① 解放战争时期,邮政员工素质低下导致邮政效率低下的现象仍然存在。为此,边区一直对邮局员工进行积极的教育与培训。

首先,对员工进行思想政治方面的教育。边区政府指出,干部应建立终身为人民邮政事业服务的思想。② 人民邮政不是政治任务,不要存在"住店"思想,否则工作就不会细心、不会耐心,就会出岔子。边区政府指出,邮政工作是将来大规模革命建设的重要部分,要求邮局干部员工对邮政工作要有一种坚强的、建设的、事业的思想。1948年,晋绥行署干部学校开设邮政训练班,专门集中一段时间向邮局学员讲解中国革命的性质、中国共产党的性质、中国共产党的产生以及中国革命的任务、前途、目的、中国共产党的基本路线等。③

其次,对员工进行邮政业务技术的教育与指导。1941年,晋西区党委宣传部主办了第一期交通发行人员训练班,学员来自党政机关基层。④ 解放战争时期,边区政府要求邮工干部认真钻研邮政业务,熟练技术,提高工作效率,并要求员工向中华邮政和其他解放区学习,努力赶上他们。张建业回忆他在兴县中华邮政学习的情况:"中华邮政人员的业务能力非常强。有询必答,毫不含糊。邮袋的出入都要一一登列清单。收支必须平衡,短了一件,就要赔偿。这使得我们以后开展邮电业务受到启发。"⑤ 1946年3月至5月,边区邮政管理局先后开办了3期邮政业务训练班,均由原中华邮政人员讲解。⑥ 培训内容主要包括邮政规程、业务制度、业务手续、财务管理等。经过学习,绝大部分学员能单独操作,能胜任本职工作。边区在处理中华邮政问题上得到陕甘宁边区的明确指导,在团结教

---

① 《关于交通发行工作的指示》(1943年9月18日),引自华北交通邮政史料整理组编:《华北解放区交通邮政史料汇编(晋绥边区卷)》,第106页。
② 许琦之:《邮政工作会议总结》,引自晋绥边区财政经济史编写组、山西省档案馆编:《晋绥边区财政经济史资料选编·工业编》,第707页。
③ 《培训干部,加强交通邮政建设》,引自华北交通邮政史料整理组编:《华北解放区交通邮政史料汇编(晋绥边区卷)》,第205页。
④ 《培训干部,加强交通邮政建设》,引自华北交通邮政史料整理组编:《华北解放区交通邮政史料汇编(晋绥边区卷)》,第202页。
⑤ 张建业:《我在兴县中华邮政局》,引自华北交通邮政史料整理组编:《华北解放区交通邮政史料汇编(晋绥边区卷)》,第254页。
⑥ 姚振声、王建民:《团结中华邮政员工,实行"交邮合一"》,引自华北交通邮政史料整理组编:《华北解放区交通邮政史料汇编(晋绥边区卷)》,第201页。

育争取中华邮政人员方面取得了很好的效果,对边区人民邮政发展起到很好的作用。

再次,提高员工文化水平。边区邮政员工的文化水平较低,办理业务时常常出错,如有的邮工"把洛阳的邮件可能发到石家庄去"。① 为此,边区政府积极开展文化水平方面的教育,最初员工主要是学习地理、算术,练习写字等,有一定文化程度的员工还要学习党的政策及其他专业知识。1949年5月,边区开办第二期邮政干部训练班,课程包括现行政策课、政治经济学、社会发展史、中国革命与中国共产党、党的城市政策、财政政策、税收政策、粮食政策、工商业政策、农村工作政策、土地改革、减租减息以及党的群众路线,等等。② 这些举措均有助于提高邮政员工的文化水平。

(三)保证邮局员工生活待遇

抗战时期,交通员的生活待遇不高。有的地方不按行署规定待遇执行,导致有些交通员工作不安心,经常回家。③ 抗战胜利后,边区多次调整邮工待遇,以提高邮局员工的生活待遇水平。1946年3月—8月,邮工待遇为供给制,每人每月供给量为小米5斗。该年9月至1947年2月,供给制改为工资制,邮工待遇提高,每人每月工资是小米7斗。1947年3月—11月,邮工、干部待遇又改为供给制,标准与地方军战士相同。④ 1947年邮局邮工、干部待遇标准如表4—5所示。

表4—5　　　　　　　　1947年边区邮局邮工与干部生活待遇标准

	邮工供给标准	干部供给标准
伙食费	每人每月油9两、盐1斤、肉1.8斤、菜30斤、炭45斤。每日粮食1.8斤(防旱备荒时为1.4斤)	每人每月油9两、盐1斤、肉1.8斤、菜30斤、炭45斤。每日粮食1.4斤(夏季起减为1斤)

① 许琦之:《邮政工作会议总结》,引自晋绥边区财政经济史编写组、山西省档案馆编:《晋绥边区财政经济史资料选编·工业编》,第707页。
② 《培训干部,加强交通邮政建设》,引自华北交通邮政史料整理组编:《华北解放区交通邮政史料汇编(晋绥边区卷)》,第206页。
③ 《关于交通发行工作的指示》(1943年9月18日),引自华北交通邮政史料整理组编:《华北解放区交通邮政史料汇编(晋绥边区卷)》,第106页。
④ 许琦之:《邮政工作会议总结》,引自晋绥边区财政经济史编写组、山西省档案馆编:《晋绥边区财政经济史资料选编·工业编》,第697页。

续表

	邮工供给标准	干部供给标准
津贴	每人每月小米12斤(但未发过),只发6斤	每人每月小米6斤,6月份后停发
医药费	每人全年小米1斗	每人全年小米8升
烤火费	每人每月小米2升(4个月)	每人每月小米2.5升(4个月)
服装	每人每年单衣1套、棉衣1套	每人每年单衣1套、棉衣两年1套
鞋袜	每人每年布袜1双、鞋5双	每人每年鞋2双、袜子羊毛10两

资料来源:《1947年度邮工干部供给标准》,引自晋绥边区财政经济史编写组、山西省档案馆编《晋绥边区财政经济史资料选编·工业编》第702页。

可以看出,边区政府给予邮局邮工及干部的待遇是不错的。自1946年边区邮政管理局成立以后,邮工与干部的待遇是有提高的。特别是,1947年邮局邮工及干部的待遇种类变得丰富,并与地方军战士相同。可以看到,邮局员工的生活待遇是较为多样化的,包括伙食费、津贴、医药费、烤火费、服装和鞋袜等。伙食费包括油、盐、肉、菜、炭、粮食等基本的日常生活用品。尤其是在伙食费及津贴方面,邮工的待遇要好于干部,这体现了边区邮政体恤一线邮工的精神。这与中华邮政的工资制度是不同的。中华邮政的薪金制度是局长等干部的薪金高于邮工。[1]

总体来看,边区政府成立以来,交通邮政发生了较大变化。边区建立了较为完善的邮政网络体系,邮政业务能力不断提升,畅通了信息交流。边区邮政业务量虽小,甚至看似微不足道,但对于战争胜利与经济建设却至关重要。交通邮政的发展得益于边区政府采取的一系列发展邮政业务的制度举措。在战争环境下,边区依靠传统人力和畜力运输工具,构建出一个较为完善的邮政网络体系。虽然边区交通邮政的建立与发展是基于经济现代化背景,有现代因素的刺激,但总体来看,支撑边区交通邮政的重要基础是传统力量。显然,在特定条件下,传统力量甚至成为推动边区经济发展的主要动力。

---

[1] 张建业:《我在兴县中华邮政局》,引自华北交通邮政史料整理组编:《华北解放区交通邮政史料汇编(晋绥边区卷)》,第252页。

第五章

边区商业贸易的发展

1940—1949年是边区商业贸易发展的一个重要时期。这一时期,边区商业贸易数量不断增加,商品种类日益丰富,交通日趋便利,逐渐形成了一定程度的区域性商业贸易网络。这得益于边区政府推动商业贸易发展的一系列制度安排。商业贸易在边区经济运行中发挥了承接生产、启动消费、调节供需、平抑物价的重要功能,从多方面满足群众与战争的需求,影响边区经济运行的效率。商业贸易的发展不仅在流通方面为战争胜利奠定了较为坚实的基础,而且反映出中共在新民主主义经济形态下对经济现代化的探索。

第一节 边区商业的新构成

边区商业由境外贸易与境内商业两大部分组成。境内商业包括公营商业、合作社商业与私营商业。边区商业构成与以往不同,表现为公营商业与合作社商业的出现。这是一种新的商业经营模式。这表明边区商业构成出现了新变化。1945年,边区提出要用公营、民营、合作经营的方法来扩大生产,组织各种各样的生产合作社。[①] 可以说,多种经营方式并存

---

① 《中共晋绥分局关于进一步开展大规模生产运动的指示》,《解放日报》1945年2月28日,第3版。

是边区政府对商业贸易的基本政策。这期间,各地贸易组织均已初步建立起来。领导边区商业贸易的主要机构是贸易局。在这种鼓励与保护商业贸易政策的推动下,边区各类商业得到较好的恢复与发展。这是边区对新民主主义经济思想的具体贯彻与执行,体现了新民主主义经济成分多样化、多种所有制并存的特点。

一、境外贸易

自新政权成立起,边区就遭受各方面经济封锁。为取得军民生活必需品,促进物资交流,边区积极开展境外贸易活动。境外贸易,指的是边区与其他根据地、友区、邻乃至敌区之间的贸易。[1] 对于境外贸易,边区采取鼓励与保护的政策。"一切正当营业,应得到抗日政权与部队的拥护,当然毒品与违禁物品还是应该禁止的。"[2] 在鼓励境外贸易的同时,边区政府对境外贸易进行监督与管理。所以,这时的自由贸易,是一种有条件的自由贸易。根据经济建设需要,边区政府颁布了一系列关于控制进出口货物种类的制度规定。1941年11月,边区颁布《晋西北管理对外贸易办法》,以规范境外贸易。该办法对于出境贸易、入境贸易以及违法贸易的处理都作了具体规定。[3] 同时,边区颁布《晋西北管理对外汇兑办法》[4],对本币与银洋、法币等外汇的汇兑进行了规定。

为保护内地生产,严格管理境外贸易,1943年边区又进一步规定了严禁奢侈品与非必需品入境的政策。[5] 1944年10月20日,边区颁布《晋绥边区管理对外贸易办法》,进一步分类规定了进出口物品的种类,对允许、禁止、特许进出口的物品作了细致规定。[6] 同时,边区颁布了《晋绥边

---

[1] 由于各根据地具有一定的相对独立性,因此,晋绥边区与其他区域的贸易具有对外贸易的属性。多数资料使用了对外贸易、进出口、入超、出超等概念。为保持档案资料的原始性,在引用资料时,均保留了原始的称呼。但在行文论述中,一般称作境外贸易。

[2] 《发展内地商业,组织对外贸易》,《抗战日报》1941年4月5日,第1版。

[3] 《晋西北管理对外贸易办法》(1941年11月1日),引自晋绥边区财政经济史编写组、山西省档案馆编:《晋绥边区财政经济史资料选编·金融贸易编》,山西人民出版社1986年版,第398—402页。

[4] 《晋西北管理对外汇兑办法》(1941年11月1日),山西省档案馆藏,档号A88-5-9-3。

[5] 《行政公署通令严禁奢侈品入境》,《抗战日报》1943年1月16日,第1版。

[6] 《晋绥边区管理对外贸易办法》(1944年10月20日),山西省档案馆藏,档号A90-4-97-4。

区管理对外汇兑办法》①和《晋绥边区管理对外贸易汇兑办法施行细则》②。边区政府在1944年贸易工作会议上提到让干部对管理进出口贸易进行反思:"怎样组织出入口商人,使之服务对敌经济斗争。在对敌经济斗争中,如何掌握主动权,使之对我有利,过去曾采取哪些斗争策略。"③1945年,为与陕甘宁边区的贸易政策保持步调一致协调,中共再次颁布《关于陕甘宁晋绥两边区贸易税收之决定》④,以使两地财政经济逐渐走向统一。

抗战胜利后,边区政府进一步推动、鼓励境外贸易,同时禁止一部分商品入境以保护边区生产。1945年,边区政府明确抗战胜利后贸易工作的任务是:"积极地开展对敌经济斗争,加紧对外贸易,组织与促进生产,调剂供销,使广大群众得到有利的交换。"⑤然而,抗战胜利后洋货向边区倾销的威胁加大。土布、土纸、土烟等物品都有跌价,生产受到挫折。这是一个很大的变化。因此,在鼓励境外贸易的同时,边区进一步加强对境外贸易的管控,以防止外贸使土产品受到打击。1945年10月,行署规定:"决定自十月十五日起禁止洋蓝入境,违者以贩运违禁物品论处。"⑥同年11月,行署再次规定:"今后对于洋货与解放区以外之货物入境,必须严格管理,能不用的就不输入,能少用的就少输入。"⑦同时,边区严格控制出境商品的种类,严禁牛、驴、骡、马、骆驼等的出境。⑧ 1947年,边区

---

① 《晋绥边区管理对外汇兑办法》(1944年10月20日),山西省档案馆藏,档号A90-4-97-5。
② 《晋绥边区管理对外贸易汇兑办法施行细则》(1944年10月20日),山西省档案馆藏,档号A96-3-22-15。
③ 《贸易工作会议工作检讨提纲》(1944年),山西省档案馆藏,档号A96-3-22-8。
④ 西北财经办事处:《关于陕甘宁晋绥两边区贸易税收之决定》(1945年7月10日),引自晋绥边区财政经济史编写组、山西省档案馆编:《晋绥边区财政经济史资料选编·金融贸易编》,第421—422页。
⑤ 《日寇投降后紧张形势下行政公署关于最近半年内贸易工作的指示》(1945年11月14日),山西省档案馆藏,档号A90-4-98-3。
⑥ 《晋绥边区行署关于禁止洋蓝入口的命令》(1945年10月6日),山西省档案馆藏,档号A90-4-98-10。
⑦ 《日寇投降后紧张形势下行政公署关于最近半年内贸易工作的指示》(1945年11月14日),山西省档案馆藏,档号A90-4-98-3。
⑧ 晋绥行署:《关于禁止牛驴骡马骆驼出口补充与陕边税收问题的决定令》(1945年12月22日),山西省档案馆藏,档号A96-4-75-9。

进一步把火柴也纳入禁止入境的范围。①

1947年,边区严格禁止美货入境。自1946年11月4日蒋美商约签订后,大批美货向中国倾销,倾销范围已扩至边区。边区五、六、二分区均有不少美货侵入,主要有洋布、市布、牙刷、牙膏、纸烟、自行车与各种糖类。边区行署指出:"此令颁布后,应广泛地发动我党政军民进行查禁美货运动。今后如再有贩运入境者,即由政府予以没收。"②1948年,行署再次发布命令:"禁止美蒋敌货入口,尤其是美蒋纸烟、洋布等私货,不论公私任何人的,均应坚决没收。"③显然,这时期边区的境外贸易政策,一方面鼓励自由贸易,但另一方面则以行政手段对出入境物品进行控制,禁止非必需品的输入,以保护内部土产的发展。总体来看,边区对境外贸易是严格管制的。通过对境外贸易的管控,边区商业贸易得以在极为困难的条件下生存发展。

二、公营商业

公营商业(以下简称"公商")是边区政府从流通领域为实现"发展经济、保障供给"目的而采取的举措,是边区具有社会主义性质的商业组织,是新民主主义经济的重要组成部分。公营商业的建立和发展,是边区进行经济建设的重要方面。积极推销土产、调剂内地物资供给并贯彻金融贸易政策是公营商业的主要任务。"公营商店对于金融政策的贯彻,有特殊重大的作用。一般农民商人对农币能否正确认识,公商能否起模范作用,关系甚大。"④显然,公营商业不只是为了解决机关自力更生,而且负有调剂与引导市场的责任。新政权成立后,公商在边区市场上的经济地位逐渐代替了过去大商人的地位。可以说,公商是一种占有优势力量的经济单位,亦是支持边区贸易金融政策的有力助手。

---

① 晋绥行署:《关于决定自6月1日起禁止所有外来进口火柴的通令》(1947年5月22日),山西省档案馆藏,档号A90-4-118-2。
② 晋绥行署:《关于对美货倾销应给以无情的打击的通令》(1947年1月30日),山西省档案馆藏,档号A90-4-118-1。
③ 《晋绥边区行署关于严禁美蒋敌货入口的通令》(1948年7月15日),山西省档案馆藏,档号A90-4-125-12。
④ 牛荫冠:《公营商店要成为巩固农钞的模范》,《抗战日报》1943年2月16日,第2版。

在公商组织形式上，各地情形并不相同。有的以公司形式统一经营，有的由贸易局统一经营，有的各自经营并由某一大公司领导。"一分区以兴业公司的方式统一经营，又附之以分散的开设货栈的小经营；二分区将公商力量并入贸易局统一经营；三分区公商各自自行经营，湫水布庄是经济力量占优势的大公商，归贸易局做政策上的领导；六分区除设联合商店外，另设一个统一的较强大的晋源长，政府予以特权，归贸易局在政策上领导；八分区、塞北则比较一元化。"①经验证明，在贯彻执行政策、集中力量、完成上述任务方面，二分区的形式最好，兴业公司的形式也好，晋源长、湫水布庄的形式则易生弊端。显然，公商的建立与发展主要是为完成边区各项贸易任务的。

从营业目的看，获得利润不是公商的主要目标，其目的是维护整个根据地的利益，是直接或间接为群众服务的。因此，其性质与私营商业有本质的不同。《抗战日报》曾批评过一部分公商不从根据地利益大局出发只顾自己盈利的现象："一种是只顾本单位赚钱改善生活的本位主义，结果违反了整个根据地的利益，因小失大；这种小眼光人，要把眼光放大看远。另一种是从商人私利出发，品质恶劣假公济私。"②同时，边区政府要求公商在经商过程中"不要仗自己资本大、有武装就目中无人，谨防染上国民党军队的作风。各公商间的关系，提倡团结合作、相互帮助发展，不能互挖墙脚、互相摩擦以及损人利己"。③ 显而易见，公营商业是一种特殊的商业，其经营活动虽也可以盈利，但盈利不是其主要目的。公营商店要执行贸易金融政策，担负根据地经济建设的职责。对公商的政策是团结联合与指导的方针，使其为根据地服务。

对于公营商业，边区政府不仅在政策上大力扶持，资金上给予帮助，还经常在具体业务上进行指导。如1945年4月边区政府指示公商："首先，应投资于生产事业，如制水旱烟得利就小，办药庄、皮毛庄等既发展了生产又赚了钱。其次，应使其活动方向深入农村，既可免去都到市镇上拥

---

① 晋绥边区行署：《半年来贸易工作的总结》（1945年4月），山西省档案馆藏，档号 A220-13-260。
② 《兴县成立公商管委会》，《抗战日报》1945年3月29日，第1版。
③ 《兴县成立公商管委会》，《抗战日报》1945年3月29日，第1版。

挤而又难获利的困难,又可解决偏僻乡村及边沿地区群众的一些困难,而利润也稳当。再次,敌、友与各根据地之间的过境生意,可以帮助公商经营,赚了敌方的钱,壮大了我们。"① 显然,公营商业是边区政府发展根据地商业的重要力量。

在公商管理方面,一般由当地军政负责人出面主持,由贸易机关负担实际工作。各地均成立了公商管理委员会,如"兴县城、临县城、碛口市、岢岚城与忻州、阳曲口子上,以及其他公商较多的地方,都成立了有权力的管理委员会"。②

从数量看,公营商店数量并不多。1941 年时,晋西北公营商店共 60 家,连贸易局在内是 72 家。其中,经营什货业最多,达 34 家。从地域来看,碛口公营商店最多,共 16 家;临县次之;静乐又次之;保德、河曲巡镇再次之。公商由部队经营的较多。据 1941 年边区 8 个县统计,公商仅占全部商业的 6.7%。③ 公商商店的数量虽不多,但资本与营业额比较雄厚。据 1943 年调查,在保德、岢岚、河曲之城关与巡镇、兴县等地市镇上,公商资本与营业额都占相当大的比重。④

三、合作社商业

合作社是这时期比较普遍的商业组织形式,也是边区新的商业组织形式。合作社商业是新民主主义经济的重要基础。流通领域合作社的发展,促进了商品流通。合作社是群众自己的经济组织,采取的方法是"民办公助",可以在农村固定地发挥作用。合作社从农民收买土产,并向群众分配其他商品,从而起到调剂物资、促进商品流通的作用。合作社商业促使贸易工作逐渐深入农村。

对于合作社商业,边区采取的是鼓励与扶植的政策。1944 年,边区

---

① 晋绥边区行署:《半年来贸易工作的总结》(1945 年 4 月),山西省档案馆藏,档号 A220-13-260。
② 晋绥边区行署:《半年来贸易工作的总结》(1945 年 4 月),山西省档案馆藏,档号 A220-13-260。
③ 中共晋西区党委:《经济建设材料汇集——商业贸易》(1941 年 12 月),山西省档案馆藏,档号 A22-7-4。
④ 牛荫冠:《公营商店要成为巩固农钞的模范》,《抗战日报》1943 年 2 月 16 日,第 2 版。

政府在贸易工作会议上要求干部对扶植合作社商业进行反思:"对新起的群众性的经济力量(包括合作社进步的中小商人手工业)进行过哪些扶植与发展的工作,关系如何。"①在实际工作中,贸易局常常扶助合作社,在经济上给予帮助。边区行署指出:"我们在主观上,应该从思想上、方针上、业务上具体指导各合作社。各级贸易局应参加合作社指导委员会,在业务指导上应负主要的责任。"②因此,贸易局不仅向合作社供货、投资、赊账、贷款,还收买一些土产。贷款不收利息,投资少计股金,让合作社盈利。"贸易局保证经常供给合作社货物,规定每月五日以前各合作社到贸易局取货。贸易局供给合作社货物依规定给予折扣。"③可以说,边区各地贸易局对于合作社商业费了不少力气,帮助很多。

但是,合作社商业的发展并不是很顺利。有的地方缺乏健全的合作社领导与干部;有的地方的贸易局并不能保证供给合作社货物,银行也未能给予必要的资金支持。不少地方的贸易局对合作社的帮助不适当,导致合作社过分依赖贸易局。有些地方"合作社的股本很小,拖欠的贷款很多,时期也很长"。④ 这使合作社产生了依赖贸易局的心理,从而失去独立经营的能力。贸易局贷款一收,合作社马上便受影响。1944年,边区政府在贸易工作会议上要求干部反思:"合作社干部在帮助与领导合作社的业务以何种观点态度出发,收效如何。"⑤边区行署进一步指出:"贸易机关不仅仅要在经济上帮助合作社,而且更重要的是积极负责的指导其业务。"⑥显然,合作社商业的主要目的不是盈利,而是调剂农村物资,发展农村商品经济,并引导农民走向社会主义。合作社商业与其他领域合作社的理论基础是一样的,都来自马克思主义的合作理论。恩格斯曾指

---

① 《贸易工作会议工作检讨提纲》(1944年),山西省档案馆藏,档号 A96-3-22-8。
② 晋绥边区行署:《半年来贸易工作的总结》(1945年4月),山西省档案馆藏,档号 A220-13-260。
③ 《两个半月贸易工作中的重要教训》,引自晋西北行署编印:《工作通讯》1942年第1卷第5期,1942年4月15日。
④ 晋绥边区行署:《目前贸易中存在的问题与贸易工作的任务》(1944年8月5日),山西省档案馆藏,档号 A90-4-101-2。
⑤ 《贸易金融工作会议干部思想反省要点》(1944年5月),山西省档案馆藏,档号 A96-3-22-7。
⑥ 晋绥边区行署:《目前贸易中存在的问题与贸易工作的任务》(1944年8月5日),山西省档案馆藏,档号 A90-4-101-2。

出:"我们必须大规模地采用合作生产作为中间环节,这一点马克思和我从来没有怀疑过。"①列宁也认为:"合作社的发展也就等于社会主义的发展。"②显然,马克思主义者认为通过合作社引导农民走社会主义道路,具有十分重要的意义。可以说,合作社商业对于发展农村商品经济起了重要作用。据不完全统计,1944年,商业合作社能起作用的共有117个。除兴县21个外,每区平均3个,其余县份每区平均1个。③ 在战争时期,合作社商业的发展对于组织群众生产、运输,供给群众必需品起了重要作用。但总体来讲,合作社商业的发展较为缓慢。至1946年这种合作社商业发展还不普遍,合作社干部配备也不健全。④

四、私营商业

私营商业(以下简称"私商")是边区商业的重要力量。如前所述,对于私营工商业,中共一直是采取保护与鼓励的政策。"我们今天的任务,是鼓励私营商业之大量发展,而不是打击限制,更不应消灭商业。"⑤抗战时期,日军侵略及经济封锁,但由于政府采取鼓励私营工商业发展的政策,边区私营商业发展较好。私商大多是小本经营。大商很少,小商居多。不少私商是在新政权下才上升的。由于贸易局业务开展更多与公商、合作社商业进行,因此,私商发展弱于公商及合作社商业。边区行署承认,私商发展慢,"与我们没有积极扶助其正当发展也有关系"。⑥ 对于私商的重要性,边区政府是很清楚的。边区政府多次强调私商的重要性:"要知道私商也正是贸易工作上的群众之一。必须运用这一力量,才能够使对敌斗争取得胜利。土产品推销出去,很好地调剂了供销,刺激了生

---

① 恩格斯:《致奥古斯特·倍倍尔》(1886年1月20日—23日),引自《马克思恩格斯全集》第36卷,人民出版社1975年版,第416页。
② 列宁:《论合作社》(1923年1月4日和6日),引自中央党校教务部选编:《马克思主义著作选编:丙种本》,中共中央党校出版社1996年版,第216页。
③ 晋绥边区行署:《关于下发贸易金融材料的通知(附:贸易金融材料)》(1944年8月29日),山西省档案馆藏,档号A96-1-11-7。
④ 《晋绥边区1945年1月至1946年6月贸易工作综述》(1946年7月10日),引自晋绥边区财政经济史编写组、山西省档案编:《晋绥边区财政经济史资料选编·金融贸易编》第672页。
⑤ 《发展内地商业,组织对外贸易》,《抗战日报》1941年4月5日,第1版。
⑥ 晋绥边区行署:《目前贸易中存在的问题与贸易工作的任务》(1944年8月5日),山西省档案馆藏,档号A90-4-101-2。

产。特别是肩挑小贩,更是深入农村的桥梁。"①这时期,对私商的不重视,主要原因是:"对于新民主主义经济的性质认识不清,在情感上厌恶私商。"②尽管这时期基层有轻视私商的思想,但并未出现直接侵犯私商的现象。总体来讲,这时期私商还是有所发展的。抗战时期集市的普遍恢复与增多,反映出这时期私商的发展。

1946年后,边区私营商业一度受到土地改革的冲击。由于边区土改较为激进,许多市镇的私营商业遭到破坏,工商业者的经济利益受到侵犯,工商业发展环境甚至不敌抗战时期。据边区较为发达的9个市镇统计,至1947年年底,商户倒闭651户,占全部商户的25%;缩小规模的141户,占5%。③惩治"奸商"活动与土改同时进行。临县白文镇在土改总结中提到:"在惩治奸商过程中究竟有什么理由逮捕罚款,没弄清楚。"④在土改进程中,土改群众甚至直接进城扣捕工商业者、封闭门面进行清算。一些地方的工商业者几乎被无理由清算,如"土改时朔县农民进城大闹三天,全市被没收的500多家商户,有240家是正当工商业"。⑤边区私营商业多数为农户兼营,从事以生存为目的的小规模商业活动,而土改已经触碰了他们的生存底线。1948年1月22日,李井泉给毛主席关于纠正"左"倾错误的报告中指出:"工商业,在这两个地区(兴县蔡家崖与五寨县)主要是土改牵连较大。而朔县则更严重,乡村农民数千人进城扣押敌伪人员及地主,没收财物,领导未加控制,异常混乱。"⑥可以说,在土改惯性下,普通小私营工商业者的上述遭遇是中共高层始料未及的结果,也是中共无法控制、不愿意看到的结果。于是,扭转私商的心态、使其恢

---

① 晋绥边区行署:《半年来贸易工作的总结》(1945年4月),山西省档案馆藏,档号A220-13-260。
② 晋绥边区行署:《半年来贸易工作的总结》(1945年4月),山西省档案馆藏,档号A220-13-260。
③ 《晋绥工商业情况报告》(1948年2月),引自晋绥边区财政经济史编写组、山西省档案馆编:《晋绥边区财政经济史资料选编·金融贸易编》第601页。
④ 《临县第五区白文镇工商业材料》(1948年3月6日),山西省档案馆藏,档号A90-4-128-6。
⑤ 《中共中央晋绥分局关于土改工作与整党工作基本总结》(1949年1月30日),引自中共吕梁地委党史资料征集办公室编印:《晋绥根据地资料选编》第四集,内部资料,1984年,第333页。
⑥ 《李井泉关于纠正"左倾"错误的情况的报告》(1948年1月22日),引自中央档案馆编:《解放战争时期土地改革文件选编(1945—1949年)》第136页。

复信心成为摆在土改面前的一道难题,是政府亟须解决的问题。使贫弱的私营工商业者得到基本的制度保障是边区政府不可推卸的责任和义务。

针对前述情况,中共迅速进行了纠正。毛泽东指出:"晋绥在土地改革中侵犯了属于地主富农所有的工商业,在清查经济反革命的斗争中,超出了应当清查的范围,以及在税收政策中打击了工商业。"[①]1948年2月,中共对晋绥分局关于纠正土改中侵犯工商业者的"左"倾现象作了批示:"使现有工商业者安心经营自己的企业,使去年受过打击但还有力量恢复营业的工商业者敢于重新复业。"[②]为彻底解除商人的顾虑,中共基层领导干部多次召开会议让边区商人了解各种政策与纠偏的意义,说明发展生产、繁荣经济、公私兼顾、劳资两利是社会主义工商业的基本方针。基层党组织不仅召开会议集中解释,还进行个别宣传。例如,边区商业重镇碛口的工作团、税务局、贸易局专门召开商民会议解释党对工商业的政策,并说明政府绝对保护工商业利益。[③] 随着被斗户果实被退还、基层领导干部承认错误,商人对党逐渐有了了解,并产生了一定信任感,其心态也从怀疑逐渐转变为信任、高兴甚至兴奋。例如,临县在1948年2月退款后,群众情绪大为提高,大小商人都表示高兴。有商人说:"虽然退款不多,但只要现在少有几个,大的闹不起可以闹小的。高兴的是今后能闹了。"[④]不少商人不但自己解决了问题,而且还向其他人宣传,帮助别人解除困难。特别是,政府还对需要贷款的商人给予贷款,并充分发挥已有的力量供给商人生产工具。由此可看出,纠偏后,私营商人是相当高兴的,特别是政府的大力扶助,使其更加兴奋。他们更加信任党,认为党能够给予其生意更好的发展空间。

---

① 《在晋绥干部会议上的讲话》(1948年4月1日),引自《毛泽东选集》(第四卷),第1307页。
② 《中央对晋绥分局关于纠正"左"的工商业政策的补救办法的批示》(1948年2月4日),引自中央档案馆编:《中共中央文件选集》第17册,中共中央党校出版社1992年版,第24页。
③ 参见晋绥行署检查团:《关于碛口市廿三家工商业补正的材料》(1948年1月15日),山西省档案馆藏,档号A90-4-127-2。
④ 《临县三交工商业材料》(1948年3月6日),山西省档案馆藏,档号A90-4-128-4。

第二节　制度变迁下的私营商业

一、中共私营工商业政策演变

(一)保全私营工商业

私营工商业一直是中共革命关注的重要问题。从苏区土地革命到抗战时期，中共逐渐形成了一整套关于保护私营工商业的政策。① 解放战争时期土改伊始，中共就进一步确立了保全私营工商业的政策，其目的就是尽可能地保全私营工商业者的利益。这一政策体现在1946年5月4日中共中央发布的《关于土地问题的指示》(以下简称《五四指示》)中。该文件提出："除罪大恶极的汉奸分子的矿山、工厂、商店应当没收外，凡富农及地主开设的商店、作坊、工厂、矿山，不要侵犯，应予以保全，以免影响工商业的发展。"② 其同时指出，封建地主阶级与工商业资产阶级是不同的，待遇也不同。"我们对待封建地主阶级与对待工商业资产阶级是有原则区别的。"③ 5月8日，毛泽东和刘少奇进一步强调："对工商业政策和工人运动必须与土地政策农民运动有原则区别，……使解放区工商业的发展立于不败之地。"④ 显然，解放战争时期，中共对私营工商业的认识有了很大的提升。土改反对的是封建地主阶级，而不是工商业资产阶级。进一步来看，对于封建地主阶级而言，土改要没收的是其封建剥削部分，而资本主义部分则可保全。

(二)保护私营工商业

然而，上述看似正确、合理的"保全"政策实际上并未做到保全工商

---

① 杨青：《抗战时期党的私营工商业政策与抗日根据地的私营工商业》，引自《中共党史研究》2004年第1期；杨青：《土地革命战争时期党的私营工商业政策与革命根据地的私营工商业》，引自《中共党史研究》2005年第5期。
② 《中共中央关于土地问题的指示》(1946年5月4日)，引自中央档案馆编：《解放战争时期土地改革文件选编(1945—1949年)》，第3页。
③ 《中共中央关于土地问题的指示》(1946年5月4日)，引自中央档案馆编：《解放战争时期土地改革文件选编(1945—1949年)》，第3页。
④ 《毛泽东、刘少奇关于土地政策发言要点》(1946年5月8日)，引自中央档案馆编：《解放战争时期土地改革文件选编(1945—1949年)》，第8页。

业。在实际执行中,工商业受到侵犯成为普遍现象。中共很快意识到此事的严重性,并进一步重申对工商业的保护政策。1947年10月10日,中共颁布的《中国土地法大纲》第12条明确规定:"保护工商业者的财产及其合法的营业,不受侵犯。"[1]1948年1月12日,任弼时在关于《土地改革中的几个问题》的报告中进一步专门解释了工商业的政策:"对工商业不要采取冒险政策。……一般工商业是应当受到保护的。"他还反复强调"我们对工商业,应采取保护和领导的政策,绝对不能破坏,破坏是一种自杀政策"。[2] 可以看到,从"保全"到"保护"的政策转变体现了中共保护私营工商业决心的增强。然而,由于中共保护工商业的政策规定常采用纲领性和原则性的形式表示,特别是对一些关键性问题的表述不够清晰明确,如保护工商业者"合法的"营业,而何为"合法"、哪些为"合法"并未作具体规定。随后进一步政策解释提到的"一般工商业是应当受到保护的",其中"一般工商业"的提法亦较为笼统。1948年2月,晋绥边区行署在总结中提到:"在土改中,……我们对封建剥削部分与工商业部分缺乏明确的规定,尤其缺乏领导上的掌握,因此不少地主因受牵连而被群众清算没收。"[3]可见,这种纲领性的"保护"政策有一定的模糊性,在土改浪潮中很难被下层正确理解并有效执行。其结果是,这一次政策转变仍然没有对工商业起到有效保护。1948年3月19日,刘少奇在给毛主席的报告中指出:"各地所发生的左的错误,正如来电所说,确是华北、华东较晋绥、陕北更为严重。……这主要是在全国土地会议(指1947年7月至9月的全国土地会议)以前及会议时所犯的。在土地会议后,则以晋绥错误似较为严重。"[4]显然,晋绥边区已成为土地会议后侵犯工商业最为严重的地区。而其则很大程度归结于相关政策规定不够明确、细致。可见,当时中共在制定工商业政策时,对私营工商业的实际情况还缺乏详细的了解。尽管中共已经意识到私营工商业对于土地改革以及解放区社会经济

---

[1] 《中国共产党中央委员会公布中国土地法大纲》,《晋绥日报》1947年10月13日,第1版。
[2] 任弼时:《土地改革中的几个问题》,《晋绥日报》1948年3月27日,第4版。
[3] 晋绥边区行署:《关于纠正执行工商业政策中几个错误问题的指示》(1948年2月1日),山西省档案馆藏,档号A220-13-452。
[4] 《刘少奇关于工委会议情况的报告》(1948年3月19日),引自中央档案馆编:《解放战争时期土地改革文件选编(1945—1949年)》,第265页。

发展的重要作用,但尚未对工商业制定更为具体的政策。

(三)禁止侵犯并鼓励私营工商业

面对日益严重的私营工商业受侵犯问题,中共紧急向各地发出指示,强调禁止侵犯并鼓励私营工商业。同时,晋绥边区行署亦相应公布了保护工商业的具体条例。1948年1月22日,李井泉给毛主席关于纠正晋绥"左"倾错误的报告中指出:"工商业问题,已先告知各地检查,并禁止各地土改侵犯工商业。"[①]23日,晋绥分局再次向中央报告关于纠正"左"倾错误的方针及步骤的报告时提到:"关于保护工商业的指示,关于三查运动中一些问题的指示,都已先后发各地,并报中央。"[②]同时,中共进一步细化保护工商业的政策,对地主、富农经营工商业有了专门指示。25日,中共中央就地主经营工商业的政策给邓子恢发出指示:"保护一切于国民经济有益的私人工商业。"[③]2月15日,中共中央再次下发关于土地改革中各社会阶级的划分及其待遇的文件。文件进一步明确规定:"一切从事正当活动的商业资本家的合法财产和合法营业,都应当受到坚决的保护,而不允许加以侵犯和破坏。"[④]3月10日,晋绥边区召开生产会议,对工商业政策作了重要决定。会议决定:"坚决贯彻发展生产,繁荣经济,公私兼顾,劳资两利的政策。"[⑤]3月28日,中央对新区土改的指示中再次指出:"应明白规定,不准侵犯工商业,包括地主、富农的工商业在内。"[⑥]5月25日,中共中央向各解放区各级党委发布经修改过的《一九三三年两个文件的决定》,指出:"地主兼工商业者,其土地及其与土地相连的房屋、财产没收。其工商业及与工商业相连的店铺、住房、财产等不没收。富农兼工商

---

① 《李井泉关于纠正"左倾"错误的情况的报告》(1948年1月22日),引自中央档案馆编:《解放战争时期土地改革文件选编(1945—1949年)》,第135页。

② 《晋绥分局关于纠正"左倾"错误的方针及步骤的报告》(1948年1月23日),引自中央档案馆编:《解放战争时期土地改革文件选编(1945—1949年)》,第138页。

③ 《中共中央工委关于对地主经营工商业的政策问题给邓子恢的指示》(1948年1月25日),引自中央档案馆编:《解放战争时期土地改革文件选编(1945—1949年)》,第134页。

④ 《中共中央关于土地改革中各社会阶级的划分及其待遇的规定(草案)》,引自中央档案馆编:《解放战争时期土地改革文件选编(1945—1949年)》,第205页、第208页。

⑤ 《边区生产会议胜利闭幕》,《晋绥日报》1948年4月29日,第1版。

⑥ 《中共中央转发晋冀鲁豫中央局对鄂豫陕新区土改指示的意见的批语》(1948年3月28日),引自中央档案馆编:《解放战争时期土地改革文件选编(1945—1949年)》,第312页。

第五章　边区商业贸易的发展　　211

业者,其土地及与土地相连的房屋、财产,照富农成分处理。其工商业及与工商业相连的店铺、住房、财产,照工商业者处理。"[①]5月,晋绥边区行署发布关于保护工商业问题的布告,郑重宣布:"凡遵守政府法令,进行营业的工厂、作坊、商店,不分阶级、籍贯,政府均依法保护其财产所有权与经营自由权,任何个人或团体,均不得加以干涉或侵犯。"同时还公布了保护工商业的一些具体细节。[②] 6月,晋绥边区行署正式颁布《保护工商业条例草案》,对于保护工商业的若干具体情形作了细致规定,共计11条。[③] 由上可见,此时的工商业政策已从"保护"进一步演化为"禁止侵犯""不得干涉""不没收""坚决保护""鼓励",等等。这实际上是进一步释放了一个重要信息,那就是坚决保护工商业。对于工商业者而言,这样的制度细化和演变无疑是一个福音。显而易见,中共对工商业的政策进一步明确,对工商业的保护决心进一步坚定,对工商业的作用进一步肯定。在此政策背景下,对工商业的保护才可能真正实现。

由上可以看到,保护工商业是中共对私营工商业者的一贯政策,这是明确无疑的。事实上,自土地革命以来,中共就有了保护工商业的认识。然而,数次实践表明,尽管中共一再强调对私营工商业者进行团结和保护,但结果是土改中私营工商业者往往成为被侵犯的对象,随后再进行纠偏。显然,政策和实践存在反差。土改时期,基于马克思主义理论的中共上层制度,尽管表述非常具有合理性和逻辑性,但显而易见的是其理论阐述和具体实践之间存在差别,现实的斗争常常与理论阐述不能完全吻合。无疑,中共上层制度与下层实践脱节是土改中工商业者被侵犯的重要原因。这种上层制度和下层实践之间经常出现的脱节与背离,是不是中共出于某种需要而进行的有意的制度安排? 保护政策不明确是否含有动机上的不明确? 侵犯工商业是不是中共土改的题中应有之义,纠偏是不是

---

① 《中共中央关于一九三三年两个文件的决定》,《晋绥日报》1948年6月10日,第4版。
② 《晋绥边区行政公署布告(关于保护工商业问题)》(1948年5月),引自山西省工商行政管理局编印:《晋绥边区山西工商行政管理史料选编》,第203—204页。
③ 《晋绥边区行政公署布告(关于保护工商业问题)》(1948年5月),引自山西省工商行政管理局编印:《晋绥边区山西工商行政管理史料选编》,第203—204页。

权宜之计？① 下文通过探讨中共政策与实践出现反差和工商业屡屡受侵犯的深层原因，并对上述几种观点进行讨论，从而反映中共面对政策失误敢于承认、坚决纠正的优良品质。

二、对制度与实践的几点反思

我们知道，土改期间中共在政策上对私营商业给予高度重视。就原则来看，保护私营商业始终是中共坚持的基本立场。即便是各地私营商业已普遍受到侵犯、破坏，这一原则依然不曾改变。因为，中共清醒地认识到："这样对于繁荣中国的经济是有利的，是需要的。"② 由此来看，如果说苏区时期由于处于残酷战争的非常时期，从而使工农民主专政虽有保护中小工商业者的口号，但不足以形成对工商业者的保护。③ 而到解放战争时期，私营商业何以仍在新民主主义政权的保护下屡受侵犯？

（一）中共上层制度的模糊是工商业者被侵犯的根本原因

显而易见，把土改时期私营工商业者的命运放到中共革命的整个历史进程中结合中共纠偏进行考察，容易发现工商业者屡次受侵的根本原因是中共上层制度的模糊。土改时期保护工商业的制度规定本身是不够清晰明确的，是模棱两可的。这种制度模糊并非中共有意而为。中共深知保护工商业的重要性。然而，在瞬息万变的战争环境下，中共虽有心保护工商业，但常常力不从心，有时无暇顾及工商业，不能把工作重点完全集中到工商业上，从而导致制定的工商业政策不够明确。这种制度的不明确使土改进程中诸多私营商业受侵。进一步来看，这种制度的不明确与模糊主要表现在以下关键的两个方面。

首先，土改政策对工商业者收入性质及数量的规定不够明确。工商业者收入性质的确定是土改中工商业是否被侵犯的关键。依照"凡富农

---

① 此观点参见刘诗古：《国家、农民与"工商业兼地主"：南昌县土改中的"清算"斗争》，《近代史研究》2013年第4期；刘诗古、曹树基：《新中国成立初期土地改革中"工商业兼地主"的政治身份认定——主要以南昌县为例》，《中共党史研究》2011年第2期。
② 任弼时：《土地改革中的几个问题》，《晋绥日报》1948年3月27日，第4版。
③ 温锐：《苏维埃时期中共工商业政策的再探讨——兼论敌人、朋友、同盟者的转换与劳动者、公民、主人的定位》，《中共党史研究》2005年第4期。

及地主所设的商店、作坊、工厂、矿山,不要侵犯"的规定,富农及地主除商店、作坊、工厂、矿山等之外如来源于土地等的收入是可以"动"的。这样,工商业者收入性质的界定就成为土改的关键。当时土改政策对工商业者收入的性质及待遇也作过规定:"如果是大商人,而且家里有不小数目土地出租伴种或招伙计的,那就是大商人兼地主,他们的土地应和地主土地同样处理。至于中小商人,……他们的土地要斟酌具体的情形,但在负担上必须计算其商业收入部分。如果他们的收入主要是地租而商业收入较少,那么对于他们的土地部分就要按照对地主土地的原则处理。"[1] 显然,这样的规定是不够明确的,在实践层面操作弹性极大。然而,令人遗憾的是,土改政策未能就如何区分商人的收入性质作出更为细致的规定,[2]而是将这一任务留给基层去"斟酌"解决。在界定商人收入性质、数量时,大多数基层干部是通过群众调查和群众估计进行的,如此造成了收入估算的不准确性,从而出现商人利益受侵犯的现象。例如,碛口土改中因征税而垮台的商人,其收入的界定依据均为群众估计,"没有按红利的收入数目课征,而是根据估计的财富冒征的"。[3] 显然,政策的模糊性增加了工商业受到侵犯的概率。关于这一点,中共亦是认识到的:"土改前一段时期,对工业政策,尤其是对地富兼营工商业的政策仍不明确,清算了地主的工商业,因而封闭了商店。"[4]到新区土改时,中共中央正式在文件中指出工商业政策的模糊性导致工商业受侵犯的事实:"对工商业,确定'一般采取保护扶植政策。地主兼工商业的,在农村者,不与封建联系的不动。其与封建剥削分不开的分配'。根据老区经验证明,这样的提法毛病极大。地主、富农工商业,在农村中,与其封建剥削是很难分开的。尤其是我们同志对什么是封建剥削,什么是资本主义剥削,十分模糊的情况下,

---

[1] 中共晋绥分局研究室:《怎样划分农村阶级成分》(1946年9月),引自晋绥边区财政经济史编写组、山西省档案馆编:《晋绥边区财政经济史资料选编·农业编》,第342页。

[2] 事实上,中共在颁布土改政策时亦意识到商人的土地问题常常是弄不清楚而容易划错的问题。参见中共晋绥分局研究室:《怎样划分农村阶级成分》(1946年9月),引自晋绥边区财政经济史编写组、山西省档案馆编:《晋绥边区财政经济史资料选编·农业编》,第340—342页。

[3] 晋绥行署检查团:《关于碛口市廿三家工商业补正的材料》(1948年1月15日),山西省档案馆藏,档号A90-4-127-2。

[4] 《临县城工商业调查》(1948年3月9日),山西省档案馆藏,档号A90-4-128-2。

更是如此。这个口号一定会大开斗争工商业方便之门。"①

其次,土改中阶级划分政策不够具体、明确。依据当时土改政策,不仅工商业收入性质、数量难以界定把握,而且因政策不明确阶级成分的划分也具有一定的随意性,进一步加剧了工商业受侵犯的程度,如崞县土改"将一些有商业关系的中农订成富农"。②临县在总结土改经验时提出:"商人的阶级划分是不合适的。"③中共中央工委亦曾就成分划定问题指示晋绥分局:"你们《土改通讯》第二号关于后木栏干村成分问题的意见,是不妥的,偏于过左的。"④1948年1月,任弼时在西北野战军前线委员会扩大会议上的讲话,就曾以兴县蔡家崖为例谈因土改中成分错划而导致打击面扩大的问题。⑤显然,边区土改中成分划分是有问题的,并导致商人利益屡被侵犯。1948年2月,中共中央又专门向各地印发共25章2万余字的更为详细的土改中各社会阶级的划分及其待遇的文件草案。中央认为"单有土地法大纲及其他党的若干指示而无这样一个完备的文件,很难使我们的工作人员不犯或少犯错误"。⑥随后,边区各地紧急进行了改订成分,1948年2月后《晋绥日报》曾连续数月报道各地改订阶级成分的案例和经验。8月15日,中共中央晋绥分局正式对土改中的"左倾"错误作出检讨,并指出:"主要是我们(对政策)缺乏系统的分析和系统的说明",并强调"应当把正确宣传与执行党的政策看作党的生命"。⑦显而易见,在模糊的制度安排下,工商业者的利益很容易被模糊并受到侵犯。

---

① 《中共中央转发晋冀鲁豫中央局对鄂豫陕新区土改指示的意见的批语》(1948年3月28日),引自中央档案馆编:《解放战争时期土地改革文件选编(1945—1949年)》,第313页。
② 《谭政文关于山西崞县召开土地改革代表会议情况的报告》(1948年2月8日,引自中央档案馆编:《解放战争时期土地改革文件选编(1945—1949年)》,第280页。
③ 《临县城工商业调查》(1948年3月9日),山西省档案馆藏,档号A90-4-128-2。
④ 《中共中央工委关于树立贫雇农在土改中的领导及召开各级代表会等问题给晋绥分局的指示》(1947年12月18日),引自中央档案馆编:《解放战争时期土地改革文件选编(1945—1949年)》,第94页。
⑤ 任弼时:《土地改革中的几个问题》,《晋绥日报》1948年3月26日,第1版。
⑥ 《中共中央关于讨论土地改革中各社会阶级的划分及其待遇的规定草案的通知》(1948年2月16日),引自中央档案馆编:《解放战争时期土地改革文件选编(1945—1949年)》,第228页。
⑦ 中共中央晋绥分局宣传部:《关于去年土改中我们在宣传党的政策上所犯的左的偏向与错误的检讨》,《晋绥日报》1948年8月15日,第1版。

第五章 边区商业贸易的发展

(二)基层干部素质偏低导致上层制度与下层实践脱节是工商业者被侵犯的直接原因

基层干部是土改政策的具体执行者、各项工作的直接落实者,其素质如何既关系本地区土改及纠偏的成效,又关系新民主主义经济建设的大局。基层干部素质偏低导致中共上层制度与下层实践脱节,是工商业者被侵犯的重要原因之一。考察从下层视角分析工商业受侵犯的相关研究成果,一个倾向性结论是,把工商业受侵犯要么归于农民的平均主义倾向,要么归于基层干部的革命过激倾向。然而,研读当年土改基层档案,审视当时中共高层的工商理念,分析私营工商业者心态的转变可发现,导致工商业受侵犯的一个重要原因是基层干部较低的素质,这导致其未能深入解读中共的上层制度,从而使土改下层实践与中共上层制度产生脱节。而工商业者心态的成功转变亦是建立在基层干部反复地学习、研读中共土改及工商业政策的基础之上,得益于强有力的基层干部或基层干部素质的提高。

新中国成立前,边区很多基层干部文化水平比较低,很多参与土改的干部素质并不高。边区土改委员会主任赵林曾就临县土改中的问题向晋绥分局写信,其中第一条提的就是干部素质:"三个行政村共19个干部(现在看来质量极差,有好些还不够条件),每个行政村只有一个至二个较强干部来掌握。"[①]由于文化水平低,不少干部是在对党的土改政策和工商业政策还不了解的前提下就展开土改。例如,临县招贤镇总结土改经验时指出:"土改中在思想上对保护工商业不够明确。"[②]显然,在土改进行时,有些中层干部甚至对政策也不了解。如崞县在讨论村主席时,群众代表们认为他们是"通天瞎棒",办不了事。[③] 右玉三区几位区干部曾指出,区长和副区长识字不多。他们在接到县上指示和信件时,常因文件字体潦草马虎或一些"官话"(比如"延期""先斩后奏""手续正规化"等),从

---

① 《赵林同志来信关于临县普遍群众运动中几个问题的检讨》,《晋绥日报》1947年11月3日,第1版。
② 《临县八区招贤镇工商业调查》(1948年3月4日),山西省档案馆藏,档号A90-4-128-5。
③ 《谭政文关于山西崞县召开土地改革代表会议情况的报告》(1948年2月8日),引自中央档案馆编:《解放战争时期土地改革文件选编(1945—1949年)》,第289页。

而看不懂、无法理解指示的意思,以致工作常常被拖延或出错误。"① 显然,文化素质低使很多干部无力深入解读保护工商业者的政策。崞县土改干部在检讨过激错误时说:"当时(指理解政策时)只记住一句话:'不能包庇地主。'……当时(指犯错误时),一来是'闹不机明',二来怕人说包庇地主、富农。"②显然,基层干部未能全面地、充分地、正确地理解土改相关政策是工商业者受侵犯的直接原因。

进一步来看,从基层干部本意及情感来讲,他们也不愿意侵犯工商业者。临县土改中"由于追查历史、划分成分、过重的营业税,甚至引起当地干部的不满"。③ 可以说,部分基层干部在土改过程中出现过激行为,一方面源自上层制度本身的模糊性,另一方面则源于基层干部较低的素质。有了这些前提,农民的平均主义倾向、基层执行者的革命过激倾向和土改的运动惯性才有了滋生的土壤。中央党史研究室前副主任李新在回忆录中谈道:"晋冀鲁豫边区永安县农民运动中发生的简单报复行为,是农民落后性的表现。……土改复查时,群众把工商店铺里的东西全分了,连药铺里的药都分了。我问当地干部:'你们为什么要把药铺分了呢?'他说:'上面说我们不彻底嘛。'我马上召集各区区长及各村干部开会讲:'中央的精神嘛,很明白,也很简单。工商业对发展生产有益,所以要保护。平分土地不是平均主义。谁叫你们把药铺都平分了?分药铺,破坏工商业,不是中央精神!怎么能见风就是雨呢?'"④这一番对白触及了工商业被侵犯的重要原因,即部分基层干部未能正确理解并执行中央的政策精神,而这其中的缘由是"农民的落后性"。有学者曾指出,私营工商业受侵犯"反映出一些人对私营经济在发展国民经济、推动经济现代化中的作用还缺乏必要的认识"。⑤ 认识的差异源自文化素质的差异。因此,正是基层

---

① 重捷:《给区村工农干部写信下通知不要写草字文句要通俗》,《晋绥日报》1948年7月9日,第2版。
② 《谭政文关于山西崞县召开土地改革代表会议情况的报告》(1948年2月8日),引自中央档案馆编:《解放战争时期土地改革文件选编(1945—1949年)》,第280页。
③ 参见《临县八区招贤镇工商业调查》(1948年3月4日),山西省档案馆藏,档号A90-4-128-5。
④ 李新:《流逝的岁月:李新回忆录》,山西人民出版社2008年版,第233页、第274页、第275页。
⑤ 虞和平:《中国现代化历程》(第二卷),第783页。

干部的素质存在差异，才能解释土改时同一边区为什么有些地方侵犯工商业较重，而有些地方侵犯较轻。晋绥边区行署在总结中指出："（土改中）产生的错误，主要是由领导上负责，而各个地区所产生的影响不完全相同。"①正如李井泉给毛主席关于纠正晋绥土改"左"倾错误情况的报告中提到的："有较强骨干的地方，错误较少，改正较快，否则错误较大。"②李新亦指出："永年县土改中因我们管得严，干部大都能守纪律，很少有因这方面错误（指土改中干部占地富便宜的）而受处分的。"③为此，在纠偏后为进一步贯彻党的工商业政策，晋绥边区行署强调："宣传党的政策时……必须事先很好地教育干部。"④而土改整党、工商业、城市等政策有关文件亦被作为边区在职干部学习计划的重点讲授内容。⑤可见，基层干部的素质对于上层制度能否正确执行至关重要。在明确政策、迅速纠偏后，党亦注意到基层干部素质的问题。事实上，因党员干部素质低下、上级尤其是分区委领导不力导致的上层制度与下层实践的背离常在党内文件被提及。⑥毛泽东曾说："政治路线确定之后，干部就是决定的因素。"⑦显然，中共上层制度的清晰、明确与基层干部的自身素质对于助推边区新民主主义经济建设至关重要。也许，正是部分基层干部素质低下的现实与中共推行新民主主义经济实践的人才需求之间的巨大矛盾，促使中共不得不在土改的同时进行干部整改。

当然，土改时期私营商业被侵犯的原因是复杂的，这里只是从一个视角进行分析。正如有研究指出："这些'左'的偏向的发生，有党的政策不完善的原因，也有更深刻的社会历史原因。……这是许多干部缺乏进行

---

① 晋绥边区行署：《关于纠正执行工商业政策中几个错误问题的指示》（1948年2月1日），山西省档案馆藏，档号A220-13-452。
② 《李井泉关于纠正"左倾"错误的情况的报告》（1948年1月22日），引自中央档案馆编：《解放战争时期土地改革文件选编（1945—1949年）》，第136页。
③ 李新：《流逝的岁月：李新回忆录》，第247页。
④ 晋绥边区行署：《关于纠正执行工商业政策中几个错误问题的指示》（1948年2月1日），山西省档案馆藏，档号A220-13-452。
⑤ 《边区一级在职干部学习计划》，《晋绥日报》1948年9月30日，第1版。
⑥ 李里峰：《抗战时期中国共产党的农村支部研究——以山东抗日根据地为例》，《中共党史研究》2010年第8期。
⑦ 《中国共产党在民族战争中的地位》（1938年10月14日），引自《毛泽东选集》（第二卷），第526页。

大规模土改的经验,……放任或者附和农民自发的平均主义要求,因而造成'左'的偏向。"①进一步来看,尽管中共上层制度的模糊和基层干部的素质等导致工商业受侵犯,但中共在土改期间的纠偏措施是及时的、成功的、深入人心的,而且折射出中共在面对工商业者被侵犯的既成事实时进行纠偏的决心和努力。1948年1月,晋绥分局给毛主席的关于纠正"左倾"错误的报告强调:"分局对于纠正'左'的错误,是坚决的。"毛主席对该报告的批示是:"你们所采取的方针及步骤是正确的。"②可以说,侵犯工商业者绝非中共土改题中应有之义,纠偏也并非权宜之计。纠偏反映了中共面对政策失误敢于承认、坚决纠正的优良品质,使中共最终赢得了民心。进一步讲,工商业受侵犯的根本原因虽源自中共上层制度的模糊,但这种模糊并非中共有意的制度模糊,侵犯工商业的事实绝非中共能事先预料。换言之,"党的政策不完善"③并非有意的不完善,更非动机上的不明确,因为一项制度的完善是需要时间的。因此,把保护工商业者的政策视为中共临时性策略的提法以及侵犯工商业者是中共有意的制度安排的观点值得进一步商榷。④

重制度轻实践、重上层轻基层,是以往中共党史研究中的一大缺陷。⑤ 通过以上分析,我们意识到,在导致制度与实践出现脱节的过程当中,制度的模糊与基层干部素质较低是导致新民主主义经济政策未能在基层实现理想落实的重要因素。解放战争时期是中共践行新民主主义经济的关键时期。这一时期党在解放区全面开展新民主主义经济实践,而土改是其中的重中之重。但就私营工商者而言,其命运表明解放战争时期的新民主主义经济实践确实存在一些不尽如人意的地方。在土改过程中,私营工商业者的内心激荡及平复反映出上层制度与下层实践出现的

---

① 中共中央党史研究室:《中国共产党历史(第一卷)》(1921—1949)下册,中共党史出版社2011年版,第757页。
② 《毛泽东对李井泉、晋绥分局关于纠正"左倾"错误的方针及步骤的报告的批示》(1948年1月26日),引自中央档案馆编:《解放战争时期土地改革文件选编(1945—1949年)》,第135—138页。
③ 中共中央党史研究室:《中国共产党历史(第一卷)》(1921—1949)下册,第757页。
④ 刘诗古:《国家、农民与"工商业兼地主":南昌县土改中的"清算"斗争》,《近代史研究》2013年第4期。
⑤ 李里峰:《抗战时期中国共产党的农村支部研究——以山东抗日根据地为例》,《中共党史研究》2010年第8期。

巨大偏差绝不是中共事先能预料到的。其中缘由是复杂的,或由于疏于沟通导致上下级信息不对称,或由于土改惯性与农民的平均主义倾向导致运动过激、土改中武断现象频发,等等。综上所述,值得注意的是,中共上层制度的模糊与基层干部素质较低导致其未能正确把握上层制度的尺度,可能是上述诸多缘由的重要前提。在明确政策、迅速纠偏后,党也注意到基层干部素质的问题。事实上,因党员干部素质低下、上级尤其是分区委领导不力导致的上层制度与下层实践的背离常在党内文件被提及。[①] 毛泽东曾说:"政治路线确定之后,干部就是决定的因素。"[②] 显然,中共上层制度的清晰、明确与基层干部的自身素质对于助推边区新民主主义经济建设至关重要。也许,正是部分基层干部素质低下的现实与中共推行新民主主义经济实践的人才需求之间的巨大矛盾促使中共不得不在土改的同时进行干部整改。由此不难发现,正是中国共产党拥有面对政策失误敢于承认、坚决纠正的优良传统,才使土改时中共上层政策与下层执行虽有背离但很快就被发现并得以迅速纠正,从而使中共赢得民心。其中包含的经验值得提倡和总结。

第三节 边区集市贸易的发展

流通是经济运行的主轴。发展集市贸易不仅是根据地经济建设的重要内容,也是中共在新经济形态下探索实现农村经济现代化的路径之一。1940年,晋西北行政公署成立后,边区集市贸易得以恢复和发展,集市、商号不断增加,商品种类日益丰富,交通日渐方便,区域性集市网络逐渐形成。然而,目前关于晋绥边区集市贸易尚未有专题研究。[③] 本节拟对该问题作一探讨,希冀丰富市镇研究及根据地经济史研究。

---

① 李里峰:《抗战时期中国共产党的农村支部研究——以山东抗日根据地为例》,《中共党史研究》2010年第8期。
② 《中国共产党在民族战争中的地位》(1938年10月14日),引自《毛泽东选集》第二卷,第526页。
③ 目前,商业贸易仍是根据地经济史研究较为薄弱的方面(参见李金铮:《近20年来华北抗日根据地经济史研究述评》,李金铮:《近代中国乡村社会经济探微》,人民出版社2004年版,第571页)。

一、集市发展概况

集市是指人们定期聚集进行商品交易的活动形式。山西各地都有传统的固定赶集日期,到期人们不约而同从各地赶来,称"赶集"。赶集地点一般在县城或较大的乡镇。赶集时间有的地方农历逢三、六、九有集,有的逢一、四、七有集,有的逢二、五、八有集。平常集市上各店铺均开门营业,但购买者不多。每逢集日,人数较多。集市有定期、不定期和庙会等多种形式。因此,集市贸易通常具有周期性、流动性和集聚性特征。

抗战初期,边区许多集市遭受不同程度的破坏。新政权成立后不久,各地贸易组织逐步建立起来。二分区、三分区、四分区、五分区、六分区、八分区都建立了贸易分局,碛口也特设贸易局一处。兴县等地都设立起贸易支局。各分支局都增拨了相当数量的资本,也有主要的干部。[①] 据载,1943年8月,临县商业贸易已基本恢复,有各类商家383家,其中土布业占55家,旧货在市面已绝迹。[②] 1941年始,边区集市逐渐活跃,数量开始增加,各地贸易主要通过集市进行。据1941年12月统计,边区9县共有集市33处(详见表5—1)。

表 5—1　　　　　　　　　1941 年年底兴县等 9 县集市统计

县份	集市名称	集数
方山	马坊、圪洞	2
离石	碛口、孟门	2
临南	招贤、刘家会、丛罗峪、堡子峪、曲峪	5
临县	岐道、兔坂、第八堡、克虎镇、白文镇、城关	6
静乐	娄烦、米峪	2
岢岚	水峪贯	1
保德	东关、桥头、林遮峪	3

---

① 《两个半月贸易工作中的重要教训》,引自晋西北行署编印:《工作通讯》1942 年第 1 卷第 5 期,1942 年 4 月 15 日。
② 穆之弟:《晋西北零缀》,《新华日报》1943 年 8 月 6 日,第 2 版。

续表

县份	集市名称	集数
河曲	旧县、巡镇、河曲城、楼子营	4
兴县	魏家滩、瓦塘、蔡家会、黑峪口、康宁镇、城关、罗峪口、裴家川口	8
合计		33

资料来源:中共晋西区党委:《晋西北商业贸易发展概况》(1941年12月),引自晋绥边区财政经济史编写组、山西省档案馆编:《晋绥边区财政经济史资料选编·金融贸易编》第500页。

由表5-1不难看出,兴县集市最多,有8处;临县次之,有6处;临南有5处。9县县均集市3.7处。除县城集外,县均村镇集市3.1处。据统计,同治年间河曲集市数为3处,光绪年间保德集市数为2处,民国时期临县集市数为11处,光绪年间兴县除县城外的集市数为3处。晋西北(包括兴县、河曲、保德、岚县、岢岚)5县除县城外县均村镇集市为2处。[1] 显然,抗战初期处于萧条状态的集市,随着新政权的成立而逐渐复苏,在边区政府建立1年后已基本恢复到甚至超过清末到"民国"前期水平。[2] 边区集市规模较大的是临县,每集可容纳3 000人,营业额有农币10万元,盈利16 000元。河曲城关、巡镇、保德东关、兴县城关、碛口、静乐、娄烦为商业比较繁盛的7个市镇。[3] 参与集市贸易的商人性质较为复杂,但大体可分为公商和私商两类。其中,公商的经济实力很弱,只占边区商业总数的约7%,私商则占约93%。[4] 私商主要为小摊贩。经营方式占门面的较少,摆摊子的较多。有的占街为市、占路为场,一般无市场设施。游击区集市分布极少,大多没有商店,肩挑小贩是主要形式。

根据上述内容,我们作1941年晋绥边区已恢复或新建集市的重要商业城镇示意图(见图5-1)。

---

[1] 行龙、张万寿:《近代山西集市数量、分布及其变迁》,《中国经济史研究》2004年第2期。
[2] 抗战时期,临县分为临县、临南两县。故与民国时期的临县11处集市相比,抗战时期临县与临南集市之和已恢复到战前水平。
[3] 根据中共晋西区党委:《晋西北商业贸易发展概况》(1941年12月),引自晋绥边区财政经济史编写组、山西省档案馆编:《晋绥边区财政经济史资料选编·金融贸易编》,第493页相关表格整理。
[4] 中共晋西区党委:《晋西北商业贸易发展概况》(1941年12月),引自晋绥边区财政经济史编写组、山西省档案馆编:《晋绥边区财政经济史资料选编·金融贸易编》,第498页。

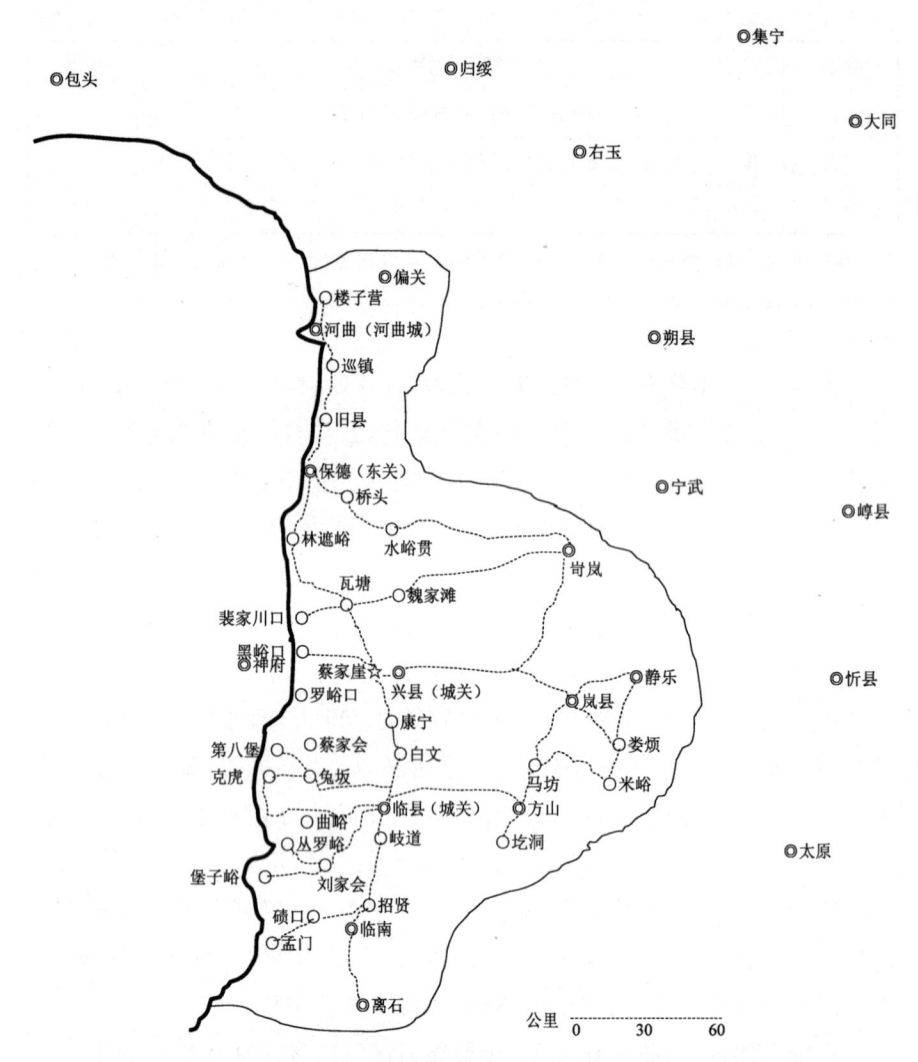

注：◎表示县、市，县名旁边括弧标注表示县城内的集市名。○表示有集市的乡、镇、村。☆为晋西北行政公署所在地。细实线与黄河包围的区域为集市密集区，细实线外区域为集市较少或无集市区。虚线表示的是连接集市的道路。

图 5-1　1941 年晋绥边区已恢复或新建集市的重要商业城镇示意图

从图 5-1 不难看出，在虚线与黄河包围的区域内，各地不同程度地被疏密不等的集市网络所覆盖。而虚线外区域集市则较少，甚至没有。边区集市基本按照行政区划分布，兼顾其他乡镇在商业和商路上的重要性。以县城和若干乡镇为中心地并向外辐射,构成了边区集市市场体系。根据中心地理论,中心地服务面积为六边形,个别地区会受到地形地貌的扭曲。这虽是一理论概念,但以兴县、临县、临南等县城及其周边各乡镇为中心地的集市,基本可以把这一区域相邻集市的边界结合起来,且不太相互重叠,基本能满足区域内群众需求。大体来看,在集市分布相对密集的兴县、临县、临南等地,几乎每个市镇周围都有5~6个相邻集市,形成一个六边形集市区域。

从集市空间分布密度来看,1941年兴县等9县集市平均每集覆盖面积约440.3km^2,交易半径为11.8km(见表5-2)。据统计,1912—1937年,山西集市平均每集覆盖面积为193.59km^2,交易半径为7.8km。[1] 清代中叶全国集市平均每集交易面积为60km^2~90km^2,山区为100km^{2}以上;交易半径平均为4km~6km,山区为5km~7km。[2] 可见,抗战时期边区集市的空间分布密度不仅低于抗战前山西的平均水平,亦低于清代中叶全国平均水平与全国山区平均水平。造成边区集市空间分布密度较低的原因是多方面的。当然,战争是最重要原因。剔除这一特殊因素,人口密度、自然环境、经济发展水平都是影响集市分布密度的重要因素。边区位于山西省西北部和绥远省南部,属于山岳地带。在这种山区面积大、人口密度小、经济文化极其落后的地区,一个集市覆盖的面积势必较广。因为只有一定数量的人口和一定的交易规模才能维持一个集市。另外,一定数量的耕地亦是维持一个集市的基本条件之一,因为农民有剩余农产品才会去集市交易。边区人均耕地虽然绝对量不小,但大部分自然环境恶劣,处于"十年九不收"的境况,土地收益非常低。这些都导致边区集市密度较低。

---

[1] 龚关:《近代华北集市的发展》,《近代史研究》2001年第1期。
[2] 许檀:《明清时期农村集市的发展》,《中国经济史研究》1997年第2期。

表 5—2　　　　　　　1941 年兴县等 9 县集市空间分布密度

县份	面积 (km²)	人口 (人)	平均每集覆盖面积 (km²)	平均每集半径(km)	人口密度 (人/km²)	人均耕地 (亩)
方山	175	30 000	87.5	5.3	171	8.9
离石	225	56 958	112.5	6	253	5.6
临南	150	106 634	30	3.1	711	5.2
临县	2 575	92 475	429.2	11.7	36	11.4
静乐	4 500	96 894	2 250	26.8	22	3.6
岢岚	1 800	22 000	1 800	23.9	12	19.2
保德	1 632	50 842	544	13.2	31	9.3
河曲	350	69 814	87.5	5.3	199	78.7
兴县	3 123.5	93 833	390.4	11.2	30	20.5
合计/平均	14 530.5	619 450	440.3	11.8	43	17.5

资料来源：各县面积、人口、土地据《晋西北人口面积土地统计表》（1941 年 10 月），引自晋绥边区财政经济史编写组、山西省档案馆编：《晋绥边区财政经济史资料选编·总论编》，第 14—15 页。

集市空间分布密度具体到各县区又有差异。临南、方山、离石、河曲等县的集市空间分布密度高于其他几县，亦高于抗战前山西平均水平。兴县作为直属县，虽然集市数量最多，但空间分布密度并不高。在各县中，临南人口密度最高，达每平方公里 711 人，需求总量较大，故而集市密度较高；离石、方山、河曲的人口密度均在每平方公里 100 人以上，集市密度亦较其他县份高。岢岚人口密度仅数十人，人口需求有限，故而集市密度大大低于其他各县。临县、静乐、保德、兴县人口密度均较低，每平方公里不足 50 人，但由于临县、兴县、保德人均耕地较静乐高，三县集市密度亦高于静乐。可以发现，在自然环境、土地收益率、经济发展水平大体一致的边区各县，人口密度成为影响集市密度的关键因素，人口密度与集市分布密度成正比。

1941年后,集市进一步发展。至1944年,神府增设5处集市;三分区①增设7处;八分区②的正式集市有7处;二分区③保持1941年状态;六分区④仍没有一处;塞北⑤亦没有定期的集市。⑥ 显然,集市的分布,内地区以直属县⑦、三分区较好;游击区以八分区最好。这些地区的集市,群众基本可当天往返。但有些地区的群众离集市较远,集市次数也少。如岢岚水峪贯周围90里没有集市,农民到城赶集一次往返需三四天工夫。在游击区,塞北、六分区的集市最少,群众不得不依赖敌区市场。如忻州奇村是敌人据点所在地,但其集市的繁荣完全依赖根据地农民。"奇村出售的黄油,是从我区岢岚农民手里贱价买去的,而我忻州农民反而再从奇村高价买出来。"⑧显而易见,边区集市虽然得以复苏和发展,但在各地发展并不平衡,分布亦不均匀。在已有集市中,虽出现一些市面繁荣的集市,但多数为基层集镇,小摊贩居多,很少有大宗商品的集中交易。就整体而言,边区集市是分散的;就个别而言,其又体现相对密集的特征。

二、政府发展集市贸易的措施

边区集市贸易的复苏和发展,是中共在边区践行新民主主义经济政策,探索中国农村经济现代化发展道路的结果。边区政府发展集市贸易的措施主要有以下几个方面。

(一)政策扶持发展集市

战争时期,物资流动不畅。为调剂内地物资,搞活市场,边区政府大力恢复和发展商业贸易,积极规划建立集市。1941年,边区政府指示,各

---

① 包括临县、临南、离石、方山。
② 包括静乐、阳曲、离东、太原、清徐、文水、交城、汾阳、交西。
③ 包括河曲、保德、偏关、神池、岢岚、五寨。
④ 包括宁武、静宁、崞县、忻县。
⑤ 包括右玉、右南、平鲁、山朔、怀仁、大同及大青山游击根据地所属9县5旗。
⑥ 晋绥边区行署:《目前贸易中存在的问题与贸易工作的任务》(1944年8月5日),山西省档案馆藏,档号A90-4-101-2。
⑦ 包括兴县、岚县、神府。
⑧ 晋绥边区行署:《目前贸易中存在的问题与贸易工作的任务》(1944年8月5日),山西省档案馆藏,档号A90-4-101-2。

县选择中心市镇成立集市以繁荣市场。① 1944 年边区政府再次指示,需要建立集市的地方可设法建立;过去有集市的地方应恢复起来。② 界河口集市的建立是比较成功的案例。界河口距岚县 80 里,距岢岚、兴县各 60 里,是兴县到岢岚、岚县的必经之地。在边区政府的规划和指导下,界河口集市于 1944 年重建。集市建立后,市面很繁荣。③ 而建集市前,附近群众到兴县或岢岚县城赶集往返要费三四天工夫,误工很多。④ 1945 年年初,边区贸易局进一步强调:"抗战以来本地旧有市场被敌摧毁,因此,群众有无不能调剂,农村副业生产即致停顿,所以在中心地区建立集市,恢复旧有市面,会对发展生产、调剂群众必需品作用甚大。"⑤除加强根据地集市建设外,边区政府还有计划地在游击区建立集市。边区行署曾指示游击区应设法多设小型商店或游击商店,并建立集市。如六支局在宋家沟乘骡马大会后恢复了集市。八分区在××庄、××村各建集市1 个。⑥ 离石李秉庭以肩挑小贩形式建立了游击集市。⑦ 游击区建集市不仅能满足游击区农民需要,还能使其成为对敌斗争的经济支点。

解放战争时期,边区政府进一步大力发展集市。抗战胜利后,边区政府进一步指示:"有计划地建立集市推销产品(如能出售木柴、山货、药材、黄油、枣子、皮毛等)、供给原料(如二分区纺织所需棉花等)。"⑧1946 年,位于三省交界处的隆盛庄日趋繁荣。隆盛庄是丰镇兴和公路间的一大市镇。该镇为蒙汉间牲畜、皮毛和粮食集散地,交易向来发达。⑨ 1947 年,

---

① 《发展内地商业,组织对外贸易》,《抗战日报》1941 年 4 月 5 日,第 1 版。
② 晋绥边区行政公署:《关于开展贸易、稳定金融的秘密指示》(1944 年 3 月 10 日),内蒙古自治区档案馆藏,档号 1-1-24。
③ 海云:《界河口集市的建立及其作用》,《抗战日报》1945 年 3 月 27 日,第 4 版。
④ 晋绥边区行署:《目前贸易中存在的问题与贸易工作的任务》(1944 年 8 月 5 日),山西省档案馆藏,档号 A90-4-101-2。
⑤ 晋绥边区贸易总局:《关于骡马大会经验介绍》(1945 年 1 月 17 日),山西省档案馆藏,档号 A96-1-13-2。
⑥ 晋绥边区行政公署:《关于开展贸易、稳定金融的秘密指示》(1944 年 3 月 10 日),内蒙古自治区档案馆藏,档号 1-1-24。
⑦ 晋绥边区行署:《半年来贸易工作的总结》(1945 年 4 月),山西省档案馆藏,档号 A220-13-260。
⑧ 《日寇投降后紧张形势下行政公署关于最近半年内贸易工作的指示》(1945 年 11 月 14 日),山西省档案馆藏,档号 A90-4-98-3。
⑨ 《晋绥隆盛庄市景》,《解放日报》1946 年 4 月 6 日,第 2 版。

边区政府进一步采取各项措施以推进内地集市贸易:"改变与调剂对基本群众不利的季节性与规律性的东西,如粮是秋贱春贵,布是秋贵春贱;用主动价格的调节方法,维持各地物资的正常流动;迅速恢复晋北晋西南的城市以及内地的集市;适时召开骡马大会,利用古会;正常建立花纱布市场。"①

(二)实行自由贸易

为繁荣集市贸易,边区实行内地贸易自由的政策,并颁布人权保障条例,给自由贸易以确实保证。1941年,边区政府规定,在抗日根据地允许商业自由,一切正当营业都应得到抗日政权和部队的保护。为此,边区政府在根据地统一度量,除征收正常税外,严禁任何机关部队妨害商业自由。② 1944年春,兴县、神府出现禁止粮食贩到临县、离石的现象。政府对这种限制自由贸易的做法作了严厉批评,指出内地贸易自由的政策必须坚决贯彻执行。③ 1948年,在边区出现轻视商业、侵犯商业的现象时,中共依旧进一步强调商业在流通中的重要作用:"商业本是物资交流的主要形式。依靠它,流通乡村与城市的贸易关系;依靠它,农民可以出卖粮食,取得日用品。工业家取得原料出卖成品,其合理的剩余价值应该承认。"④可见,自由贸易原则不仅保证了物资流通畅行,而且推动了集市贸易的繁荣。

(三)鼓励私营商业发展

边区政府鼓励和提倡私营商业发展。以往对于私营商业有打击限制的倾向,甚至在感情上厌恶私商,导致市场上只有贸易机关和公商孤军奋战。边区政府积极将私营商业纳入根据地经济建设体系。1941年,《抗战日报》社论提出要鼓励私营商业之大发展,而不是打击限制,更不应消灭,要鼓励多种经济成分共同发展。⑤ 1942年,晋西北行署指出应团结中

---

① 《关于金融贸易问题的检讨(会议材料)》(1947年),山西省档案馆藏,档号A90-4-117-3。
② 《发展内地商业,组织对外贸易》,《抗战日报》1941年4月5日,第1版。
③ 晋绥边区行署:《目前贸易中存在的问题与贸易工作的任务》(1944年8月5日),山西省档案馆藏,档号A90-4-101-2。
④ 参见《临县城工商业调查》(1948年3月9日),山西省档案馆藏,档号A90-4-128-2。
⑤ 《发展内地商业,组织对外贸易》,《抗战日报》1941年4月5日,第1版。

小商人，给以"实惠"。如二分局廉价供给中小商人食盐每日 300 余斤。离石县政府没收的香，廉价供给了小商人。五分局投资给小商贩 935 元。① 1944 年，行署指出对于私商不但不应该限制其发展，而且应该帮助其正常发展，使其正当地赚钱。② 1945 年 4 月，边区行署再次指出私商是贸易工作的群众之一，特别指出肩挑小贩是深入农村的桥梁。③ 鼓励私人经济发展的措施说明，边区政府在发展集市贸易过程中，不仅重视多种经济力量的集合，而且非常强调群众观念。

（四）扶植合作社

边区政府积极扶植合作社以发展商业、繁荣集市。合作社是集市贸易的基础，能在集市上固定地发挥作用。与私商相比，合作社有其自身优势：第一，货源优势。合作社货物由贸易局直接供给，其收购的土产由合作社收集销售。边区政府规定贸易局需保证为合作社供原料、推成品，卖货给合作社。④ 第二，价格优势。贸易局供给合作社货物一般给予折扣，在经济上给予扶助。边区政府规定贸易局卖给合作社的货价要比一般卖价低 5%。对于合作社成品，不论市场上价涨价跌，贸易局必须买，不能使合作社压住老本赔钱。⑤ 第三，业务优势。贸易局会在技术和业务上对合作社进行指导。边区政府规定，不论什么性质的合作社，贸易局都要主动帮助。不只物质上给以便宜，且要帮助其想办法，改善管理。合作社业务没有做好，当地贸易局要负责任。⑥ 因合作社在诸多方面具有优势，其在推动边区集市贸易发展上发挥了重要作用。如边区特等英雄李林芳领导的群众合作社，在繁荣界河口集市起了很大作用。合作社一个月就

---

① 《两个半月贸易工作中的重要教训》，引自晋西北行署编印：《工作通讯》1942 年第 1 卷第 5 期，1942 年 4 月 15 日。

② 晋绥边区行署：《目前贸易中存在的问题与贸易工作的任务》（1944 年 8 月 5 日），山西省档案馆藏，档号 A90-4-101-2。

③ 晋绥边区行署：《半年来贸易工作的总结》（1945 年 4 月），山西省档案馆藏，档号 A220-13-260。

④ 晋绥边区行政公署：《关于开展贸易、稳定金融的秘密指示》（1944 年 3 月 10 日），内蒙古自治区档案馆藏，档号 1-1-24。

⑤ 晋绥边区行政公署：《关于开展贸易、稳定金融的秘密指示》（1944 年 3 月 10 日），内蒙古自治区档案馆藏，档号 1-1-24。

⑥ 晋绥边区行政公署：《关于开展贸易、稳定金融的秘密指示》（1944 年 3 月 10 日），内蒙古自治区档案馆藏，档号 1-1-24。

第五章　边区商业贸易的发展　　　　　　　　　　　　　　　　　　　　229

地收买生铁 1 万多斤、羊毛 300 斤、羊皮 40 张,还出售了 700 多件农具。特别是合作社可以赊账,不少群众感动地说:"那几年可不能这样,还赊东西?给的钱少了东西也拿不走。"① 又如,1942 年塞北分区朔、平两县合作社在贸易局的帮助下,供给群众必需品和农具约 300 万元,并组织了清泉寺和南辛庄的集市。② 据 1944 年不完全统计,边区集市上能起作用的合作社有 117 个。③ 这些合作社在组织群众生产、运输、供给必需品、推广农币等方面有效繁荣集市贸易起了不小的作用。

(五)掌握并稳定物价

抗战期间,边区物价上涨较为严重,波动幅度较大。为保证集市贸易繁荣稳定,边区政府积极对物价进行掌握和调控。政府先从掌握关键的市场做起。如兴县掌握客店,通过市场牙子对买客卖客的情况进行了解,必要时主动接收来货,主动供给所需货物,免去外来商人的袭扰。又如三分区掌握粮食,规定粮店须根据市场需要收放粮食,以减少粮价大波动。④ 此外,政府还通过提供农币贷款以稳定金融。贷款范围涉及农业、工矿业、纺织等与群众生活密切相关的行业。边区各贸易分局及所属商店、合作社亦大力推广农币。这样,农钞和群众利益紧密结合,小商贩和小生产者都开始接受农钞,保证了集市的繁荣。

(六)改善交通运输条件

交通运输条件是关系集市兴衰的重要因素。而运费问题是物资流畅、集市繁荣的关键。边区政府积极改善交通运输条件以降低运费。一是修路。这是减轻运费最主要的方法。如兴县到黑峪口有能通大车的路,兴县炭可低价贩到神府。大车一辆可拉 800 斤左右,如改用毛驴则需 7 头驴、3 个人,费用多好几倍。1944 年,边区行署指示要把上年指定修

---

① 海云:《界河口集市的建立及其作用》,《抗战日报》1945 年 3 月 27 日,第 4 版。
② 《塞北分区朔平两县合作社联席会议对于今后朔平两县合作社工作的意见》(1942 年 9 月 7 日),内蒙古自治区档案馆藏,档号 1-1-24。
③ 晋绥边区行署:《关于下发贸易金融材料的通知(附:贸易金融材料)》(1944 年 8 月 29 日),山西省档案馆藏,档号 A96-1-11-7。
④ 晋绥边区行署:《目前贸易中存在的问题与贸易工作的任务》(1944 年 8 月 5 日),山西省档案馆藏,档号 A90-4-101-2。

的交通要道尽快修好,并计划修好临县到兴县、岢岚到界河口和裴家川口的大车路。① 二是倡导沿途设店并建议低收费。边区政府倡导沿途骡马大店经营者降低草料费用以减轻客商运费,②还倡导路边设店和回脚以降低运费。如鼓励贸易局和群众在路边设店,并建议店费要便宜。③ 在组织回脚方面,建议运输者与当地土产推销联系起来,以便回来时有东西驮,从而减少运费。④ 三是组织运输合作社。边区政府发动公商与机关部队组织运输合作社,以降低运费。

(七)成立商业联合会和公营商店联合会

市场的繁荣发展,功夫在市场之外。为加强集市的领导和管理,边区政府组织成立了商业联合会和公营商店联合会以规范商业贸易。1941年,共有兴县、保德、巡镇、临县、碛口、马坊、娄烦7处商联会。⑤ 商联会由全体商民选出执委,执委互选常委,设主任委员1人。执委和常委一般由大商人、中等商人和小商人构成。商联会负责组织、管理商业贸易,促进农村集市发展,解决商民困难,是政府和商民之间的桥梁。因此,商联会的建立能够有效保证集市贸易的有序进行。公营商联会的数量比商业联合会数量少。1941年,只有兴县一处公营商业联合会。公营商联会仍参加商联会,组织形式和商联会相仿。⑥ 公营商联会主要是集中公营商在市场上的行动,进行各种法令的解释和动员,运用价格政策,平抑物价,帮助私商,稳定集市贸易。

---

① 晋绥边区行政公署:《关于开展贸易、稳定金融的秘密指示》(1944年3月10日),内蒙古自治区档案馆藏,档号1-1-24。
② 晋绥边区行署:《目前贸易中存在的问题与贸易工作的任务》(1944年8月5日),山西省档案馆藏,档号A90-4-101-2。
③ 晋绥边区行政公署:《关于开展贸易、稳定金融的秘密指示》(1944年3月10日),内蒙古自治区档案馆藏,档号1-1-24。
④ 晋绥边区行署:《半年来贸易工作的总结》(1945年4月),山西省档案馆藏,档号A220-13-260。
⑤ 中共晋西区党委:《晋西北商业贸易发展概况》(1941年12月),引自晋绥边区财政经济史编写组、山西省档案馆编:《晋绥边区财政经济史资料选编·金融贸易编》,第537页。
⑥ 中共晋西区党委:《晋西北商业贸易发展概况》(1941年12月),引自晋绥边区财政经济史编写组、山西省档案馆编:《晋绥边区财政经济史资料选编·金融贸易编》,第540页。

三、发展集市贸易的成效及存在的问题

（一）成效

1. 调节供需，推动农村经济商业化、现代化

流通是国民经济的命脉，在国民经济运行中发挥着连接生产和消费的重要功能。抗战时期，集市是边区经济流通的重要形式。集市的功能首先是经济交换功能。一方面提供生活必需品，满足群众的消费需要；另一方面收购土产，拉动群众生产。边区集市交易以农家生产的农副产品和手工制品为主。边区农产品主要有莜面、麻籽、白麻、麻油、黄油、土豆、红枣、粉面、棉花、药材、木材等；手工业品有土布、炭、瓷、铁器等。当地牛羊马驴猪也是集市交易的主要货物。而诸如雪花膏、香皂、头油、罐头、纸烟、纺绸、剪指刀、皮鞋、鞋刷、发卡、被面、手套、饭匙、牛乳等奢侈品极少见到。[1] 边区劳动英雄李林芳曾谈道："（集市）最重要的是供给了群众的必需品，解决了群众食盐穿衣等的困难。"[2] 随着集市贸易的复苏，商品种类日趋繁多，贸易总量逐渐增长，经济专业化程度日趋明显。可以说，集市的发展对于满足群众消费和生产需求，活跃农村经济，繁荣边区市场，促进农村经济商业化和现代化起了重要作用。

2. 平抑物价，形成合理价格

集市不仅能调节边区供需矛盾，还有平抑物价、形成合理市场价格的作用。市场经济秩序不规范现象大多与流通有关。没有健全的流通业，市场价格机制的有效性就会受到影响，供需矛盾也会更加尖锐。抗战期间，不少产品价格大幅波动，买难卖难现象较多。这些归根到底都可归结为流通问题。集市不仅通过调节供需使根据地价格趋向合理，还通过推广农币以平抑物价。集市在交易时坚决吸收农钞，拒用法币和银洋。如界河口集市建立后，在向外倾销土产上，5个月内即吸收兑换回银洋

---

[1] 晋绥边区行署：《目前贸易中存在的问题与贸易工作的任务》（1944年8月5日），山西省档案馆藏，档号A90-4-101-2。
[2] 海云：《界河口集市的建立及其作用》，《抗战日报》1945年3月27日，第4版。

7 000多元,有效禁止了银洋的使用。① 集市交易使农钞购买力逐渐提高,流通范围越来越大。"流通不断地把货币像汗一样渗出来"②,较大程度地巩固了农币在边区市场的地位。与此同时,边区物价逐渐下降。例如,界河口集市建立以前,小米价格每斗 700 元,建集市不到两月就跌到 280 元。③ 边区行署指出:"贸易局银行本身责任是动用本身力量并发动公私商店(这点过去做得很差),大量调剂物质支持金融(如把布运到北面,把粮食运到南面)。"④集市的建立和成长推动边区经济逐渐形成合理的价格。

3. 实现资源有效配置,进一步引导生产

以集市为核心的农村市场体系对于资源配置有重要影响。集市通过商品流通、自主平等的竞争使资源实现有效配置,促进了生产、消费的协调,从而进一步引导生产。例如,1945 年兴县二月二骡马大会上市耕牛 2 000 多头,驴 700 多头,骡马 150 多匹,成交犁铧 90 片。每日成交耕牛 50 多头,总共调剂农具达 73 万元。⑤ 这种调剂解决了农民的生产资料问题,有效促进了边区农业生产的发展。界河口集市建立后,贫农李锁雷欣慰地说:"这下穷人可有了活法啦。背上一背柴,推上二升豆子的豆腐都能卖了。这还不是公家为咱想活法吗?"⑥流通决定生产,也引导生产。货畅其流可以促进消费,进而扩大生产。"商品的惊险的跳跃,这个跳跃如果不成功,摔坏的不是商品,但一定是商品所有者。"⑦边区集市的发展把农民的生产、消费紧密连接在一起,充分激发了农民和手工业者的生产积极性。由集市引导的消费和生产是拉动边区经济发展的重要动力,对边区经济发展起引导作用。集市不仅通过物品交易实现群众物品的价值完成"惊险的跳跃",而且通过自身的无形服务满足边区社会生产、生活、

---

① 海云:《界河口集市的建立及其作用》,《抗战日报》1945 年 3 月 27 日,第 4 版。
② 马克思著:《资本论》(第一卷),中共中央马克思恩格斯列宁斯大林著作编译局译,第 134 页。
③ 海云:《界河口集市的建立及其作用》,《抗战日报》1945 年 3 月 27 日,第 4 版。
④ 《日寇投降后紧张形势下行政公署关于最近半年内贸易工作的指示》(1945 年 11 月 14 日),山西省档案馆藏,档号 A90-4-98-3。
⑤ 《兴县召开骡马大会》,《抗战日报》1946 年 3 月 16 日,第 1 版。
⑥ 海云:《界河口集市的建立及其作用》,《抗战日报》1945 年 3 月 27 日,第 4 版。
⑦ 马克思著:《资本论》(第一卷),中共中央马克思恩格斯列宁斯大林著作编译局译,第 127 页。

文化等多层次需要。

(二)存在的主要问题

无可置疑,集市贸易在沟通城乡物资交流,打破经济封锁,促进多种经济发展,活跃农村经济等方面起了重要作用。然而,应该看到的是,由于战争时期特殊的社会经济环境,集市贸易发展亦存在一些问题。

第一,集市贸易发展不平衡。建集市的原则是使群众的赶集效率最高化。集市贸易发展不平衡主要表现为集市数量少、地点和日期设置不合适。例如,有些地方土产品不畅销,小贩货郎担子没有下乡的现象还存在。[1] 有的地方单纯为了行政领导机关的便利而根据行政范围设立集市,如"林遮峪较偏僻,(建集)不如冯家川适当。温家川离贺家川的集仅十里路,宋家沟离岢岚仅二十里"。[2] 集市离得太近限制其作用,太远则不能满足群众需求。农民赶集一般不以行政区域为范围,其选择某一地赶集主要是出于方便、低的路途成本或习惯。在周期性集市市场系统中,集市的建立应确保避开空间上相邻市场之间的时间竞争,这样才被认为是有效率的。而边区集市有的赶集日期太少,不够解决问题;而有的则太多,又浪费了人力物力。这不仅导致供给者无法有效供给,需求者需求亦较低,从而会极大削弱集市的意义。

第二,商品结构显单一。抗战期间,边区集市商品日渐丰富,但仍显单一。集市贸易最主要的目的是解决群众各种需要,不但使群众能买到东西,而且能卖土产品,还要能给群众修理家具,如钉掌、修农具等,亦要使群众能住宿吃饭。集市上的商品不仅要包括粮食等土产品、工业品(尤其是手工业品),还要有饭店、旅店等服务性产品。然而,抗战期间边区集市上的工业品及服务性产品较为欠缺。因此,边区政府曾指示,在适当时期组织与发动骡马大会或利用古会,以调剂供销。[3]

---

[1] 晋绥边区行署:《目前贸易中存在的问题与贸易工作的任务》(1944年8月5日),山西省档案馆藏,档号 A90-4-101-2。
[2] 晋绥边区行署:《半年来贸易工作的总结》(1945年4月),山西省档案馆藏,档号 A220-13-260。
[3] 晋绥边区行署:《半年来贸易工作的总结》(1945年4月),山西省档案馆藏,档号 A220-13-260。

第三，组织管理较混乱。这一方面表现为建集市过程中地方政府、贸易局和农民、商人的沟通不够。新建集市事先要有很好的准备，动员各种力量参加，如农民、商人等都需广泛组织参加。贸易局、当地政府更要有足够准备。然而，有些地方建集市前准备做得不够充分。例如，"中寨建集日期未一致，罗峪口等地建集贸易局还不知道。"另一方面则表现为建集市过程中出现的强迫命令现象。"有的地方为了建集市，不让群众到附近县份赶集，以便多卖价钱，致使粮食得不到调剂，产粮人收入减少。"[1]

总体来讲，上述问题集中起来都是集市不健全的表现。集市不健全会直接影响流通。流通不畅又会导致生产与需求脱节，造成资源浪费，民众生产积极性下降。例如，兴县、神府，二分区、六分区、八分区都出产羊毛羊绒，因销路不畅，使生产者情绪低落。但有些机关打毛口袋反而买不到毛。河曲羊毛卖不出去，保德反而买不到毛。[2] 这种供需脱节的现象，显然是流通不畅的结果。没有高效健全的集市贸易，供需矛盾就会变得尖锐，边区经济运行的效率也会削弱。可见，集市贸易要有效地履行其交换职能，不仅要依靠各种交易规范、规则及习惯等制度安排，更需要政府有计划地合理规划和组织。

边区集市贸易的发展，对于促进边区商业繁荣、引导工农业生产、调节供需矛盾、平抑物价、形成合理价格、满足群众需要，进而推动边区经济持续发展有重要作用。在战争和外部经济封锁的特殊历史条件下，边区政府为搞活内部经济、发展商业贸易做了不懈努力。发展集市贸易是新政权搞活经济的重要措施之一，亦是中共进行新民主主义经济建设和实现农村经济现代化的重要内容。边区集市贸易的发展为中共此后推动农村集市贸易发展积累了一定经验。然而必须注意的是，由于残酷战争对农村集市的巨大破坏，边区集市贸易发展的不健全特征亦是显而易见的。值得称赞的是，对于这些问题，边区政府高度重视。从其发布的指示和总结中可以看出，边区政府经常积极披露相关问题并责令各地进行改进。

---

[1] 晋绥边区行署：《半年来贸易工作的总结》(1945 年 4 月)，山西省档案馆藏，档号 A220-13-260。

[2] 晋绥边区行署：《目前贸易中存在的问题与贸易工作的任务》(1944 年 8 月 5 日)，山西省档案馆藏，档号 A90-4-101-2。

这不仅表明战争环境下实现经济现代化的复杂性和艰巨性,更表现出边区政府在处理复杂经济问题时发现问题、反映问题、推动问题解决的优良传统。

第四节 边区境外贸易的发展

这里的境外贸易,指的是边区与其他根据地、友区、邻区乃至敌区之间的贸易。战争时期,边区虽被经济封锁,但边区与其他根据地、友区、邻区之间的贸易仍较为频繁,边区把这种贸易称为对外贸易或境外贸易。可以说,这种境外贸易反映了边区与其他区域的商贸往来与关系。

一、贸易额的变动

抗战前晋西北是西北商品贸易的集散地,是沟通西北与太原、北京、天津的转运站。因此,抗战前晋西北贸易较为频繁,主要是过境贸易。抗战后尤其是"晋西事变"后,晋西北境外贸易迅速衰落,出入境贸易减少。新政权成立后,随着社会秩序逐渐安定,境外贸易逐渐恢复并增长。这表现在境外贸易额的增长上。据边区8个县统计,1940年11月,"进出口额共1 391 021.52元(银洋),经营出入口的商贩也增加了"。[1] 由于边区物资极为缺乏,虽然境外贸易额一直都在增长,但历年都处于入超状态。据边区贸易分局局长会议材料统计,1941年,边区共入超525 472元(银洋),其中二区和兴县入超最多,占总入超数的71.6%;其他区入超较少,占总入超数的28.4%[2](详见表5-3)。该表数据较为全面,可作为该年边区境外贸易的参考。

---

[1] 中共晋西区党委:《经济建设材料汇集——商业贸易》(1941年12月),山西省档案馆藏,档号A22-7-4。
[2] 中共晋西区党委:《经济建设材料汇集——商业贸易》(1941年12月),山西省档案馆藏,档号A22-7-4。

表 5—3　　　　　　　　　1941 年边区出入境贸易统计　　　　　　　单位:元(银洋)

地区	入境	出境	净出境
二区	704 000	4752 00	−228 800
四区	330 000	300 000	−30 000
五区	1 544 500	1 508 900	−35 600
六区	170 500	147 000	−23 500
八区	70 000	10 000	−60 000
兴县	334 320	186 748	−147 572
合计	3 153 320	2 627 848	−525 472

资料来源:中共晋西区党委:《经济建设材料汇集——商业贸易》(1941 年 12 月),山西省档案馆藏,档号 A22-7-4。

1943 年边区主要商品出入境贸易总额为 306 787 018 元(农币),约 3 亿元;入超 1 852 714 元(农币),约 180 万元。由于 1941 年出入境贸易单位为银洋元,故无法进行纵向比较。1943 年,边区出入境贸易情况详见表 5—4。

表 5—4　　　　　　　1943 年边区主要商品出入境贸易统计　　　　　金额单位:元(农币)

物品类别	1943 年出境 数量	金额(元)	占全出境(%)	物品类别	1943 年入境 数量	金额(元)	占全入境(%)
黄油	1 026 848(斤)	55 449 792	36.4	土布	126 000(匹)	94 200 000	61.04
粮食	11 681(石)	37 499 200	24.6	西安洋布	2310(匹)	964 000	0.62
牛驴	500(头)	1 500 000	0.98	盐	3 721 500(斤)	44 658 000	28.94
猪羊	4 000(只)	1 200 000	0.78	颜料	2 192(桶)	1 534 400	0.99
麻纸	77 196(刀)	6 175 680	4.1	火柴	165(箱)	115 500	0.07
枣子	80 万(斤)	8 800 000	5.8	篦梳	21 500(张)	215 000	0.14
煤炭	2 000 万(斤)	20 000 000	13.1	针	335(桶)	214 400	0.14
铁	35 万(斤)	3 150 000	2.1	钢鬃	100 000(根)	320 000	0.21
瓷器		3 000 000	1.97	铅笔	321(罗)	373 200	0.24
硫磺	19 120(斤)	459 280	0.3	毛笔	2 512(包)	251 200	0.16
柏油	6 000(斤)	120 000	0.07	蜂蜜	11 000(斤)	880 000	0.57

续表

1943年出境				1943年入境			
物品类别	数量	金额(元)	占全出境(%)	物品类别	数量	金额(元)	占全入境(%)
烟	71 000(包)	2 130 000	1.4	花椒	5 610(斤)	448 800	0.29
香	618 000(罗)	1 483 200	0.97	碱	210 032(斤)	2 520 366	1.63
铜铁木器		5 000 000	3.27	棉花	13 500(斤)	1 625 000	1.05
瓜果蔬菜		2 500 000	1.6	其他		5 500 000	3.56
其他		4 000 000	2.6				
合计		152 467 152	100			154 319 866	100

注:各项数据统计可能有遗漏;元的单位已由银洋折合成农币。

资料来源:根据晋绥边区行署:《关于下发贸易金融材料的通知(附:贸易金融材料)》(1944年8月29日),山西省档案馆藏,档号A96-1-11-7整理。

1944年,边区主要商品出入境贸易总额为1 062 529 303元(农币),约10亿元;入超367 968 394元(农币),约3亿多元。与1943年相比,1944年贸易总额大幅增长,但入超数也随之增长,详见表5—5。

表5—5　　　　　　1944年边区主要商品出入境贸易统计　　　金额单位:元(农币)

1944年出境				1944年入境			
物品类别	数量	金额(元)	占全出境(%)	物品类别	数量	金额(元)	占全入境(%)
黄油	874 366(斤)	80 832 380	20.14	布匹	111 872(匹)	198 073 461	27.53
粮食		3 085 883	0.84	棉及纱		27 278 611	3.79
盐	37 234(斤)	1 787 262	0.47	盐	5 728 560(斤)	111 650 047.13	15.51
碱	16 128(斤)	16 235 245	4.34	碱	1 749 157(元)	420 680 070	5.84
瓜果糖蜜		21 204 401	5.8	油	4484.73(斤)	29 631 350	4.12
煤炭	16 287 322(斤)	25 221 653	6.4	粮面	412.4(石)	18 923 860	2.63
硫磺	67 019(斤)	4 927 010	1.3	调料	47 842.5(斤)	6 061 118	0.84
瓷器		4 227 986	1.1	糖蜜	3 333(斤)	1 537 700	0.29
麻纸		7 812 434	2.11	瓜果菜	985(斤)	227 306	0.04
军用品		30 342 446	8.1	颜料	4 895(桶)	23 187 602	3.42

续表

1944 年出境				1944 年入境		
物品类别	数量	金额（元）	占全出境（%）	物品类别	数量	金额（元）	占全入境（%）
药材	25 754(斤)	7 257 764	1.92	纸张		5 272 930	0.73
布匹		34 206 335	9.3	日用品		8 135 523	1.13
颜料		16 400	0.004	文具		7 717 144	1.07
牛驴	1 852(头)	21 000 350	5.2	牲畜	754(头)	2 270 484	0.31
猪羊	1 782(只)	4 507 700	1.21	洋火	131(箱)	7 431 164	1.03
香		3 415 170	0.91	皮毛		2 844 815	0.39
烟酒		5 304 712	1.35	制成品		2 092 230	0.29
皮毛		5 609 010	1.21	军用品		103 807 313	18.92
铜铁木器		40 128 704	10.9	五金矿物		1 672 000	0.23
京广什货		4 268 447	1.13	药材		29 154 414	4.05
其他		25 990 352	6.1	化妆消耗品		1 759 568	0.24
				铜铁木器		7 688 485.7	1.68
				其他		49 763 073	6.92
合计		347 280 454	100	合计		715 248 848.83	100

注：各项数据统计可能有遗漏；元的单位已由银洋折合成农币。

资料来源：晋绥边区行署：《半年来贸易工作的总结》（1945 年 4 月），山西省档案馆藏，档号 A220-13-260。

1945 年，由于边区境外贸易统计较为混乱，故没有较系统的资料，这里缺失。至 1947 年才有较系统的资料，详见表 5－6。可以看出，入超趋势没有改变。1947 年，边区出入境货物的总值以金子为单位计算，共入超 3 169 赤金两。

表 5－6　　　　　1947 年边区主要商品出入境贸易统计

1947 年出境				1947 年入境		
物品类别	数量	金额（赤金两）	占全出境（%）	物品类别	数量	金额（赤金两）	占全入境（%）
土布	78 000(小匹)	3 546	3.69	土布	1 250 000(小匹)	37 143	39.99

续表

1947年出境 物品类别	数量	金额（赤金两）	占全出境(%)	1947年入境 物品类别	数量	金额（赤金两）	占全入境(%)
洋市布	750(匹)	300	0.31	洋市布	11 000(匹)	2 750	2.96
棉花	150 000(斤)	1 071	1.12	棉花	2 250 000(斤)	13 667	14.72
粮食	5 000(大石)	2 500	2.6	粮食	36 500(大石)	11 975	12.89
碱	250 000(斤)	417	0.43	盐	5 410 000(斤)	9 017	9.71
油	100 000(斤)	714	0.77	碱	1 330 000(斤)	2 217	2.39
盐	50 000(斤)	63	0.65	油	375 000(斤)	1 875	2.02
牲口	17 900(头)	5 114	5.32	牲口	10 615(头)	5 308	5.72
羊	30 000(只)	1 000	1.04	羊	4 250(只)	142	0.15
火柴	250(箱)	125	0.12	机子线	650(捆)	325	0.35
颜料	1 200(桶)	300	0.31	洋纱	1 600(捆)	320	0.34
铁器	15 000(件)	214	0.22	火柴	700(箱)	200	0.22
铁	150 000(斤)	214	0.22	颜料	10 500(桶)	1 500	1.62
瓷器	55 000(件)	393	0.4	铁货	40 000(斤)	333	0.36
铜器	200(件)	3	0.003	煤油	300(大桶)	300	0.32
炭	70 000 000(斤)	4 000	4.16	糖	70 000(斤)	389	0.42
硫磺	280 000(斤)	560	0.58	茶叶	11 000(斤)	61	0.07
土龙骨	50 000(斤)	63	0.07	花椒	10 000(斤)	50	0.05
中药材	20 000(斤)	250	0.26	纸张	1 650(令)	413	0.44
枣、桃仁	550 000(斤)	1 100	1.15	麻纸	5 000(刀)	50	0.05
各种皮	5 000(张)	25	0.03	铅笔	800(罗)	80	0.09
猪鬃	5 000(斤)	13	0.01	石印油墨	4 000(桶)	889	0.96
绒毛	2 000(斤)	11	0.01	麻	35 000(斤)	206	0.22
鸡蛋	200 000(个)	33	0.03	牛皮	10 000(斤)	77	0.08
花椒	5 000(斤)	27	0.03	洋腊	60(箱)	15	0.02
麻纸	1 200(刀)	20	0.02	中药材	10 000(斤)	200	0.22
毛巾	1 000(打)	50	0.05	西药	4 000(磅)	600	0.65
洋针	300(桶)	38	0.04	水银、卫生球		1 820	1.96
香	25 000(把)	25	0.03	钢鬃		200	0.22

续表

物品类别	1947 年出境 数量	金额（赤金两）	占全出境(%)	物品类别	1947 年入境 数量	金额（赤金两）	占全入境(%)
黄表	700(盒)	58	0.06	弹花机零件	650(件)	100	0.11
皮袄	400(件)	80	0.08	缝纫机零件	2 000(件)	100	0.11
核桃皮	10 000(斤)	10	0.01	通信器材	1 500(件)	350	0.38
席子	3 000(张)	50	0.05	印刷器材		200	0.22
赤金	21 200(两)	21 200	22				
银洋	1 480 000(元)	13 454	14				
药品	780 000(两)	39 000	40.6				
合计		96 041	100			92 872	100

注：出口栏目下后三项赤金、银洋、药品是为偿付入超数而支出的款项。

资料来源：晋绥贸易公司：《1947年进出口贸易概况》，引自晋绥边区财政经济史编写组、山西省档案馆编：《晋绥边区财政经济史资料选编·金融贸易编》，第722—725页整理计算。

由上述可以看出，1943—1944年边区贸易总值大幅增长。1947年，由于计量单位不一致，无法进行纵向比较，但贸易严重入超是不争的事实。下面一则资料则可进一步印证边区境外贸易增长的事实。表5—7显示的是1943年、1944年、1946年边区主要商品出入境贸易总值的变动情况。

表5—7　　　　1943年、1944年、1946年边区主要商品出入境贸易总量

商品种类	单位	1943年	1944年	1946年	1943—1944年增长率(%)	1944—1946年增长率(%)
棉花	斤	160 500	167 800	1 660 000	4.55	889.27
洋纱	捆	5 220	1 220	2 200	−76.63	80.33
土布	匹	173 370	265 300	366 000	53.03	37.96
洋布	匹	2 670	495	13 000	−81.46	2 526.26
黄油	斤	246 300	372 600	664 000	51.28	78.21

第五章　边区商业贸易的发展

续表

商品种类	单位	1943年	1944年	1946年	1943—1944年增长率(%)	1944—1946年增长率(%)
盐	斤	4 486 000	5 730 000	4 300 000	27.73	−24.96
白碱	斤	484 000	1 450 000	2 000 000	199.59	37.93
火柴	箱	353	836	470	136.83	−43.78
颜料	桶	18 220	5 100	20 000	−72.01	292.16
粮食	石	11 680	370	15 000	−96.83	3 954.05
硫磺	斤	9 900	67 000	120 000	576.77	79.1
白麻	斤	59 200	14 700	280 000	−75.17	1 804.76
麻纸	刀	77 500	53 500	85 300	−30.97	59.44
牲畜	头	350	1 764	8 000	404	353.51
猪羊	只	2 170	1 790	72 500	−17.51	3 950.28

资料来源：晋绥贸易公司：《1947年进出口贸易概况》，引自晋绥边区财政经济史编写组、山西省档案馆编：《晋绥边区财政经济史资料选编·金融贸易编》，第726页整理计算。

我们可以看到，1943—1944年边区主要商品均有较大幅度增长，但也有一些商品的贸易总值在下降，如洋纱、洋布、颜料、粮食、白麻、麻纸、猪羊等商品的贸易总值均呈现负增长。其中，洋纱、洋布、粮食、白麻出入境贸易额的下降幅度较大。这与这时期边区政府开展的大生产运动有密切关系。1944—1946年的情况则有不同。除火柴、盐两种商品的贸易总额有下降外，其余商品的贸易总额都有增长，而且是巨幅增长，特别是棉花、洋布、粮食、白麻、猪羊等增幅特别显著。这说明边区虽被封锁，但从外贸角度讲，边区经济并非封闭经济。边区经济并非是一种与外界缺少交换的自给经济[①]，而是一种与外界有联系的、有交换的商品经济。

---

① 赵德馨认为封闭性是解放区经济的特点之一。参见赵德馨：《中国近现代经济史(1842—1949)》，第394页。

二、出入境商品结构

（一）入境商品结构

边区每年需要从境外购买大量物资。主要入境商品包括棉花、土布、盐、各类军用品等。入境商品种类主要是与衣食相关的日常消费必需品以及军用品。从上述几个表格所列入境商品品种来看，1943年，主要入境商品种类有14种，其中土布占全部入境商品总额的61.04%，盐占28.94%。1944年，主要入境商品种类有22种，其中布匹占全部入境商品总额的27.53%，盐占15.51%，军用品占18.92%。1947年，主要入境商品种类有33种，其中土布占全部入境总额的39.99%，棉花占14.72%，粮食占12.89%，盐占9.71%。可以看出，边区入境品种在不断增加，但布匹、盐一直是入境商品的主要品种。

从主要入境商品占入境总额比重变化看，布匹虽一直占据边区入境商品的首位，但其比重呈下降趋势，特别是抗战时期下降趋势较为明显。其原因在于边区纺织业的发展，"由于我们提倡纺织，输入数逐年减少"。[①] 盐的入境比重也在下降，其原因在于边区土盐的发掘与熬制。"日本投降以来，文汾平川可熬土盐，每年产量能达二百多万斤，五分区产盐也可达二百来万斤。"[②]1947年，粮食入境比重增加，则与该年遭受灾荒有关。以上数据说明，边区入境商品以消费资料为主，主要是为了满足军民及战争的日常生活需要。

（二）出境商品结构

边区在境外贸易中虽处于不利地位，但亦有传统商品出境。边区出境商品以传统土产如黄油、粮食、煤炭等为主体。1943年，边区主要出境商品种类有15种，其中黄油占全部出境商品总额的36.4%，粮食占24.6%，煤炭占13.1%。1944年，主要出境商品种类有20种，其中黄油

[①] 《晋绥边区1945年1月至1946年6月贸易工作综述》(1946年7月10日)，引自晋绥边区财政经济史编写组、山西省档案馆编:《晋绥边区财政经济史资料选编·金融贸易编》，第642页。

[②] 《晋绥边区1945年1月至1946年6月贸易工作综述》(1946年7月10日)，引自晋绥边区财政经济史编写组、山西省档案馆编:《晋绥边区财政经济史资料选编·金融贸易编》，第644页。

占全部出境商品总额的20.14%,布匹占9.3%,铜铁木器占10.95%,军用品占8.1%。1947年,主要出境商品种类有36种,其中药品出境占全部出境商品总额的40.6%,银洋占14%,赤金占22%,煤炭占4.16%,牲口占5.32%,土布占3.69%。可以看出,黄油、煤炭是边区出境商品的大宗,木材、牲口亦是出境的重要商品。

从主要出境商品占出境商品总额比重变化看,1943年黄油与煤炭两项合计占出境商品总额比重近一半,但至1947年两项合计仅约5%。黄油出境骤减,其原因是"敌人投降后,油价曾涨至一元四角,我们都为了怕资敌禁止出口。后来虽准许出口,但给贩油者种种限制,……到今年油价跌到七角,则更嫌利小不肯输出了,使黄油的输出量大减"。[①] 而煤炭输出减少,则与"我们过去重视不够有关"。[②] 总体来看,至1947年,虽然出境商品种类不断扩大,新的出境品种不断被发掘出来,但其所占比重极小,输出数量均极为有限。进一步看,布匹成为1944年与1947年出境商品结构的重要组成部分,这从贸易角度反映出边区纺织业的发展。

三、境外贸易路线及区域

抗战时期,太原、大同是边区与敌占区贸易的主要区域。太原到边区内地之间通过文水、汾阳,到临县、碛口。大同到边区内地之间经左云、右玉到偏关,再经巡镇,到达河曲、保德。原平、忻州也有一部分货运往边区内地。晋察冀边区土货也由此入境,甚至一部分商品从绥远输入边区。边区经过河曲、保德、黑峪口、克虎寨、第八堡、碛口等渡口,与陕甘宁边区互通贸易。我们将上述贸易路线做一简要示意图(见图5-2)。

由图5-2可以看出,边区与河西(即陕甘宁边区)的贸易最为频繁。边区输往陕甘宁边区的商品,以外来和本地的纸张、纸炮为大宗,其次为外来布匹、本地产的粮食、瓜菜等,再次为铜铁器、瓷器等产品。而边区输往敌区(如太原、大同)的商品以猪鬃、牛皮、黄油、麻绳、牲畜为大宗。显

---

① 《晋绥边区1945年1月至1946年6月贸易工作综述》(1946年7月10日),引自《晋绥边区财政经济史资料选编·金融贸易编》,第645页。
② 《晋绥边区1945年1月至1946年6月贸易工作综述》(1946年7月10日),引自《晋绥边区财政经济史资料选编·金融贸易编》,第646页。

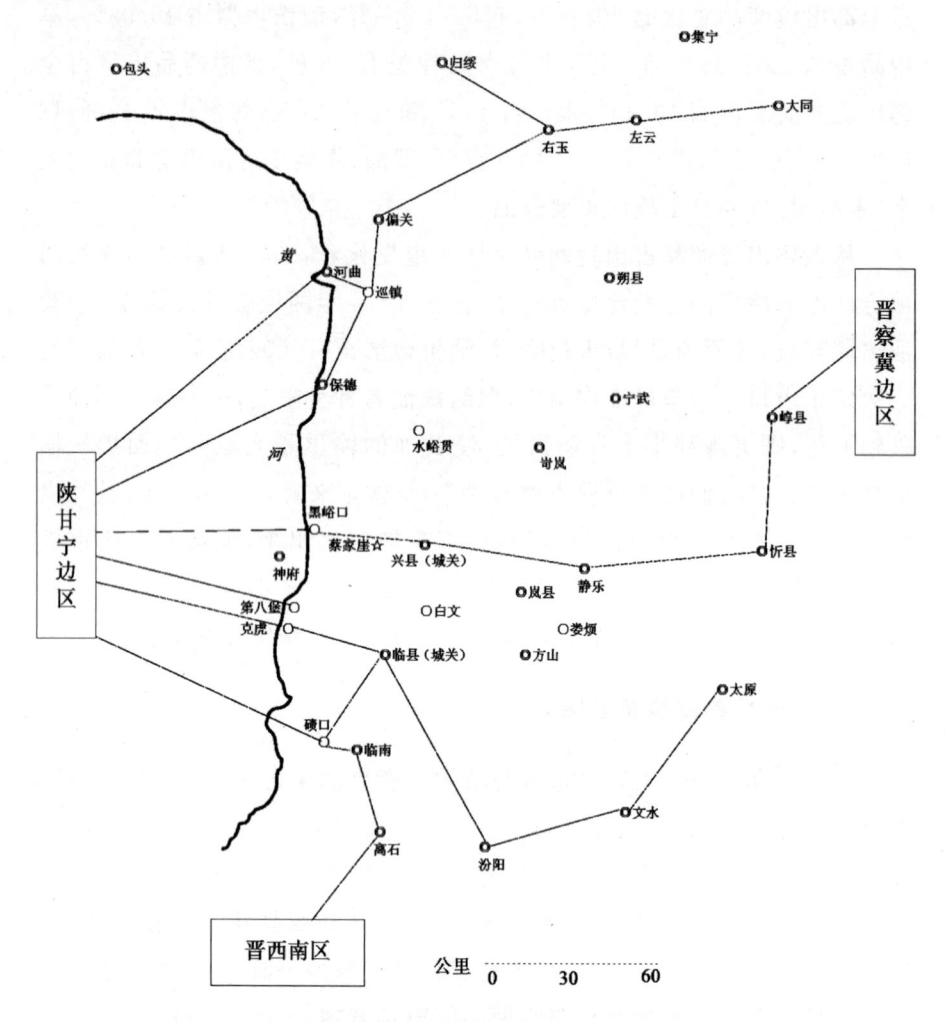

注：◎表示县、市；☆为晋西北行政公署所在地。

资料来源：根据中共晋西区党委：《经济建设材料汇集——商业贸易》(1941年12月)，山西省档案馆藏，档号A22-7-4及晋绥边区行署：《关于下发贸易金融材料的通知(附：贸易金融材料)》(1944年8月29日)，山西省档案馆藏，档号A96-1-11-7所绘。

图5-2 抗战时期边区境外贸易路线示意图

然，除麻绳、牲畜和黄油外，边区大部分输出商品是陕甘宁边区的过境货物。食盐、白碱由陕甘宁边区输来，大部分在边区本地销售。而输入边区的货物以纸张、布匹、毛巾为大宗，大部分过境输至陕甘宁边区，小部分销

第五章 边区商业贸易的发展

于边区内地。输入货物除忻州、阳曲以及晋西南能输入一小部分外,大部分由太原、文(水)、汾(阳)、交(城)平川一带输入。可以说,在边区境外贸易中,过境贸易占很重要的比重。通过图 5-2,我们可以看到晋绥边区在商业贸易方面对于陕甘宁边区的重大支撑作用。通过晋绥边区这个商业贸易中转站,敌区、友区、其他根据地的物资与陕甘宁边区进行频繁的贸易往来。大量物资源源不断地通过晋绥边区流向陕甘宁边区,同时输出陕甘宁边区的商品。往来陕甘宁边区的大部分货物要经过边区中转。显然,晋绥边区是陕甘宁边区与外界进行沟通的重要交通要道与贸易枢纽。它在陕甘宁边区与外界贸易中扮演着非常重要的角色。

表 5-8 进一步具体展示了 1941 年边区境外贸易货物流向的具体情况。

表 5-8 1941 年边区境外贸易货物流向

货物种类	来源	边区内销售	过境货物	过境运往区域
棉纱、各类布、令纸、文具、毛巾、袜子	太原	棉纱、各类布、令纸、文具、毛巾	令纸	陕北
火柴、煤油、颜料	汾阳	火柴、颜料	火柴、煤油、颜料	陕北
棉花、布	文水	棉花、布	布	陕北
棉花	大宁	棉花		
土布、市布、棉纱	古城	棉纱	土布、市布、棉纱	陕北
布、花椒	晋察冀边区	布、花椒	布、花椒	
铁	隰县	铁	铁	陕北
甘草、麻油、绒毛、牛皮	三边		甘草、麻油、绒毛、牛皮	太原
碱	神木	碱	碱	中阳、石楼
纱、桐油、生漆、药材	西安	纱、药材	桐油、生漆、药材	太原
盐	盐池			
棉花	三原			
布、纱、袜子、毛巾、颜料	平遥		一部分	陕北

续表

货物种类	来源	边区内销售	过境货物	过境运往区域
皮衣、毛衣、盐、毛毯、猪鬃	榆林	皮衣、毛衣、盐	猪鬃	太原
牲畜	陕北		牲畜	文水、汾阳、太原

资料来源：中共晋西区党委：《经济建设材料汇集——商业贸易》（1941年12月），山西省档案馆藏，档号 A22-7-4。

表5—8所示的货物流动情况也说明，1941年晋绥边区贸易主要是过境贸易。这一过境贸易主要是沟通陕北与太原等地。至1943年，这一贸易趋势仍未改变。边区大部分物资如花布、盐等是从陕甘宁边区过境入境，或直接从太原等地购买。边区同时向这些地区输出土产，或过境输出商品。晋绥边区仍然是沟通陕甘宁边区与友区及其他根据地的重要通道，详见表5—9。

表5—9　　　　1943年边区出境货物流向与入境货物来源统计

1943年出境货物流向		1943年入境货物来源	
黄油	东边区	土布	东边区、晋西南、国民党区、绥远
粮食	国民党区、东边区	西安洋布	神木、榆林、晋西南、国民党区
牛驴	东边区	盐	陕边区、国民党区、神木、榆林
猪羊	神木、东边区	颜料	神木、榆林、晋西南、绥德、国民党区
麻纸	国民党区	火柴	神木、榆林、晋西南、国民党区
枣子	国民党区	篦梳	神木、榆林、晋西南、绥德、国民党区
煤炭	陕边区	针	神木、榆林、晋西南、绥德、国民党区
铁	陕边区	钢鬃	国民党区、绥德
瓷器	国民党区、陕边区	铅笔	国民党区、绥德
硫磺	国民党区、陕边区	毛笔	国民党区、绥德
柏油	国民党区、陕边区	蜂蜜	陕边区
烟	国民党区	花椒	东边区
香	国民党区	碱	国民党区

续表

1943年出境货物流向		1943年入境货物来源	
铜铁木器	国民党区、陕边区	棉花	东边区
瓜果蔬菜	国民党区、陕边区	其他	
其他	国民党区、陕边区、东边区		

资料来源:根据晋绥边区行署:《关于下发贸易金融材料的通知(附:贸易金融材料)》(1944年8月29日),山西省档案馆藏,档号A96-1-11-7整理。

由上可看出晋绥边区贸易对于陕甘宁边区的重要性。1944年,陕甘宁绥德分区贸易总结材料指出:"陕甘宁边区与晋西北土产贸易关系始终没一致过(币值也不统一)。由于这种不一致所以双方经常在贸易上发生阻碍。……我们研究一下市场上的货。有些东西是从榆林(陕甘宁)来边区的,而榆林这些货,又是从太原经包头到榆林(不只是些消耗品,还有部分洋纱、布匹、颜料等也是这样来的)。这样绕很远的路,成本一定要高,当中还要经过榆林的麻达(麻烦)。如果我们边区与晋西北贸易统一起来一致对外,打通这条路,那就方便多了。"[1]毫无疑问,晋绥边区境外贸易的畅通直接关系陕甘宁边区的物资供应与贸易情况。"(陕甘宁边区)要开展对外贸易,第一步把晋西北与边区贸易关系搞好,双方步骤一致,这样在进行对外贸易上便利多了。"[2]

抗战胜利后随着解放区面积的扩大,边区境外贸易路线发生改变。大量花布由晋察冀边区、太岳根据地等地供给,不再依赖太原、大同等地。特别是随着战争局势的推进,曾经的对外口岸太原、大同等已成孤岛。边区与这些地方的贸易已几乎停滞。1947年后边区出入境贸易主要是各根据地之间的物资往来。[3] 这是一种被迫的贸易路线改变。1946年,行

---

[1] 绥德分区:《贸易总结材料》(1944年3月),引自中国财政科学研究院主编:《抗日战争时期陕甘宁边区财政经济史料摘编》(第四编·商业贸易),长江文艺出版社2016年版,第416页。

[2] 绥德分区:《贸易总结材料》(1944年3月),引自中国财政科学研究院主编:《抗日战争时期陕甘宁边区财政经济史料摘编》(第四编·商业贸易),第416页。

[3] 晋绥贸易公司:《1947年进出口贸易概况》,引自晋绥边区财政经济史编写组、山西省档案馆编:《晋绥边区财政经济史资料选编·金融贸易编》,第718页。

署曾指示要尽快恢复传统的贸易路线："特别应沟通太原、碛口到榆林,忻州到府谷,大同平津到归绥等对外贸易路线。"①由此可见,边区贸易对于沟通太原与陕甘宁及晋察冀等地贸易的重要性。

四、边区境外贸易的特点

受当时生产力发展水平以及社会环境、战争局势的影响与制约,边区境外贸易呈现出一些自身的特点。

(一)贸易服从于战争与边区经济建设需要

边区政府虽提倡自由贸易,但对境外贸易进行严格管制。一切贸易行为必须服从战争和经济建设需要。

抗战时期,边区政府规定凡过河(指黄河)的一切货物都须经过贸易机关——贸易局。② 一切境外贸易者的贸易行为必须按照贸易局统一规定进行。如有人违反贸易规定私自进行境外贸易,当地政府与贸易局有权干涉。例如1945年4月,边区规定公商在忻县、阳曲进行对外贸易时,所卖货物价格不能低于其他商家的价格。要与其他商店保持一致,不能降低价格从中获利,更不能垄断某一贸易。"凡在忻县对外者,一律通过联合商店协商办理。不论推销土产(或金子)或采购需用品,其价格须与联合商店之物价相同。""凡在阳曲对外之公商一律服从该委员会之领导。凡对外推销土产或金子出口之价格,应一律统一。"③也就是说,在进行境外贸易时,有专门的贸易管理委员会管理价格。商人不能随便制订或变动价格。进口商品价格也必须通过管理委员会批准,不能高于规定才可以进行贸易。总之,一切贸易行动要服从战争及经济建设的需要。

边区与其他根据地之间的贸易也被严格管制。1945年,边区政府规定了与晋察冀边区贸易的政策:"有关晋察冀边区的贸易一律由总局领

---

① 晋绥边区行署:《关于巩固金融开展对外贸易的指示》(1946年4月21日),山西省档案馆藏,档号A220-13-326。
② 绥德分区:《贸易总结材料》(1944年3月),引自中国财政科学研究院主编:《抗日战争时期陕甘宁边区财政经济史料摘编》(第四编·商业贸易),第416页。
③ 《晋绥边区行政公署、晋绥军区司令部通令》(1945年4月3日),山西省档案馆藏,档号A90-4-98-7。

第五章　边区商业贸易的发展　　249

导,以便有计划地调剂两边区物质交换。"①1947年,边区政府进一步加强境外贸易,强调最重要的是输出土产,买回花布、工具、军用品等,争取主动派干部出去,境外贸易要有预见、有决心,要抓住机会。同时,边区政府明确指出对贸易实施严格管理的政策:"走群众路线,发动群众带上土产出去,带回我们必需的。改善路条制度。严格管理出入口贸易与外汇,颁布管理出入口办法。"②1948年,随着战争局势的进一步变化,边区境外贸易实行以物易物,并规定相关物资的交换比例。"外来物资的内地价是通过土产的交换比例,再照土产的定价来决定。"③

此外,边区还通过出入境税收对贸易进行管控。布匹是战争与经济建设的重要物资。边区通过税率限制布匹入境,并鼓励布匹出境。对于耕牛、驴骡等重要物资则严禁入境。1946年,边区政府决定:"洋布准许入口与过境,入口课税百分之七十,出口课税百分之三;为了吸收其过境土布,将土布之入口税减为百分之五,出口税减为百分之二;皮毛准许过境出入口,入口课税为百分之三,出口课税百分之三;耕牛、驴骡严禁出口。"④对于新解放区与游击区贸易,虽然政策提倡自由贸易,但仍严格管理。可以说,边区境外贸易完全服从战争与经济建设需要。

(二)贸易内容以必需品为主

由于边区境外贸易服从战争需要,因此,贸易内容以必需品为主。为争取贸易平衡,边区严格禁止非必需品入境。例如,1943年边区政府规定,禁止入境的奢侈品与非必需品货物包括:棉织物类(如色洋布、斜纹布、毛巾、围巾等)、毛织物类(如毛织呢绒、毛织哔叽等)、丝麻织物类(如丝麻手帕、丝麻绸缎)、草编物类(如凉席)、皮毛类(如各种珍贵皮衣)、食品类(如各种瓜果、糕点罐头、鱼虾、茶叶等)、化妆品类(如香皂、香水、香粉、面油等)、服装类(如雨衣、绒皮鞋帽等)、用品类(如各种玩具、伞、扇等)、纸张类(如信纸、信封等)、迷信品(如香、纸炮等)、烟类(纸烟)、酒类

---

① 《晋绥边区行政公署、晋绥军区司令部通令》(1945年4月3日),山西省档案馆藏,档号A90-4-98-7。
② 《关于金融贸易问题的检讨(会议材料)》(1947年),山西省档案馆藏,档号A90-4-117-3。
③ 《1948年金融贸易工作总结》,山西省档案馆藏,档号A96-1-20-2。
④ 《晋绥边区行政公署通知》(1946年1月28日),山西省档案馆,档号A90-4-98-8。

(如洋酒、露酒)、杂货类(如钟表、眼镜、牙膏、牙粉等)。① 对于入境贸易，边区要求尽可能带出去一部分土产；对于出境货物，要求尽可能换回等值以上的必需品。② 因此，对于境外贸易，边区主要采取的是统制政策，施以适当的管理，以求换回必需品。1944年，绥德分区也指出，在贸易政策上，是双方协调进行与敌区物物交换，推销土产换回必需品为重心。③

解放战争时期，随着军需物资需求进一步加大，边区境外贸易更强调以必需品为主。边区要求输出黄金必须换回必需品，经贸易公司批准并交纳保证金。"今后凡请求出口赤金者，详列购货单据，经贸易公司批准后，必须缴纳百分之十保证金，以防赤金换非必需品入口。"④同时，政府进一步打击、惩罚私运非必需品入境的行为。1945年，日寇通过奸商大量倾销非必需品及假货、坏货到边区，而边区因某些生产人员缺乏对敌斗争经验及贸易上未严格管理，使非必需品入境甚多。边区立刻召开各地工商管理委员会及公私商人会议进行座谈，并再次宣布："各种镜子、大小笔记本、外来花布、标布、伞扇、棉织带子、墨盒子、毛巾、线袜子、牙膏牙粉、外来图章、勺子、马灯、台灯、火镰、烟斗嘴、旱烟袋、烟袋杆、洋灯、铁皮、席子、席屯、灯罩、线毯等物品，非经本署特许，不准进口。"⑤各级政府、贸易局、税务局也实行严禁非必需品贸易，并加强缉私。被查获者，依法没收查禁物品并予以惩罚。

与此同时，边区积极输出本地工业品，换回必需品。1947年，边区政府指示境外贸易推销肥皂，输出黄金、白洋、白银，换进军民必需物资。其具体方法是："首先，肥皂采取半倾销以打开销路，扩展肥皂市场，同时从宜川与陇东一带吸收麦子、小米与杂粮。在宜川、陇东主要以食盐换粮，并组织人民的食盐与粮食进行对流。河东在东面输出黄金，换取棉花。其次，换取布匹等日用必需物资。在东路汾河沿岸吸收粮食进来，解决军

---

① 《行政公署通令严禁奢侈品入境》，《抗战日报》1943年1月16日，第1版。
② 中共晋西区党委：《经济建设材料汇集——商业贸易》(1941年12月)，山西省档案馆藏，档号A22-7-4。
③ 绥德分区：《贸易总结材料》(1944年3月)，引自中国财政科学研究院主编：《抗日战争时期陕甘宁边区财政经济史料摘编》(第四编·商业贸易)，第414页。
④ 《晋绥边区行政公署令》(1945年6月24日)，山西省档案馆藏，档号A90-4-98-11。
⑤ 《晋绥边区行政公署令》(1945年6月6日)，山西省档案馆藏，档号A90-4-98-14。

第五章　边区商业贸易的发展

民需要。"①

(三)境外贸易主要通过贸易组织进行

抗战时期,边区境外贸易主要通过转运栈。② 转运栈也叫过载行、过载栈。转运栈是在边区出入境贸易上占重要地位的交易组织。陈云这样描述转运栈的作用和地位:"我们边区商人从外面买货变成收庄,后又经过载行卖给门市部,再由商店到背包生意人,再分散到乡村去。"③他还指出转运栈是边区商业贸易的中心环节。"我们如果能够抓住中心环节,能够了解全部,那我们的生意就好做了。中心环节就是过载行、跑街的。商店里的东西都是经过过载行卖出去的。过载行的老板,他知道什么地方来什么东西,来多少东西。"④边区大的贸易市镇如临县碛口、河曲巡镇和保德东关都设有转运栈。转运栈是商人的交易所。境内商人贩货过来,经转运栈经纪人介绍成交出境。转运栈收取佣金,利润很大。如1941年碛口新华商店四月、五月、六月营业额达42万元(银元)。⑤ 转运栈有私营与公营两种性质。边区政府成立后,公营转运栈开始出现。可以说,作为边区进行境外贸易的一种中介组织,转运栈的多少与成熟度体现了边区商业贸易发展的程度与水平。

但遗憾的是,直至抗战胜利,由于战争及交通运输困难,边区许多地方枢纽并没有建立适当便利的店。用粮的地方没有粮店。许多重要地点没有转运栈。1945年,边区指示各地:土产多的地方,有责任运销出去。货缺的地方有责任购运货物回来,中途运输必须由各地贸易局切实解决。

---

① 陕甘宁晋绥贸易公司、西北农民银行:《关于畅通贸易稳定金融的方案》(1947年11月18日),山西省档案馆藏,档号A96-1-16-29。
② 陕甘宁边区的商业贸易也主要通过过载栈进行。可参见李晓英:《抗战时期陕甘宁边区的过载栈》,《历史教学》2016年第10期。
③ 《学会做共产党的商人》(1944年),引自中共中央文献研究室编:《陈云文集》(第一卷),中央文献出版社2005年版,第377页。
④ 《学会做共产党的商人》(1944年),引自中共中央文献研究室编:《陈云文集》(第一卷),第378页。
⑤ 中共晋西区党委:《经济建设材料汇集——商业贸易》(1941年12月),山西省档案馆藏,档号A22-7-4。

"特别是关于转运栈、炭站等应该首先派遣得力干部前往建立。"[①]这说明,边区境外贸易程度和商品经济发展水平仍极为有限。解放战争时期,在出入境贸易上,边区采取了更为严格的管理政策,大部分贸易由贸易公司经营。据1948年统计,"在经营进口物资的总值上,贸易公司经营的占62%,由公私商贩经营的只占38%"。[②] 可以说,边区境外贸易主要通过贸易组织进行。

五、境外贸易促进边区经济增长

众所周知,中国的经济现代化始于流通领域。近代中国被迫卷入国际市场,并依附国际市场,商业、贸易、金融等领域较早走上现代化的道路。抗战开始后,虽受战争影响,但边区境外贸易并未停止,而是在总量和结构方面,都取得了一定成绩。这些境外贸易成绩成为推动边区经济增长的重要因素。

(一)从总量看,边区境外贸易促进了经济增长

对边区境外贸易及国民收入的观察不如抗战前方便,因为这时期边区的相关统计资料极为缺乏又很零散。我们只能基于残缺的统计资料,从商品数量、商品种类数量、境外贸易范围的扩大上大致考察境外贸易对经济增长的促进作用。

如前所述,从边区境外出入境贸易总额看,1941—1946年边区大部分商品的出入境贸易总额在大幅增长,尤其是1944—1946年棉花、洋布、粮食、白麻、猪羊等的增幅都特别显著。1944—1946年棉花增长率为889.3%,洋布增长率为2 526.3%,粮食为3 954.1%,白麻为1 804.8%,猪羊为3 950.3%(详见表5—7)。从商品种类数量看,虽然边区对商品出入境进行严格管制,但这时期出入境商品种类的数量却在增加。1943年入境商品为14种,1947年增至33种;1943年出境商品为15种,1947年增至36种。从贸易范围看,边区逐渐成为沟通陕甘宁边区、晋察冀边

---

① 《日寇投降后紧张形势下行政公署关于最近半年内贸易工作的指示》(1945年11月14日),山西省档案馆藏,档号A90-4-98-3。
② 刘卓甫:《晋绥金融贸易工作报告》(1948年4月3日),山西省档案馆藏,档号A96-1-20-1。

区的重要贸易枢纽。一则档案资料记载了边区境外贸易的这一重要作用:"晋绥对外贸易,对敌口岸少,向西经过陕甘宁,向东经过晋察冀。"① 这时期,边区黄河沿岸的集镇商埠与渡口逐渐增加。碛口、保德、河曲等成为货物出入境的重要口岸。边区东部的忻州、崞县等地则成为与晋察冀边区沟通的重要县份。边区逐步形成以边区内地为中心,由中心向陕甘宁、晋察冀辐射的商品流通网。

总之,自新政权成立以来,边区通过境外贸易,充分利用边区内部、友区、敌占区、兄弟区等的资源,积极改善边区内部资源配置,促进了边区内部经济增长,使为革命战争提供物资保障成为可能。

(二)从结构看,境外贸易结构变化微弱,导致边区经济增长较为缓慢

新政权成立以来,虽然边区出入境商品种类不断扩大,新的出境品种不断被发掘出来,但新品种所占比重极小,输出数量也极为有限,输出产品仍以土产、初级产品为主。一些工业制成品虽被逐渐开发出来,但出境比重极小。如表5-6所示,1947年出境商品有火柴、铁器、铜器、毛巾、洋针等工业制成品,但所占比重均不足0.5%。边区入境商品品种虽在不断增加,但布匹、盐一直是入境商品的主要品种。入境商品仍以日常生活必需品等消费资料为主。如表5-6所示,边区虽亦输入弹花机零件、缝纫机零件、通信器材、印刷器材等生产资料,但这些比例均不足0.5%。因此,境外贸易结构虽发生细微变化,但很显然,工业品比重是极小的。总体来看,边区一些日用工业品是相当不足的,如火柴、针、篦梳、钢鬃等。出入境贸易中涉及的这些物品多数是"经商人从国民党区或沦陷区偷贩过来的。这些商品价格昂贵,数量太少。"②显然,边区境外贸易商品结构的特征是以输出土产品、初级产品,输入消费资料为主。现代工业制成品在边区出入境贸易中的比重极低。1946年,边区行署关于境外贸易的指示亦反映出这种贸易商品结构:"积极输出粮食(一般的仍禁出,必需时由贸易局机构统一出口)、黄油、木材、药材等土产,换回各种必需的机器(纺

---

① 刘卓甫:《晋绥金融贸易工作报告》(1948年4月3日),山西省档案馆藏,档号A96-1-20-1。
② 晋绥边区行署:《关于下发贸易金融材料的通知(附:贸易金融材料)》(1944年8月29日),山西省档案馆藏,档号A96-1-11-7。

纱、榨油等)与生活必需品。"①这种境外贸易商品结构反映出边区经济增长不仅缓慢,而且主要是一种量的增长,其中的现代化因素较少。

经济封锁是导致边区境外贸易商品结构以初级产品为主的外部原因。经济封锁导致边区进行境外贸易极为困难。贸易商品种类少,只能勉强满足军民最低需要。抗战时期,敌人对边区的必需品实行严厉封锁,"不准有一点到我军民手里,以达其困死八路的企图"。②为了封锁经济,敌人把边区某些区域的民众手工业也彻底破坏。"汾阳平川本产小盐很多,敌人便把所有的熬盐锅或者打碎或者没收;且查有熬盐者即严惩,致小盐完全停产。"③此外,抗战时期国民党区有时亦不配合边区贸易,对边区贸易进行封锁。如"我对神木、府谷、榆林向持友好态度,彼方需要者则供给之。特别当神木、府谷一带数年粮荒时,我动员各级干部与民众组织运输,使岢(岚)、五(寨)粮经河(曲)、保(德)到河西,即府谷一地由保德每月曾供给一千大石之数目。再以晋西北所出之麻纸而论,每年到河西者达七万刀以上。其他各种物品也均允其到河西。彼方对我则多方为难,封锁食盐不准过来。经我多方交涉,没有多大效果,造成我食盐昂贵。"④有些边区商人去神木贩盐经常被扣留,甚至惨遭毒刑。"边区代管县神府张家坞一次二十余人与牲畜被扣,经交涉花钱始放出;又如保德高某因给我方买几双鞋,被称为通八路遭毒刑,幸经亲友等多方活动始得饶命。"⑤显然,边区贸易是在自己生产与对敌斗争基础上进行的,是极其困难的。

进一步看,传统的经济发展水平、产业结构状况、自然资源状况和贸易政策是导致边区境外贸易商品结构形成的内在原因。自近代以来,边区现代工业就较为落后,自然环境又较为恶劣。农业、手工业均极为落

---

① 晋绥边区行署:《关于巩固金融开展对外贸易的指示》(1946年4月21日),山西省档案馆藏,档号 A220-13-326。
② 晋绥边区行署:《关于下发贸易金融材料的通知(附:贸易金融材料)》(1944年8月29日),山西省档案馆藏,档号 A96-1-11-7。
③ 晋绥边区行署:《关于下发贸易金融材料的通知(附:贸易金融材料)》(1944年8月29日),山西省档案馆藏,档号 A96-1-11-7。
④ 晋绥边区行署:《关于下发贸易金融材料的通知(附:贸易金融材料)》(1944年8月29日),山西省档案馆藏,档号 A96-1-11-7。
⑤ 晋绥边区行署:《关于下发贸易金融材料的通知(附:贸易金融材料)》(1944年8月29日),山西省档案馆藏,档号 A96-1-11-7。

后。而政府又实施贸易管制政策。这些均导致边区境外贸易只能是一种初级的贸易。

1940—1949年是边区商业贸易发展的重要时期。可以看到,边区政府在内外交困的情况下,采取各种措施推动商业贸易发展。商业贸易在对敌经济斗争中得以艰难发展。中共极其重视商业贸易在经济建设中的重要作用。1944年3月,中共指出:"金融贸易工作是当前全部经济工作中的薄弱环节,又是极其重要的环节。号召全党从思想上认识到这些工作的重要性,提出学习经商与培养这方面的专门人才作为党的重要任务。"[1]显然,正是中共积极推动商业贸易发展的行为,使边区在流通领域缓慢向现代化迈进。商业贸易的发展,为中共赢得革命战争和经济斗争的胜利提供了保障。

---

[1] 《金融贸易工作是重要革命岗位》,《解放日报》1944年7月19日,第2版。

第六章

边区金融业的发展

金融业发展是边区经济从传统向现代迈进的重要方面。西北农民银行成立后,其首要任务是采取有效措施建立货币制度,发行农币,扩大农币流通范围,提高农币信用,进而对货币流通进行管理。边区金融业的发展,使中共能够采取各种措施积极开展货币斗争,以有效抑制严重的通货膨胀,为经济发展提供较好的金融环境。在此基础上,中共对货币发行准备金、货币流通、通货膨胀等货币思想进行了积极探索。中共对货币思想的认识体现了中国共产党对现代经济学思想有了新的认识。显然,中国特色社会主义政治经济学理论有深厚的历史及思想渊源。

第一节 边区金融机构的建立

边区金融机构较为单一,主要是西北农民银行。然而,目前关于西北农民银行的研究并不多[①]。边区信用合作社很少,基本没有普遍发展起来。西北农民银行是完全由中国共产党领导的、独立自主的根据地金融机构。在所有根据地银行中,西北农民银行也具有较强的代表性。它的创立和发展标志着边区经济从孤立逐渐走向独立自主。因此,本部分主

---

① 关于西北农民银行,学界已有一些相关论述,如王志芳:《抗战时期西北农民银行的农贷》,《抗日战争研究》2010年第2期;光梅红:《西北农民银行成立原因探析》,《山西档案》2008年第2期。

第六章 边区金融业的发展

要对西北农民银行与信用合作社这两类金融机构进行概述。

一、西北农民银行的创立、资本构成及性质

(一)西北农民银行的创立

1940年5月,西北农民银行在原兴县农民银行的基础上成立。1941年,边区开始在各地设立银行分支机构。为巩固金融、增进贸易、便利商人交易,边区行署在每一行政区设立分行或兑换所,在县设办事处,重要县或市镇设立支行,不能设办事处的县或镇设代办所。银行由各级政府负责抽派干部,健全银行机构,开展各种业务。[①] 至1942年1月,各地银行机构基本建立。除总行外,有分行6家、支行1家、办事处4家、代办所11家。[②] 各分支结构开始营业的日期详见表6—1。

表6—1　　　　　　　　西北农民银行各分支行开始营业日期

行别	总行	兴县支行	二分行	八分行	三分行	五分行	四分行	六分行
日期	1941年11月1日	1941年11月1日	1941年11月10日	1941年11月24日	1941年11月27日	1941年12月1日	1941年12月6日	1942年1月1日

资料来源:中共晋西区党委:《经济建设材料汇集——货币金融》(1941年12月),山西省档案馆藏,档号A22-7-5。

银行初创时面临诸多困难。各地银行机构虽已建立,但不少难以开展业务,主要原因是相关干部十分缺乏。例如,二分行仅有3人,四分行有5人,五分行只有1人,六分行也是1人,八分行有3人,碛口分行只有经理1人,还是贸易局长兼任。[③] 上述就是边区银行初创时的基本结构。较健全的分行有人负责会计、出纳,其他不健全的连会计、出纳也无人负责,业务无法开展。储蓄者基本没有。存款的多半是机关部队,多系因提款而存入,群众存入者甚微。放款者亦少,即便有也大多为非本币或物

[①] 中共晋西区党委:《经济建设材料汇集——货币金融》(1941年12月),山西省档案馆藏,档号A22-7-5。
[②] 中共晋西区党委:《经济建设材料汇集——货币金融》(1941年12月),山西省档案馆藏,档号A22-7-5。
[③] 中共晋西区党委:《经济建设材料汇集——货币金融》(1941年12月),山西省档案馆藏,档号A22-7-5。

资。至于汇兑等业务,更没有普遍展开。① 显然,在西北农民银行初创时,银行对金融调剂的作用较弱。银洋与法币在市场上的比重仍然很大。表6-2反映的是1941年10月、1942年1月边区各种货币所占百分比变动情况。

表6-2　1941年10月、1942年1月边区各种货币所占百分比变动情况

	兴县			保德			临县			平均		
	农币	法币	银洋	农币	法币	银洋	农币	法币	银洋	农币	法币	银洋
1941年10月	30%	20%	50%	10%	40%	50%	5%	5%	90%	15%	21.6%	63.4%
1942年1月	50%	30%	20%	17%	80%	3%	10%	85%	5%	25.6%	65	9.4%

注:1942年1月银洋数各地估计过少(根据各县贸易局统计数字)。
资料来源:中共晋西区党委:《经济建设材料汇集——货币金融》(1941年12月),山西省档案馆藏,档号A22-7-5。

可以看出,随着西北农民银行的发展,边区农币在流通中开始有一席之位,但法币仍然占绝对比重,银洋势力开始削弱。

(二)西北农民银行的资本构成

1937年,兴县农民银行成立时,首任经理刘少白利用战地动员委员会提出的"有钱出钱,有力出力"的口号,动员全县富户进行献款。兴县士绅牛友兰捐助了23 000元银洋。另外还有一些布匹、粮食也作为股份基金。银行开张时只筹集了50 000元银洋左右资金。② 1940年西北农民银行成立时,兴县牛友兰的福庆永商号捐出银洋30 000元作为西北农民银行的资本。③ 可以说,银行成立时的资本极其薄弱,主要来源于群众捐献。表6-3显示的是西北农民银行各分支机构初创时及1942年8月资本额及构成。

---

① 中共晋西区党委:《经济建设材料汇集——货币金融》(1941年12月),山西省档案馆藏,档号A22-7-5。
② 牛何之:《刘少白奉党之命办银行》,引自杨世源主编:《西北农民银行史料》,山西人民出版社2002年版,第5页。
③ 黄伊基:《晋绥贸易总局和西北农民银行回忆片段》(1986年10月),引自杨世源主编:《西北农民银行史料》,第9页。

第六章　边区金融业的发展

表6－3　西北农民银行各分支机构初创时与1942年8月资本额及构成　　单位:元

	原有资本				现有资本			
	本币	法币	银洋	总值银洋	本币	法币	银洋	总值银洋
总行	287 549.6	31 277.5	64 130.6	69 331.04	287 549.6	31 277.5	64 130.6	69 331.04
二分行	420 282		2 800	8 804.03	423 500	9 612	2 150	9 020.4
三分行	267 800			382.7	300 714			4 290.3
四分行	514 419	13 430	20 778.8		651 540.2	1 043	8 000	17 362.5
五分行	2 500		1 400	35.7	2 500			35.7
六分行	152 699.4		660.9	3 581.4	152 699.4		1 400	3 561.4
八分行	172 730		128	3 128.5	172 730		660.9	3 128.5
兴县支行	291 418	300		4 301.1	291 418	300	128	4301.1
岚县办事处	3 590			56.43	3 950			56.4
黑峪口办事处	124 660.4	327 422.7		2 695	124 660.4	27 422.7		2 695
合计	2 238 008	59 000.2	82 549.5	116 537.7	2 410 865.5	70 255.1	76 969.5	113 752.3

注:总值银洋为本币、法币按当时比价折合成银洋计算而来。

资料来源:《晋西北金融贸易材料》(1942年9月),山西省档案馆藏,档号A88-5-9-3。

可以看到,西北农民银行的资本构成主要包括本币、法币、银洋三部分。除总行的法币与银洋较多外,其他分行与支行的法币与银洋均不足。有的甚至没有任何法币与银洋,如三分行、五分行、岚县办事处。从资本额看,原有资本共计116 537.7元(银洋),1942年8月减少至113 752.3元(银洋)。如按比价将其中的农币扣除,现有资本比原有资本减少了8 137.7元(银洋)。[①]　显然,边区银行初创时资本非常有限。加之本币下跌,外汇中又有损失,再加上银行干部未能准确判断经济形势变化,银行资本极其短缺。表6－4反映的是1940年5月至1947年1月底西北农民银行资本主要来源情况。

---

① 《晋西北金融贸易材料》(1942年9月),山西省档案馆藏,档号A88-5-9-3。

表6—4　　1940年5月至1947年1月底西北农民银行资本主要来源　单位：万元（银洋）

接收营业公社之资本	3.2
四项动员交来之银器、银条等	7.8
取公粮一万石	36.89
取公粮变款	6.45
各专署拨金融基金	25.73
取用发行款	780

注：各项资本均按当时比价统一折算成银洋。
资料来源：《晋绥边区西北农民银行贸易公司资本状况》（1948年2月15日），引自晋绥边区财政经济史编写组、山西省档案馆：《晋绥边区财政经济史资料选编·金融贸易编》第279页。

可以看出，西北农民银行的资本主要来源于两方面：一是边区政府财政拨款，如接受营业的资本、四项动员上缴物资、公粮、公粮变款，以及各专署所拨的金融基金等；二是取用发行款。可以看出，至1947年，边区银行资本结构虽有改善，资本来源略有增加，但资本薄弱状况没有改变。

（三）西北农民银行的性质

西北农民银行的性质可从业务来判断。1941年，中共晋西区党委规定西北农民银行的主要业务包括："发行农币及本票、汇票。办理存款储蓄，办理存款投资。管理外汇并办理汇兑。收买金银及有价证券并兑换各种非本币。兼理国库。"[①]可以看出，西北农民银行既办理普通商业银行的存贷款业务，又有发行货币、管理外汇及国库的职能。这说明，西北农民银行是集商业银行与中央银行功能于一体的银行。

实际上，西北农民银行更多具有中央银行的性质。1940年5月，首任经理刘少白在银行开幕典礼上指出，西北农民银行成立的目的："一是为了打碎敌人的经济侵略；二是为了防止晋币通货膨胀；三是为了巩固与建设新的晋西北抗日民主革命根据地。"[②]该年5月的《晋西北行政导报》

[①] 中共晋西区党委：《经济建设材料汇集——货币金融》（1941年12月），山西省档案馆藏，档号A22-7-5。
[②] 《西北农民报》1940年5月13日，引自杨世源主编：《西北农民银行史料》，第9页。

指出,西北农民银行的成立正是为了与敌人作有效的金融斗争。它的具体任务是:"有计划地与敌人发行的伪币及破坏法币的政策作斗争,在被隔断的区域发行地方纸币。"① 可以说,自其成立起,西北农民银行就肩负货币发行及进行货币斗争、执行边区金融政策如发放贷款、管理外汇、支持财政、平抑物价等重任。事实上,西北农民银行所承担的任务与一般的中央银行基本相同,只是比一般的中央银行多了存贷款等普通商业银行的职责,但西北农民银行执行普通商业银行的业务量很少。表 6-5、表 6-6、表 6-7 反映的是 1941 年 11 月至 1942 年 8 月西北农民银行存放款数量统计。

表 6-5　　　1941 年 11 月至 1942 年 8 月西北农民银行放款统计　　　单位:元

	机关部队借款		公商借款	私商借款			合作社借款	农村借款及春耕贷款			手工业借款		工厂借款	
	本币	法币	银洋	银洋	本币	法币	本币	本币	银洋	法币	本币	银洋	银洋	法币
总行	92 800	4 800	29 514.3		59 000		72 600						1 288.8	2 000
二分行					36 000		14 672							
三分行					21 220		28 700				8 000			
四分行	10 000			260	740 861.12	4 000	149 700	3 402.5	500		1 370 009.4	100		
兴县支行							32 000							
碛口支行					14 500		5 060							
合计	102 800	4 800	29 514.3	260	857 081.12	18 500	302 732	3 402.5	500		1 378 009.4	100	1 288.8	2 000

资料来源:《晋西北金融贸易材料》(1942 年 9 月),山西省档案馆藏,档号 A88-5-9-3。

表 6-6　　1941 年 11 月至 1942 年 8 月西北农民银行放款统计(折银洋)

单位:元(银洋)、%

	机关部队借款	公商借款	私商借款	合作社借款	农村借款及春耕贷款	手工业借款	工厂借款	合计
合计	1 562.1	29 514.3	9 281.9	194.7	6 614.2	14 605.4	1 388.8	63 161.4
占比	2.5	46.7	14.7	0.3	10.5	23.1	2.2	100

资料来源:根据表 6-5 计算,折算比例本币 95 元折银洋 1 元,法币 20 元折银洋 1 元。

---

① 《晋西北行政导报》二期、三期合刊,1940 年 5 月,引自杨世源主编:《西北农民银行史料》,第 8 页。

从表 6-5 与表 6-6 可以看到,西北农民银行放款的主要对象是公商。公商借款占放款总额的 46.7%,机关部队借款占 2.5%,私商借款占 14.7%,合作社借款占 0.3%,农村春耕贷款占 10.5%,手工业借款占 23.1%,工厂贷款占 2.2%。进一步看,机关部队及公商等公家借款约占全部贷款的一半。从行业来看,公私商业借款占总贷款额的 61.4%,而农业与工业借款占全部贷款的 35.6%,合作社借款则更少。可见,银行放款绝大部分是商业贷款,用于生产性的农业与工业的放款较少。从存款情况来看,边区银行存款数量非常少。1941 年 11 月至 1942 年 8 月,定期存款只有 500 元本币、银洋 10 元;暂时存款有一些,但都是机关部队寄存,没有群众存款,详见表 6-7。

表 6-7　　1941 年 11 月至 1942 年 8 月西北农民银行存款统计

	定期存款		暂时存款		
	本币	银洋	本币	银洋	法币
总行	500	10			
二分行			158 524		
四分行			148 664	62	407.5
碛口支行			123 357.8		
总计	500	10	530 545.8	62	407.5

资料来源:《晋西北金融贸易材料》(1942 年 9 月),山西省档案馆藏,档号 A88-5-9-3。

显然,通过业务内容及业务量可以看出,西北农民银行不仅执行中央银行的任务,也执行普通商业银行的存放款任务。但事实上,西北农民银行实际执行的商业银行性质的业务量是比较少的。其主要任务在于发行货币,执行边区的货币政策与财政政策。正如 1942 年南汉宸在银行座谈会上讲话指出:"边区银行的性质,本是中央银行性质,是国家银行性质,政府委托它发行边币。它不是私营银行,是政府银行,它应服从政府的财经政策,应以边区金融为出发点。"[1]显然,西北农民银行的性质首先是中

---

[1] 南汉宸:《银行座谈会记录》(1942 年),引自中国财政科学研究院主编:《抗日战争时期陕甘宁边区财政经济史料摘编》(第五编·金融),长江文艺出版社 2016 年版,第 6 页。

央银行,但由于战争环境,其又具有商业银行的性质,其性质是双重的。正如1943年关于今后经营银行的意见所讨论的:"银行的性质是否应该确定为国家银行,同时又是两重性的,中央银行兼国民银行。"[①]1944年,南汉宸在延大财政系讲课时也提到:"边区银行的性质是政府的,又是人民的。它的资本是政府的,是政府的金融机关,并代理国库。政府特许它有发行权。但同时又是人民的,它为人民发农贷,低利地投资到工农业,只有亏本而没有赚人民的钱。"[②]因此,西北农民银行虽兼具中央银行与商业银行的性质,但更多具有的是中央银行的性质。

二、信用合作社

边区信用合作社极为少见。虽然政府试图尝试办农村信用合作社,但基本未能普遍发展起来。可以说,新中国成立前信用合作社发展是非常微弱的。即便如此,中共从未放弃过对信用合作社的探索。

从现有史料中可爬梳出关于边区信用合作社的零星资料。但这些合作社亦不是专门的信用合作社,只是兼具贷款业务的普通合作社。1944年,为帮助群众解决典、买、赎地款项的困难,促进大生产运动,临县合作社"由社内拨款五十万元,贷给二区群众。同时又购得耕牛二十头,和款子一同贷出"。[③] 1945年成立的平介县杜家庄合作社,无利贷款给急需资金的群众。"东良庄贫农彭某抽地需款一万八千元,因手头不便,合作社便无利借给他款子,三四日后彭某送来上等高粱偿还。合作社又将此粮食贱价给缺乏口粮的贫苦群众。前后被帮助抽地群众数十家。在妇女纺织中该社还贷款给妇女买织布梭等,以解决工具困难。至1946年6月该社资本已增至百万元。"[④]1946年,宁武新堡合作社采取低利借贷与投资分红的办法,效果很好。[⑤]该年宁武二区某合作社贷出棉花200斤,帮助

---

① 《关于今后经营银行的意见与计划》(1943年),引自中国财政科学研究院主编:《抗日战争时期陕甘宁边区财政经济史料摘编》(第五编·金融),第6页。
② 南汉宸:《边区的财政问题》(1944年8月),引自中国财政科学研究院主编:《抗日战争时期陕甘宁边区财政经济史料摘编》(第五编·金融),第6页。
③ 《临县合作社拨巨款帮群众赎买土地》,《抗战日报》1944年2月17日,第2版。
④ 《平介杜家庄合作社积极解决群众困难》,《抗战日报》1946年6月25日,第2版。
⑤ 《平介杜家庄合作社积极解决群众困难》,《抗战日报》1946年6月25日,第2版。

妇女纺织。① 但总体来看,边区信用合作社发展极其缓慢,几个好的个案也是少数且未能长久坚持下去。正如1948年《晋绥日报》所指出的:"从目前存在的合作社情况来看,真正为劳苦群众服务的合作社是不多,只是很少数的几个。有一部分合作社仍操纵在商人、地主手里。大部分处于半生不死的状态。"②

1948年11月,边区行署在总结1940—1947年金融工作时提到:"信用合作社成立起来,将来银行贷款可通过它。这一工作尚无经验,各地可试办。"并指出:"农村信用合作社是群众自己组织起来,吸收群众无组织、无计划散漫的游资成为群众自己组织的储蓄机关与借贷机关。它是互助互利、生产发家的资金互助组织。既不是银行下层机构,更不同于旧的银号钱铺。其任务是把农村金融组织起来,扩大资金效能,帮助群众克服生产工具及各种用款的困难,发家致富。其业务经营必须走发动与组织群众生产发家的道路。同时必须贯彻劳资两利的利息政策,使入股存款能保本有利,还要使贷款生产有利。"③ 显然,对于信用合作社,虽然边区缺乏经验,但边区对于其性质、业务和作用的认识是正确的。

第二节　边区货币发行与流通

抗战开始后,边区金融情况较复杂,货币制度较为混乱。西北农民银行成立后,其首要任务是采取有效措施建立货币制度,发行农币,扩大农币流通范围,提高农币信用,对货币流通进行管理。中共在边区建立的货币制度及其中体现的货币思想,是推动边区经济发展的核心因素之一。关于边区货币发行与流通,目前学界已有一些研究。但已有研究主要侧重对货币发行数量进行描述,缺乏对发行规律以及流通规律的深度思考。本章主要从边区货币发行的"特殊"准备金以及中共对货币发行准备金、

---

① 《宁武二区合作社贷出大车牲畜发展运输》,《晋绥日报》1946年10月24日,第2版。
② 《六分区召开合作社经理会议》,《晋绥日报》1948年11月4日,第2版。
③ 晋绥边区行署:《晋绥行署关于1940至1947年金融工作的总结及今后金融工作的意见》(1948年11月),山西省档案馆藏,档号A90-4-124。

货币流通的认识进行考察,反映中共在战争时期对货币思想的探索。

一、农币的发行

(一)无准备金发行纸币

农币的发行是边区货币制度的重要内容。抗战时期,为解决财政困难和外部经济封锁,中共在各根据地发行纸币。中共是在政府信用基础尚不稳定,且无黄金、外汇储备的条件下发行纸币。这是比较特殊的。西北农民银行货币发行的规律与各根据地货币发行规律相同。这里我们引用陕甘宁边区银行货币发行的资料来佐证西北农民银行货币发行的规律。1941年10月,陕甘宁边区银行发布的《银行报告》指出:"边钞发行无准备金。以政府的法律为基础,等于边区的法币。"[1]1945年,曾任陕甘宁边区银行行长的曹菊如指出:"在四年半的发行历史中,开始三年是几乎没有准备金。不能无限制兑换,甚至完全不兑换。"[2]西北农民银行在成立时,发行货币有一定数量的银首饰和银币作为发行准备金。[3] 首任经理刘少白也郑重声明:"银行所发行新币,一定以基金所有数为限。"[4]但事实上,由于这种准备金数量很少,以致银行最初发行货币时,"农币似纯为信用币值,不是政府法令的本位货币。但是对于怎样保证其信用,概无明确的决定"。[5] 直到后期,货币发行才主要依靠根据地的物资。在当时金本位盛行的国际社会看来,这种无准备金发行纸币的举措是不可能实现的,也是违背马克思货币理论的。显然,边区农币的发行方式有其特殊性。

在马克思看来,信用与货币虽然有密切关系,但是银行不能凭空创造出货币来。"银行用来为公众的汇票进行贴现的银行券,现在无非是取得

---

[1] 边区银行:《银行报告》(1941年10月),引自中国财政科学研究院主编:《抗日战争时期陕甘宁边区财政经济史料摘编》(第五编·金融),第90页。
[2] 曹菊如:《陕甘宁边区抗战时期关于金融问题的一些经验(初稿)》,引自中国财政科学研究院主编:《抗日战争时期陕甘宁边区财政经济史料摘编》(第五编·金融),第237页。
[3] 杨世源主编:《西北农民银行史料》,第41页。
[4] 《西北农民报》1940年5月13日,引自杨世源主编:《西北农民银行史料》,第9页。
[5] 中共晋西区党委:《经济建设材料汇集——货币金融》(1941年12月),山西省档案馆藏,档号A22-7-5。

金银的凭证。"①"银行为了要维持它的银行部的支付能力,必须竭力充实银行部的准备金。"②因此,纸币的发行必须以金银作为储备,并能随时兑换金银。马克思认为,国家在发行纸币时,一般要规定一定的含金量,并保持金与纸币的兑换关系:"纸币流通的特殊规律只能从纸币是金的代表这种关系中产生。这一规律简单说来就是:纸币的发行限于象征地代表的金(或银)的实际流通的数量。"③基于此,马克思指出纸币的性质不过是金的符号或货币符号,而只有代表金量才能成为价值符号。"纸币同商品价值的关系只不过是:商品价值观念地表现在一个金量上,这个金量则由纸象征地可感觉地体现出来。纸币只有代表金量(金量同其他一切商品量一样,也是价值量),才成为价值符号。"④显然,按照马克思传统的货币理论,在既没有黄金储备也没有外汇储备、中共信用基础尚不稳定的条件下,根据地发行货币是不可能做到的。"货币符号本身需要得到客观的社会公认,而纸做的象征是靠强制流通得到这种公认的。国家的这种强制行动,只有在一国范围内或国内的流通领域内才有效。也只有在这个领域内,货币才完全执行它的流通手段或铸币的职能,因而才能在纸币形式上取得一种同它的金属实体在外部相脱离的并纯粹是职能的存在形式。"⑤然而事实上,这一没有准备金的纸币,最终却能在边区大量发行、流通,并成功对抗法币,取得了民众的信任。这不能不说是货币理论界的创新与奇迹。

(二)特殊的"准备金"

中共领导人一向重视马克思主义政治经济学理论在实践中的运用。1941年,中共中央《关于延安干部学校的决定》指出:"关于马列主义的教授与学习,应坚决纠正过去不注重领会其实质而注重了解其形式,不注重

---

① 《政治经济学批判(1857—1858年草稿)》,引自《马克思恩格斯全集》(第46卷)上,人民出版社1979年版,第62页。
② 马克思:《资本论》(第三卷),中共中央马克思恩格斯列宁斯大林著作编译局译,人民出版社2004年版,第588页。
③ 马克思:《资本论》(第一卷),中共中央马克思恩格斯列宁斯大林著作编译局译,第150页。
④ 马克思:《资本论》(第一卷),中共中央马克思恩格斯列宁斯大林著作编译局译,第151页。
⑤ 马克思:《资本论》(第一卷),中共中央马克思恩格斯列宁斯大林著作编译局译,第152页。

应用而注重死读的错误方向。"① 毛泽东曾批评学习《资本论》中的理论不能联系实际的现象:"教经济学的不引导学生研究中国经济的特点,……经济学教授不能解释边币和法币。"②《解放日报》亦刊登理论学习中与实际脱节的现象:有的干部能够背诵"资本论",但不能了解法币为什么会跌价。③ 在边区经济工作中,陈云反对照搬《资本论》和一般经济学的原理,模仿伦敦或上海的做法,主张从边区的实际情况出发。④ 显然,抗战时期,中共领导人不仅注重马克思主义政治经济学的理论学习,而且强调理论与中国实际相结合,积极推动马克思主义中国化,为新民主主义经济理论的诞生作了不懈的努力。正如1942年2月1日毛泽东在延安党校开学典礼演说指出的:"现在中央做了决定,号召我们的同志学会应用马列主义的立场观点思想方法,认真的研究中国的历史,研究中国的经济政治军事文化,对每一个问题加以调查研究,然后创造出理论。"⑤ 边区货币发行体现的政治经济学理论与中国实际的结合,拓展了马克思主义货币理论。可以说,这是世界货币理论的一个创新。

中共在根据地发行纸币没有黄金、外汇作准备,那么靠什么稳定物价、取得货币信用、赢得民众信任呢? 真的没有准备金吗? 边区稳定货币的基础是物资储备。显然,边区发行纸币并非银行凭空创造出货币来,而是有准备金的。这个准备金就是物资。从这个角度讲,中共在根据地依靠物资发行纸币是对马克思货币理论的创新与发展。马克思认为,货币是商品,是商品的一般等价物。"一切商品只是货币的特殊等价物,而货币是它们的一般等价物。"⑥从这个意义讲,货币不一定必须与金银联系,也可以与其他商品联系。换言之,纸币发行准备金不一定必须是黄金或外汇,也可以是其他形式。显然,以物资作为边区纸币发行的理论基础仍然是马克思主义政治经济学"货币是商品的一般等价物"这一理论。只要

---

① 《中共中央关于延安干部学校的决定》,《解放日报》1941年12月20日,第1版。
② 《〈农村调查〉的序言和跋》(1941年3月、4月),引自《毛泽东选集》第三卷,第798页。
③ 《教育上的革命》,《解放日报》1942年1月13日,第1版。
④ 中共中央文献研究室编:《陈云传》(一),中央文献出版社2015年版,第393页。
⑤ 毛泽东:《整顿学风党风文风》,《抗战日报》1942年5月9日,第1版。
⑥ 马克思:《资本论》(第一卷),中共中央马克思恩格斯列宁斯大林著作编译局译,第109页。

边区拥有充足的物资,就可以调控货币。这些货币思想和实际运用在各根据地诸多资料中体现,反映了中共对马克思主义政治经济学的深度理解与高度创新。

边区农币发行和金融稳定的基础是粮食、棉花等物资。为保证币值稳定,除依靠黄金和外汇储备外,更重要的是依靠掌握在国家手中的雄厚物资作为货币发行的保证。1941年,边区行署指出:"晋西北的土产固少,但是也有相当数量。这些土产似乎可作农币的保证,而建立脱离对敌区依存关系的独立农币市场。"[①]进一步来看,组织土产运销,才能切实为农币提供物质基础。"运销土产是一种商业的活动,同时也是组织工作。……这种运销工作的发达,不只可以减少入超,而且可以繁荣内地市场,扩大农币的流通范围,增加农币的物资保证。"[②]1943年,晋绥边区稳定金融的经验是:除了采取政治动员和政治镇压之外,更用经济力量掌握了市场。其具体措施有:"(1)大量的粮食准备,支局准备了大量粮食;(2)号召公营商店出卖实物,收回农币。"[③]1944年,晋绥边区行署一封秘密指示信提到稳定金融的办法:"各分支局所存粮布棉花及其他物品,应在市场上出售,出售价格应比市场价低百分之五为原则。"[④]1945年,牛荫冠关于稳定农币的一封绝密信指出:"本币信用,虽然空前提高,但根基还不坚实。我们必须有把握的保证本币信用,在春夏之间不起变动,使之一直巩固下去。因此目前购存大量必需实物,特别是粮食,是很重要的。"[⑤]可见,物资及运销的畅通是边区货币发行、金融稳定的基础。

物资作为货币发行准备金的思想广泛运用于各根据地。准备金就是物资。陕甘宁边区货币发行的基础是土产、盐等物资。1941年2月22日,陕甘宁边区政府训令强调:"边区发行是有限制的。它以盐税、货物税

[①] 中共晋西区党委:《经济建设材料汇集——货币金融》(1941年12月),山西省档案馆藏,档号A22-7-5。

[②] 中共晋西区党委:《经济建设材料汇集——货币金融》(1941年12月),山西省档案馆藏,档号A22-7-5。

[③] 《贸易总局银行总行关于兴县支局稳定金融的经验介绍》(1943年9月1日),兴县档案馆藏,档号10-72。

[④] 《晋绥边区行政公署秘密指示信》(1944年1月31日),兴县档案馆藏,档号10-75。

[⑤] 牛荫冠、王磊:《关于参加贸易金融会后主要工作尽量妥善地布置的绝密信》(1945年1月24日),山西省档案馆藏,档号A90-4-97-18。

作保证,一俟边区经济回转,边钞就得从法币影响下解放出来,回到能兑换现金的地位。"[1]1943年3月26日,南汉宸明确指出:"我们的准备金就是实物。其他国家是靠公债票。我们的准备金人人都需要的,可靠的如物资局的'土产'、食盐。"[2]该年陕甘宁边区总结报告指出:"只要加强政权的支持和充足物资的保证,……这里证明了无须什么发行准备金。"[3]显然,中共对边区货币发行准备金的理解与态度十分明确。物资就其本质而言就是准备金。物资作为货币准备金的实践进一步印证与发展了马克思货币理论。

薛暮桥在山东革命根据地成功应用并进一步解释、发展了马克思主义货币理论,把物资作为准备金的思想上升至理论的高度进行阐述。1943年,薛暮桥撰文从马克思政治经济学视角解释了山东革命根据地纸币发行的理论基础:"纸币的最基本的保证是物资(过去人们认为纸币的唯一保证是金银;其实金银也只有在能与一切物资交换的时候,才能作为纸币的保证)。谁能够控制物资,谁就能够控制货币。"[4]可以认为,抗战时期物资已作为中共调控金融的有效手段。中共根据马克思货币理论和根据地的实际情况,创造性地把物资作为货币发行和调控金融的基础,对当时根据地的经济、金融产生了重要影响。

这一货币思想在抗战时期的很多根据地都有体现与应用。可以说,这一货币思想贯穿于各根据地货币发行始终,是根据地货币发行的基本依据。1942年,晋察冀边区指出:"掌握粮食保证军食民生,是稳定金融的基本环节。"[5]1945年,华中抗日根据地华中银行发行货币时指出:"该

---

[1] 《陕甘宁边区政府训令(特字第403号)》(1941年2月22日),引自中国财政科学研究院:《抗日战争时期陕甘宁边区财政经济史料摘编》(第五编·金融),第75页。

[2] 南汉宸:《银行工作检查问题》(1943年3月26日),引自中国财政科学研究院:《抗日战争时期陕甘宁边区财政经济史料摘编》(第五编·金融),第115页。

[3] 《1943年上半年发行工作总结报告》(1943年),引自中国财政科学研究院:《抗日战争时期陕甘宁边区财政经济史料摘编》(第五编·金融),第127页。

[4] 《货币问题与货币斗争》(1943年9月),《薛暮桥文集》(第2卷),中国金融出版社2011年版,第244页。

[5] 宋劭文:《边区对敌货币斗争之史的发展与当前的斗争方针》(1942年5月),引自晋察冀边区财政经济史编写组等:《晋察冀边区财政经济史资料选编(财政金融编)》,南开大学出版社1984年版,第708—709页。

项货币,以实物为基金,准备充实。"①1944年,冀鲁豫分局指出纸币在根据地发行和流通的基础是与物资结合:"争取抗钞同市场上的主要物资结合,获得主要物资的支持。"②该年太岳区总结银行工作时,银行在业务上修正了以商业贸易为主的方针,提出了掌握物资、推行本币的方针。③显然,抗战时期中共领导人与经济学家们在认真学习与研究马克思主义政治经济学理论的基础上,结合根据地实际情况与战时特点,在无黄金、外汇储备的条件下,打破了当时国际社会的纸币发行规则,以政府信用和物资为基础,成功地发行了各自的本位币,并提出了一系列新的货币观点,丰富和拓展了马克思主义货币理论。金融领域的胜利成为中共革命胜利的重要经济基础。这一史实有力证明了马克思主义政治经济学的科学性以及学好用好马克思主义政治经济学的重要性。

二、农币的流通

(一)农币需求量

货币需求量,即流通中的货币必要量,是货币流通规律的主要内容。农币需求量是指在一定时期内,为保证边区生产和流通正常运行所需要的货币量。抗战时期,李富春就指出要用马克思货币理论来指导边区的货币流通:"流通手段的量,受决定于流通商品价格总量及货币流通的平均速度。这是马列主义货币论的原理。在边区经济封锁的条件下,商业不十分发展,商品的流通不大。"④可见,中共已经认识到,流通中的农币需求量取决于流通中的商品价格、商品数量以及货币流通速度。

边区行署曾指示,要根据农币需求量来调剂农币发行量与回笼量,指出货币流通取决于商品流通这一规律:"农币的发行与回笼,以不引起市

---

① 《华中银行成立通告》(1945年8月),引自江苏省财政厅等:《华中抗日根据地财政经济史料选编(江苏部分)》第四卷,档案出版社1986年版,第26页。
② 丁果:《新开辟地区的开辟抗钞市场经验》(1944年8月),引自中国人民银行金融研究所等:《冀鲁豫边区金融史料选编》上册,中国金融出版社1989年版,第308页。
③ 《太岳区行四年来工作报告暨今后的业务方针(手稿)》(1945年2月),引自中共山西省委党史研究室等:《太岳革命根据地财经史料选编》下,山西经济出版社1991年版,第1165页。
④ 李富春:《对陕甘宁边区财政经济工作的意见》(1943年6月8日),引自中国财政科学研究院主编:《抗日战争时期陕甘宁边区财政经济史料摘编》(第五编·金融),第37页。

场价格的猛涨落为原则。各地负责同志必须经常了解根据地内外市场的情况,预见形势的到来,吞吐本币。吞吐时机应是,交易繁多的季节吐,清淡时吞。再则,财政收款季节时吐,财政大量开支时吞。"①这里的描述指出了货币流通的一般规律。交易繁多、商品流通大时,客观货币需求量也大,需要投放货币;交易少、商品流通小时,客观货币需求量少,需要回笼货币。这种规律即货币流通的一般规律:货币流通取决于商品流通。其中,"了解根据地内外市场的情况,预见形势的到来,吞吐本币"的思想暗含货币需求量的概念。

流通中的货币,实际上是依赖商品流通的。马克思说:"商品流通直接赋予货币的运动形式,就是货币不断地离开起点,就是货币从一个商品所有者手里转到另一个商品所有者手里,或者说,就是货币流通。"②货币流通是商品流通的结果。商品流通是货币流通的前提。这种货币思想已经体现在边区农币流通理念当中。1944年,边区第八分区公署指出:"要保持农币在市面上一定的流通数量。农贷发放后,贸易局在市场上抛出大量实物及银行卖出外汇,这样就把巨数的农币又吸收回来了。但还必须再推出外去,而且要随进随出,不要集存在公家手里。推行的办法,主要吸收群众的土产品,进行点滴贸易。"③由上可见,边区行署正确理解了货币流通与商品流通的关系,清楚地认识到货币流通是完全依赖商品流通的。贷款发放实际上增加了流通中的货币量。要保持货币流通量与商品流通量的平衡,必须在市场上抛出实物,否则会引起通货膨胀。

由于边区商品经济不发达,交通又极为不便,故货币流通的速度不快。边区政府认识到货币流通速度、商品价格对于货币需求量的影响,常指示各地根据流通路线、路程远近、价格差异来调剂物资供需,以求得金额稳定。"为求得物价相对稳定,用调剂供需以掌握市价,用掌握市价以

---

① 《关于今后掌握金融物价物资的指示》(日期不详,估计在1946年),山西省档案馆藏,档号 A90-04-11-06。
② 马克思:《资本论》(第一卷),中共中央马克思恩格斯列宁斯大林著作编译局译,第137页。
③ 晋绥第八分区专员公署:《关于发放农贷后巩固金融的指示信》,引自杨世源主编:《西北农民银行史料》,第89页。

调剂供需。各地须按照物资供需、流通路线、路程远近,逐地掌握价格差额。"①可以说,这时中共对于货币需求量已经有了较为深入的认识。

(二)农币流通量

农币需求量和农币流通量是两个不同的概念。在极为复杂的战争环境中,边区政府意识到了货币这两个概念的不同。货币需求量是商品流通过程对货币的客观需要量。而货币流通量则是实际存在的货币数量,又称为货币供给量。二者通常并不相等,但尽可能要相适应。货币流通量大于货币需求量,会出现通货膨胀现象,导致币值下降;而货币流通量小于货币需求量,会出现通货紧缩现象,导致币值上升。

1941年,边区行署就深知货币流通量与货币需求量不平衡会导致货币币值发生变动,并指出:"吸收并封存农钞,减少在市面流通的数量,从通货紧缩上提高农币是一时的策略斗争。""在农币数量减少的情况下,大家找农币,价格就提高了。"②1944年,边区行署组织天池店骡马大会,各地商人运来了较多物资。如临县商人运来大批棉花、布匹、食盐、白麻、枣子等;清徐、太原等地商人运来葡萄果品,换取了粮食、麻油等;神府商人运来食盐三千余斤。大会初步打开了后方及游击区和边区物资交流的新局面,调剂了各地物资的有无。然而,问题是农币缺乏导致物资交流不快,致使市场货物拥挤。边区行署分析了其中的主要原因:"我们平素没有注意到掌握本币在本地区一定的流通量。没有很好地把本地区小型生产事业发展起来,形成了单方面的交易。"③显然,中共意识到货币流通量对农币币值的影响。1945年,边区行署金融工作总结指出:"货币的流通,只能调剂而不应该阻止的。"④1946年,边区贸易局指示各地放手抛货支持金融,但各地市场反应并不显著。"延安来布没有如期到,张家口布

---

① 晋绥边区行署:《关于金融贸易工作的指示》(1948年2月1日),山西省档案馆藏,档号A220-13-453。
② 中共晋西区党委:《经济建设材料汇集——货币金融》(1941年12月),山西省档案馆藏,档号A22-7-5。
③ 晋绥边区贸易总局:《关于骡马大会经验介绍》(1945年1月17日),山西省档案馆藏,档号A96-1-13-2。
④ 晋绥边区行署:《半年来金融工作总结》(1945年4月),山西省档案馆藏,档号A90-4-100。

亦未到,各地买布计划没有具体成效。"① 这导致边区对金融波动,既未预防于先,又未迅速切实制止于后。显然,贸易局意识到农币流通量超过了需求量,试图通过及时抛货以促使二者相适应,但效果不佳。为减少市场上的农币流通量,1946年边区政府决定:"收回的农币,基本上不应再以别的形式使用出去,必须封存起来。"② 可以说,货币流通量与货币需求量不一致是导致这时期农币波动的重要因素之一。因此,关于这两个货币概念的讨论也成为边区政府工作的焦点之一。

第三节 边区政府的货币斗争

一般来讲,纸币之所以能够发挥流通与支付职能,一是有最高权威的国家政权的保证以及完整的国内市场,二是得到公众的认可和信用制度的逐步完善,否则一张本身毫无价值的纸币将成为一张废纸。③ 在中共尚未执政、信用基础尚不稳定的战争时期,中共是如何使农币流通范围扩大、信用提升,在流通中保持相对稳定,并最终夺取货币斗争的胜利的呢？当时在边区市场上流通的货币有农币、陕边币、晋北币、察边币、法币、赤金、白银、伪币及其他杂票等。为扩大农币流通范围,驱逐法币与伪币,边区政府从金融领域、生产领域、行政领域、流通领域、财政领域等方面积极开展货币斗争,在阵地上夺取农币的胜利。从经济、政治等方面进行货币斗争以维持农币、稳定金融是边区经济工作的重点。学界目前对于边区货币斗争的研究,专注于某一领域或环节的探讨,未能全面地从宏观视角对边区货币斗争进行阐述。因此,本部分将从金融领域、生产领域、行政领域、流通领域、财政领域等方面对边区政府的货币斗争进行梳理与阐述。

---

① 《晋绥边区贸易总局通知》(1946年3月17日),引自杨世源主编:《西北农民银行史料》,第99页。
② 晋绥边区行署:《关于迅速稳定金融的指示》(1946年11月16日),山西省档案馆藏,档号A220-13-375。
③ 陶湘、陈雨露:《货币银行学》,中共中央党校出版社1995年版,第22—23页。

一、金融领域的货币斗争

(一)比价斗争

比价斗争是金融领域货币斗争的主要方式,也是最直接的斗争方式之一。比价斗争通过调整边区农币与其他货币的兑换比例,不断提高本币信用。在战争环境中,货币因人、因地而有不同。有的用银洋计算,有的用法币,有的用本币,还有的用实物。在乡村,农民多用银洋(或明或暗),或物物交换。在市场上,人们一般用农币、法币、赤金、银洋、陕边币、晋北币、察边币等。在形式上,或直接使用,或仅做计算标准,也有先讲好其他货币,再谈其与农币比价,然后交付农币。可以说,各种货币常由于时间、地点不同而产生价值上的差异。因此,通过比价进行斗争是货币斗争的主要方式。在农币与其他货币的比价斗争中,最关键、最主要的是与法币、银洋的比价斗争。

1. 与法币的比价斗争

(1)农币与法币比价的变化。边区周围主要是法币市场。从全国市场来讲,法币在工业城市交易占优势地位。因此,边区比价斗争主要体现在本币与法币的比价斗争上。边区农币与法币的比价斗争,经历了从依附到独立的过程。

对于法币,边区最初采取既联合又独立的政策。农币发行伊始,边区政府虽宣布禁止法币使用,强调农币独立自主的政策,但由于各种原因,农币不得不借助法币,一直依附于法币。"在农币信用毫无基础、外汇基金不充足、对外贸易又不平衡的情况下,把非本币同时完全禁用,不是执行上确收(原资料如此。——引者注)效果,便是市面停顿,金融更陷僵局。"[①]因此,抗战时期,边区事实上暂准法币行使。本币与法币的关系既独立又联系。1940年5月农币发行时,农币与法币同价,比价是1:1;1942年8月,农币与法币比价上升至3:1左右。在对法币的斗争上,此

[①] 中共晋西区党委:《经济建设材料汇集——货币金融》(1941年12月),山西省档案馆藏,档号A22-7-5。

时并未采取打击方针,相反的是迁就。① 农币与法币的比价也处于不断调整的过程中。1945年后,随着法币不断贬值,农币与法币比价的调整比较频繁。1945年1月,农币与法币的比价为0.98∶1。② 1945年3月8日,第三分区银行贸易局通知各支局,农币与法币的比价调整为0.5∶1。③ 1945年4月24日,农币与法币的比价调整为1∶3.33。④ 1945年6月13日,农币与法币比价又调整为1∶2.5。⑤ 1945年9月9日,农币与法币比价又调整为1∶2。⑥ 1945年10月16日,农币与法币比价又调整为0.6∶1。⑦ 1945年11月26日,农币与法币比价又调整为0.8∶1。⑧ 1945年12月21日,农币与法币比价又调整为0.7∶1。⑨

直至1946年,法币与农币的关系依然是既独立又联系。"由于贸易关系,本币与法币发生联系。同时为了保护根据地的物资,又必须坚持的单一本位币,所以对法币又保持了独立性。"⑩因此,当法币贬值时,边区货币不可避免地跟着贬值。对于农币与法币价值的关系,边区政府的原则是,农币价值不得低于法币,但不是放任农币随法币贬值而无代价地贬值。

1946年8月,由于国民党提高美元外汇,美元与法币比值由2 002突增至3 300,造成法币狂跌,物价暴涨。国民党因战争经济困难,外汇拮

---

① 《关于金融贸易问题的检讨(会议材料)》(1947年),山西省档案馆藏,档号A90-4-117-3。
② 《李士彬写给连峰的信》(1945年1月20日),引自杨世源主编:《西北农民银行史料》,第131页。
③ 《第三分区银行贸易局通知》(1945年3月8日),引自杨世源主编:《西北农民银行史料》,第133页。
④ 《三分行局改挂法币兑换牌价的通知》(1945年4月24日),引自杨世源主编:《西北农民银行史料》,第134页。
⑤ 《银行贸易三分行局通知》(1945年6月13日),引自杨世源主编:《西北农民银行史料》,第134页。
⑥ 《刘卓甫写给连峰的信》(1945年1月20日),引自杨世源主编:《西北农民银行史料》,第135页。
⑦ 《银行贸易第八分行局通知》(1945年10月16日),引自杨世源主编:《西北农民银行史料》,第136页。
⑧ 《法币与本币的兑换牌价》(1945年11月26日),引自杨世源主编:《西北农民银行史料》,第136页。
⑨ 《变更兑换牌价的函》(1945年12月21日),引自杨世源主编:《西北农民银行史料》,第137页。
⑩ 《关于今后掌握金融物价、物资的指示》(日期不详,估计在1946年),山西省档案馆藏,档号A90-04-11-06。

据,故法币继续贬值仍是基本趋势。在这种情况下,边区指示:"物价与牌价,以不至于金融波动、物资外流为最高目的。如外地金价再涨,我们可再提;如法币大量流入,则准备压低没收之。至于物价,基本方针是不压价,逐渐随行市提高,但亦不能使其猛涨。"[①]各地根据具体情况参考以上原则,确定比价。兴县物价牌价也可参考。1947年,边区政府又指出,比价政策调整太随意会导致物价波动。"主观的压价与提价,使得贸易局上下不通气,互相埋怨,吃了亏。如二分区金价36万元,要提高到45万元,结果商人卖金子又买布。"[②]可见,农币发行后,如何确定、调整农币与法币的比价是边区政府时刻面对的至关重要的问题。

边区政府要求在具体问题上灵活调整农币与法币的关系。"联系与我有利时则联系之,独立与我有利时独立之。"[③]所谓联系,是指保持农币与法币的比值关系。所谓独立,是当法币贬值时,农币不跟着贬值。即当法币膨胀而贬值时,不应无代价地随法币贬值而贬低农币价值:"应使用物资等力量进一步促进法币的贬值,不应单纯主观的用挂牌方式贬低法币提高本币。同时,缓慢放出本币,大胆吸收法币或有用物资及其他如赤金等。"[④]边区政府对于农币与法币关系的总方针是:"在法币落价时本币稳定,以便吸收法币;法币稳定下来,有计划地使法币与本币平衡。"[⑤]

事实上,农币与法币比价的变动,不仅影响边区物价,而且对边区出入境商品的价格也有较大影响。在比价斗争中,中共已经认识到农币与法币比价对于边区贸易情况、出入境商品的价格进而对边区物价有直接的影响。一般来讲,农币相对于法币贬值,有利于土产出境,但不利于外来必需品进入;反之,则相反。这些贸易思想已经体现在1948年边区总结的比价斗争的经验中。"比价定高了,土产出不去。比价定低了,外来

---

① 《关于目前金融物价指示》(1946年8月30日),山西省档案馆藏,档号A96-1-14-6。
② 《关于金融贸易问题的检讨(会议材料)》(1947年),山西省档案馆藏,档号A90-4-117-3。
③ 《关于今后掌握金融物价、物资的指示》(日期不详,估计在1946年),山西省档案馆藏,档号A90-04-11-06。
④ 《关于今后掌握金融物价、物资的指示》(日期不详,估计在1946年),山西省档案馆藏,档号A90-04-11-06。
⑤ 《关于今后掌握金融物价、物资的指示》(日期不详,估计在1946年),山西省档案馆藏,档号A90-04-11-06。

必需品进不来。"① 表6—8展示的是1946年与1948年边区货币比价政策及结果之比较。

表6—8 1946年与1948年边区货币比价政策之比较

		1946年（1—12月）	1948年（1—9月）
客观条件		和平环境；地区面积人口无变化；盐、粮、油是出境物资；财政赤字很小；敌币落价速度慢	战争灾荒之后，继续在大规模战争中；地区面积、人口由小逐渐加大；盐、粮、油是入境物资；财政赤字很大；敌币落价速度快
主观条件	组织	陕甘宁与晋绥是两个行政区；两个区流通两种货币；银行、贸易公司是两个机构	陕甘宁晋绥合并为一个行政区；统一行使一种货币；银行、贸易公司合并为一个组织机构（西北贸易公司、农民银行）
	政策	比价求稳定，物价随环境；土产出境吸收物资及敌币	物价求稳定，比价随环境；土产出境吸收物资或本币，拒收敌币
	主要出口	1—12月份共出境土产170万件	1—9月共出境土产60万件
结果		物价上涨速度极快、敌币内侵	物价上涨速度下降；敌币肃清，本币外侵

资料来源：牛荫冠：《1948年金融贸易工作总结》，山西省档案馆藏，档号A96-1-20-2。

可以看出，1946—1948年，农币与法币的地位发生了重要变化。1946年，边区土产出境还吸收法币。到1948年，边区真正落实拒收法币。这期间，边区物价上涨速度也逐渐放慢。显然，此时边区政府已经在根据货币理论来制订和调整农币与法币比价，从而影响商品出入境贸易。通过不断地调整货币比价，进而影响出入境贸易，农币市场竞争力得以逐渐提高。正如成致平所指出的："货币斗争是对敌贸易斗争的中心支柱，而比价斗争又是货币斗争的重要环节。货币斗争基本上应服从于贸易斗争。因此，敌我货币比价的制定，便须以有利于进出口贸易作为它的首要任务。"②

（2）中共货币比价思想。中共货币比价思想体现在中共提出的货币比价计算公式中。为便于干部和群众理解比价斗争，边区政府专门邀请

---

① 牛荫冠：《1948年金融贸易工作总结》，山西省档案馆藏，档号A96-1-20-2。
② 成致平：《比价计算方法的初步研究》，引自西北贸易公司农民银行编印：《业务通讯》1949年第6期，1949年2月20日。

中共金融专家撰文解释货币比价的计算公式。下面简要介绍这时期中共提出的货币比价计算公式。[①]

第一，货币比价的原始计算公式。中共认为，货币比价是两种货币价值尺度的对比，是其对内购买力的比较。两种货币的货币比价可表示为：

$$比价 = \frac{敌区进出口商品价}{内地进出口商品价}$$

第二，以进口商品价表示的货币比价公式。在实际计算中，常常以两地进口商品价的比价来表示货币比价。这样，比价公式就变为下式：

$$比价 = \frac{进口商品在敌区价}{进口商品在内地价}$$

第三，指数形式的比价公式。中共认为，由于入境商品的种类很多，单价悬殊较大。所以，上述比价公式就变为以下形式：

$$比价 = \frac{进口货在敌区指数}{进口货在内地指数} \times 基期比价$$

第四，考虑进口商最高毛利的比价公式。中共认为，由于法币持续贬值，物价连续上涨，在农币物价相对稳定的情况下，进口商的毛利率与敌区物价的上涨率是呈反比例变化的。所以，敌区物价上涨越快，进口商所获得的毛利便越低。因此，中共提出，在制订货币比价时需考虑进口商的最高毛利，以测算在下次提价时，敌区物价上涨致进口商只能获得最低毛利时的补偿。考虑了进口商最高毛利的比价公式变为：

$$比价 = \frac{敌区进口货价格指数 \times (1+进口商最高毛利率)}{内地进口货价格指数} \times 基期比价$$

第五，考虑贸易权重的比价公式。由于边区进口商品大部分有一定的季节性，参照具体情况，将各项进口商品按其重要程度分别加入适当的权重，从而使比价的高低与贸易任务更密切地结合。基于这样的理由，中共将上述公式又变更为下述形式。可以说，这是较为完备的比价公式。

$$比价 = \frac{各进口货 \left[\dfrac{敌区}{指数} \times \left(1+\dfrac{进口商最高}{毛利率}\right) \times \dfrac{贸易值}{权重} \right] \div \dfrac{内地指数}{相加}}{各贸易值权数相加} \times \dfrac{基期}{比价}$$

[①] 成致平：《比价计算方法的初步研究》，引自西北贸易公司农民银行编印：《业务通讯》1949年第6期，1949年2月20日。下列比价公式直接引用原始文献，故仍用了"进口"等概念。

第六章 边区金融业的发展

显然,中共对于货币比价的计算较为精确。货币比价的调整主要基于边区的贸易任务。为此,货币比价的计算公式亦经历了多次调整。当然,上述公式只是具有指导性意义的公式。各地货币比价可根据实际情况灵活使用,不必拘泥于上述公式。

2. 与银洋的比价斗争

与银洋的比价斗争是边区政府巩固农币、稳定金融,从而进行货币斗争的重要方面。1940年5月农币发行时,农币与银洋比价为5∶1。该年年底,农币跌价,与银洋比价上升为10∶1左右。1941年,农币与银洋比价继续上升至40∶1左右。1942年,农币与银洋比价上升至60∶1左右。1943年1—7月,农币与银洋比价一直稳定在55∶1左右,但8月开始农币贬值较为迅速,年底与银洋比价上升至150∶1。此后本币与银洋比价继续上升,1945年年底上升至550∶1。1947年年底,本币与银洋比价开始飙升至30 000∶1。兴县农币与银洋比价变化情况,详见表6-9。

表6-9　　　　1940—1947年兴县农币与银洋比价指数

	1940年		1941年		1942年		1943年		1944年		1945年		1946年		1947年	
	价格	指数	价格	指数	价格	指数	价格	指数	价格	指数	价格	指数	价格	指数	价格	指数
1月			50	10	50	10	65	13	170	34	170	34	700	140	5 000	1 000
2月			38	7.6	65	13	55	11	220	44	170	34	850	170	4 000	1 200
3月			40	8	55	11	52	10.4	320	64	170	34	1000	200	4 000	1 200
4月			45	9	50	10	53	10.4	200	40	170	34	800	160	9 360	1 872
5月	5	1	40	8	43	8.6	54	10.8	180	36	170	34	900	180	9 500	1 900
6月	5	1	36	7.2	45	9	54	10.8	170	34	200	40	1 000	200	10 000	2 000
7月	5	1	38	7.6	53	10.6	53	10.6	170	34	200	40	1 000	200	12 000	2 400
8月	5	1	28	5.6	50	10	75	15	170	34	200	40	1 600	320	15 000	3 000
9月	5	1	30	6	71	14.2	85	17	170	34	200	40	2 000	400	20 000	4 000
10月	12	2.4	44	8.8	83	16.6	110	22	200	40	250	50	2 600	520	25 000	5000
11月	12	2.4	50	10	75	15	121	24.2	200	40	350	70	4 000	800	30 000	6 000
12月	10	2	52	10.4	66	13.2	150	30	200	40	550	110	5 000	1 000	30 000	6 000

资料来源:晋绥贸易总局、西北农行总局:《晋绥区1940—1947年市场物价指数表》(1948年),山西省档案馆藏,档号A96-1-27-9。

在边区货币市场上,实际上是以银洋为本位来计算货价及币值。可以看到,自1940年发行农币以来,边区政府就从政策上规定禁止银洋使用。然而,由于边区物资力量不足,境外贸易必须依靠银洋,财政开支亦离不开银洋,银行机构亦不健全。党政军干部对于农币亦没有明确的认识和足够的信心。因此,禁用银洋的效果很差。例如,1943年12月面对本币迅速贬值的形势,根据政策要求,各地干部本应该执行禁绝银洋的任务,但各地干部没有贯彻贸易总局预计分发的布匹、洋纱、银洋等实物准备。这使禁绝银洋的工作陷于自流,本币继续贬值。①

直至1944年,禁止银洋的政策有了一定效果。1944年2月至1945年9月,在长达一年半的时间内,农币与银洋比价维持在170~200,比较稳定。农币币值较为巩固。但与此同时,银洋又转为暗流状态,特别是农村银洋流动较为普遍。可以说,与银洋的斗争,是一项长期的斗争。不像与法币斗争那样简单。正如边区政府指出:"在领导思想上应照顾白洋在广大群众思想中的深厚地位,不能将银洋的作用置之不顾。"②边区政府亦意识到银洋与农币币值之间有密切的联系:"银洋等非本币畅行之时,本币即落价与波动。银洋暗流,或伪钞、法币禁绝之时,本币即稳定、巩固与推广。"③显然,边区政府认为银洋流动与农币币值之间是一种此消彼长的关系。

1946年3月,为改变银洋暗流的状态,边区政府又恢复银洋挂牌牌价。由于一般群众多年信赖银洋,银洋黑市价格成为群众测量农币币价的主要尺度。因此,边区政府决定:"恢复银洋挂牌办法,各地于接到这一通知之日起也都实行挂牌。总局牌价现为八百元兑一元,各地可在一千元至八百元之间自行规定。"④但为防止银洋市场复活与扩大,边区政府

---

① 《一年来金融工作的基本总结与今后的任务与方针》(1944年8月5日),山西省档案馆藏,档号A90-4-101-3。

② 《关于今后掌握金融物价物资的指示》(日期不详,估计在1946年),山西省档案馆藏,档号A90-04-11-06。

③ 《一年来金融工作的基本总结与今后的任务与方针》(1944年8月5日),山西省档案馆藏,档号A90-4-101-3。

④ 晋绥贸易总局:《关于金融波动现象的通知》(1946年3月17日),山西省档案馆藏,档号A96-1-14-12。

第六章　边区金融业的发展　　281

要求银洋必须用于购买必需品,兑换银洋时需要查明用途。"我们对于正当外汇是采取负责供给的态度,以金子、法币、银洋为主,三者有什么供给什么(不能完全服从外汇人的要求)。供给时必须查明用途,不是用于购买必需品者不供给。"①显然,这时期边区对于银洋的规定是多重的:一方面禁止银洋使用,另一方面又规定其与农币的兑换牌价。

1948 年,边区政府开始实行较为严格的禁止银洋使用的禁令。为坚决与银洋作斗争,稳定农币,边区政府规定了严禁使用银洋的禁令:"工商局及所属商店一切货物买卖,必须通过农币,坚决拒收银洋敌币及其他货币,并设法减少物物交换。"②可以说,直至 1949 年,与银洋的斗争才取得明显效果。

(二)发放贷款、吸收存款

发放贷款、吸收存款与群众利益密切相关,能够提高群众对农币的信任。把农币与群众的生产事业相联系才会提高与巩固农币信用。因此,自农币发行起,银行就对群众进行低利甚至无利借贷,使群众能够发展生产,信任并拥护农币。1944 年,为巩固农币,边区政府用农币发放青苗贷款,并指示:"青苗贷款,即一律用本币发放。为了在发放青贷中使本币日趋稳定与巩固,并能更加推广起见,在发放青贷中供给物资维持金融的工作,应该进行一次检查工作。"③可见,发放贷款是提高农币信用的重要手段。

除对群众发放贷款外,为巩固金融、提高本币信用,银行还举办了定期折米存款。定期折米存款一方面吸收游资,使其获得出路,减少投机;另一方面便于银行贸易资金的调用,有利于吸收土产而稳定金融。理由与具体做法是:"第一,由于米价随季节变动,存户在秋季存入,明春青黄不接时取出,会引起市场不稳。因此,银行将秋季吸收到的游资全部收买

---

① 晋绥贸易总局:《关于金融波动现象的通知》(1946 年 3 月 17 日),山西省档案馆藏,档号 A96-1-14-12。
② 晋绥边区行署:《关于金融贸易工作的指示》(1948 年 5 月 9 日),山西省档案馆藏,档号 A220-13-459。
③ 晋绥第八贸易分局:《关于发放青贷款中供给物资及维持金融的指示信》(1944 年 7 月 17 日),山西省档案馆藏,档号 A96-3-22-12。

成粮食,到青黄不接时大量放出粮食,吸收本币,就不会形成通货过紧现象。第二,粮贵布贱容易使存户提取存款变为布。因此,银行将粮布比价适当掌握,使之保持稳定,投机就会减少。第三,银行规定,存入时按贸易公司当日购进小米之最高价格折算,提取时按当日小米之最低价折算。兴县总行与当地粮店密切配合,有计划吞吐粮食,每日由粮店通知银行小米价格,以此作为存取标准。"①1948年,银行进一步举办低利存放款业务,吸收公私定期、活期存款,并给予一定利息。放款以工矿运输业为对象(农业由政府另决定,商业暂不放)。边区银行对各地主要物资价格进行严格掌控,灵活掌握农币吞吐,使之不过分膨胀或过分紧张,促使物价稳定。② 这些措施,对于稳定金融、提高农币币值和信用有积极的作用。

二、生产领域的货币斗争

从货币起源看,货币的出现与商品生产、交换密切相关。生产是基础,生产决定流通。流通又是再生产的必要条件。社会再生产是生产与流通的统一。正如马克思所说:"总的再生产过程既包括资本本身的再生产过程,也包括以流通为媒介的消费过程。"③显然,商品生产是货币流通的基础与前提。物资是农币发行与流通的物质保证。可以说,大力发展生产是进行货币斗争的基础与保证。中共认为,扩大生产能够扩大货币流通、提高农币信用;反过来,货币流通和农币稳定则有利于边区社会再生产的正常进行。为此,在发展生产方面,边区政府主要采取了以下举措:

首先,发展农业生产。抗战时期,边区发动了大生产运动并实行减租减息,解放了农村生产力。解放战争时期,边区政府又经历了土地改革,大量贫雇农分到土地。虽如此,农民依然贫困,生产基础差,特别是解放战争时期边区不少地区遭受灾荒。在这种情况下,为使农民能致力于生

---

① 《关于举办定期折米存款的指示》(1946年11月5日),山西省档案馆藏,档号 A96-1-14-1。
② 晋绥边区行署:《关于金融贸易工作的指示》(1948年5月9日),山西省档案馆藏,档号 A220-13-459。
③ 马克思:《资本论》(第二卷),中共中央马克思恩格斯列宁斯大林著作编译局译,人民出版社 2004年版,第436页。

产,帮助农民解决生产困难,边区政府全力开展生产救灾。政府积极发动农民生产自救,互相帮助,并辅之以政府救济,制定出适应农业发展生产的政策,形成一个全区全民的"救灾救死"运动,①终于战胜了灾荒。为增加救灾的力度,边区政府一方面在各地组织骡马大会,②组织商贩向外购买春耕所需品到会供销;另一方面,发放巨额农贷,以帮助群众发家致富。例如,1946年,绥蒙政府发放了5 000万农币贷款。③ 1947年,边区政府共发放90万万元(农币)生产贷款。④ 1948年5月13日,中共中央晋绥分局发出"救灾救死"紧急动员令。一方面,通过调拨粮食以调剂供需,并具体采取分期出售粮食的办法。"三月初出售存量的五分之二以解决春耕种子问题;夏收前后再出售五分之二,以解决口粮问题;剩余五分之一备作其他临时急用。"⑤另一方面,政府还组织各机关向灾民捐粮、捐物、低利贷款。仅1948年上半年,粮食捐助就达到244大石(每石260斤),无利或低利贷出的粮食达77大石,周转调剂到市场上出售的粮食达1 315大石。⑥

其次,发展农村副业。晋绥农业生产受自然条件影响甚大。副业收入多寡直接影响农民生活。边区政府大力组织家庭纺织、熬硝、榨油、养鸡、养羊、喂猪等普遍性副业,以及养蚕、养蜂、闹山货等农村特殊的副业。⑦

再次,发展工矿业和运输业。边区政府鼓励群众大力发展工矿业和运输业,明确规定贸易、金融、税收工作为生产服务,并颁布了保护工商业条例。边区政府规定:所有公营矿业都由工商局负责领导经营,同时免征1947年度的营业税,减征制产税。⑧ 对于各种手工业特别是纺织业,边区

---

① 《一九四八年的晋绥解放区》,《新华周报》1949年第1卷第4期。
② 《晋绥骡马大会》,《新华社电讯稿》1948年第3期。
③ 《绥蒙政府发放五千万农贷》,《抗战日报》1946年3月2日,第2版。
④ 《晋绥边区行署关于发放九十万万元(农币)生产贷款的决定》,《晋绥日报》1947年2月28日,第1版。
⑤ 《晋绥边区行署关于金融贸易工作的指示》(1948年2月1日),山西省档案馆藏,档号A220-13-453。
⑥ 《晋绥各机关纷纷捐粮贷款,帮助灾民度过春荒》,《人民日报》1948年6月2日,第2版。
⑦ 《行署关于发展农业生产的指示》(1948年5月15日),引自中共吕梁地委党史资料征集办公室编:《晋绥根据地资料选编》(第二集),1983年,第156页。
⑧ 《边区生产会议胜利闭幕》,《晋绥日报》1948年4月29日,第1版。

政府要求工商局帮助其解决原料供给和销路问题。为了发展生产,边区政府还组织了土产品运销,如组织二分区的硫磺、五分区的盐、六分区的木材、九分区的炭铁等土产运销出境。政府还扶植生产变工小型合作社,并在业务上给予指导,帮助农民学会、掌握技术。[①] 此外,为了扶植群众生产,政府还要求银行发放大量工业贷款。如1946年2月,边区预计新增农工业贷款2亿元。其中,纺织工矿贷款为2 000万元(农币)。[②] 10月,政府决定该年全边区纺织贷款为1.6亿元(农币)。[③] 1949年2月,中国人民银行晋西北分行公布了关于发放各种贷款的暂行办法。其办法规定:对农业、工业、矿业及某些有利于发展生产的商业发放各种生产贷款。[④]

边区政府的实践证明,政府大力扶植生产的举措有利于稳定金融。生产较好、土产品较多时,农币流通就较为广泛。而发展工矿运输业,不仅可组织农民剩余劳动力从事生产,而且对于支援战争、流通农货、稳定物价都有重要意义。

三、行政领域的货币斗争

为确立农币在边区的地位,边区政府采取了行政手段以大力推广农币,力求使农币与各种生产相结合。行政领域的货币斗争一是颁布相关制度,禁止法币、银洋、伪币、赤金及其他杂票的流通;二是设立货币兑换所;三是宣传动员。历史告诉我们,货币斗争的胜利是一个漫长的历史过程,并非瞬间就能实现。

(一)禁止法币、银洋、伪钞、赤金及其他杂票的流通

农币发行后,边区禁止法币、银洋、伪钞及其他杂票的流通。抗战时期,对于法币、银洋、伪币这三种主要的敌对货币,边区政府总的原则是禁

---

① 《行署关于发展农业生产的指示》(1948年5月15日),引自中共吕梁地委党史资料征集办公室编:《晋绥根据地资料选编》第二集,第156—157页。
② 《边区行政公署新增农工业贷款二万万》,《抗战日报》1946年2月6日,第1版。
③ 《晋绥边区行署关于发放纺织贷款的指示》(1946年10月10日),引自晋绥边区财政经济史编写组、山西省档案馆:《晋绥边区财政经济史资料选编·金融贸易编》,第339页。
④ 《中国人民银行晋西北分行关于发放各种贷款的暂行办法》,《晋绥日报》1949年3月9日,第2版。

止使用。但由于这三种货币的性质不同,故而在方式上又有所不同。对于伪币,不准保存、不准行使;对于银洋与法币,只准保存,禁止贩运与周使。抗战胜利后,边区货币仍较为复杂,伪币还在某些新解放区流通,农币还在开辟阶段。因此,一部分金银便出现于市场,代替了货币的地位,有的地区法币也在流通。对于这种情况,边区采取了分别对待、分别处理的办法。

第一,对于伪币,严格禁绝。抗战初期有些地区使用伪钞非常严重。某些机关部队甚至争用伪钞、拒用农钞,把伪钞当作主要货币。在这种情况下,边区政府指示立即开展反对经济上投降现象的运动,与崇拜伪钞的思想作斗争,使干部与各界人士思想有所转变,然后采取具体步骤,坚决驱逐伪钞,并指示银行不接受伪币,对于驱逐伪币不能有丝毫犹豫。[1]

第二,对于银洋,有步骤地斗争。抗战时期,边区政府并未完全禁止银洋。边区政府认为,在驱逐伪币、农币信用尚未建立的情况下,银洋势必出现,要打垮银洋是很难的。因此,边区政府虽然在原则上禁止使用银洋,但在农币未站稳以前,并未立刻禁止。在伪币、法币没有清除以前,边区主要的斗争对象还不是银洋,但也不能采取放任态度。因此,边区政府的态度是只打击银洋的大批活动。对于零星少数,如缉查到,由银行照市价兑给本币,不加处罚。[2] 1942年张闻天调查显示:"禁止使用白洋,一般老百姓认为'不现实'。白洋、粮食为实际货币。"[3]抗战胜利后,行署发布了关于禁止银洋、法币之周使的命令,并三令五申该命令。但事实上,即便是在老解放区临县,仍有银洋、法币暗流的现象。[4]

第三,对于法币,严格禁止流通,但采取积极的吸收办法。边区一方面吸取外汇,另一方面推广农币流通。边区政府规定,除特殊需要使用法币须经审批外,其他入晋绥边区者必须一律将法币兑换成农币。1944年行署规定:"近有持法币入境流转之机关,应即自动到银行兑换农币,今后

---

[1] 《晋绥边区贸易总局关于管理赤金通知》(年份不详),山西省档案馆藏,档号A96-1-14-5。
[2] 《晋绥边区贸易总局关于管理赤金通知》(年份不详),山西省档案馆藏,档号A96-1-14-5。
[3] 《调查日记》(1942年1月26日—9月25日),引自张闻天选集传记组、中共陕西省委党史研究室、中共山西省委党史研究室编:《张闻天晋陕调查文集》,第365页。
[4] 临县县政府:《关于禁止银洋法币暗流的令》(1946年10月8日),临县档案馆藏,档号62-2-56。

再有在内地持有非本位币流转者,一律没收。情节重大者,并处罚之。"①甚至包括持陕甘宁边区法币许可证的也必须遵守此规定:"凡陕甘宁来晋绥之携带法币者必须于过河入境后,到碛口贸易局(即银行)将法币一律兑成农币然后通行,否则以破坏单一币值论处。陕甘宁银行所发给之携带法币护照等证明文件,到晋绥境内即应视为失去效用,不得成为暗流法币之借口。"②

第四,对于赤金,严禁流通。边区政府规定,拥有赤金者可去银行兑换。国有机关保存者,必须到当地银行登记,数量增减必须说明理由,随时报银行,否则以走私论。一般民众携带的金首饰如耳环、戒指,每人不得超过两件,一般重量不超过五钱。各地银行应挂牌积极收购赤金,在价格上可以让出售者有利。据资料载:"赤金的出入口与在内地交易须经过银行登记管理,不得自由流通。各地对于金子的出入口必须视同外汇进行管理登记。"③1946年,行署进一步规定:"银洋不能直接兑换赤金,金子也不能直接兑换银洋,以防止投机者以银洋换取赤金。"④可以说,对于赤金的态度,边区政府是严禁流通、积极收购、防止走私。

第五,对其他根据地的货币采取不准使用的政策。边区政府规定不准使用陕甘宁、晋察冀、冀南等解放区的货币,但对于这些货币采取支持与维护态度,按公平比价兑给本币。⑤

实践证明,银洋、法币、伪币等非本位币在边区畅行时,农币就波动、掉价,而银洋、法币、伪币禁绝时,农币就稳定、巩固。可以说,禁止法币、银洋、伪钞、赤金及其他杂票的流通有利于巩固农币的主体地位。

(二)设立兑换所

设置兑换所也是提高农币信用的方式。这是临时办法。这种兑换所可以进行农币与法币等货币的兑换,但部队及公务人员不得兑换,只兑换

---

① 晋绥边区行政公署贸易总局:《关于对敌实行经济斗争特决定各点的通令》(1944年5月29日),山西省档案馆藏,档号 A90-4-97-12。
② 《晋绥边区行政公署令》(1946年5月28日),兴县档案馆藏,档号 12-203-12。
③ 《晋绥边区贸易总局关于管理赤金通知》(年份不详),山西省档案馆藏,档号 A96-1-14-5。
④ 《有关银洋使用方面的通知》(1946年11月18日),山西省档案馆藏,档号 A96-1-14-18。
⑤ 《晋绥边区行政公署令》(1945年11月30日),山西省档案馆藏,档号 A90-4-98-6。

给群众。群众如有外出贸易者,要确能证明是贩卖群众必要品者可酌量兑换,除此条件外均不兑换。1940年11月23日,边区行署颁布了"兑换所兑换规则",其规定:"凡商民有正当用途,不违反统制对外贸易原则,有欲以农币兑换法币者,须履行下列手续兑换之。但是政府、部队、群众团体、学校以及其他机关所属人员一律不许兑换。十元以下者在兑换所登记,经审核可予以兑换;十元以上者须到统制贸易局申明理由,经审核许可发给证明书,准持该证明书到兑换所兑换之;五百元以上者须持证明书到西北农民银行总行兑换之。"[1] 同年12月,行署在二区、四区、八区及兴县设立兑换所四处,每处都预备好法币数万元,专给到外区买货的商民们兑换,以解决商民到外区买东西不便利的问题。[2] 货币兑换政策看似严格,但实际上由于边区所存法币数量有限,前期未能努力充实兑换基金,从而导致农币发行初期贬值较快。

(三)政治动员

政治动员是边区货币斗争的重要内容。广泛深入地进行政治动员、解释是巩固农币信用的主要途径之一。在物质条件具备后,群众对农币的认识,特别是干部与领导的认识对于农币的巩固至关重要。边区政府认为:"货币是当作交易媒介的信用手段,其信用固然在于充足的实物保证,但是它的信用能够深植于人心以后,就变成了物质的力量。人民的信用就成了可靠的政治基础"。[3] 显然,政治动员能够提高政府与军队的威信,打破群众对政府和军队的旧认识,打破群众对农币的不正确了解,揭穿敌人、汉奸的一切谣言。政治动员的内容主要包括宣传农币作用,宣传农币对于与敌人进行经济斗争以及根据地经济建设、改善人民生活的作用,从而巩固群众抗战信心,巩固群众保卫晋西北的信念。1942年,晋绥分局指示各地党委应配合政治形势,发动拥护农币运动,发动党员和工作

---

[1] 中共晋西区党委:《经济建设材料汇集——货币金融》(1941年12月),山西省档案馆藏,档号 A22-7-5。

[2] 《设立兑换所为商民兑换法币》,《晋西大众报》1940年12月7日,引自杨世源主编:《西北农民银行史料》,第67页。

[3] 中共晋西区党委:《经济建设材料汇集——货币金融》(1941年12月),山西省档案馆藏,档号 A22-7-5。

人员,根据当地金融具体情况,在群众中进行广泛、生动的宣传解释。①
1943年7月,兴县"召开小规模骡马大会,在大会上由于着重政治动员及
加强查缉银洋暗流,使一向离不开银洋的牲口交易也多用农币,不用银洋
了。"②群众的政治认识对于农币深入农村至关重要。1944年,边区政府
在总结金融工作时指出:"如果我们不做宣传教育工作,农民对本币的拥
护不会很积极的。……因此一定要对广大群众作教育。"③1946年,边区
行署进一步指示各地贸易局:"配合各地政府,进行广泛的宣传动员,加强
对于爱护保存农币的宣传教育,使群众认识到农币对群众的负责态
度。"④1948年,边区政府进一步加强对农币的宣传,使群众建立对农币的
信用。边区政府提出了贯彻稳定金融的政策,指出必须克服任农币自由
下跌与慢慢下跌的有害思想,鼓励群众明确认识到农币是有充分条件趋
于稳定的。同时,政府还对群众进行深入广泛的宣传动员,以提高群众爱
护农币的觉悟。⑤ 可以说,政治动员贯穿于农币流通的始终,是农币信用
提高的重要保障。

四、流通领域的货币斗争

亚当·斯密认为,交换行为是货币产生的根源。马克思也认为,货币
结晶是交换过程的必然产物。⑥ 显然,正是商品交换的扩大导致货币的
产生,货币是商品交换发展到一定阶段的产物。因此,发展商业贸易可以
扩大货币流通。基于该理论,发展商业贸易成为中共稳定农币、扩大农币
流通范围的重要手段。

(一)对内组织合作社积极推动商品流通

边区政府积极组织合作社,推动商品流通,扩大农币流通范围,从而

---

① 《巩固提高农钞》,《抗战日报》1942年12月26日,第2版。
② 《贸易总局银行总局经验介绍》(1943年9月1日),兴县档案馆藏,档号10-72-6。
③ 《一年来金融工作的基本总结与今后的任务与方针》(1944年8月5日),山西省档案馆藏,档号A90-4-101-3。
④ 晋绥贸易总局:《关于金融波动现象的通知》(1946年3月17日),山西省档案馆藏,档号A96-1-14-12。
⑤ 晋绥边区行署:《关于金融贸易工作的指示》(1948年5月9日),山西省档案馆藏,档号A220-13-459。
⑥ 马克思:《资本论》(第一卷),中共中央马克思恩格斯列宁斯大林著作编译局译,第106页。

巩固农币。1940年,边区政府广泛发展供给群众需要的运销合作社,使群众能够用农币买到所需物品,并指出一切合作社须负起平抑物价之责,坚决使用农币。1941年,中共晋西区党委指示发展贸易以巩固农币,要求各区各行政村必须建立合作社,使合作社成为农村中的经济堡垒。合作社主要任务是供给人民日用品,平抑物价、巩固农币。1941年11月10日,中共晋西区党委指示:"只有合作社广泛地建立起来之后,才能使我之农钞有了社会基础。"[1]1944年,边区政府认为,物资流通使各种货物分配均匀。合作社的普遍建立,以较低价格供给群众必需品。贸易支局与兴业公司组织战时流动商店,平抑物价,使农币得到了物质保证。[2] 显然,边区政府极其重视合作社推动商品流通进而稳定农币的重要作用。1945年3月,边区某合作社响应政府的号召,在敌占区利用市集与敌人展开了经济斗争。[3] 1948年,边区政府改变了农币只局限于城镇与交通要道使用的情况,全面推广农币。其具体措施如以农币收购群众产品,并广泛扶助合作社的建立和发展,使其成为农村的贸易据点和农币的流通场所。[4] 由于合作社收取农币,因此群众对农币充满信心。如临县梁家会一干部说:"本币在波动时,合作社是用卖出货收取本币。在这种情况下,群众也不怕本币。他们说只要在合作社能买来货就行。"[5]显然,合作社对于农币的推广与巩固、提升农币购买力和民众对农币的信任具有重要作用。

(二)对内大力抛售物资

抛售物资是在流通领域进行货币斗争的重要手段。边区政府要求各地把物资调剂到适当地点进行抛售,以达到提高币值的目的。1944年,边区政府组织天池店骡马大会,"由于会上有充足的物资供应给群众,商

---

[1] 中共晋西区党委:《经济建设材料汇集——货币金融》(1941年12月),山西省档案馆藏,档号A22-7-5。
[2] 刘献珺:《稳定的兴县金融》,《抗战日报》1944年11月29日,第4版。
[3] 《某地合作社深入敌占区交流物资组织群众生产,展开对敌经济斗争》,《抗战日报》1945年3月5日,第1版。
[4] 晋绥边区行署:《关于金融贸易工作的指示》(1948年5月9日),山西省档案馆藏,档号A220-13-459。
[5] 《梁家会合作社的工作总结》(1944年),临县档案馆藏,档号62-1-20。

人群众对本币非常爱护"。① 这反映出群众对本币信任度的提高。随着农币流通范围的扩大,农币流通量逐渐推广到农村和游击区。1946年春节后农币剧跌,边区积极开展骡马大会抛出物资,以稳定农币。"兴县二月二骡马大会贸易,一分局决定抛出现存粮(米)3000大石,莜面19万斤,盐20余万斤。……公私商的态度反由抢购物资转为观望趋势。各货已不再涨价,且有跌落现象。"②此后,边区政府指示继续贯彻放手抛出实物提高农币的方针。其具体措施有:"(1)除粮食、黄油、木材、药材等大城市需用,土产可以适当收存外,其他存货如布、花、杂货等必须一律抛售。(2)抛货当中,对于粮食等土产,采取不压价态度,但是对于各地集市必须有准备地支持。(3)金子总局仍继续抛售,各地可转告公私商人来兑。"③ 1948年,边区政府在流通领域进行货币斗争的措施主要是:"集中力量,调剂粮食,尽力维持粮价不再上涨。……同时加紧贸易周转,大量回笼本币以减少发行,支持财政恢复提高本币信用。"④边区政府指出:"推销土产是对敌斗争,稳定金融,支持财政的基本环节。如果土产推销不出去,则严重影响金融物价及物资的供给。"⑤可以说,大力抛售物资是稳定金融、提高农币币值,在流通领域进行货币斗争的重要内容。

(三)严格管制公营商店,实行统一经营

公营商店是边区政府贯彻金融贸易政策的重要商业机构。1941年,边区政府要求公营工商业只许收农币,禁止收法币、银洋。1944年3月5日,为开展经济斗争,发展生产,统一财政金融,充实商业贸易力量,边区政府进一步决定各地党政军民机关所设商店,一律移交当地贸易局。⑥自统一经营公商的要求发布后,各地基本已做到,但仍有少数单位没有统

---

① 晋绥边区贸易总局:《关于骡马大会经验介绍》(1945年1月17日),山西省档案馆藏,档号A96-1-13-2。
② 晋绥贸易总局:《关于金融波动现象的通知》(1946年3月17日),山西省档案馆藏,档号A96-1-14-12。
③ 晋绥贸易总局:《关于金融波动现象的通知》(1946年3月17日),山西省档案馆藏,档号A96-1-14-12。
④ 牛荫冠:《1948年金融贸易工作总结》,山西省档案馆藏,档号A96-1-20-2。
⑤ 牛荫冠:《1948年金融贸易工作总结》,山西省档案馆藏,档号A96-1-20-2。
⑥ 《关于所有商店移交当地贸易局的通令》(1944年3月5日),山西省档案馆藏,档号A90-4-97-9。

一进去。边区政府认为,这种分散力量、步调不齐的现象对于贯彻执行边区金融贸易政策是有害的。于是该年9月,行署进一步发布《关于各公商统一经营的令》指出:"兹经我边区军政负责同志协议,确定统一经营的方针必须贯彻。特重申前令希速检查,切实执行。"①可以说,严格管制公营商店、实行统一经营是在流通领域进行货币斗争的另一举措。

(四)对境外贸易实行严格管制,扭转贸易逆差

贸易逆差严重是导致农币不稳的重要原因。因此,通过管制境外贸易,扭转贸易逆差来稳定农币成为政府的重要手段。事实证明,贸易入超较大时,银洋、法币、伪钞等就较为活跃,而对境外贸易管理较严时,本币流通就较为顺畅。对贸易管制的主要措施包括以下几方面:

第一,对贸易实行统制,对重要物资进行管制。对境外贸易实行统制,主要是限制或禁止非必需品输入,奖励和集中力量统一输出土产品,争取贸易平衡,以铲除对敌占区市场的依赖,从而提高农币价值。1940年,边区政府对贸易实行统制,有计划输出边区非必需品以及剩余土产品,向敌占区与各根据地换取边区缺乏的群众必需品,并要求商人在卖出土产品时,必须换回同等价格的边区外商品。② 1942年,由于政府严厉禁止银洋和伪币流通,外地人来边区收买土产品常带必需品,民众用农币能买到所需东西,很乐意保存和使用农币。因此,农币流通范围日益扩大,信用也日益提高。③ 然而,1945年前后许多地方走私现象复杂、严重。为此,边区政府进一步加强税务缉私、组织严格查获,以维护金融稳定。严禁非必需品入境,如纸烟、香皂等以及条例所规定其他严禁物品,查获者予以没收。严禁粮食出境,查获者予以没收。④ 1946年,边区再次强调:"奢侈品如纸烟等一律不准入口,希协同税务局努力查禁,务使节约外汇之数。"⑤1948—1949年,为便利交易,保证物品供给,稳定金融,防止奸商

---

① 《关于各公商统一经营的令》(年份未写,估计是1944年9月5日),山西省档案馆藏,档号A90-4-97-10。
② 《巩固西北农民钞票》,《抗战日报》1940年11月27日,第1版。
③ 《实行统制贸易后,六区农钞信用日高》,《抗战日报》1942年5月21日,第2版。
④ 《晋绥边区行政公署令》(1945年6月1日),山西省档案馆藏,档号A90-4-98-14。
⑤ 《有关银洋使用方面的通知》(1946年11月18日),山西省档案馆藏,档号A96-1-14-18。

投机操纵,边区政府掌握了一批重要物资,并实施限购,如掌握了细粮、棉花等主要出境物资,以平衡贸易、稳定物价。① 边区政府一般在物价稳定的时候,收存物资,用各种方法把物资控制在自己手里,以准备应付金融波动。在物价波动时,则在市场上大量抛售物资。此外,边区政府还常用公粮收款收缩本币,限期、定价收购公粮,从而稳定金融和平抑物价。

第二,从按规定使用法币、银洋到一律使用农币。抗战时期,边区政府要求在境外贸易中依法按规定使用银洋、白金等,否则应予以没收,内地市面上严禁使用银洋及金子。② 为稳定农币,1948年边区政府要求出境物资一律使用本币,不准再使用银洋。该年边区政府规定:"出口物资一律以本币计价。以土产直接当作外汇支付,出口的土产固定在每件本币45万元农币的价格上,对外贸易实行以物易物,外来物资的内地价是通过土产的交换比例,再照土产的定价来决定。"③

第三,管理对外汇兑,掌握外汇。管理汇兑是管理境外贸易的一部分。边区政府出入境贸易一向不平衡,掌握外汇并充分供给必要的外汇,才能使农币畅通无阻。边区政府认为:"管理这些货币及商品的出入,使其服从于整个根据地的利益,便是管理外汇及管理对外贸易的责任。"④ 管理汇兑的主要举措有:一是管理自行保存的非本币出境的自流现象;二是在管理的原则上供给农币及外汇,但不是放任资金无限外流,而是在管理外汇的原则上供给外汇;三是银行除依靠在内地收买生金银及其他非本币外,并管理入境的非本币,以期集中于银行,充实外汇力量。⑤ 适当地供给与管理外汇,可以减少边区市场上各种非本位币的扰乱,还可以吸收外汇力量,巩固农币信用。

第四,降低贸易运输成本。边区政府积极降低运输费用,强调输出土

---

① 《华北各解放区目前财经关系调整办法》(1949年),引自晋绥边区财政经济史编写组、山西省档案馆编:《晋绥边区财政经济史资料选编·总论编》,第708页。
② 《晋绥边区行政公署令》(1945年6月1日),山西省档案馆藏,档号A90-4-98-14。
③ 牛荫冠:《1948年金融贸易工作总结》,山西省档案馆藏,档号A96-1-20-2。
④ 中共晋西区党委:《经济建设材料汇集——货币金融》(1941年12月),山西省档案馆藏,档号A22-7-5。
⑤ 中共晋西区党委:《晋西北货币金融工作概况》(1941年12月),引自晋绥边区财政经济史编写组、山西省档案馆编:《晋绥边区财政经济史资料选编·金融贸易编》,第59—60页。

第六章　边区金融业的发展

产品应以发展生产为唯一目的。例如,某些土产品出境困难时,政府指示工商局不应单纯从赚钱出发,应广泛组织群众贩运。某些土产品因出境价低群众贩运困难时,政府指示工商局利用自己的运输回脚(指返回)捎运出境,即使仅够运费,或者不够运费也应做。①

第五,采取低价政策扩大土产品出境。为扭转贸易逆差,平抑物价,边区政府规定了土产品出境低价政策,以打开本地商品的销路,等占据市场后再提到平价,然后争取最后以高价大量输出。对于入境货则采取由较高价到平价再到低价的政策。②

第六,努力恢复西北与东部城市的贸易路线。为扩大贸易,边区政府努力恢复西北与东部城市的贸易路线,使边区的皮毛、油等能够与城市的洋货交换,如打通了榆林—碛口—太原,榆林—府谷—忻州、大同,归绥—丰镇—大同、平津等贸易路线。③ 这些贸易路线的打通,促进了边区经济的繁荣,保障了市场需求,也有利于物价稳定。

第七,降低出入境税率。为便利贸易,边区政府积极增加入境商品并鼓励本地商品出境。1946年3月,边区政府根据"凡各种货物通过解放区只能收一次税"④的原则调整了货物出入境税率。对入境部分商品,棉花由1%税率改为免税入境,土布由10%降低为5%,洋布由15%降低为10%,红白糖由20%调低为12%,蜂蜜由20%调低为12%,各种颜料由20%调低为15%。其他各种货物,绝大部分调低了税率。对出境部分商品,羊由15%调低为5%,猪免税出境,驴、骡、马、骆驼由10%~15%调低为5%,枣子由禁止出境改为3%税率出境,猪肉由15%税率改为免税出境,木炭、木料由10%调低为3%~5%。⑤ 降低出入境货物税率,促进了

---

① 晋绥边区行署:《关于金融贸易工作的指示》(1948年5月9日),山西省档案馆藏,档号A220-13-459。
② 晋绥边区行署:《关于金融贸易工作的指示》(1948年5月9日),山西省档案馆藏,档号A220-13-459。
③ 晋绥边区行署:《关于贸易金融工作的决定的令》(1946年1月29日),山西省档案馆藏,档号A220-13-298。
④ 《晋绥边区行政公署关于税收工作的指示——出入境货物税征免问题》(1946年6月25日),引自山西省财政厅税务局、内蒙古自治区税务局、山西省档案馆、内蒙古自治区档案馆编:《晋绥革命根据地工商税收史料选编(1938.2—1949.12)》,第234页。
⑤ 财政部税务总局编:《中国革命根据地工商税收史长编——晋绥革命根据地部分(1927—1949)》,第125页。

区外商品的入境,增加了边区市场供应,满足了边区经济发展和消费的需求,并抑制了物价的过快上涨。通过双向调节,边区政府保证了市场供应和价格稳定,农币信用得以提升。

五、财政领域的货币斗争

财政领域的货币斗争主要体现在以下几方面:

一是适当掌握财政收支平衡。边区政府认为,适当掌握财政收支,使财政收支本身相适应,并与本币周转相配合,对于巩固农币有重要作用。[①] 一般来讲,财政收入少而货币发行多则农币价值会跌落,而财政收入多货币发行少则会导致筹码不足,从而会出现以物易物以及银洋交易的现象。因此,政府极为关注财政收入与支出的大体平衡。当收入少而又必须多开支的时候,政府设法发放实物以减少本币的波动。事实证明,财政收支配合较好时,本币流通较为顺畅。

二是财政税收的收取以及农贷发放一律使用农币。1941年,边区政府要求各种税收、村摊款、公粮变款、田赋只要农币,绝对不收法币、银洋。持有法币银洋者,须到银行兑换成农币后,再交易、再使用。[②] 历年农贷的发放与回收,亦一律使用农币。各项税收、农贷、公粮变款与广大人民群众密切联系。这使人民群众不得不经常保存农币,从而使农币保持稳定。可以说,历年村款、税收等的收取以及农贷的发放在支持本币中也起了较大作用。

三是发行公债。为了巩固农钞,边区发行公债。为保证公债的顺利发行,政府向民众支付一定利息,保证信用。1940年,晋西北行政公署根据临时参议会决议发行晋西北巩固农币债券,公债利息为年利5厘,并规定自抗战胜利后第二年起开始还本,每年还1/5,5年还清。[③] 1943年,边区政府发动认购公债运动,并向群众解释,发行公债不是政府给农民增加

---

① 《一年来金融工作的基本总结与今后的任务与方针》(1944年8月5日),山西省档案馆藏,档号A90-4-101-3。
② 中共晋西区党委:《经济建设材料汇集——货币金融》(1941年12月),山西省档案馆藏,档号A22-7-5。
③ 武新宇:《晋西北半年来的政权工作》,引自杨世源主编:《西北农民银行史料》,第76页。

负担,而是政府为了增加人民福利,以一定的可靠的利息,向人民的定期借款。① 1943年,兴县县政府对募集巩固农币公债进行了广泛与深入的宣传动员工作,聘请群众团体及绅士列席参加讨论,详细解释公债意义及办法,然后深入群众进行宣传,对不了解的人进行耐心说服。保德还成立了各级劝募委员会,由政民干部及地方公正人士共同组织。临县成立公债推销委员会,深入民众宣传解释,激发人民爱国热忱。② 1945年,边区行署通知:"发行公债已二年,三十四年度公债利息应即支付,希即转知所属区村政府及各地银行,凡持有公债券剪下之三十四年度息票即可支付现金或抵交公款,一律按当地价格折付农币。"③公债的发行,对于稳定边区金融、提高政府信用有一定的积极作用。

四是用财政直接补贴货币发行,以稳定农币。经过战争破坏及严重灾荒后,1948年边区决定不用直接(征收)或间接(发票子)的方法来稳定农币,以免加重群众负担、引起群众反感。边区政府决定把土产直接当作外汇,土产出口价稳于农币45万元的价格上,用贸易补贴发行,用财政实力求得一定时期的币值稳定。边区政府认为:"强行发行货币会导致货币信用根本垮台,用银行、贸易公司的家务直接供给财政开支以支持战争,在市场上用最大努力求得物价稳定,才能维持财政预算及恢复票子的信用。"④

五是银行、贸易公司垫支财政,以稳定农币。1948年,边区政府决定银行、贸易公司以大量财力物资供给开支。如1948年1—9月银行发行垫支财政,陕甘宁用2 335亿元农币;1—8月,晋绥贸易公司支付财政为32 116 077万元农币,以延安9月份小米平均价折合共计小米140 860大石。⑤ 显然,在支持金融方面,银行、贸易公司不仅贡献实物而且大量垫付财政。这种政策的效果是明显的。正如边区政府总结提到的:"如有没有二、三、四三个月在财经工作上的紧急措施(主要是用贸易公司、银行家

---

① 赵立德:《发动认购公债运动》,《抗战日报》1943年2月13日,第2版。
② 《兴临保各地积极劝募公债》,《抗战日报》1943年2月23日,第2版。
③ 《关于支付1945年度公债息票通知》(1945年10月19日),兴县档案馆藏,档号10-79-7。
④ 牛荫冠:《1948年金融贸易工作总结》,山西省档案馆藏,档号A96-1-20-2。
⑤ 牛荫冠:《1948年金融贸易工作总结》,山西省档案馆藏,档号A96-1-20-2。

务稳定物价垫支财政)则部队整训、救灾生产等,将会遭遇极大困难,因而以后的物价稳定、货币信用提高、敌币被驱走、增加货币发行等都是不堪想象的。"①

小 结

可以看出,中共对于货币斗争的认识已经较为全面。中共认为货币斗争不仅是经济斗争,而且是政治斗争、思想斗争。正是基于这样的认识,中共在进行货币斗争时,不仅采用经济手段,还采用了行政手段。经济手段涉及金融领域、生产领域、流通领域、财政领域等。可以说,货币斗争是一场全方位的经济斗争。而恰恰是这场全方面的经济斗争直接支撑了军事战争,没有经济斗争的胜利,军事上的胜利是难以想象的。1944年,边区贸易工作会议检讨指出:"怎样认识敌人经济上封锁与掠夺政策,其主要实施办法如何,进行了哪些调查研究工作。敌人在实行其封锁倾销中有何空隙,对此曾采取过什么对策,有什么胜利或失败的经验教训。……从过去工作中检讨哪些工作在对敌经济斗争上有意义、是胜利的,其原因何在,哪些是失败的或上当的,其原因如何。"②显然,中共时刻反思对敌经济斗争的经验与教训。货币斗争是经济斗争的核心,而稳金融又是货币斗争的主要目标。

以下这一段话体现了这时期中共对于货币斗争以及稳定金融的认识。"本币的物质基础,不是建筑在法币、银洋的兑换上,而是建筑在全边区广大群众的生产与生产品的流转上。而这些物质基础,对本币发生的作用,不是依靠生产与贸易的客观存在,而是依靠我们对这些物质基础的适当运用与掌握。本币的巩固,与财政收支有密切关系,不是互不相关,而是必须密切配合;不是财政收支的可多可少,而是收与支必须适应。更看到:思想上、政策上的偏正,对本币的巩固有重要的作用。本币不是和旧社会的纸币一样,是有新社会的新条件作保证,可以提高的。不是只管

---

① 牛荫冠:《1948年金融贸易工作总结》,山西省档案馆藏,档号 A96-1-20-2。
② 《贸易工作会议工作检讨提纲》(1944年),山西省档案馆藏,档号 A96-3-22-8。

能买东西不管其跌价的,而币价的高低会影响其信用的;也不是只在消极方面防止其流通就可以巩固的,而是要从基本上积极地用各种力量来求其巩固的。总之,本币的基础,不是别的,而是物质力量的适当运用,财政收支的配合与适应,以及政治力量适当配合,思想与决心的正确发挥。在其他条件具备时,正确的思想与政策有主导的作用。"[1]显然,中共认为进行货币斗争以稳定金融重在形成政策合力。货币斗争的措施涉及金融政策、财政政策、贸易政策、生产政策及行政政策等。这有利于各种政策形成政策合力,充分发挥各类政策的作用。

---

[1] 《一年来金融工作的基本总结与今后的任务与方针》(1944年8月5日),山西省档案馆藏,档号 A90-4-101-3。

第七章

边区财政税收的发展

　　财政是政治力量的基础性支持,是一个国家赖以生存和发展的基础。没有财政经济的支撑,军事上的胜利就难以实现。正如熊彼特所言:"一个民族的精神、文化水平、社会结构以及其政策所预备的行为等——所有这一切以及其他更多的东西都反映在它的财政史当中。"[1]可以说,中共最终赢得革命的胜利,本质上缘于其财政领域的现代化。这种财政现代化集中表现在中共创造的新民主主义经济形态下的财政模式。正是这种新型财政模式,为中共革命提供了强有力的财政支持。新中国成立后,中国共产党为什么取得革命的胜利成为海内外社会各界一直没有停止讨论的问题。其观点一般有诸如统一战线、党的建设、武装斗争等。[2] 总体来看,传统研究较多停留在传统革命史、政治史等视角对该问题进行解读。无疑,尝试使用新的理念和方法重新审视与解读中共革命史,从而揭示中共革命的成功,能够进一步丰富中共党史研究。[3] 财政工作素来是抗战及解放战争时期晋绥边区经济建设的重点,亦是决定革命能否成功的重

---

[1] Joseph Schumpeter,"the Crisis of the Tax State."trans W. F. Stolper and R. A. Musgrave, International Economic Papers,No. 4,ed. Alan T. Peacock et. al. (London,1954),pp. 6—7.

[2] 李金铮:《从"问题"到难题:"中共革命胜利来之不易"一解》,《社会科学辑刊》2017年第1期。

[3] 李金铮:《再议"新革命史"的理念与方法》,《中共党史研究》2016年第11期。

要因素。① 本章将对公粮收支、营业税征收、审计监督等问题进行专题研究,尝试从经济现代化视角窥探新中国成立前中共财政管理体制②,揭示中共财政由传统向现代的演进以及中共对现代财政思想的探索,试图对中共取得革命胜利作出较为精确的经济学解读。

第一节 边区财政收支

边区财政收支属于传统财政向现代财政过渡的范畴。1940—1948年,边区财政收支结构不断发生变化。1945年是重要节点。1945年前财政收入主要包括田赋、税收、公粮变款、银行贸易、没收罚金、公债等。1945年后财政收入主要包括税收、公粮变款、没收罚金、契税、逆户、外援、银行借款、督察处收入、家务、救济物资、商业盈利、报纸邮票等。公粮、税收与药品变价是最重要与稳定的财政收入,其他各项收入均处在波动中。在支出方面,1945年前支出主要包括军费、政费、民费、教育费、投资费、服装费、临时费等。1945年后支出项目增多,主要包括军费、教育费、印刷费、医药费、通信器材费、兵工费、服装费、抚恤金、公债息、建设费、营业税退款、临时费等。本部分将论述边区财政收支,以期深化对边区经济发展水平的理解。

---

① 如杨奎松认为财粮的枯竭是苏区革命失败的重要原因(参见杨奎松:《"中间地带"的革命——国际大背景下看中共成功之道》,山西人民出版社2010年版)。黄道炫亦提到:"这些年来很多研究者在呼吁,(根据地)各方面的研究都可以继续推进,但短板就是财政,而财政又是一个政治力量能够成功非常关键的因素。"(参见《历史虚无主义泛滥,档案开放制度难辞其咎》,凤凰网,http://news.ifeng.com/a/20160616/49087158_0.shtml;黄道炫:《张力与限界:中央苏区的革命(1933—1934)》,社会科学文献出版社2011年版。)

② 目前,从经济现代化视角对中国近代财政体制的已有研究,多集中于对清末政府与民国时期国民政府财政制度改革的研究上,而根据地的财政现代化则较少有学者进行专门研究。王明前对中央苏区及陕甘宁边区财政体系的演变作了细致探讨(参见王明前:《中央革命根据地财政体系演变新探》,《中国经济史研究》2011年第2期;王明前:《陕甘宁抗日根据地财政体系演变新探》,《中国延安干部学院学报》2014年第6期),可以说弥补了根据地财政体制演变的缺憾。不过,上述研究区域是中央苏区及陕甘宁边区。革命战争时期,各根据地的情况非常复杂,彼此之间具有较强的独立性和自主性。正如李金铮所言,地方根据地具有较多的自主性,这一自主性主要表现在经济方面(李金铮:《抗日根据地的"关系"史研究》,《抗日战争研究》2016年第2期)。特别是晋绥边区是陕甘宁边区财政的重要支撑地区。这决定了对晋绥边区财政体制及现代化进行再探讨的必要性。

一、财政收入及结构

(一)财政收入稳步增长

田赋、税收、药品变价、公粮变款是抗战时期边区最主要的财政收入。这时期财政收入种类较少,除上述几种外,还有少量的银行贸易款项、没收罚金等项目。解放战争时期,边区财政收入种类开始增加,收入结构呈现多元化趋势。可以肯定的是,1940—1948年,边区财政收入的总趋势是稳步增长的,到1946年后呈现快速增长的趋势。据相关资料,我们将1940—1948年边区财政收入情况作一统计,其变化趋势如图7-1所示。

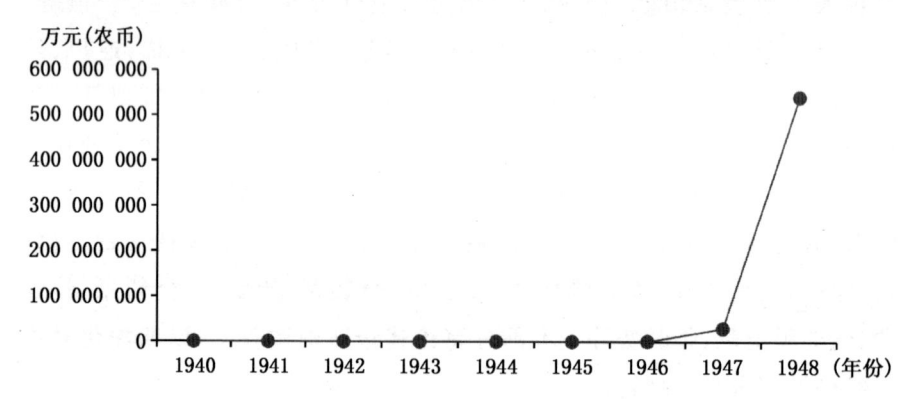

资料来源:根据《晋绥边区九年来(1940年至1948年)移交西北财政收支决算书》(1949年5月),引自晋绥边区财政经济史编写组、山西省档案馆编:《晋绥边区财政经济史资料选编·财政编》,山西人民出版社1986年版,第609—614页作图。

图7-1 1940—1948年边区财政总收入变动趋势

从图7-1可以看出,抗战时期边区财政收入虽有增长,但增速不快。1946年后,财政收入迅速增加,至1948年远远超过10 000亿元农币。

税收是现代国家财政收入最重要的收入形式和最主要的收入来源。税收亦是边区财政较为重要的一项收入,但其在财政收入中所占比重并不占绝对优势。1941年税收收入占财政总收入的22%,1942年为10%,

第七章 边区财政税收的发展　　　　　　　　　　　　　　　　　　　　301

1945年为6%,1946年为7%,1947年为13%,1948年为3.2%。① 这说明边区工商业经济发展水平是较为落后的。尽管税收在边区财政收入中所占比重不占绝对优势,但却是政府重点关注的内容。自边区政府成立以来,税收收入总额与财政总收入变化呈现相同趋势,亦逐年增长。其占财政收入的比重亦大体呈现波动增长趋势,变化曲线如图7-2所示。

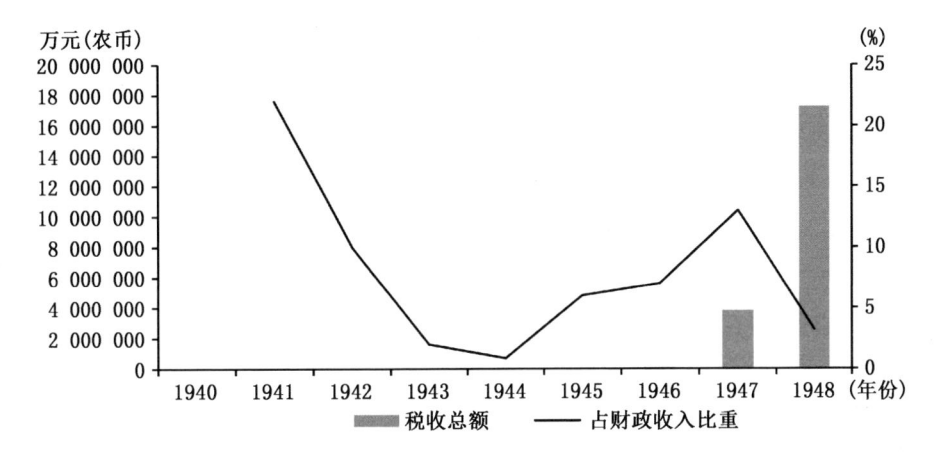

资料来源:根据《晋绥边区九年来(1940年至1948年)移交西北财政收支决算书》(1949年5月),引自《晋绥边区财政经济史资料选编·财政编》,第609-614页作图。

图7-2　1940—1948年边区税收收入总额及占财政收入比重变动趋势

可以看到,边区税收收入逐年增长,并在1946年后大幅增长。这与边区工商税收制度的建立与完善密切相关。

除税收外,公粮变款在边区财政收入中也占重要比重,但该比重呈下降趋势。1941年公粮变款占当年财政总收入的22.8%,1942年该比例为23.8%,1943年为7.4%,1944年为9.5%,1945年为15.8%,1946年为8.8%,1947年为3%,1948年为3%。② 虽然其占财政收入比重呈现下降趋势,但总额在逐年上升。这显示出边区财政收入规模的不断扩大,

---

① 根据《晋绥边区九年来(1940年至1948年)移交西北财政收支决算书》(1949年5月),引自晋绥边区财政经济史编写组、山西省档案馆编:《晋绥边区财政经济史资料选编·财政编》,第603-614页计算。
② 根据《晋绥边区九年来(1940年至1948年)移交西北财政收支决算书》(1949年5月),引自晋绥边区财政经济史编写组、山西省档案馆编:《晋绥边区财政经济史资料选编·财政编》,第603-614页计算。

详见图 7—3。

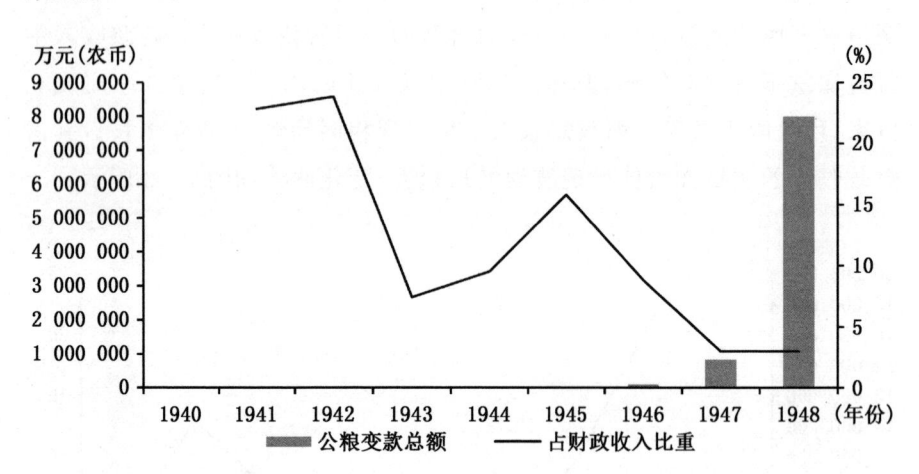

图 7—3　1940—1948 年边区公粮变款收入总额及占财政收入比重变动趋势

资料来源：根据《晋绥边区九年来(1940 年至 1948 年)移交西北财政收支决算书》(1949 年 5 月)，引自晋绥边区财政经济史编写组、山西省档案馆编：《晋绥边区财政经济史资料选编·财政编》，第 609—614 页作图。

历年边区最主要的财政收入是药品变价。药品变价主要包括烟税变价与统购盈利收入两部分。药品变价是财政收入的主要部分，占财政总收入的比重最高达 85%。但自 1943 年起，该项收入占财政收入的比重逐年下降。1940 年药品变价收入占财政总收入比重为 2.3%，1941 年上升为 32%，1942 年为 26.5%，1943 年高达 85%，1944 年为 79.7%，1945 年下降为 48.7%，1946 年为 57.6%，1947 年未找到相关记录，1948 年该比例极速降为 3.5%。[①] 历年药品变价收入变化曲线见图 7—4。

---

① 根据《晋绥边区九年来(1940 年至 1948 年)移交西北财政收支决算书》(1949 年 5 月)，引自晋绥边区财政经济史编写组、山西省档案馆编：《晋绥边区财政经济史资料选编·财政编》，第 603—614 页计算。

第七章 边区财政税收的发展　　303

资料来源：根据《晋绥边区九年来（1940年至1948年）移交西北财政收支决算书》（1949年5月），引自晋绥边区财政经济史编写组、山西省档案馆编：《晋绥边区财政经济史资料选编·财政编》，第609—614页作图。

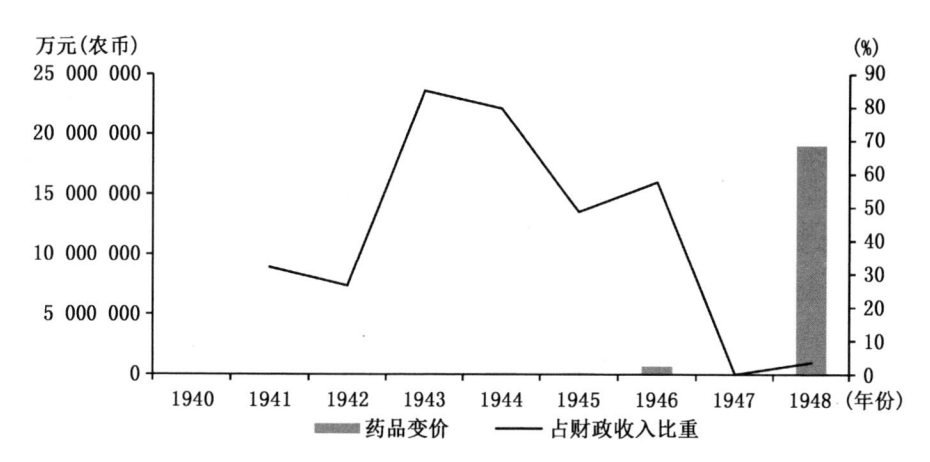

图7－4　1940—1948年边区药品变价收入与比重变动趋势

可以看到，除1947年没有记录外，历年边区药品变价收入的总额都在逐年增长，但从其占财政收入的比重看，则是另外一种情景。药品变价比重经历了先快速增长后急速下降的趋势。显然，虽然边区财政一开始依赖这种"药品"，甚至严重依赖，但抗战胜利后，其对这种"药品"的依赖度急剧下降。事实上，解放战争时期，边区政府对药品的管制已经非常严格。如1947年赵立德给边区某县长的信指出："此次专员会决定今后药品不论公私商人及群众一律不得在我解放区之内乱卖，必须要有行署统一之出口手续，方准予携带在指定地交换，否则将货没收，人交政府处理。"[①]药品变价比重急速下降与药品变价总额上升并存的情况说明，边区财政收入的种类及数量在迅速增加。

（二）财政收入结构日趋多元化

1940—1948年，边区财政收入日趋多元化，从最初较为单一的财政结构向多元化结构转变，从图7－5、图7－6、图7-7可以看出这一点。1940—1946年边区财政收入来源较少，主要来源是药品变价、银行贸易、

---

① 《赵立德给刘县长的信》（1947年11月8日），兴县档案馆藏，档号10-79-6。

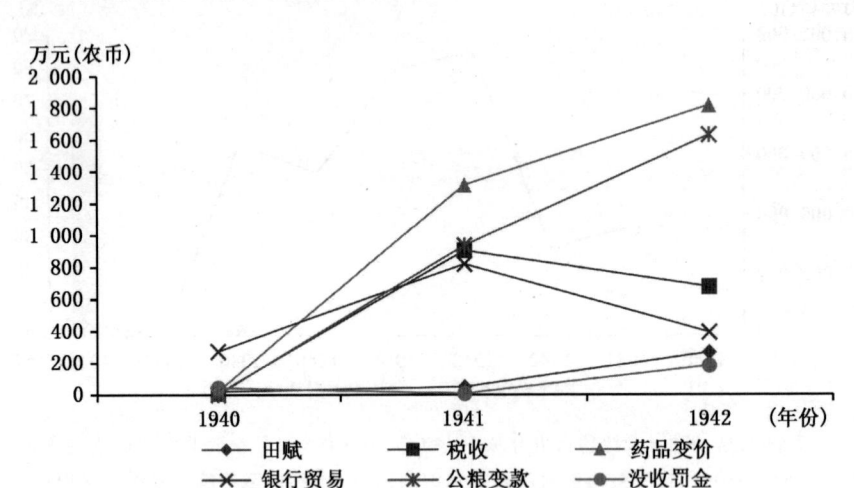

税收、公粮变款。其中,药品变价是大宗。

图7-5 1940—1942年边区财政收入及结构

资料来源:根据《晋绥边区九年来(1940年至1948年)移交西北财政收支决算书》(1949年5月),引自晋绥边区财政经济史编写组、山西省档案馆编:《晋绥边区财政经济史资料选编·财政编》,第609—614页作图。

从1947年开始,边区财政收入来源增多,呈现多元化趋势。药品变价所占比重急速下降。外援、逆产、救济物资、自给、家务、银行借款、邮费、报刊、商业盈利等收入成为财政收入的重要组成部分。特别是1948年外援成为边区财政收入的最大部分。这些外援主要来自其他根据地以及中央的援助。该年"华北援助土布691 941匹又81 736方尺,棉花973 988斤;华贸交来冀币50亿元,折土布6 084 746.5方尺、棉花419 570斤;中央拨补助经费冀南币30亿元,东北援助药品30万两折款。"[①]此外,自给、家务、邮费、报刊费、商业盈利等亦成为财政收入的一部分,这从侧面表明边区财政经济向好发展的趋势。

---

① 《晋绥边区九年来(1940年至1948年)移交西北财政收支决算书》(1949年5月),引自晋绥边区财政经济史编写组、山西省档案馆编:《晋绥边区财政经济史资料选编·财政编》,第604—605页。

第七章 边区财政税收的发展　　305

资料来源:《晋绥边区九年来(1940年至1948年)移交西北财政收支决算书》(1949年5月),引自晋绥边区财政经济史编写组、山西省档案馆编:《晋绥边区财政经济史资料选编·财政编》,第609—614页。

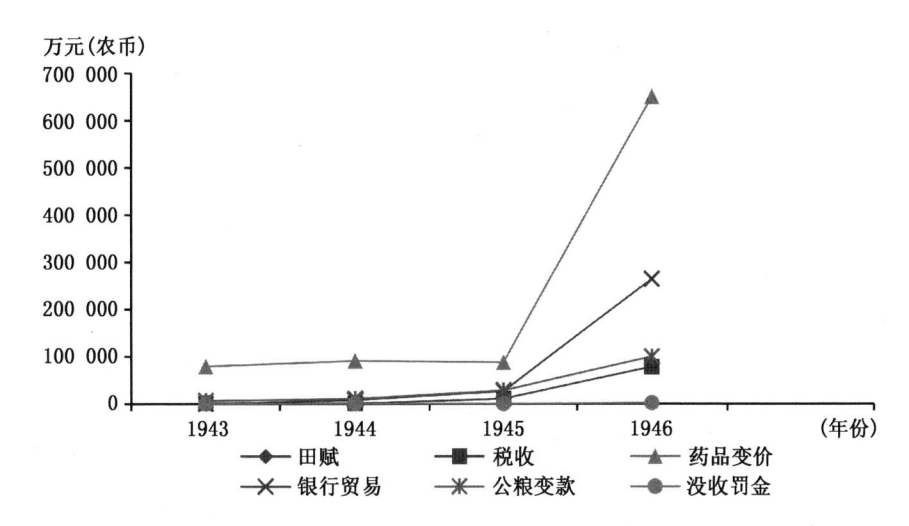

图7-6　1943—1946年边区财政收入及结构

二、财政支出及结构

财政支出与财政收入同步增长。财政支出结构亦呈现多元化特点。通过以下对财政支出以及财政收支对比可发现,边区财政具有以下特点:

第一,紧缩、盈余型财政。资料显示,边区财政支出与收入数额相同,变化趋势一致,显示出边区"量入为出"的财政理念。由于"量入为出"财政理念的指导以及受战争环境的影响,边区财政措施必然以节流、节约为主。1940—1948年,除1942年财政收支是赤字外,其余年份均是盈余的。[1] 这表明边区财政是一种紧缩、盈余型财政。由于边区经济发展水平较低,经济总供给紧缺,通货膨胀又较为严重,因此,边区政府的财政理念基本是紧缩型的财政思想。这种财政思想也可以从边区政府采取的一系列紧缩型财政政策看出,如加强财政工作的统筹统支,严禁非必需品的

---

[1] 《晋绥边区九年来(1940年至1948年)移交西北财政收支决算书》(1949年5月),引自晋绥边区财政经济史编写组、山西省档案馆编:《晋绥边区财政经济史资料选编·财政编》,第609—614页。

资料来源:根据《晋绥边区九年来(1940年至1948年)移交西北财政收支决算书》(1949年5月),引自晋绥边区财政经济史编写组、山西省档案馆编:《晋绥边区财政经济史资料选编·财政编》,第609—614页作图。

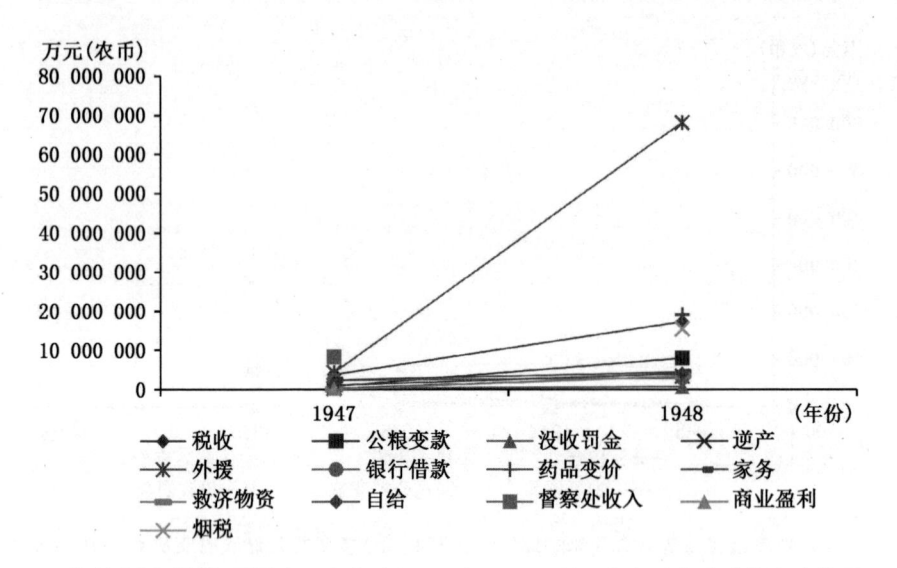

图7-7 1947—1948年边区财政收入及结构

开支,执行精兵简政政策,大力减少基本建设投资,努力节省一切开支等。① 在实行紧缩政策的同时,边区政府还采取了有力的增产措施。边区政府大力推行大生产运动,发展农业、工业与商业,自力更生,增加有效供给。

第二,边区财政是战时财政,军费支出是财政支出的重要部分。从图7-8、图7-9、图7-10可以看出,1940—1942年以及1946年,军费支出一直占财政支出的最大比重,但军费支出年份比重有起伏,总的占比在下降。1940年,军费支出占财政支出的46.5%,1941年占42%,1942年占69%,1943年占9.5%,1944年占30%,1945年占13%,1946年占35%,

---

① 《晋西北行署政民各机关经费规定》(1942年4月1日),引自晋绥边区财政经济史编写组、山西省档案馆编:《晋绥边区财政经济史资料选编·财政编》,第347—354页。

第七章　边区财政税收的发展　　307

1947年占47%,1948年占13%。①

```
万元(农币)
5 000
4 500
4 000
3 500
3 000
2 500
2 000
1 500
1 000
  500
    0
        1940        1941        1942    (年份)
   ◆ 军费   ■ 政费   ▲ 民运费   ✕ 教育费   ✳ 银行资金
   ● 投资   ＋ 购粮费   ━ 临时费   ━ 运输费
```

资料来源:根据《晋绥边区九年来(1940年至1948年)移交西北财政收支决算书》(1949年5月),引自晋绥边区财政经济史编写组、山西省档案馆编:《晋绥边区财政经济史资料选编·财政编》,第609—614页作图。

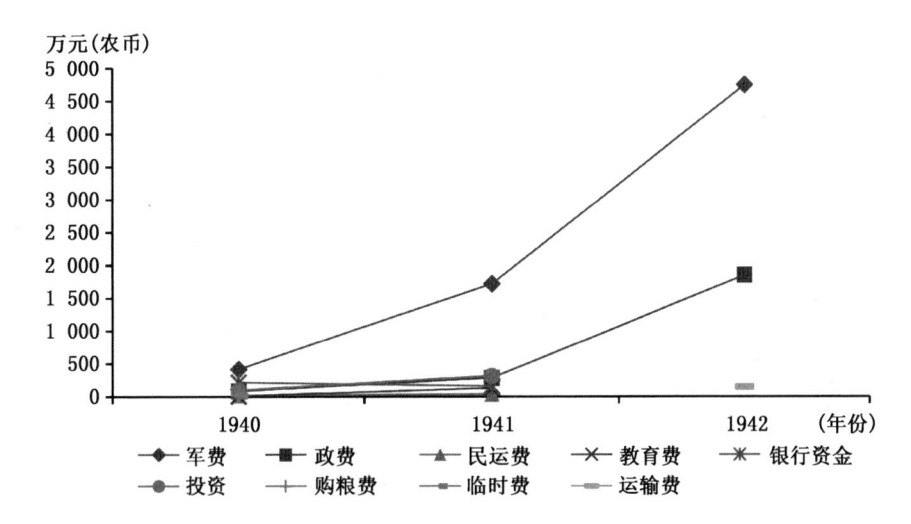

图7-8　1940—1942年边区财政支出及结构

第三,边区财政重点支持中央。晋绥边区是华北、华中、华南各边区与陕甘宁边区进行联系的唯一交通孔道,承担着保障陕甘宁边区与党中央的重任。晋绥边区财政不仅要应对本边区的各项开支,还要支援党中央。"陕甘宁边区在军事上和财政上主要依靠晋绥。"②可以看到,从1943年开始,边区财政收入的一部分就要上缴中央。如图7-9所示,1943年解中央款达7.5亿农币,占该年财政收入的80.6%;1946年解中央款7亿农币,占该年财政收入的6.2%。因此,晋绥边区的财政建设意义至关重大。

第四,边区财政高度关注民生支出。边区财政支出虽以军事支出为主,但逐渐向民生倾斜。从图7-8、图7-9、图7-10可以看出,1948年军队支出已占总支出的较少部分,政民支出占总支出的主要部分。政民

---

①　根据《晋绥边区九年来(1940年至1948年)移交西北财政收支决算书》(1949年5月),引自晋绥边区财政经济史编写组、山西省档案馆编:《晋绥边区财政经济史资料选编·财政编》,第603—614页计算。
②　《习仲勋传》编委会:《习仲勋传》(上卷),中央文献出版社2013年版,第520页。

万元(农币)

图中数据：
- 纵轴刻度：0、50 000、100 000、150 000、200 000、250 000、300 000、350 000、400 000、450 000
- 横轴年份：1943、1944、1945、1946
- 图例：军费、政费、服装费、临时费、解中央款、教育费、建设费、投资、印刷费

资料来源：根据《晋绥边区九年来(1940年至1948年)移交西北财政收支决算书》(1949年5月)，引自晋绥边区财政经济史编写组、山西省档案馆编：《晋绥边区财政经济史资料选编·财政编》，第609—614页作图。

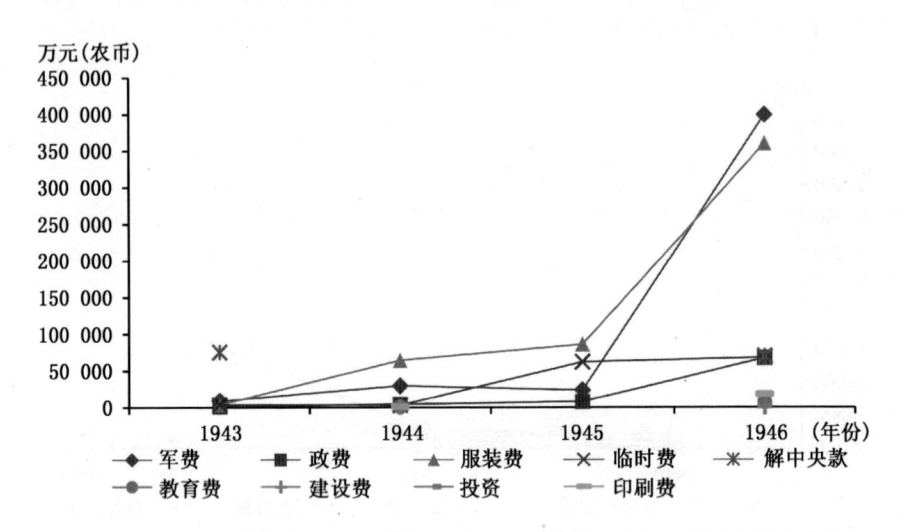

图7—9　1943—1946年边区财政支出及结构

系统支出包括政府人员伙食、津贴、教育、印刷、医药、服装、旅费、烤火、负伤、丧葬、妇婴、保抚、补助、购粮、复员、建设、救济等内容。显然，即便是在残酷的战争环境下，中共亦高度关注民生支出，积极调整财政支出结构以促进边区经济发展。

总体来看，边区的财政原则是统筹统支、量入为出以及适当的量出为入。这是特殊历史条件决定的。这种财政理念决定边区财政政策必然是以节约为主，同时增加财政收入或减少财政支出以尽可能紧缩社会总需求，因而在收支平衡上集中表现为财政结余。在巨大支出面前，如军需、民生、上缴中央、救济等，边区政府建立了一系列长期且稳定的税收制度、金融制度来维持这些开支，而非通过临时性的调剂政策。显然，中共对于边区财政有极强的控制能力，亦有长远的、全盘的打算。进一步看，此时的边区财政已经逐渐突破传统中国的财政体制，农业型财政体制正在慢慢发生变化。在边区财政体系中，田赋已经不再是财政收入的唯一主体，工商税开始出现，且其比重逐渐上升并成为边区财政收入的重要组成部分。

第七章 边区财政税收的发展　　309

资料来源:根据《晋绥边区九年来(1940年至1948年)移交西北财政收支决算书》(1949年5月),引自晋绥边区财政经济史编写组、山西省档案馆编:《晋绥边区财政经济史资料选编·财政编》,第609—614页作图。

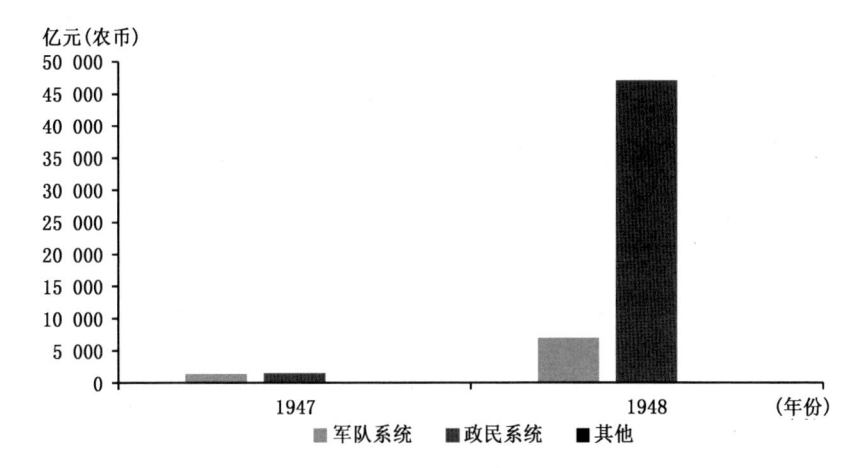

图7-10　1947—1948年边区财政支出及结构

第二节　边区公粮收支

本节将以晋绥边区财政收入中比重最大的公粮作为研究对象,采用与以往研究不同的研究方法及考察方式[①],运用经济学方法勾勒1940—

---

① 根据地公粮征收问题,并非一个新鲜命题。不过,近十年来学界关于公粮征收的研究,大多侧重从社会动员或国家与社会的视角进行探讨,认为公粮征收基本依靠的是政治动员(主要代表性成果可参见周祖文:《封闭的村庄:1940—1944年晋西北救国公粮之征收》,《抗日战争研究》2012年第1期;周祖文:《动员、民主与累进税:陕甘宁边区救国公粮之征收实态与逻辑》,《抗日战争研究》2015年第4期;黄正林:《抗战时期陕甘宁边区粮食问题研究》,《抗日战争研究》2015年第1期;董佳:《征粮中的农民与国家关系:观察现代中国构建的一个视角——以抗战时期的晋陕根据地为例》,《中共历史与理论研究》(第2辑),社会科学文献出版社2015年版;黄正林、文月琴:《抗战时期陕甘宁边区的农业税》,《抗日战争研究》2005年第2期;吴永:《一九四一年陕甘宁边区"救国公粮"征缴及其引发的社会问题论析》,《中共党史研究》2010年第9期)。有学者从中共对农村汲取资源的视角对公粮征收进行分析,进而探讨了战时中共的财粮需求情况、征收量以及农民负担问题(参见邓广:《加征与发还:战后初期胶东解放区公粮征收的考察》,《中国农史》2016年第2期;《山东解放区的农村财粮征收(1946—1949)》,《近代史研究》2017年第1期)。还有的学者从边区治理的视角考察公粮征收(如李蕉:《征粮、哗变与民主建政:陕甘宁初期边区治理方式的变革》,《党史研究与教学》2014年第5期)。当然,更多的有关公粮征收的研究主要从农业税、农民负担视角进行(可参见周祖文:《动员、民主与累进税:陕甘宁边区救国公粮之征收实态与逻辑》一文,兹不赘述)。总之,已有研究的研究方法及视角大多未能突破传统史学的研究范式,鲜有运用经济学理论以及现代西方财政学理论对公粮征收进行研究,从而揭示现代财政制度的建立对于公粮征收的重要意义。此外,从研究内容上看,已有研究侧重对公粮收入的探讨,而忽略对公粮支出的研究。

1948年边区公粮收支的动态变化趋势,从民众心态视角分析边区公粮征收制度的演变。公粮收支是抗战时期及解放战争时期中共财政收支的重要组成部分。公粮收支不仅为战争提供了物资保证,而且锻炼了中共在边区的治理能力,提高了民众对中共的信任,增强了中共在边区执政的政治合法性。这一时期公粮征收工作基本得以顺利完成,公粮收支大体平衡,公粮收入得到较为充分的利用,从而有利于支持战争与边区的经济建设。公粮征收的成功推进绝不仅仅依靠成功动员,更关键的是取决于中共制定的一整套相对完善的制度。公粮征收制度变迁体现了制度—心理的互动机制,其征收程序反映出公粮征收的公开性、民主性、科学性以及有效性。公粮收支管理制度所包含的财政预算决算制度、金库制度、会计制度、审计制度、财政监督体系等反映出中共财政由传统向现代的演进。通过公粮征收对抗战时期及解放战争时期边区财政体制进行窥探,可以进一步丰富中共财政史及经济建设史研究。

一、公粮收支规模及结构变动

（一）公粮收支规模变动趋势

自1940年晋西北行政公署成立以来,边区政府就开始征收公粮。抗战时期,整个根据地的公粮收入总值占财政支出总值的2/3,而晋西北前三次公粮收入占财政总值的65.5%。[①] 显然,公粮在边区财政经济中的地位非常突出,对财政收入的贡献很大。

1. 公粮收入规模变动趋势

公粮收入是边区经济实力的重要体现。公粮收入规模决定了边区政府财政政策作用的空间。从图7-11、图7-12可看出,1940—1948年边区公粮收入规模在波动中增长,但增长率起伏较大。1941年增长率为98.4%,1942年为-2.4%,1943年更低至-21.9%,1948年又增至101.8%。进一步来看,抗战时期边区公粮收入规模增长较慢,而解放战争时期公粮收入规模增长很快。1940—1945年,公粮收入约由10万石

---

① 《晋西北行署的财政报告》(1942年10月),引自晋绥边区财政经济史编写组、山西省档案馆编:《晋绥边区财政经济史资料选编·财政编》,山西人民出版社1986年版,第68页。

第七章　边区财政税收的发展　　311

扩大至22万石；1945—1948年，公粮收入约由22万石扩大至67万石，用了3年时间（详见表7-1）。这种变化一方面取决于边区粮食总产量的提高，另一方面则与解放区面积扩大有关。

2. 公粮支出规模变动趋势

公粮支出决定边区财政活动的方向与规模，是边区政府进行各项事业的物质保障。从收支对比来看，图7-11、图7-12显示，1940—1948年9年中，除个别年份有收大于支或支大于收的情况，公粮支出变动趋势与收入变动趋势基本吻合，亦呈现波动增长的态势。公粮收支增长率变动趋势亦基本接近，只是公粮支出增长率波动幅度小于公粮收入。总体来看，公粮支出与收入大体保持平衡。公粮收支变动趋势体现了边区统筹统支、量入为出、适当的量出为入的收支预决算原则。[①]

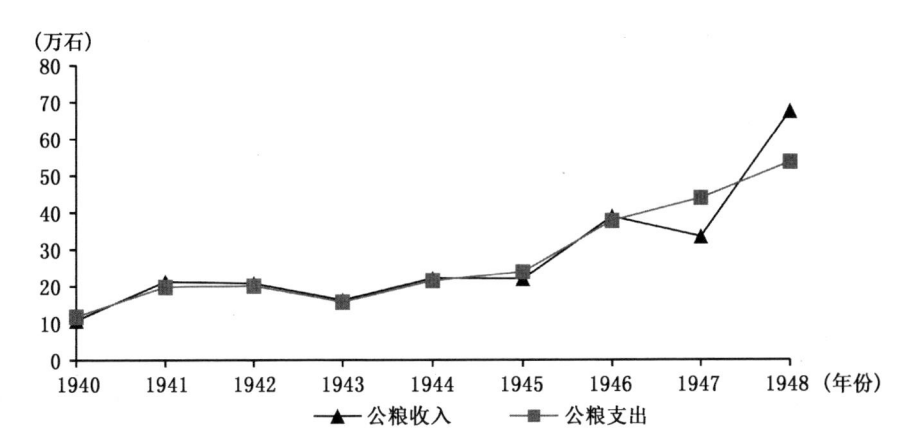

资料来源：根据《晋绥边区1940年至1948年公粮草收支总结表》（1949年6月10日），山西省档案馆藏，档号A90-4-67绘制，具体数字详见表7-1、表7-3。

图7-11　1940—1948年边区公粮收支变动趋势

[①] 汤平：《健全财政制度、开展财政工作——在晋西北行署第三次行政会议上的报告提纲》（1941年10月1日），《晋绥边区财政经济史资料选编·财政编》，第81页。

(%)
[图表：1940—1948年公粮收入增长率与公粮支出增长率折线图]

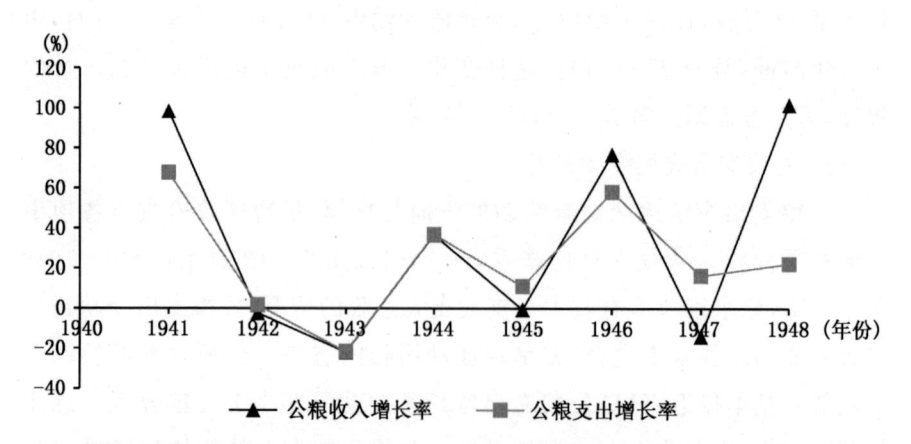

资料来源：根据《晋绥边区 1940 年至 1948 年公粮草收支总结表》(1949 年 6 月 10 日)，山西省档案馆藏，档号 A90-4-67 绘制，具体数字详见表 7-1、表 7-3。

图 7-12　1940—1948 年边区公粮收支增长率

(二)公粮收支结构变动

1. 公粮收入结构的变动

公粮收入结构是指由公粮、代购粮、调入粮、缴获粮、处罚粮、什项、救灾粮等共同形成的公粮收入结构。表 7-1、表 7-2 显示了 1940—1948 年边区历年公粮收入及结构。

表 7-1　　　　1940—1948 年边区公粮收入总量及增长率　　　单位：石(小米、%)

年份	公粮	其他收入							总计	增长率
		代购粮	调入粮	缴获粮	处罚粮	什项	救灾粮	小计		
1940	89 917	9 342	8 000					17 432	107 259	—
1941	212 757.94					26.05		26.05	212 783.99	98.4
1942	207 604.2								207 604.2	-2.4
1943	161 587.31	292.99			31.42	206.95		531.36	162 118.67	-21.9
1944	220 856.86	272.97			57.85	288.7		619.52	221 476.38	36.7
1945	215 313.38			2 334.94		2 450.3		4 785.24	220 098.62	-0.6
1946	367 860.66			15 640.07	2.2	5 686.81		21 329.08	389 189.74	76.8
1947	286 161.66	3 753.05	1 827.2	7 909.31	956.63	2 900.95	31 042.2	48 389.34	334 551	-14
1948	622 318.02	12 923.32	16 831.67	4 854.65	1 145.985	6 720.02	10 363.4	52 839.045	675 157.065	101.8

说明：1. 公粮征收以小米为标准，单位 1 石(小米)=260 斤；晋南地区的小麦按 1 斤半折合小米 1 斤计算。

2. 什项收入包括节约粮、地方粮、临时粮、斗佣粮、公产收入等。

第七章　边区财政税收的发展　　313

3. 因1940—1948年边区所含区域一直在变化,所以表中各年公粮收入涉及的区域不同。比如1940—1945年,边区的主要区域为晋西北;而1946—1948年,晋绥边区还包括晋南地区。当然,因为所含区域不同,看似不同年份间的公粮收入没有可比性,一是由于数据所限,无法剔除某个区域,二是本节主要展示的是整个晋绥边区财政收入的实力变化,所以这样的数据也有一定的合理性。

资料来源:《晋绥边区1940年至1948年公粮草收支总结表》(1949年6月10日),山西省档案馆藏,档号A90-4-67。

表7-2　　　　　　　　1940—1948年边区各类公粮收入比重　　　　　　单位:%

| 年份 | 公粮 | 其他收入 |||||| 总计 |
		代购粮	调入粮	缴获粮	处罚粮	什项	救灾粮	小计	
1940	83.8	8.7	7.5	—	—	—	—	16.2	100
1941	99.99	—	—	—	—	0.01	—	0.01	100
1942	100								100
1943	99.7	0.18	—	—	0.02	0.1	—	0.3	100
1944	99.7	0.12	—	—	0.03	0.13	—	0.3	100
1945	97.8			1.1		1.1		2.2	100
1946	94.5			4		1.5		5.5	100
1947	85.5	1.1	0.5	2.4	0.3	0.9	9.3	14.5	100
1948	92.2	1.9	2.5	0.7	0.2	1	1.5	7.8	100

资料来源:根据表7-1计算。

从表7-1、表7-2所列数据可以看出边区公粮收入结构的特点:

第一,边区公粮收入主要依靠公粮征收。1940年边区政府成立伊始,公粮收入还有一小部分来自代购与外调(占16.2%),但从1941年开始至1945年,公粮征收占全部公粮收入的比重都在97%以上。1946—1948年,公粮收入逐渐有了其他来源(特别是1947年因为多地受灾,有了救灾粮),但公粮征收依然占全部公粮收入的85%以上。

第二,抗战时期公粮收入来源单一,解放战争时期来源多元化。抗战时期,除1940年外,公粮收入来源基本为公粮征收。解放战争时期,公粮收入来源逐渐多元化,代购粮、调入粮、缴获粮、处罚粮、什项、救灾粮等粮食来源日渐增加。

2. 公粮支出结构的变动

边区政府的公粮支出,主要是维持军队、机关及民用等需要。总体来说,边区公粮的经常性支出包括军队食粮、政民食粮、马料、民政用粮、财政用粮、建设用粮、运费用粮、耗损用粮、调外用粮、什支用粮、作战用粮、减免用粮、拖欠用粮等。表7-3、表7-4显示了1940—1948年边区历年公粮支出及结构。

表7-3　　　　　1940—1948年边区公粮支出总量及增长率　　单位:石(小米、%)

年份	1940	1941	1942	1943	1944	1945	1946	1947	1948
军队食粮	105 400	122 850	101 808	71 400	81 270	107 779	185 820.23	154 803.11	114 697.52
政民食粮		26 250	27 182	28 950	25 669	29 495	47 270	46 167.04	49 444.69
马料	11 150	13 580	21 420	16 800	21 000	21 000	32 020.13	31 774.1	29 169.29
民政用粮	1 200	800	2 500	2 466.69	3 312.71	4 793.14	18 888.74	19 801.85	21 889.83
财政用粮		12 500	28 957	22 046.08	60 170.55	47 690.84	41 093.79	38 650.83	43 746.09
建设用粮	310	1 800	4 350	3 102	5 200	3 599.51	5 908.51	4 316.77	8 485.95
运费用粮		2 000	2 500	1 500	2 548	4 500	1 466.42	9 956.46	26 618.76
耗损用粮		4 300	1 351.03	2 289.85	1 568.77	2 077.8	3 382.88	5 397.44	4 743.95
调外用粮							1 000	49 478.02	141 698.07
什支用粮		5 338	4 670	3 042	5 269.69	7 564.04	16 869.27	32 241.62	14 859.49
作战用粮					260.52	1 142.09	13 202.65	2 253.99	5 968.04
减免用粮		8 001.8	5 225.1	4 792.54	6 334.43	6 916.87	7 062.25	7 919.17	240.65
拖欠用粮		479.09	911	858.9	2 622.14	2 452.18	3 892.35	36 736.38	74 895.02
总计	118 060	197 898.89	200 879.13	157 248.06	215 225.81	238 940.47	377 857.22	439 096.78	536 457.35
增长率	—	67.6	1.5	−21.7	36.9	11	58.1	16.2	22.2

说明:1. 公粮征收以小米为标准,单位1石(小米)=260斤。

2. 由于边区财政干部太少又无经验,在边区政府建立的前两年,各地区粮食账目还不健全。有的县区甚至一两年还没有账本,部队、武工队、工作人员吃粮就吃了,武装征粮征收就征收了,但财政上没有记账,或账本损失而无法统计。由于上述原因,从边区总账上来看,许多地方与账本上数字不相符合。因此,上述资料有分类数字加总与合计不相符的情况。为了保持资料的原始性,仍按照原始资料,不作处理。

3. 财政用粮包括:由财政上收款、定织标准布、做夏衣冬衣用粮(1945年前是大宗),以及商业投资用粮、统购用粮,统归由财政上报销,所以列入财政用粮。

4. 作战用粮,包括参战民兵民工支粮、战役丧葬、赔偿用粮、部队战役中支粮等。从1946年起参战部队逐渐增多,作战用粮才另列一项,1945年前因支出数不大,其均列于什支科目内。

5. 政民用粮指供给政府人员的日常开支用粮;民政用粮是指抚恤、救济等开支用粮。

第七章　边区财政税收的发展

6. 各个年度所征公粮都是前一年秋征粮,如 1940 年公粮是 1939 年秋征公粮。支出是哪一年度就是哪年支出的,如 1940 年支出就是本年开支。

资料来源:《晋绥边区 1940 年至 1948 年公粮草收支总结表》(1949 年 6 月 10 日),山西省档案馆藏,档号 A90-4-67。

表 7-4　　　　　　　　1940—1948 年边区各类公粮支出比重　　　　　　单位:%

年份	1940	1941	1942	1943	1944	1945	1946	1947	1948
军队食粮	89.3	62.1	50.7	45.4	37.8	45.1	49.1	35.2	21.4
政民食粮	—	13.3	13.5	18.4	12	12.3	12.5	10.5	9.2
马料	9.4	6.9	10.7	10.7	9.8	8.7	8.4	7.2	5.4
民政用粮	1	0.4	1.2	1.5	1.5	2	5	4.5	4
财政用粮	—	6.3	14.4	14	28	20	10.9	8.8	8.15
建设用粮	0.3	0.9	2.2	2	2.4	1.5	1.6	1	1.6
运费用粮	—	1	1.2	1	1.2	1.9	0.4	2.3	5
耗损用粮		2.2	0.7	1.5	0.7	0.9	0.9	1.2	0.9
调外用粮	—	—	—	—	—		0.3	11.3	26.4
什支用粮		2.7	2.3	2	2.4	3.2	4.5	7.3	2.8
作战用粮					0.1	0.5	3.5	0.5	1.1
减免用粮		4	2.6	3	2.9	2.9	1.9	1.8	0.05
拖欠用粮		0.2	0.5	0.5	1.2	1	1	8.4	14
合计	100	100	100	100	100	100	100	100	100

资料来源:根据表 7-3 计算。

通过表 7-3、表 7-4,我们进一步对边区公粮支出结构动态变化作一考察,由此反映边区历年财政状况。财政支出是政府活动的镜子。公粮支出结构及其变化可大致反映中共在边区经济现代化建设中的努力。

首先是公粮支出结构变化。1940—1948 年,公粮结构的变动情况是从单一的支出结构到多元化支出结构转变。1940 年,公粮支出仅包括军队食粮、马料、民政用粮、建设用粮四种。1948 年,公粮支出延伸到诸多领域,增至十多项,涵盖军队、政府、基本建设、人民生活等各方面。

其次是公粮支出结构比例的变化,即各项支出占公粮总支出比例的变化。边区政府成立初期,财政非常困难。由于处于战争时期,军队食粮支出一直是公粮支出的最大部分,其他方面支出较少。不过,1940—1948年,军队食粮支出占公粮总支出的比重却呈现逐年下降的趋势。1940年该比例为89.3%,1948年已下降为21.4%。政民用粮一直保持在相对稳定的比例。这期间,此项开支占总支出的比例在9.2%~18.4%。民政用粮在缓慢增长,但增幅较小,比例不超过5%。财政用粮比重亦大体呈现下降趋势,除个别年份外,多数年份该比例在10%左右。需要指出的是,调外用粮增幅较为明显。从1946年开始,边区有了调外用粮,至1948年调外用粮比重由0.3%增至26.4%。据资料记载:"部队需粮不能等待,大批西运(指过黄河运往陕甘宁)公粮又非运不可。去年(1947年)以来,公粮减少了,而需用公粮则大为增加。延安撤退,陕西过来人马吃(粮),及进攻榆林供给前方部队。"[①]由此可以看出边区公粮收入对于陕甘宁边区的巨大支撑作用。事实上,抗战前黄河以西的陕甘宁边区部分地方的粮食供给就仰仗山西。[②]此外,其他各项公粮支出比重较小,且均大体保持相对稳定的比例。

边区公粮支出的特点是,从静态来看,用于军队、调外方面的支出比重高,而民生性支出比重低;从动态来看,用于军队方面的支出比重逐渐下降,而用于民政(民生)方面的支出比重在缓慢增加。公粮支出结构及比例的变化,一方面反映了边区财政实力的不断增强,边区财政仍主要是为战争服务的财政;另一方面则表明虽处战争时期,但边区政府一直在努力提高民生性支出的比重,反映出中共在推动边区经济现代化中的努力。

二、公粮征收制度演进及征收程序

公粮收支规模逐渐扩大得益于边区政府设计的一套相对完善、合理的有公众参与的公粮征收制度及征收程序。一套有效的征收制度为公粮征收工作有序进行提供了制度保证,从而实现公粮征收工作的制度化与

---

① 《晋绥边区行政公署关于公粮工作的指示》(1948年1月7日),山西省档案馆藏,档号A90-4-60-1。
② 《陕甘宁边区神府县直属乡八个自然村的调查》(1942年4月12日),引自张闻天选集传记组、中共陕西省委党史研究室、中共山西省委党史研究室编:《张闻天晋陕调查文集》,第29页。

规范化。自1940年以来，边区公粮征收制度不断修正、完善，公粮征收基本制度框架初步形成。

(一)公粮征收制度演进及其制度—心理机制

1940—1948年，边区政府先后共颁布了八则公粮征收条例与两部公粮征收细则。同时，边区政府每年还会公布公粮征收的若干指示、决议。从这些征收条例、细则与指示、决议中可窥探出中共公粮征收的基本制度演进。它们是公粮征收的基本制度遵循。公粮征收的制度演进体现了国家制度与民众心理的互动，制度演进反映了民众基本的心理过程。诺思认为："强有力的思想信念可以并确实经常使政治决策者作出与已经形成的利益集团压力相违背的决定。……解释长期变革同样急需一种实证的意识形态理论。"[①]诺思试图从心理、行为层面解释意识形态对制度选择的影响。显然，公粮征收制度的变迁可在制度—心理互动这一框架下进行思考。表7－5显示的是1940—1948年边区公粮征收制度演进及群众心理变迁。

表7－5　　　1940—1948年边区公粮征收制度演进及群众心理变迁

征收时间	原则上的征收办法	实际征收办法	与上年相比改进之处	负担情况	群众心理
1940年2月	人均除口粮1石外，余粮按比例征收。余粮1石征10%，依次按相关比例累进	多数指派命令，或通过挖窖、吊打、处罚等方式强行征收，随要随征		负担主要集中于地主富农，负担面约为25%	地主富农逃跑、害怕、吼叫、恐惧自杀、反抗、不安于生产、疑惧
1940年10月	人均折米5斗为起征点，5斗征1%，依次按相关比例累进	按累进比例制度征收完成一半，另一半靠政治动员。有的地方仍采取摊派办法	确定一年一次征	地、富、中、贫农各阶层均有负担，负担面约为75%	中、贫农各阶层基本较为拥护，消除了疑惧、恐怖、悲观失望心理。地主富农仍反抗、恐惧

---

① [美]道格拉斯·C.诺思：《经济史上的结构和变革》，厉以平译，商务印书馆2009年版，第66页。

续表

征收时间	原则上的征收办法	实际征收办法	与上年相比改进之处	负担情况	群众心理
1941年10月	人均折米4斗为起征点，4斗征1%，依次按相关比例累进	按累进比例制度征收完成全部任务		负担占总收入21%。负担面占96.3%，中贫农负担过重	比例规定的重，中贫农吃了亏。条例规定烦琐，干部群众很难使用。中贫农不满
1942年10月	人均折米5斗为起征点，5斗征1%，依次按相关比例累进	按累进比例制度征收完成全部任务	根据收入性质的不同规定不同的折米率。计分征收	地、富阶层负担加重，中贫农负担减轻，但仍较重	地、富仍不满，中贫农满意程度减轻
1943年10月	以全家收入富力与财产富力合计为总富力。人均满5个富力起征1%，依次按相关比例累进	按累进比例制度征收完成全部任务	废除田赋制度与烂摊烂派的村款，增加了财产税。区分了农业收入与财产	负担占总收入19.61%。地、富阶层负担进一步加重，中贫农负担减轻	地主强烈不满、发牢骚、抱怨政策变得快。富农认为不公道。中贫农欢喜
1944年10月	依照1943年政策	按累进比例制度征收完成全部任务	规定贫农新买地的产量以四成折米计，财产税免征	负担占总收入19.35%。地主负担减轻、中贫农负担保持原状	地主卖地人数增多，负担减轻。中农开始疑惧，不敢大量发展生产。按实际收入征粮，条例年年改，群众不知明年要负担多少
1945年10月	按户余粮计征。每人扣除5斗必要粮外，每户余粮5石米以下征15%，5石以上每增5斗增比1%，依次按相关比例累进	按累进比例制度征收完成全部任务	以土地通常产量计算农业收入。增计资产米	负担占总收入21%。各阶层负担大体平衡	各阶层对通产计征比较欢迎，认为较为公平合理。条例的改进推动了群众的生产情绪。但群众对计资产米不满，不少有钱户逃跑
1946年10月	依照上年政策	按累进比例制度征收完成全部任务	取消资产米	负担占总收入12.75%。各阶层负担均有减轻	各阶层基本较为满意

第七章　边区财政税收的发展　　319

续表

征收时间	原则上的征收办法	实际征收办法	与上年相比改进之处	负担情况	群众心理
1947年10月	人均折米4斗为起征点,4斗征6%,依次按相关比例累进	按累进比例制度征收完成全部任务	取消由上而下分配任务按通产计征,实行自下而上按实际收入计征	负担较上年有所加重	该年为灾荒年,由通产计征改为按实际收入计征,各阶层基本满意
1948年10月	依照上年政策	按累进比例制度征收完成全部任务		负担较上年重	中贫农怕累进,不愿扩大生产。他们认为累进是收的多,出的也多。一致的意见是不要累进

资料来源:根据《晋绥边区历年公粮工作总结》(1940年2月—1947年10月),引自晋绥边区财政经济史编写组、山西省档案馆编:《晋绥边区财政经济史资料选编·财政编》,第494—530页整理。

显然,边区公粮征收制度是在考虑民众反应的前提下在实践中不断加以修正,并逐渐完善的。诺思指出:"一种公正的制度只有通过个人积极参加变革制度才能产生。"[1]公粮征收制度变迁反映了公众参与制度建设的机制,体现了民众的心理内涵。曾在边区参加征粮工作的高鲁在解释公粮征收制度制订的过程时指出:"一般做法是先找我干部研究,再了解基本群众。后在大会上讨论,解释法令之精神,同时宣传征公粮合理公平的原则和奖励生产的方针。确定分数时依靠群众讨论,提出标准。分小组讨论标准,最后公布之。"[2]无疑,意识形态的演进导致公粮征收制度的变革。民众心理与公粮征收制度变迁之间的互动大体可分为以下几个阶段:

第一,公粮征收初期(1940—1941年)。这一时期的公粮征收制度经历了从强行摊派、"四项"动员[3]到按比例征收的过程,各阶层民众心理亦经历了从不满、恐惧到疑惧、顾虑的转变过程。在1940年2月开始的"四项"动员过程中,发生了强迫命令、干部贪污等诸多错误。各阶层民众心

---

[1] [美]道格拉斯·C.诺思:《经济史上的结构和变革》,厉以平译,第63页。
[2] 理红、理京整理:《高鲁日记》,第625页。
[3] 指献金、献粮、扩兵、做军鞋。

理充满不满与恐慌。此后,自该年 10 月边区开始实行按比例征收。地主、富农的不满、恐惧心理有所减轻。但 1941 年公粮征收中农负担较重,中农反而有不满。张闻天日记显示:"这时期公粮征收,地主富农较满意,中农也有说好的,但说不好的更多。"①群众的普遍心理是:"拥护新政权,但怕,民主差。……第一怕敌人,第二怕公粮太重。"②总体来看,这一时期,民众心理已转变为顾虑、担心。诺思指出:"观念、教义、时尚以及意识形态等成为制度变迁的重要来源。"③显然,民众心理感受与意识形态促使公粮征收制度变迁的发生。

第二,公粮征收中期(1942—1945 年)。这一时期,公粮征收制度主要按照累进比例征收。较之初期的主要依靠强行摊派和动员方式而言,人们对按比例征收基本满意。老百姓说:"咱们新政权真想得周到,想的办法一年比一年好。"④张闻天在晋西北农村调查时也提到,这时期公粮征收的主观政策有进步,公粮规定了比例,大大提高了民众生产情绪和生产力。⑤ 1943 年统征条例实施后,中贫农负担进一步减轻,人们较为拥护公粮政策,⑥只是在累进比例、间隔以及收入核算标准上有不同意见。边区群众讲:"对农民负担公粮平衡没意见,但累进征收在群众中认为不明确,比如,如何在阶层上照顾。"⑦总之,这时期民众之前的不满恐惧程度大大减轻。可见,民众的意识形态是公粮征收制度变迁的重大推力。

第三,公粮征收后期(1946—1948 年)。这一时期,由于边区遭受自然灾害,民众对按通产计征的征收办法心存不满。公粮征收制度随之进

---

① 《调查日记》(1942 年 1 月 26 日—9 月 25 日),引自张闻天选集传记组、中共陕西省委党史研究室、中共山西省委党史研究室编:《张闻天晋陕调查文集》,第 367 页。
② 《调查日记》(1942 年 1 月 26 日—9 月 25 日),引自张闻天选集传记组、中共陕西省委党史研究室、中共山西省委党史研究室编:《张闻天晋陕调查文集》,第 365 页。
③ [美]道格拉斯·C. 诺思:《制度、制度变迁与经济绩效》,杭行译,格致出版社、上海三联书店、上海人民出版社 2008 年版,第 118 页。
④ 《拿实际行动拥护公粮条例》,《抗战日报》1942 年 12 月 5 日,第 2 版。
⑤ 《晋西北兴县二区十四个村的土地问题研究(报告大纲)》(1942 年 7 月 27 日),引自张闻天选集传记组、中共陕西省委党史研究室、中共山西省委党史研究室编:《张闻天晋陕调查文集》,第 122 页。
⑥ 《统征条例实行后中贫农负担减轻》,《抗战日报》1943 年 12 月 23 日,第 2 版。
⑦ 《晋绥行署对临县及三交、白文、招贤镇工商业调查材料》(1948 年),山西省档案馆藏,档号 A90-4-128。

一步修正，由按通产计征改为按实际收入计征，各阶层对公粮征收制度基本较为满意。显然，强有力的思想信念对公粮征收制度变迁具有一定程度的主导作用。

公粮征收制度演变表明，中共依据民众感知行动，通过一定步骤推动公粮征收制度走向规范，体现了公粮征收的制度演化。正如曾在晋察冀边区负责公粮征收的李成瑞回忆到："在议论中，群众在思考，意见在发展，在深化。我们把群众意见集中起来，又经过研究试算，公布出去。"① 高鲁也曾写道："征粮工作开始时，征粮评议会不分昼夜地开。在街头巷尾，人们议论最多的是征公粮。""而干部要对基本群众做解释工作。"② 显然，中共制度决策充分考虑民众的心理反应。民众心理对制度变迁有很强的影响作用。公粮征收制度绝非领导随心所欲的结果，而是制度—民众心理互动的选择。民众心理是公粮征收制度变迁的必然伴随物。农民的心态和行为充当了公粮征收制度变迁的信息反馈机制。公粮征收制度变迁是各阶层民众复杂心理的互动结果。西方世界的制度演变历史亦表明，制度"是由个人或一群人在响应获利机会时自发倡导、组织和实行的"自下而上的制度变迁。③ 可以看出，边区公粮征收制度的变迁虽主要表现为政府主导的自上而下的强制性制度变迁，但亦是农民行为主体为谋求原有制度安排下无法得到的获利机会而引发的诱致性制度变迁过程，体现了自下而上的渐变特征。因为农民是以追求利益最大化为目标的行为主体，一旦其发现现存制度安排使自身净收益为负时就会产生相应的意识形态。如果意识形态力量优势明显，原有的制度安排就会被淘汰，新的制度安排会诱致产生。无疑，意识形态的变化使边区公粮征收制度处于制度变迁过程中。

(二)公粮征收程序

至1948年，边区公粮征收已形成一套较为成熟的征收程序。对于公

---

① 李成瑞：《依靠群众力量无穷——一次难忘的农村调查》，http://www.szhgh.com/Article/opinion/xuezhe/2017-02-20/131359.html.
② 理红、理京整理：《高鲁日记》，第342页、第625页。
③ [美]科斯等：《财产权利与制度变迁》，刘守英等译，上海三联书店、上海人民出版社1994年版，第383页。

粮征收,中共不仅制定了较为完善的制度、法规,而且对征收原则、程序均作了较为详尽且可操作性强的规定。公粮征收工作除第一次征收在 2 月份,其余一般从每年 9 月份开始,1 个月内完成,必要时可以延长,但最迟不得超过当年 12 月底,具体征收程序大体如图 7-13 所示。

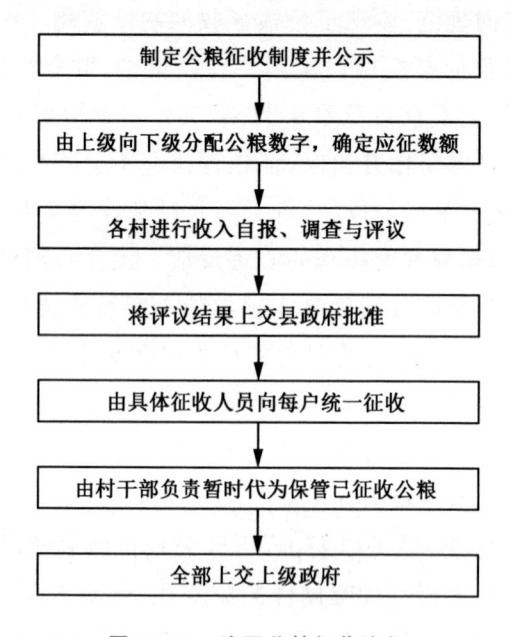

```
制定公粮征收制度并公示
        ↓
由上级向下级分配公粮数字,确定应征数额
        ↓
各村进行收入自报、调查与评议
        ↓
将评议结果上交县政府批准
        ↓
由具体征收人员向每户统一征收
        ↓
由村干部负责暂时代为保管已征收公粮
        ↓
全部上交上级政府
```

图 7-13　边区公粮征收流程

图 7-13 反映了公粮征收的基本程序。为保证公粮征收各程序顺利进行,中共还成立了晋西北公粮动员指导委员会。委员会下设组织分配、宣传动员、调查研究、运输保管 4 部,并推定委员 7 人,分担各部工作。[①]通过图 7-13 及公粮征收相关资料可发现,边区政府公粮征收具有公开性、民主性、科学性、效率性等特点。

1. 公开性

公粮征收的公开性是指公粮征收制度、程序及方法形成后,以某种公示或公开形式向社会群众公开,以使社会群众了解、关注的程度。实行公开性原则,是新民主主义民主的重要标志。在新民主主义历史过程中,公

[①]《行署邀请各机关团体组织公粮动员指委会》,《抗战日报》1941 年 10 月 18 日,第 3 版。

开性是一个历史的渐进过程。作为设计群众公共利益的公粮征收政策，毫无疑问必须具有公开性。公粮征收程序的逐步完善体现了新民主主义背景下中共执政公开程度的提高。1940—1948年，边区公粮征收制度逐渐完善，征收程序的公开性亦逐步提高。可以说，公粮征收的公开性保证了农民的知情权。这主要表现为历年公粮征收前公粮征收制度、细则的公告和通知上以及工作人员对群众的宣传、动员上。

一般来讲，每年征收公粮时，边区政府均会在《抗战日报》(1946年更名为《晋绥日报》)上正式公布或公示当年的公粮征收条例或细则。例如，1940年10月9日《抗战日报》刊登了社论《把征收救国公粮造成一个热烈的群众运动》。[1] 1941年10月24日其刊登了社论《拥护并贯彻征收抗日救国公粮条例》。[2] 1942年10月1日其刊登了《晋西北三十一年度修正征收救国公粮条例》。[3] 1943年11月2日其刊登了《晋西北统一救国公粮征收条例》，[4] 12月14日又颁令解释《统一公粮条例修正点》。[5] 1944年10月26日其刊登了《晋绥边区统一救国公粮征收条例》。[6] 1945年11月3日其刊登了《晋绥边区行政公署发出公粮工作指示》，[7] 12月21日进一步刊登公布了《晋绥边区行署对公粮条例与细则的补充》。[8] 1946年8月20日《晋绥日报》刊登了《晋绥边区行署关于公粮条例与施行细则的修改决定》。[9] 1947年12月29日《晋绥日报》刊登了《晋绥边区四八年度征收公粮暂行条例》。[10] 此外，除正式发布公告外，中共还强调积极深入群众对征收公粮政策进行广泛宣传，并编写了征收公粮工作宣传大纲让群众学习。[11] 例如，1941年10月1日，晋西北行政公署第三次行政会议决

---

[1] 《把征收救国公粮造成一个热烈的群众运动》，《抗战日报》1940年10月9日，第1版。
[2] 《拥护并贯彻征收抗日救国公粮条例》，《抗战日报》1941年10月24日，第1版。
[3] 《晋西北三十一年度修正征收救国公粮条例》，《抗战日报》1942年10月1日，第2版。
[4] 《晋西北统一救国公粮征收条例》，《抗战日报》1943年11月2日，第4版。
[5] 《行署颁令解释统一公粮条例修正点》，《抗战日报》1943年12月14日，第2版。
[6] 《晋绥边区统一救国公粮征收条例》，《抗战日报》1944年10月26日，第1版。
[7] 《晋绥边区行政公署发出公粮工作指示》，《抗战日报》1945年11月3日，第1版。
[8] 《行政公署对公粮条例与细则作了补充》，《抗战日报》1945年12月21日，第2版。
[9] 《边区行署命令公布关于公粮条例与施行细则的修改决定》，《晋绥日报》1946年8月29日，第1版。
[10] 《晋绥边区四八年度征收公粮暂行条例》，《晋绥日报》1947年12月29日，第1版。
[11] 《征收公粮工作宣传大纲》，《抗战日报》1941年10月30日，第4版。

议指出:"政治动员的内容是使群众实报快交,交好粮,并且使群众了解公粮政策及制度。"①该年 11 月 9 日《抗战日报》刊登社论进一步指出:"宣传工作是全部公粮工作中的重要组成部分。……事情的成败常决定于事前的宣传如何,公粮工作自亦不能例外。同一公粮工作,在不同的地区都可得到大不相同的结果甚至完全相反的结果,这大部分也就是要取决于宣传、动员、解释、说服工作做得如何。"②1942 年 9 月,晋西北行政公署再次指示:"各级各部的工作同志,要具有耐心说服的精神、踏实朴素的作风,循循其善地向民众解释今年的条例与办法的特点。"③该年 11 月,行署还公布了"公粮工作问答",列出了公粮征收过程中可能遇到的 19 个相关问题。④ 显然,上述措施能够保证群众了解公粮征收的政策及程序,从而增强政府公粮征收政策及相关信息的公开性。

2. 民主性

公粮征收的民主性,是指在公粮征收过程中,中共考虑群众的实际生活及感受,给予群众参与问题解决的机会,为群众表达自己的意见提供平台,提高群众的民主参与。这期间,中共在执行公粮征收工作以及制订公粮征收制度时,积极听取群众意见,改进政府的公粮征收工作,以保证党的公粮征收政策更加符合人民的要求。在公粮征收过程中,中共晋绥各级部门非常重视群众意见。可以说,边区公粮征收制度及程序是在民主化过程中逐步完善的。例如,1941 年公粮征收前,边区许多地方进行了挨门挨户的宣传调查工作,兴县、保德、河曲、岢岚、岚县、文水、交城、朔县等县均组织了实查团,解决了民众许多问题,得到民众的拥护。河曲一老乡说:"过去不知道民主,现在民主已经咽到我们的肚子里去了。"⑤又如,

---

① 《公粮工作的经验教训与决定——晋西北行政公署第三次行政会议决议》(1941 年 10 月 1 日),引自晋绥边区财政经济史编写组、山西省档案馆编:《晋绥边区财政经济史资料选编·财政编》,第 169 页。

② 《论征收公粮中的宣传工作》,《抗战日报》1941 年 11 月 9 日,第 1 版。

③ 晋西北行政公署:《为贯彻公粮政策之实施并切实负责完成任务的指示》(1942 年 9 月 26 日),引自晋绥边区财政经济史编写组、山西省档案馆编:《晋绥边区财政经济史资料选编·财政编》,第 188 页。

④ 《公粮工作问答》(1942 年 11 月 11 日),临县档案馆藏,档号 62-2-5。

⑤ 《现阶段的金融贸易工作——晋西北行政公署第三次行政会议决议》(1941 年 10 月 1 日),引自中共吕梁地委党史资料征集办公室编印:《晋绥根据地资料选编》第五集,第 101 页。

该年行署公粮工作指示之一中提到:"要运用民主方式进行精确的调查统计工作——要用各种各样的方式——各种会议、个别谈话、发动大家讨论互相揭发,以至评议。"①再如,自1945年实施按通常产量计征(1947年因灾荒又改为按实际产量计征)以来,关于这两种计征方式的争论就一直持续。为此,中共在各地广泛征求群众意见。② 曾经在晋察冀边区负责公粮征收的李成瑞回忆,1948年边区政府派他去河北定县吴家庄调查研究,征求群众关于公粮征收的意见。在调查过程中,"我们一边晒太阳,一边议论;有时笑声不断,有时争得面红耳赤。"群众最后说:"修改公粮负担办法,让咱们老百姓出主意,这才是真民主啊!"③无疑,公粮征收的民主性极大地动员了民众缴纳公粮、参与政治的热情。

3. 科学性

公粮征收的科学性,是指公粮征收程序的设定及制度变迁,遵循客观规律,征收环节体现客观性、民主性和合法性,坚决克服与纠正主观性和随意性。其具体体现在以下几方面:

一是累进比例征收制度的科学性。1940年,两次公粮征收基本靠摊派、命令,但自1941年起,公粮征收基本严格按照累进比例征收。按照累进比例征收减少了摊派、命令征收过程中的主观性和随意性。公粮征收一般按比例一年征收一次,还规定了免征点,保证80%以上的人负担公粮。群众对此征收办法较为满意。例如,方山一富农说:"今天只出一定的公粮,比从前还轻,还是打仗年间。"文水有人说:"谁想出像天秤一样这个办法来,既好而又公道,真是圣人。"1941年,晋西北行政公署会议决议总结公粮工作的经验教训时指出:"完成公粮任务上,不仅依赖于比例制度的正确,也依赖于我们工作作风的民主与深入。"④"比例本身的优缺点

---

① 《关于公粮实习工作中的几点意见——行政公署公粮工作指示之一》,《抗战日报》1941年10月9日,第4版。
② 《晋绥边区历年公粮工作总结》(1947年10月),引自晋绥边区财政经济史编写组、山西省档案馆编:《晋绥边区财政经济史资料选编·财政编》,第527—528页。
③ 李成瑞:《依靠群众力量无穷——一次难忘的农村调查》,http://www.szhgh.com/Article/opinion/xuezhe/2017-02-20/131359.html。
④ 《现阶段的金融贸易工作——晋西北行政公署第三次行政会议决议》(1941年10月1日),引自中共吕梁地委党史资料征集办公室编印:《晋绥根据地资料选编》第五集,第99—101页。

应即时报告行署,执行比例的优缺点应即时指出。发扬优点,纠正缺点。"①征收程序的科学性对于提高民众的缴粮意识无疑起到重要作用。

二是收入计算的科学性。公粮征收的科学性还体现在收入计算上。计算收入遵循的精神是把全晋西北军民必需量适当地分配给各阶层,并照顾不同的负担能力,调整轻重使其真正公平合理。② 1942 年征粮开始时高鲁写道:"今年征粮工作开始得比去年早,相关的政策法令有了变化,能照顾到社会各阶层。"③又如 1948 年,公粮政策制定是"根据今年年成各处不同及群众最低口粮与种子需要,以及战争最低需要,才决定了今年公粮政策。基本精神是救死救荒,一方面保证贫苦群众最低口粮、种子与牛料;一方面也要保证战争最低需要"。④ 根据上述原则,1940—1948 年,中共多次修改收入的计算方式以及累进比例的间隔以尽可能减轻农民负担,使各阶层农民公平合理负担。

三是监督机制的科学性。在公粮征收过程中,中共逐渐建立了一套法制化的征收程序和对公粮征收进行科学监督的机制。在征收过程中,有的干部忽视政府的法令政策与民主作风,政府将对相关干部给予处分。边区常撤换坏干部,提拔新干部。例如,兴县有几个干部在调查及小组会上不坦白,隐瞒粮食,在会上展开了斗争。有的农救秘书及村长,自己隐瞒十多亩地,六七石粮食,当即就被撤销了职务。⑤据不完全统计,在公粮征收过程中,1940 年兴县撤换 14 人,岢岚撤换 10 人,宁武撤换 151 人,临南撤换 103 人。⑥

4. 效率性

---

① 《关于公粮实习工作中的几点意见——行政公署公粮工作指示之一》,《抗战日报》1941 年 10 月 9 日,第 4 版。
② 晋西北行政公署:《为贯彻公粮政策之实施并切实负责完成任务的指示》(1942 年 9 月 26 日),引自晋绥边区财政经济史编写组、山西省档案馆编:《晋绥边区财政经济史资料选编·财政编》,第 185 页。
③ 理红、理京整理:《高鲁日记》,第 341 页。
④ 《晋绥边区行政公署关于公粮工作的指示》(1948 年 1 月 7 日),山西省档案馆藏,档号 A90-4-60-1。
⑤ 马林:《动员公粮五日记》,《抗战日报》1940 年 11 月 13 日,第 2 版。
⑥ 《公粮工作的经验教训与决定——晋西北行政公署第三次行政会议决议》(1941 年 10 月 1 日),引自晋绥边区财政经济史编写组、山西省档案馆编:《晋绥边区财政经济史资料选编·财政编》,170 页。

第七章　边区财政税收的发展

公粮是一种农业税。效率与公平是政府征税的基本原则与追求目标,但一种税收要同时满足效率与公平很难实现。通常的做法是以其中一个为主要取向,要么是效率,要么是公平。边区公粮征收的目标是以效率为导向,并尽可能追求公平。边区公粮征收是否有效率性? 这里需提及税收效率的标准。关于税收效率标准,西方经济学家有不同的认识。比如布坎南认为:"凡是高效率的东西,也就是所有潜在有关各方对它同意的东西,不管是公然的还是含蓄的同意。"[1]亚当·斯密则认为"确实原则、便利原则和最少征收费原则"[2]是税收效率的原则。现代西方税收理论则更多强调税收的国民经济原则和社会公平原则。根据上述原则,我们可以看到,自边区政府征收公粮以来,虽然政策几乎每年都有调整,但征收的效率性却在调整中逐渐体现并加强。其主要表现在以下几方面:

首先,便利原则。历年调整后的公粮征收方案基本比上年简化,便于农民缴纳。边区政府一旦发现当年公粮征收手续较为烦琐,下一年便会进行调整,使征收手续简化。

其次,确实原则。历年公粮征收的比例、方法等虽几经调整,但征收原则及方案均以较稳定、严肃的征收条例为依据,并逐渐形成确实的税基、税率、固定的纳税日期和纳税方法等,且都已提前明确告知农民。

再次,农民负担逐渐减轻。这期间,中共多次修改征收方案的重要目的就是尽可能减轻农民负担,使各阶层公平合理负担。图7-14显示了1941—1948年农民负担变化情况[3]。显而易见的是,抗战时期各阶层农民负担基本是减轻的,解放战争时期农民负担又有所加重,但负担加重的阶层主要是地主、富农阶层。如边区农村典型调查显示:"1948年保德一区西南沟村该年公粮虽有增加,但实际只是地主富农增加,贫中农还是减少。"[4]

---

[1] [美]詹姆斯·M·布坎南:《自由、市场与国家——80年代的政治经济学》,平新乔等译,生活·读书·新知三联书店上海分店1989年版,第97—108页。
[2] [英]亚当·斯密:《国民财富的性质和原因的研究》下卷,郭大力、王亚南译,商务印书馆1974年版,第385—386页。
[3] 根据《晋绥边区历年公粮工作总结》,引自晋绥边区财政经济史编写组、山西省档案馆编:《晋绥边区财政经济史资料选编·财政编》,第494—530页整理计算。
[4] 《晋绥七县十个村子的负担状况调查表》(1948年),山西省档案馆藏,档号A90-4-60-8。

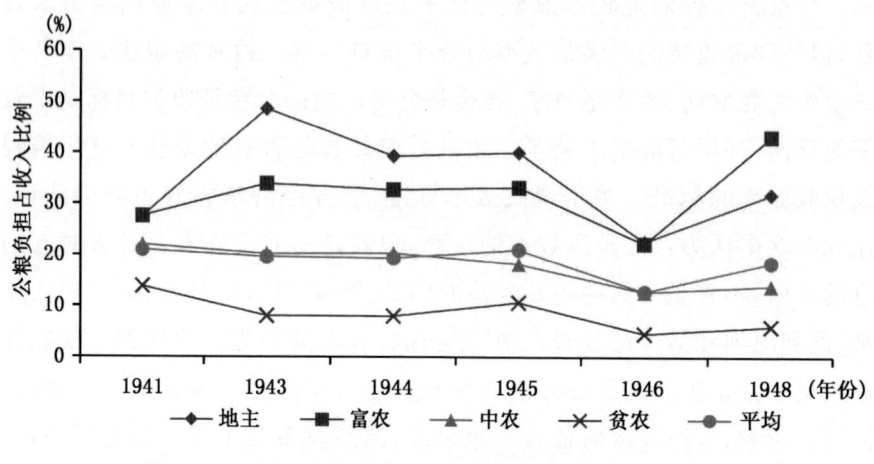

图7-14 1941—1948年边区各阶层公粮负担占收入比例

最后,同意原则。这期间,边区公粮征收经历了从最初的强迫命令到后期的有序征收过程。农民对公粮征收的认识亦经历了从不满意、不同意到逐渐同意的过程。

综上所述,公粮征收程序的公开性、民主性、科学性、效率性,大大促进了边区人民缴纳公粮的热情,提高了公粮征收的效率,有力地扩大了中共在边区的政治影响,使中共逐步赢得了边区人民的广泛认同与支持。

三、从公粮收支制度看中共财政现代化

有效的制度不可能是单一的,而是一个完整的制度体系。边区政府公粮征收制度之所以有效,还在于中共实施了与公粮征收相配套的诸如金库制度、预决算制度、审计制度等一系列财政制度。1940—1948年,虽处战争时期,但由于边区政府的不懈努力,边区公粮收支制度不断完善,财政体制逐渐由传统向现代演进,反映了中共战时的财政现代化历程。"从现代化的理论框架来看,近百年来为振兴中国而进行的各种政治经济、文化运动,都可统称为探索中国现代化的运动。"[1]可以说,边区创立

---

[1] 罗荣渠:《现代化新论——世界和中国的现代化进程》,北京大学出版社1993年版,第341页。

的关于公粮收支的诸如金库制度、预决算制度、审计制度等一系列财政制度适应了当时的政治经济形势需要。其中反映的现代财政思想,体现了中国共产党在特殊的历史条件下对中国财政现代化以及经济现代化的重要探索。

(一)金库制度

建立公款统一保管制度专门办理国家财政收支,是财政现代化的重要标志。直至清末,中国尚未建立统一的金库制度。到"民国"时期,国民政府才制定了金库制度。边区政府于1940年4月提出建立金库,同年7月颁布各县金库组织办法。1941年10月,边区政府正式颁布《晋西北行政公署所属各级金库暂行章程》并规定金库的任务是:"办理公款公物的保管与收支,各级财政机关之一切收入都要归入金库。"[1]同时,边区指示设立总金库、分金库、支金库。各级金库由西北农民银行具体办理,同时,提醒各级干部对金库制度要有足够的认识,强调金库制度的重要性:"金库制度是边区执行统筹收支的重要工具,是决定财政正规化的重要制度。"[2]该暂行章程对金库组织机构、任务、职权与领导、收款手续、付款手续、转收转付手续、解款手续、报告、借款办法等作了细致规定。这些规定明确了边区财政款物收支的具体办法,库款收支程序较为科学,手续亦较为严密。

具体到公粮收支问题,最初所有公粮暂时以村为单位存放在适当地点,由保管委员负责保存,除村长以外,其他人员不能直接向保管委员支用公粮。边区行署成立粮食局,各专员及各县成立粮食科,各区设粮食助理员以加强征收公粮工作和整顿支付。各地成立粮食稽征局,以纠正征收支付公粮之一切流弊。[3] 此后,公粮金库制度逐渐建立并完善,到1948年边区已经实现各地公粮全部统一入仓:"今年公粮全部入仓,支付易于掌握。为使供给数额合于规定标准,除收入折合依各地情况,由专署或县

---

[1]《晋西北行政公署所属各级金库暂行章程》(1941年10月20日公布),引自晋绥边区财政经济史编写组、山西省档案馆编:《晋绥边区财政经济史资料选编·财政编》,第146—149页。

[2] 汤平:《健全财政制度开展财政工作》(1941年10月1日),引自晋绥边区财政经济史编写组、山西省档案馆编:《晋绥边区财政经济史资料选编·财政编》,第85页。

[3]《军政民联席会议决定公粮保管支付办法》,《抗战日报》1941年2月1日,第1版。

规定交行署批准外,支付折合。"①在征收公粮前,必须提前准备好仓库:"实物质量的标准,依照专署的指示接收,不得与民户故意为难。随时防止损失、防止霉坏,在接收存放之前,即应准备好库房。"②显然,除特殊规定外,公粮收入全部要限期缴纳各级金库,由边区政府统一支配。可以说,中共的金库制度在战时日趋完善,从而能应付战时庞大的粮食开支。

(二)预决算制度

预决算管理制度是现代公共财政制度的基础。西方现代财政的产生亦伴随预决算制度的发展。建立预决算制度是边区财政现代化的重要体现。1940—1948年,边区政府在预算编制、执行和决算方面的制度经历了从建立到逐渐加强的过程。为了推动边区财政体制的现代化,中共在预决算制度方面作出了巨大努力。

1940年,边区政府成立伊始,中共就颁布了预决算章程(共13条)。此后,边区财政预算章程不断修改完善,预算章程条目越来越细致规范。1941年2月,边区政府决定严格建立公粮预算制度,并限制粮票的自由使用。③ 1941年12月,边区公布了《晋西北行政公署所属各级政府机关收支预决算暂行章则》共9章46条,修正并详细规定了收支预决算的种类、造送程序、日期及各种表式的填报手续,对预决算的执行作了严格规定:"不做预算即不发款,不做决算即停发第三个月或第四个月的经费。"④1943年12月,边区政府再次颁布军政民预决算制度的相关制度规定,对各级机关的预决算科目、种类、表格、编造程序、报送日期及具体注意事项等作了详细规定。⑤ 同时,边区颁布专门用于规范公粮开支的相关制度《晋绥边区军政民四四年度经费粮秣开支规定》。该文件对部队、

---

① 《晋绥边区行政公署令(财粮字第500号)》(1948年12月25日),山西省档案馆藏,档号A90-4-60-7。
② 《晋绥边区行政公署关于今年秋粮折收的实物集中办法的通知》(1948年11月19日),山西省档案馆藏,档号A90-4-60-4。
③ 《迅速集中公粮克服当前困难》,《抗战日报》1941年2月12日,第1版。
④ 《晋西北行政公署所属各级政府机关收支预决算暂行章则》(1941年12月16日公布),引自晋绥边区财政经济史编写组、山西省档案馆编:《晋绥边区财政经济史资料选编·财政编》,第121—129页。
⑤ 《晋绥边区军政民预决算制度规定》(1943年12月14日),引自晋绥边区财政经济史编写组、山西省档案馆编:《晋绥边区财政经济史资料选编·财政编》,第130—134页。

区级以上机关、村、民兵等公粮支出的具体项目、支出方式、支出数量、支出时间等内容均作了详细规定。[①] 1944年9月,边区再次发文强调:"各级均应按照预算项目支领经费,确定不移,只能少领,不能追加;边区以次各级、各部门、各单位亦应有自己的预算。确定之后即付之实行,使财政工作真正走上轨道。"[②]1945年11月,边区行署专门针对公粮开支进一步颁布公粮预决算制度。[③] 该制度对各级单位经费粮食开支原则、开支标准以及编制粮食预决算的科目、种类、表格、造送程序、日期以及注意事项再次进行了规范。1947年3月,边区政府再次颁布财政供给制度命令,对粮食、被服开支预决算制度作了详细规定。[④] 可以说,在当时环境下,预决算制度的建立与逐步完善,使边区各级政府的公粮收支及整个财政收支规模不断扩张。这对于推进边区财政现代化、赢得战争胜利具有重要意义。

(三)审计制度

审计制度是推动边区财政现代化的重要保障。边区政府厉行公粮审计制度。这期间,边区已经建立起相对独立的审计机关和相关制度。由于边区财政的宗旨是统筹统支,故公粮审计制度重视事前审计,尤其重视公粮支出部分。[⑤] 为建立有效的审计制度,边区政府作了大量建设性努力。

1941年4月,边区审计机构初建。1944年4月,边区颁布《审计条例》。该审计条例对公粮支出审计作了详细规定。在全部45条条款中,有关公粮支出的条款达12条,均为事前审计的规定。其中,第15条规定

---

① 《晋绥边区军政民四四年度经费粮秣开支规定》(1943年12月14日),引自晋绥边区财政经济史编写组、山西省档案馆编:《晋绥边区财政经济史资料选编·财政编》,第357—372页。
② 《中共晋绥分局关于1945年财政预算之决定》(1944年9月11日),引自晋绥边区财政经济史编写组、山西省档案馆编:《晋绥边区财政经济史资料选编·财政编》,第136页。
③ 《晋绥边区行署关于1946年供给标准与预决算制度的通知》(1945年11月20日),引自晋绥边区财政经济史编写组、山西省档案馆编:《晋绥边区财政经济史资料选编·财政编》,第784—795页。
④ 《晋绥边区行署、军区司令部关于同意财供领导确定供给关系的联合命令》(1947年11月13日),引自晋绥边区财政经济史编写组、山西省档案馆编:《晋绥边区财政经济史资料选编·财政编》,第585页。
⑤ 夏寒:《"民国"事前审计制度思想研究》,《财经问题研究》2016年第3期。

了公粮收支的会计核算年度,以及公粮支出的预决算制度;第 16 至 17 条规定了预算的审核与政府的权限;第 18 条规定了公粮支出凭证;第 19 条规定了公粮的使用范围;第 20 至 25 条规定了外来人员、伤病员、部队机关学校以及特殊行业的公粮支出条件及拒批标准。该审计条例关于公粮审计的对象十分明确,在审核、签发、拒批方面均作了具体规定。显然,边区公粮审计制度借鉴了西方的审计制度,并结合边区及战时特点,进一步健全了边区审计制度,为当时公粮收支及财政收支正常运转起了极大的推动作用。

解放战争时期,边区政府进一步完善公粮支出审计制度。1947 年 3 月,边区政府颁布财政供给制度命令,对粮食、被服开支的会计制度、审计制度作了细致规定。[①] 特别是陕甘宁边区与晋绥边区统一行政领导后,审计制度有了较大发展。1948 年 10 月,边区颁布了《陕甘宁晋绥边区暂行审计条例》[②]。该条例第 3 条明确规定,所有经费、粮秣、被服等,除战争紧急情况外,非经审计机关之核准,任何机关不得擅自批发支付。

总体来看,1940—1948 年边区财政管理制度经历了从无到有、从粗糙到逐渐细致、从不完善到比较完善、从混乱到正规、从不合理到比较合理的演变过程。特别是在公粮收支方面,其管理体制发展得较为完备。晋西北行署在 1942 年财政总结时就提到:"公粮是晋西北比较完善、比较合理公平的税收制度。在征收支付保管方面都有详细的规定,并逐年改进,更趋完备。"[③]当然,就整个财政管理体制而言,这一时期财政管理体制的现代化还处于起步阶段,不少制度、人员还不健全。如临县的公粮保管支付制度,1946 年时临县建了 10 个仓库及 1 个临时粮站,但"有的仓库干部质量太差,主任是不识字的,会计是只识数字,还是些政治上比较差的。常常是留下主任不会记账,留下会计不可靠。有的仓库的粮食常

---

① 《晋绥边区行署、军区司令部关于同意财供领导确定供给关系的联合命令》(1947 年 11 月 13 日),引自晋绥边区财政经济史编写组、山西省档案馆编:《晋绥边区财政经济史资料选编·财政编》,第 584—586 页。
② 《陕甘宁晋绥边区暂行审计条例》(1948 年 10 月 1 日),山西省档案馆藏,档号 A90-4-21-2。
③ 《晋西北行署的财政报告》(1942 年 10 月),引自晋绥边区财政经济史编写组、山西省档案馆编:《晋绥边区财政经济史资料选编·财政编》,第 70 页。

被村中小偷偷走"。① 但相较于1941年,1948年财政管理体制已逐渐规范、健全,财政现代化已经有了一定程度的发展。如1949年行署移交西北财经办事处的财政收支决算书提到:"1940—1946年度由于干部制度及工作条件不健全,不少开支未履行报领手续,收支未经过政府账簿;而1947—1948年度手续比较健全,决算书的编造亦正式按照分类账户编造。"②毋庸置疑,公粮收支制度的现代化,一定程度上推进了边区财政管理制度的现代化。特别是公粮收支的金库制度、公粮支出事前审计制度的建立进一步监督了边区财政预算的执行。

小　结

公粮收支是抗战时期及解放战争时期中共财政收支的重要组成部分。公粮收支不仅为战争提供了物资保证,而且锻炼了中共在边区的治理能力,提高了民众对中共的信任,增强了中共在边区执政的政治合法性。这一时期公粮征收工作基本得以顺利完成,公粮收支大体平衡,公粮收入得到较为充分的利用,从而有利于支持战争与边区经济建设。可以说,公粮征收的成功推进绝不仅仅依靠成功动员,更关键的是取决于中共制定的一整套相对完善的制度。公粮征收的成功一方面得益于中共基于民众心态不断调整的公粮征收制度以及一套较为成熟、科学的征收程序,另一方面得益于边区较为完善的公粮收支管理制度。公粮征收制度变迁体现了制度—心理的互动机制,其征收程序反映出公粮征收的公开性、民主性、科学性以及效率性。公粮收支管理制度所包含的财政预算决算制度、金库制度、会计制度、审计制度、财政监督体系等则反映出边区财政由传统向现代的演进。在公粮征收过程中,新的现代化因素逐渐积累。

进一步来看,边区财政从传统财政向现代财政的演进,体现了新型财政制度的日渐形成,是中国经济史、财政史上的新创举。边区财政现代化

---

① 《临县财政工作材料及意见》(1947年),临县档案馆藏,档号62-2-58。
② 《晋绥边区九年来(1940年至1948年)移交西北财政收支决算书》(1949年5月),引自晋绥边区财政经济史编写组、山西省档案馆编:《晋绥边区财政经济史资料选编·财政编》,第603页。

是中国经济现代化的重要体现,开辟了中国财政史的新时代。总体而言,1940—1948年是中共推动边区财政现代化的重要时期。与苏区时期相比,这一时期边区财政现代化取得巨大进展,现代财政体系进一步构建与完善。边区财政体系包含的财政预算决算制度、金库制度、会计制度、审计制度、财政监督体系等,体现了边区财政的现代化,标志着边区财政体系建设逐渐走向成熟。可见,边区现代化因素不是主要表现为生产力的发展,而是表现为生产关系之改革。[①] 边区这些财政制度建设为中共进行经济建设并最终赢得战争发挥了重要的保障作用,是中共推进财政现代化的具体尝试。其中,其所体现的现代财政思想对当前公共财政体系的建设也具有一定的借鉴意义。

第三节　边区工商税收结构与政策演变

一、工商税收结构

工商税收虽不构成边区财政收入的主要来源,但却是中共极为重视和重点关注且积极发展的对象,亦是边区财政税收的重要组成部分。工商税收未成为边区财政收入的主要来源,与落后的工商业经济水平和战时环境有关。货物出入过境税(后为货物税)、营业税、斗佣畜税是边区工商业税收的主要税种。此外,还有罚款、制产税等,但这些比重均较小。表7－6反映的是1942—1947年边区历年主要工商税额与比重变化情况。

表7－6　1942—1948年边区历年主要工商税额与比重变化情况　单位:万元(农币)、%

年份	货物出入口税		营业税		斗佣畜税		罚　款		合　计	
	总额	比例	总额	比例	总额	比例	总额	比例	总额	比例
1942	512	85.6	61	10.2			25	4.2	598	100
1943	862	69.4	256	20.6			124	10	1 242	100

---

① 荣维木:《另一种视角:从抗日战争看中国现代化历程的顿挫与嬗变》,《河北学刊》2015年第3期。

续表

年份	货物出入口税 总额	货物出入口税 比例	营业税 总额	营业税 比例	斗佣畜税 总额	斗佣畜税 比例	罚款 总额	罚款 比例	合计 总额	合计 比例
1944	3 147	74	889	20.9			219	5.1	4 255	100
1945	6 727	61.2	3 367	30.7			891	8.1	10 985	100
1946	110 216	52.8	41 725	20	49 302	23.6	7 677	3.7	208 920	100
1947	777 428	20.5	1 854 400	48.9	715 070	18.9	446 478	11.8	3 793 376	100
1948	1 861 658	24.1	303 434	3.9	3 873 471	50.1	1 689 437	21.8	7 728 000	100

说明：货物出入口税自 1940 年 5 月据《税务稽征暂行条例（草案）》开始征收，1944 年 12 月货物出入口税改为货物税，但边区各文件档案对于 1944 年 12 月份后货物税的称呼仍习惯称为出入口税。

资料来源：根据《晋绥边区历年各税统计表（1942—1948 年）》，引自山西省财政厅税务局、内蒙古自治区税务局、山西省档案馆、内蒙古自治区档案馆编：《晋绥革命根据地工商税收史料选编（1938.2—1949.12）》，第 427 页计算。

从表 7-6 数据可以看出，边区工商税结构处于不断变动中，货物出入过境税、营业税、斗佣畜税是边区工商税收收入的主体。大体来看，货物出入过境税自抗战起就是边区工商税收的主体，但其占工商税总额的比重却在逐年下降，从 1942 年的 85.6% 下降到 1948 年的 24.1%。特别是随着解放区面积的进一步扩大，1949 年上半年货物税收入只占总税额的 4.2%。[1] 进一步看，货物出入过境税在整个财政收入中所占比重也较低。据资料显示，1942 年，货物出入过境税占当年财政收入的 11.6%，1943 年占 6.2%，1944 年占 6.3%。[2] 显然，工商税收占当年财政收入的比重较小，工商税收并不构成财政收入的主要部分。营业税也不构成抗战时期工商税收收入的主体，但其比重日渐提高。至 1947 年，营业税已成为边区工商税收收入的主体，该年营业税已占工商税收入的近一半。斗佣畜税是粮食、牲畜交易时的手续费，在边区工商税收中也占重要比重。该项税种是边区自 1945 年冬增设的。至 1948 年，该税种已成为边

---

[1] 《山西五寨中心专署文件——晋西北税收工作概况》（1949 年 9 月 25 日），引自山西省财政厅税务局、内蒙古自治区税务局、山西省档案馆、内蒙古自治区档案馆编：《晋绥革命根据地工商税收史料选编（1938.2—1949.12）》，第 113 页。
[2] 财政部税务总局编：《中国革命根据地工商税收史长编——晋绥革命根据地部分（1927—1949）》，第 99 页。

区工商税收的主要来源。可以说,抗战时期,货物出入过境税与营业税是边区工商税收的主要税源;解放战争时期,牲畜粮食交易税及营业税是边区工商税收的主要税源。

二、工商税政策演变

关于边区工商税政策,学界已有较多研究。边区工商税政策是研究财政、贸易的前提与背景,亦是中共增加财政收入、进行对敌贸易战争的重要手段。故本部分将对工商税政策的演变进行简要论述。边区工商税制的建立始于1940年。该年5月21日山西省第二游击区行政公署发布《税务稽征暂行条例(草案)》[①],指出边区税收暂定为货物出入过境税(也称货物出入口税)、营业税、烟酒牌照税三种。事实上,烟酒牌照税一直未得到很好的执行。在行署历年税收总结报告材料中,基本未提过该税的征收情况,亦未有税收数字记载。到1944年12月边区重新颁布税法时就未再提及烟酒牌照税。[②] 该年税制决定开征斗佣畜税。因此,本部分主要概述货物税出入口税、营业税、斗佣畜税这三大税种的制度变迁。

(一)从货物出入过境税到货物税

货物出入过境税相当于边区的"关税",是对进出边区货物征收的一种税。可以说,货物出入过境税一方面可以增加边区财政收入,另一方面则可以保护边区内生产,进行对敌贸易斗争。1940年,边区政府成立后开始征收货物出入过境税。1940年颁布的《税务稽征暂行条例(草案)》第二章就是关于货物出入过境税的规定。[③] 该条例具体规定了禁止出入境的货物、免征与奖励出入境的货物以及课税的出入境货物,同时列出了具体货物出入境的应课税率。税率制定的目的是保护边区内生产,抵制

---

① 《山西省政府第二游击区行政公署税务稽征暂行条例(草案)》(1940年5月21日),引自山西省财政厅税务局、内蒙古自治区税务局、山西省档案馆、内蒙古自治区档案馆编:《晋绥革命根据地工商税收史料选编(1938.2—1949.12)》,第120页。

② 财政部税务总局编:《中国革命根据地工商税收史长编——晋绥革命根据地部分(1927—1949)》,第19页。

③ 《山西省政府第二游击区行政公署税务稽征暂行条例(草案)》(1940年5月21日),引自山西省财政厅税务局、内蒙古自治区税务局、山西省档案馆、内蒙古自治区档案馆编:《晋绥革命根据地工商税收史料选编(1938.2—1949.12)》,第121页。

第七章　边区财政税收的发展　　337

外部环境对边区生产的冲击。因此，一般来讲，在入境方面，对于边区内紧缺的产品如棉花、土布、棉纱、火柴、药品等日用必需品以及军需用品等实行免税。对于洋布、毛巾、棉织品等课5%～20%的税。对于各种绸缎、水果、香料、瓷器、烟酒、牙刷等非必需品的入境则课以30%～50%的税。一些更为奢侈的产品如毛织衣物、茶叶、绫罗绸缎等则禁止入境。在出境方面，各种棉织、毛织呢绒、卷烟等免税出境敌占区，对洋布、毛巾、日用器具、中西药材等均课以税，输往敌占区课以30%～50%的税，输往非敌占区课以5%～20%的税。棉花、布匹、食粮等输往非敌占区课以30%～50%的税。

可以看到，这时期税收政策的基本出发点是保护群众生产、保护工商业，并力图增加政府财政收入。然而，事实上，1940年的货物出入过境税制规定存在很大的问题。这种税制规定较为模糊，在政策规定上极不利于对敌贸易斗争。而且其条例大多抄写其他解放区的政策，没有很好地对边区实际情况进行调查研究。比如，对于边区内极为紧缺的产品如棉花、土布等一方面规定免税入境，但同时规定出境征30%～50%的税。在当时边区棉花产量很低、纺织业还没有发展起来的情况下，这种税收制度对于边区纺织业的发展是极为不利的。正如资料所载："那时生产未发展，允许低税出口，使我们的穿衣感到困难。"[1]

在这种情况下，边区政府对税制进行了两次调整。一次是1941年12月对税目税率的调整，一次是1943年7月取消对货物过境税的规定。1941年12月，边区政府颁布《晋西北行政公署修正税务稽征暂行条例》[2]，此次修订主要是针对税率。在入境方面，对于洋布、毛巾、棉织品等课5%～15%的税，对于各种绸缎、水果、香料、瓷器、烟酒、牙刷等非必需品的入境则课以16%～30%的税。在出境方面，对洋布、毛巾、日用器具、中西药材等均课以税，输往敌占区课以16%～30%的税，输往非敌占

---

[1] 晋绥边区行署：《晋绥边区历年税收工作概况（1940年—1947年）》（1948年3月5日），山西省档案馆藏，档号A220-13-454。

[2] 《晋西北行政公署修正税务稽征暂行条例》（1941年12月20日），引自山西省财政厅税务局、内蒙古自治区税务局、山西省档案馆、内蒙古自治区档案馆编：《晋绥革命根据地工商税收史料选编（1938.2—1949.12）》，第154页。

区课以 5%～15% 的税。棉花、布匹、食粮等输往非敌占区课以 16%～30% 的税。可以看出,此次税率调整主要是降低了出入过境税率,原 5%～20% 的税率普遍降低为 5%～15%,原 30%～50% 的税率普遍降低为 16%～30%。1943 年 7 月,边区政府再次颁布《晋西北行政公署修正税务稽征暂行条例》①,此次修订主要是取消过境税,只征收出入境税,并进一步调整出入境税。奖励出入境之货物由免税调整为课以 5% 的税率,限制出入境的货物税率调整为 6%～25%。可见,1943 年边区最高货物出入境课税率为 25%。一般,一种产品由敌占区输入或输往敌占区的税率要高于与友区的税率。

  1944 年 12 月,边区政府颁布《晋绥边区货物税暂行条例》,将货物出入境税改为货物税,要求"以货物为征收对象,凡应税货物均须交纳货物税",②并规定洋布、各色棉布、花布、标布、棉织品等均准入境。1945 年 6 月 1 日,行署发布《关于加强税务缉私工作的通知》③,规定严禁洋布及各项非必需品入境。此后,为使晋绥与陕甘宁边区的财政经济逐渐走向统一,1945 年 8 月 27 日边区发布《关于货物税条例修正及关于陕甘宁晋绥两边区贸易税收之决定》④,主要的变化是放开曾经禁止入境的 48 种货物。该年 11 月 30 日,行署再次颁布《关于与陕甘宁边区税收问题的决定》⑤,将洋布、市布、毛巾等列为禁止入境货物。同时,边区颁布《关于货物税暂行条例修改的令》⑥《货物税暂行条例施行细则》⑦以及《晋绥边区

---

① 《晋西北行政公署修正税务稽征暂行条例》(1943 年 7 月),引自山西省财政厅税务局、内蒙古自治区税务局、山西省档案馆、内蒙古自治区档案馆编:《晋绥革命根据地工商税收史料选编(1938.2—1949.12)》,第 168 页。

② 《晋绥边区货物税暂行条例》(1944 年 12 月),引自晋绥边区财政经济史编写组、山西省档案馆:《晋绥边区财政经济史资料选编·财政编》,第 317 页。

③ 《晋绥边区行署关于加强税务缉私工作的通知》(1945 年 6 月 1 日),引自晋绥边区财政经济史编写组、山西省档案馆编:《晋绥边区财政经济史资料选编·财政编》,第 323 页。

④ 《关于货物税条例修正及关于陕甘宁晋绥两边区贸易税收之决定》(1945 年 8 月 27 日),引自山西省财政厅税务局、内蒙古自治区税务局、山西省档案馆、内蒙古自治区档案馆编:《晋绥革命根据地工商税收史料选编(1938.2—1949.12)》,第 220 页。

⑤ 晋绥行署:《关于与陕甘宁边区税收问题的决定》(1945 年 11 月 30 日),山西省档案馆藏,档号 A96-4-75-3。

⑥ 晋绥行署:《关于货物税暂行条例修改的令》(1945 年 11 月 30 日),山西省档案馆藏,档号 A96-4-75-4。

⑦ 晋绥行署:《货物税暂行条例施行细则》(1945 年 11 月 30 日),山西省档案馆藏,档号 A96-4-75-5。

货物税暂行条例》①。1946年3月15日,边区政府颁布《晋绥边区货物税暂行条例》②,进一步放宽货物入境,除了毒品,几乎所有外货都可以进来,并进一步减轻税率,最高税率降低至15％。这样的税收政策严重打击了边区内群众生产,有的手工业几乎全部摧毁。例如,该年碛口一个月进口纸烟25 000条,使土产遭受致命打击;兴县在短期内毛巾减产412打。③ 1947年2月28日,边区政府再次颁布《晋绥边区货物税暂行条例》④,进一步把一些非必需品以及边区和其他解放区可以生产的货物如棉织品、颜料、牙粉、牙刷、纸张等列为禁止入境货物,并坚决制止美货入境,前述问题才得以纠正,边区商品经济才重新活跃起来。1948年2月10日,边区政府颁布《陕甘宁晋绥边区货物税暂行条例》,陕甘宁与晋绥边区税制开始统一。其主要变化是重点强调禁止美国货物入境:"凡美国制造之一切货物,除经政府特许入境者外,一律禁止入境。"⑤根据上述资料,我们将边区货物税政策的演变列表显示,详见表7-7。

表7-7　　　　　　　　　1940—1948年边区货物税制演变

时间	税收制度名称	修改重点
1940年5月21日	山西省第二游击区行政公署税务稽征暂行条例(草案)	
1941年12月	晋西北行政公署修正税务稽征暂行条例	适当下调出入境最高税率
1943年7月	晋西北行政公署修正税务稽征暂行条例	取消货物过境税
1944年12月	晋绥边区货物税暂行条例	将货物出入境税改为货物税

---

① 晋绥行署:《晋绥边区货物税暂行条例》(1945年11月30日),山西省档案馆藏,档号A96-4-75-6。
② 《晋绥边区货物税暂行条例》(1946年3月15日),山西省档案馆藏,档号A220-13-313。
③ 晋绥边区行署:《晋绥边区历年税收工作概况(1940年—1947年)》(1948年3月5日),山西省档案馆藏,档号A220-13-454。
④ 《晋绥边区货物税暂行条例》(1947年2月28日),山西省档案馆藏,档号A220-13-388。
⑤ 《陕甘宁晋绥边区货物税暂行条例》,引自山西省财政厅税务局、内蒙古自治区税务局、山西省档案馆、内蒙古自治区档案馆编:《晋绥革命根据地工商税收史料选编(1938.2—1949.12)》,第250页。

续表

时间	税收制度名称	修改重点
1945年6月1日	晋绥边区行署关于加强税务缉私工作的通知	严禁洋布及各项非必需品入口
1945年8月27日	关于货物税条例修正及关于陕甘宁晋绥两边区贸易税收之决定	放开曾经禁止入境的48种非必需品货物
1945年11月	关于与陕甘宁边区税收问题的决定	将洋布、市布、毛巾等列为禁止入境货物
	晋绥边区货物税暂行条例	
1946年3月15日	晋绥边区货物税暂行条例	进一步放宽货物入境
1947年2月28日	晋绥边区货物税暂行条例	重新增加禁止入境货物种类，坚决制止美货入境
1948年2月10日	陕甘宁晋绥边区货物税暂行条例	强调禁止美国货物入禁

通过表7－7我们可以看到，1940—1948年边区货物税政策变动较大，几乎每年都会公布新的税收征收条例。货物出入过境税，每年也会有相应的调整。面对瞬时急变的战争环境，为求得对敌经济斗争的胜利、增加政府财政收入以及有效保护边区群众生产，边区政府多次调整货物出入过境税。总体来看，货物出入过境税的调整能够遵循增加财政收入、保护边区生产的基本原则。据表7－6，1942—1948年边区货物税总额逐年增加，成为边区税收总收入的重要组成部分。1946年前货物税占税收总收入的比重都在50%以上。纺织业等手工业及农业、商业的发展亦离不开出入过境税率的保护，如"1944年纺织业发展了，土布入口税即增征至20%，对纺织业发展更促进了一步"。[①] 1945年抗战胜利后，由于对战争形势估计不足，于8月27日放开了曾经禁止入境的48种非必需品货物，但很快此政策严重影响边区生产，于11月份再次禁止。显然，边区货物税政策的调整都是基于保护边区内群众生产、增加财政收入的目的。

进一步看，边区货物税政策的频繁调整亦有诸多不利影响。边区对于洋布、棉织品、烟酒、牙刷、牙粉等非必需品的政策调整频繁，有时禁止、

---

① 陈希云：《晋绥财经工作报告》(1947年)，引自中共吕梁地委党史资料征集办公室：《晋绥根据地资料选编》第五集，第187页。

有时放开、有时高税、有时低税。特别是解放战争期间政策调整间隔常常不到1年。政策没有连续性,极大地影响了边区经济尤其是工商业经济的发展。例如,边区在1945—1946年1年时间内多次修改条例,对于洋布及棉布品是否准许入境反复变动,频繁调整。"这样我们对商人宣传不够,人家不了解,有时就会忽然收到货物被没收。"[①]其结果是导致商人无法正常经营。究其原因在于,政策制订"没有更多的根据我们边区的实际情况出发,而对敌经济斗争亦没有长远打算,所以历年来政策是摇摆不定的,往往被一些现象所迷惑"。[②] 1944年,陈云在《关于财经问题的报告》中就指出:"预料商情,政策上才有主动。现在做贸易工作的同志,我感觉有这样的一个缺点,能埋头工作的人多,但是能用脑子想一想现在的趋势怎样,……这样的人很少。"[③]显然,只有对边区经济形势进行准确判断,才能制订较为合适的税收政策。当然,在瞬息万变的战争环境下,对形势判断有误亦是不可避免的。

(二)营业税政策的演变

1940年5月21日,晋西北行政公署发布《税务稽征暂行条例(草案)》(下称"草案"),确定对工商业者征收营业税。抗战时期,从草案发布到1944年12月《晋绥边区修正营业税暂行条例》(下称"暂行条例")颁布,这期间营业税征收政策还经历了1941年和1943年两次修改变动。1941年和1943年两次修改都是提高资本额和营业额的免税额(详见本章第四节)。然而,这时期营业税税率虽然较低,但工商业者的负担仍很重,原因在于商人不仅要缴营业税,还要交公粮。为此,1944年12月边区政府颁布《晋绥边区修正营业税暂行条例》[④],修改重点就是对工商业者取消公粮负担,仅征营业税。按纯利征收最高税率1944年为20%,

---

① 《晋绥边区税务总局关于货物方面征收管理的问题》(1946年),引自晋绥边区财政经济史编写组、山西省档案馆编:《晋绥边区财政经济史资料选编·财政编》,第691页。
② 晋绥边区行署:《晋绥边区历年税收工作概况(1940年—1947年)》(1948年3月5日),山西省档案馆藏,档号A220-13-454。
③ 《关于财经问题的报告》,引自《陈云文集》第一卷,中央文献出版社2005年版,第385页。
④ 《晋绥边区修正营业税暂行条例》(1944年12月31日),引自山西省财政厅税务局、内蒙古自治区税务局、山西省档案馆、内蒙古自治区档案馆编:《晋绥革命根据地工商税收史料选编(1938.2—1949.12)》,第278页。

1945年为25%。修改后的营业税负担大大低于公粮负担,不少农民进城从事工商业。例如,1945年临县"圪地峪两个银匠要求税卡给他征营业税,不愿负担公粮,并去城内跑了两次向政府要求负担营业税"。[①] 所以,1944年营业税政策的修订大大刺激了工商业的发展。如兴县1942年前只有商户百余家,1944年商业户数增为310户,1945年增为329户,1946年增为350户。[②] 1944年颁布营业税政策一直沿用到1946年。

由于工商业负担低于农业负担,因此,1946年修改营业税制度主要涉及两大方面:一是在纯收益计算上,改变以前3个月计算一次的办法,改为按照全年纯收益计算,半年征收一次。二是在税率上,将原最高税率20%提高至25%。[③] 1947年,边区政府又发布《晋绥边区修正营业税暂行条例》[④]以及《晋绥边区行署对营业税工作的指示》[⑤],修订税制的重点主要涉及三方面:一是提高工商业负担率,与农业负担平衡;二是将过去的按纯收益计征改为按总收入计征,最高税率为42%;三是根据商人的营业规模与性质确定税收负担。一般来讲,小商负担占其纯利的20%,中商为40%,大商为60%。在实际征收过程中,1947年商人税收负担甚至超过了60%,导致许多工商业倒闭。可以说,1947年营业税改革导致工商业负担较重,挫伤了工商业者的积极性。1948年11月,边区政府重新修订营业税条例,颁布《晋绥边区修正营业税暂行条例》[⑥],针对前述按总收入累进计征导致的负担过重的事实,把按总收入累进计征改为"固定任务、平均分配"的办法。这种办法按资本额、纯收益等指标进行民主评分后再确定税收任务,最高营业税不得超过其纯收益的25%。总体来看,

---

① 晋绥边区行署:《晋绥边区历年税收工作概况(1940年—1947年)》(1948年3月5日),山西省档案馆藏,档号A220-13-454。
② 晋绥边区行署:《晋绥边区历年税收工作概况(1940年—1947年)》(1948年3月5日),山西省档案馆藏,档号A220-13-454。
③ 《晋绥边区行政公署关于征收1945年营业税工作的指示》(1946年2月20日),山西省档案馆藏,档号A220-13-303。
④ 《晋绥边区修正营业税暂行条例》(1947年3月10日),山西省档案馆藏,档号A220-13-391。
⑤ 《晋绥边区行署对营业税工作的指示》(1947年3月20日),山西省档案馆藏,档号A220-13-395。
⑥ 《晋绥边区修正营业税暂行条例》(1948年11月15日),引自山西省财政厅税务局、内蒙古自治区税务局、山西省档案馆、内蒙古自治区档案馆编:《晋绥革命根据地工商税收史料选编(1938.2—1949.12)》,第309页。

1940—1948年,边区营业税制度经历了几次变迁。其具体演变情况,详见表7-8。

表7-8　　　　　　　　1940—1948年边区营业税制演变

时间	税收制度名称	修改重点
1940年5月21日	山西省第二游击区行政公署税务稽征暂行条例(草案)	
1941年12月	晋西北行政公署修正税务稽征暂行条例	提高资本额和营业额的免税额
1943年7月	晋西北行政公署修正税务稽征暂行条例	提高资本额和营业额的免税额,提高滞纳罚金数额
1944年12月30日	晋绥边区营业税暂行条例	取消工商业者的公粮负担,仅征营业税,按纯利累进征收,三个月征一次。最高税率20%
1946年2月20日	晋绥边区修正营业税暂行条例、晋绥边区行政公署关于征收1945年营业税工作的指示	按全年纯收益累进征收,半年征一次。最高税率25%
1947年3月10日	晋绥边区修正营业税暂行条例、晋绥边区行署对营业税工作的指示	工商业负担与农业负担看齐;根据规模大小与性质确定税收负担;按总收入累进计征
1948年11月15日	晋绥边区修正营业税暂行条例、晋绥边区修正营业税暂行条例施行细则	按纯收益计征,由累进比例征收改为固定负担征收

(三)斗佣畜税

斗佣畜税就是粮食牲畜交易税,也称粮食牲畜买卖手续费。1940年,边区政府成立后,将曾经山西省政府征收的斗佣畜税当作苛捐杂税予以废除。此后,为保障战争胜利和边区经济建设的需要,边区政府又开始征收斗佣畜税。1945年10月25日,行署发布《关于征收牲畜买卖手续费及粮食斗佣的指示》[1]和《关于颁布牲畜买卖征税办法、粮食买卖手续费征收办法的命令》[2],决定开征斗佣畜税,并将其补充到1944年12月颁

---

[1] 晋绥行署:《关于征收牲畜买卖手续费及粮食斗佣的指示》(1945年10月25日),山西省档案馆藏,档号A96-4-75-7。
[2] 晋绥行署:《关于颁布牲畜买卖征税办法、粮食买卖手续费征收办法的命令》(1945年10月25日),山西省档案馆藏,档号A96-4-75-8。

布的"修正营业税暂行条例"中。牲畜税是买卖成交后买主须从价缴纳5％的牲畜买卖税;粮食税是粮食买卖过斗成交后卖粮人须从量缴纳3％的粮食买卖手续费。斗佣畜税开征后,很快成为工商税收的重要组成部分。例如,"临县10个月共征收23 156万元,折米3 859 330石。其中,斗佣变款9 122万元,占总工商税收的39.4％。畜税4 087万元,占总工商税收的17.66％。两项共计57.06％"。① 如表7—6所示,1948年该项税占全部税收的50.1％,居工商税第一位。可以说,该项税已成为解放战争时期边区工商税收的重要组成部分,是边区政府税收的主要来源。

1948年后,边区进一步加强对斗佣畜税的征收管理。加强对畜牙与斗牙的管理教育是增加斗佣畜税的关键。这期间,除对畜牙与斗牙进行开会检查教育,边区还规定畜牙可抽取成交牲畜纳税总额的3％作为自己的生活费用,斗牙可抽取斗佣粮的7％作为生活费。1948年10月,边区在粮食交易较多的市镇税局增加干部,亲自过斗收佣,如此大大增加了税收收入。② 在工商税收收入中,牲畜粮食交易税逐年增加,并逐渐成为工商税的主体。资料显示,1949年上半年兴县专署所辖11县这两种税收已达总税额的73％。③

不过,斗佣畜税的发展在各地极为不平衡。除兴县、临县、河曲、五寨等县较为重视,能认真进行管理征收外,自1945年11月至1949年,雁北各县、朔县、左云等重要城镇尚未建立粮食市场。斗佣仍由粮店代收,报多算多、报少算少。④ 很多地方农村交易牲畜几乎全部偷漏,税务人员几年来未曾进入下层进行检查。对城镇市场及牙纪的管理亦不够严格,牙纪不仅任意敲诈勒索群众,而且代收税款贪污亦很严重。

---

① 陈希云:《晋绥财经工作报告》(1947年),引自中共吕梁地委党史资料征集办公室:《晋绥根据地资料选编》第五集,第189页。
② 《山西五寨中心专署文件——晋西北税收工作概况》(1949年9月25日),引自山西省财政厅税务局、内蒙古自治区税务局、山西省档案馆、内蒙古自治区档案馆编:《晋绥革命根据地工商税收史料选编(1938.2—1949.12)》,第112页。
③ 《山西五寨中心专署文件——晋西北税收工作概况》(1949年9月25日),引自山西省财政厅税务局、内蒙古自治区税务局、山西省档案馆、内蒙古自治区档案馆编:《晋绥革命根据地工商税收史料选编(1938.2—1949.12)》,第109页。
④ 《山西五寨中心专署文件——晋西北税收工作概况》(1949年9月25日),引自山西省财政厅税务局、内蒙古自治区税务局、山西省档案馆、内蒙古自治区档案馆编:《晋绥革命根据地工商税收史料选编(1938.2—1949.12)》,第109页。

第四节　边区营业税运行程序

　　工商税收问题是华北抗日根据地经济史研究的热点。长期以来,学者对它的研究经久不衰,成果颇丰。研究主题涉及财政税收工作的目的、任务、特点及制度、税收形式、政策等。① 就已有研究来看,虽然关于华北抗日根据地财政税收问题的研究成果较多,但关于工商税收运行程序方面的研究成果仍很少见。有学者在2002年作关于中共华北抗日根据地经济史研究述评时曾指出:对抗日根据地银行、工商税收等运行程序的研究亟待加强。② 边区税收是伴随根据地的建立和民主政权的产生而产生的。抗日战争时期,边区工商业逐渐壮大,营业税已成为边区工商各税的大宗收入。它以支援战争、促进根据地经济发展、调节各阶层收入和改善人民生活为基本出发点,故边区的工商税征收凸显出新民主主义经济政策的独特性。据笔者管见,迄今为止,较早对晋绥边区税收问题进行系统研究的是韩志宇对农业税、工商税政策演变的探讨。③ 石攀峰探讨了抗战胜利后征缴营业税引发的社会问题④。杨肃娟考察了晋绥抗日根据地工商税收的政策。⑤ 毫无疑问,这些成果丰富了革命根据地的财政税收问题研究。然而,关于边区工商税运行程序至今仍无细致专门的论述。

　　税收是国家调节社会经济的重要杠杆,亦是国家职能得以实现的保障。它不仅关乎每个人,而且是学术界关注的重点。税收征收运行程序是税收实现的方法与途径,主要包括税务管理、税款征收等内容。税收工作是巩固革命根据地最重要的一环,也是边区抗日民主政权工作的中心

---

　　① 李金铮就此已作过相关述评。参见李金铮:《近20年来华北抗日根据地经济史研究述评》,引自《近代中国乡村社会经济探微》,第567—568页。
　　② 李金铮:《近20年来华北抗日根据地经济史研究述评》,引自《近代中国乡村社会经济探微》,第571页。
　　③ 作者系统论述了晋绥边区农业税及工商税政策经历的几个阶段,但侧重政策的描述与梳理(参见韩志宇:《晋绥边区农业税政策初探》,《晋阳学刊》1984年第1期;《晋绥边区工商税政策的演变》,《近代史研究》1986年第4期)。
　　④ 该文简要涉及了营业税运行的部分规则,但其重点在于探讨抗战胜利后营业税征收引发的政府与商民之间的矛盾,对抗日战争时期营业税运行程序着墨较少(参见石攀峰:《晋绥边区营业税征缴引发社会问题的化解》,《江西社会科学》2013年第1期)。
　　⑤ 杨肃娟:《晋绥抗日根据地的工商税收》,《党史文汇》2011年第6期。

内容。研究边区税收运行程序，总结其税收工作的经验，对于当前我国政府有序开展税收工作，制定合理的税收政策，有一定的历史借鉴意义。自新政权成立，营业税比重在逐年上涨。1947年，在边区各项工商税收中营业税占总税额的近一半。因此，本节重点阐述营业税的运行程序。

一、营业税税务管理

晋绥边区的营业税，是随着边区政权的建立和经济的发展逐步确立并日趋完善的。边区营业税税务管理程序体现在营业税条例的历次修改过程中。其内容主要包括课税对象、营业证的领取与换发、账簿的设置、评议委员会的组织、征收机构及税务票证等。

（一）课税对象

边区大部分工商业者须缴纳营业税。营业税的纳税人，包括坐商、行商、进口商、出口商和季节商人及各项工厂。1940年边区颁布《山西省政府第二游击区行政公署税务稽征暂行条例草案》（以下简称《草案》）规定：在本区内开设商号、店坊、栈庄、社站及摊床负贩贸易，不论公私均须完纳营业税。[①] 1944年12月《晋绥边区修正营业税暂行条例》规定：在本区境内设有固定地址经营工商业者，不论公营或私营，均须缴纳营业税。[②] 为便于了解工商业者的情况，边区政府把一般工商业者按资本大小分为小商、中商、上中商、大商四类。资本额在6万元本币以内的为小商，资本额在6万零1元至30万元的为中商，资本额在30万零1元至60万元的为上中商，资本额在100万元以上的为大商。[③]

（二）营业证的领取、换发与补领

工商业者须及时领取营业证，如有丢失须及时补领。1940年《草案》

[①]《山西省政府第二游击区行政公署税务稽征暂行条例草案》（1940年5月21日），山西省财政厅税务局、内蒙古自治区税务局、山西省档案馆、内蒙古自治区档案馆编：《晋绥革命根据地工商税收史料选编（1938.2—1949.12）》，第125页。

[②]《晋绥边区修正营业税暂行条例》（1944年12月31日），引自山西省财政厅税务局、内蒙古自治区税务局、山西省档案馆、内蒙古自治区档案馆编：《晋绥革命根据地工商税收史料选编（1938.2—1949.12）》，第278页。

[③]《晋绥边区行政公署关于如何掌握营业税政策的指示》（1945年2月3日），引自晋绥边区财政经济史编写组、山西省档案馆编：《晋绥边区财政经济史资料选编·财政编》，第315页。

规定,在本区有固定地址营业者,均须在年初或开业时申请登记领取营业证。营业证每年请领一次,于上年第四季征收营业税时领取,如临时新设的工商业,应随时领取。领营业证须在未领前向当地税务机关申请登记。登记的项目有:商号名称、营业者姓名、营业地址、营业种类(兼营在内)、资本若干、是否合股、股东姓名、各股资本若干、营业人员若干、是否有分支店各设何处资本若干。经调查认为登记属实,发给营业证。营业证若有遗失,应即时向税务机关声明,经查属实,准予补发。

若营业之资本增减或业务变更时,以及商号转移其所有权时,应换领营业证,但应交清以前应纳之营业税,方得开始营业。营业者如停止业务,应立即呈报税务局或查验所,并缴清以前应纳之营业税。营业者如将所领取之营业证遗失或损坏时,应立即呈报局所作废,申领新证,并缴纳手续费洋一元。[①] 1943 年《修正税务稽征暂行条例》公布后,手续费提高至 5 元。

(三)账簿的设置

工商业者须设置账簿以备税务机关查阅。1940 年《草案》规定,各局所须将稽查营业者之账簿及其文书货物等于稽查前会同当地商会办理账簿。营业者最低限度应置备日记账及总账两种,并须按年月总结,以便稽查。不得浮记水牌或另立副本,其摊床、负贩、肩挑贸易者,除按照账簿查核课征营业税外,并得参照其营业情形办理。[②] 1944 年边区规定,各种工商业者不论公私须于每半年结账一次,并于结账后 5 日内,将本季营业总额及纯收益报告税务机关。税务机关必须经常进行调查统计工作,了解各业各号的营业状况,必要时有检查各店号账簿之权。[③]

[①] 《山西省政府第二游击区行政公署税务稽征暂行条例草案》(1940 年 5 月 21 日),引自山西省财政厅税务局、内蒙古自治区税务局、山西省档案馆、内蒙古自治区档案馆编:《晋绥革命根据地工商税收史料选编(1938.2—1949.12)》,第 126 页。
[②] 《山西省政府第二游击区行政公署税务稽征暂行条例草案》(1940 年 5 月 21 日),引自山西省财政厅税务局、内蒙古自治区税务局、山西省档案馆、内蒙古自治区档案馆编:《晋绥革命根据地工商税收史料选编(1938.2—1949.12)》,第 126 页。
[③] 《晋绥边区修正营业税暂行条例》(1944 年 12 月 31 日),引自山西省财政厅税务局、内蒙古自治区税务局、山西省档案馆、内蒙古自治区档案馆编:《晋绥革命根据地工商税收史料选编(1938.2—1949.12)》,第 280 页。

(四)组织评议委员会

为保证合理起见,营业税的征收由地方政府协同税务机关对各种营业进行调查登记,组织营业税评议委员会,评议委员会确实后再征收。评议委员会由各行业中各阶层工商业代表及地方政府、税务机关、贸易机关派员组成,主席由当地政府代表担任。经过当地政府、商会等有关机关团体联合组成的评议会,才能确定负担数额。[①] 个别营业者因特殊情形而蒙受损失时,得据实呈报当地局所请求减免税款。各该局所接到此项请求时,应根据实际情形提交营业税评议委员会酌予减免。[②]

(五)征收机构

抗战时期,边区营业税征收机构历经几次变化,但征收工作主要仍由政府负责。1941年以前,行署财政处设税务科,各地税务工作由经济局负责。1941年税务局成立,受各级政府领导,缴纳的税款也交各级政府财政科。1942年冬,财政处税务科取消,税务局与贸易局合并,税务工作由贸易局兼管。实际上,因为贸易工作繁多,税务工作几乎等于取消。1944年春,税务局与贸易局分开,行署设立税务总局,但各地税务局建立的情况并不相同,如兴县税务局一直到1945年冬才与贸易局分开,成立分区税局兼兴县税局。1945年,边区共税务分局4个,支局12个。[③] 事实上,在战争环境下,税务总局实际是个对外名义,对内只是财政处一个科的建制。平时固定的工作人员只有四五个人。而大部分工作人员每年约有2/3或3/4以上时间分赴基层了解情况、调查研究和协助下属开展工作,坐办公室时间很少。[④] 税收征收机构的名称也有不同,人员配备也时增时减,变动频繁。

[①] 廉介:《税收工作》,《新华日报》1942年10月2日,第2版。
[②] 《晋绥边区修正营业税暂行条例》(1944年12月31日),引自山西省财政厅税务局、内蒙古自治区税务局、山西省档案馆、内蒙古自治区档案馆编:《晋绥革命根据地工商税收史料选编(1938.2—1949.12)》,第280页。
[③] 《晋绥边区历年来税收工作》(1940—1947年),引自中共吕梁地委党史资料征集办公室编印:《晋绥根据地资料选编》第五集,第197页。
[④] 王忠义:《晋绥边区税务总局始末》,引自山西省财政厅税务局、内蒙古自治区税务局、山西省档案馆、内蒙古自治区档案馆编:《晋绥革命根据地工商税收史料选编(1938.2—1949.12)》,第449—450页。

(六)税收票证

税收票证是国家税务机关征税的专用凭证,也是税收会计的原始单据,同时又是纳税人纳税应取得的法定收据。抗战时期,营业税的征收已使用票据结算。当时的税票是二联式的,每本一百份,一联存根,二联收据,用毛笔填写,中间骑缝处盖有分区官方大印。税票内容有:纳税人姓名、住址、物资名称、数量、单价、总价、税率、税额、年月日、征收单位盖章。查验所用的是长方形戳记。税票由查验所向财政科领取,填写后,将存根联和税款一并交财政科结算。[①]

以上所述反映了边区营业税税务征收管理的基本内容。据当事人回忆,抗战时期每年一度的营业税征收是轰动一时的中心任务。通常以税务机关为主,由市县政府、镇公所领导出面,并抽调人员,吸收工商会成员、店员代表组成的评议会,共同完成税务征收任务。有的地方还由县长出面,亲自向工商业群众动员,号召如实申报,评审裁定,合理负担。[②] 显然,抗战时期边区营业税征收工作虽然还不太正常,但因营业税工作受各级政府的重视,营业税制逐渐完善合理,税务机构逐步健全,征收程序逐渐规范,营业税征收逐步走向正轨。

二、营业税税款征收

营业税征收直接关系营业税收入及绩效。这是营业税工作的首要问题。通过归纳边区政府关于营业税征收的办法、条例及指示,可以看出营业税征收过程具体包括以下几方面内容。

(一)课税标准

1940—1943年,营业税的课税标准有以纳税人资本额与营业额为标准两类。1940年《草案》规定:以资本额为课税标准者,资本额不满500

[①] 张仁德:《回忆在晋绥边区阳曲交西税收工作情况》,引自山西省财政厅税务局、内蒙古自治区税务局、山西省档案馆、内蒙古自治区档案馆编:《晋绥革命根据地工商税收史料选编(1938.2—1949.12)》,第456页。

[②] 王忠义:《晋绥边区税务总局始末》,引自山西省财政厅税务局、内蒙古自治区税务局、山西省档案馆、内蒙古自治区档案馆编:《晋绥革命根据地工商税收史料选编(1938.2—1949.12)》,第447页。

元者免税,其公积金、护本金等均以资本计算。营业不满3个月亦照3个月课征。以营业额为课税标准者,营业额总收入额每3个月不满1 000元者免税。营业不满1个月,照截止日营业收入额课征。摊床、负贩、肩挑贸易等营业,须详报营业性质及状况,以便稽查。如资本额在500元以上或营业额在1 000元以上者,即课征营业税。如有门市部之摊贩,应合并计算课征。一商号兼营种类不同业务者,应按其营业主要部分核计税率课征,其他部分营业额,则并入其主要部分计算。① 1941年12月颁布的《修正税务稽征暂行条例》提高了资本额和营业额的免税额。原规定的资本额"不满500元者免税"改为"不满1 000元者免税"。原规定的营业额总收入"每3个月未满1 000元者免税"改为"每月不满2 000元者免税"。② 1943年7月颁布的修正条例,又将资本额免征额度提高到2 000元,将营业额免征额度提高到3 500元。③ 税收起征点与纳税者利益紧密相连。当物价上涨时,免征额度的提高,能有效减轻工商业者的压力和负担。1944年后,除1947年按总收入征收外,营业税一般都以纯收益按适用比例计征。

(二)税率

边区营业税税率一般按照资本大小设计,这体现了革命和阶级利益的原则。这时期的营业税税率大体经历了低税率和高税率两个阶段。

1. 1940—1943年,税率低

营业税最早采用差别比例税率。1940—1943年营业税税率较低,对工商业者除征收营业税外,还要征收公粮。1940年《草案》规定的营业税税率和缴纳期限见表7—9。

---

① 《山西省政府第二游击区行政公署税务稽征暂行条例草案》(1940年5月21日),引自山西省财政厅税务局、内蒙古自治区税务局、山西省档案馆、内蒙古自治区档案馆编:《晋绥革命根据地工商税收史料选编(1938.2—1949.12)》,第125—126页。
② 《晋西北行政公署修正税务稽征暂行条例》(1941年12月20日),引自山西省财政厅税务局、内蒙古自治区税务局、山西省档案馆、内蒙古自治区档案馆编:《晋绥革命根据地工商税收史料选编(1938.2—1949.12)》,第160页。
③ 《晋西北行署修正税务稽征暂行条例》(1943年7月),引自晋绥边区财政经济史编写组、山西省档案馆编:《晋绥边区财政经济史资料选编·财政编》,第302页。

第七章 边区财政税收的发展

表 7-9　　　　　　1940 年《草案》规定的营业税税率及缴纳期限

营业种类	课税标准	税率(‰)	缴纳期限	营业种类	课税标准	税率(‰)	缴纳期限
制造业	资本额	4~20	每季缴一次	租赁物品业	营业额	2	每月缴一次
钱庄、银号、贷金业	资本额	16	每季缴一次	租赁房屋业	营业额	6	每季缴一次
储蓄业	资本额	无奖8，有奖20	每季缴一次	承揽业	营业额	4	每月缴一次
出版业	资本额	4	每季缴一次	电气业	营业额	4	每季缴一次
物品贩卖业	营业额	3~10	每季缴一次或每月缴一次	照相写真业	营业额	10	每月缴一次
保险业	营业额	2	每月缴一次	油漆粉刷业	营业额	2	每月缴一次
交通业	营业额	4	每季缴一次	洗染业	营业额	2	每月缴一次
物栈业	营业额	8	每季缴一次	装潢裱画业	营业额	2	每月缴一次
转运业	营业额	8	每季缴一次	花树业	营业额	3	每月缴一次
印刷业	营业额	3	每季缴一次	养蜂业	营业额	6	每月缴一次
西餐馆业	营业额	10	每月缴一次	凿井业	营业额	2	每月缴一次
饭庄(铺)业	营业额	6.2	每月缴一次	肥料业	营业额	2	每月缴一次
旅馆业	营业额	10	每月缴一次	牛奶业	营业额	3	每月缴一次
客栈业	营业额	4	每月缴一次	澡堂业	营业额	4	每月缴一次
营造业	营业额	6	每月缴一次	娱乐业	营业额	10	每月缴一次

资料来源：《山西省政府第二游击区行政公署税务稽征暂行条例草案》(1940 年 5 月 21 日)，引自山西省财政厅税务局、内蒙古自治区税务局、山西省档案馆、内蒙古自治区档案馆编：《晋绥革命根据地工商税收史料选编(1938.2—1949.12)》，第 146—147 页。

表 7-9 中每季缴一次，是指阳历年度而言，第一季为阳历 1 月、2 月、3 月，第一季度营业税应于 3 月底以前征收完毕。二、三、四季度营业税应分别于 6 月底、9 月底、12 月底前征收完毕。表 7-9 显示，1940 年规定的营业税税率较轻，如制造业按资本额征收 4‰ 至 20‰，物品贩卖业征收 3‰ 至 10‰。其余各项除钱庄银号贷金业外，一般都不超过 10‰。

1943 年 7 月，行政公署对《草案》规定的营业税征收办法进行修改，具体包括重新划分行业、调整税率和纳税期限等,其中原因很容易看出。首先,原征收项目不适合根据地实际情况。如表7—9所示钱庄、银号、贷金业、电气业、汽车业、西装业、古玩业、西餐馆业等,根据地并不存在。其次,征缴程序复杂,征收困难。如表7—9所示,各行业税率级差在2‰至20‰内,共有8个级距。同类行业内规定的纳税期限也不同,如物品贩卖业有的按季征收,有的按月征收。1943年修正后的营业税率见表7—10。

表7—10　　　　　　　1943年修正后的营业税税率及征收期限

营业种类	课税标准	税率(‰)	缴纳期限	营业种类	课税标准	税率(‰)	缴纳期限
制造业	资本额	免税至10	每季缴一次	客栈业	营业额	10	每月缴一次
物品贩卖业	营业额	5~20	每月缴一次	照相写真业	营业额	20	每月缴一次
物栈业	营业额	5	每月缴一次	洗染业	营业额	10	每月缴一次
转运业	营业额	5	每月缴一次	装潢裱画业	营业额	20	每月缴一次
印刷业	营业额	10	每月缴一次	养蜂业	营业额	10	每月缴一次
饭馆业	营业额	20	每月缴一次	澡堂业	营业额	15	每月缴一次
饭铺摊业	营业额	15	每月缴一次	娱乐业	营业额	20	每月缴一次

资料来源:《晋西北行署修正税务稽征暂行条例(1943年7月)》,引自晋绥边区财政经济史编写组、山西省档案馆:《晋绥边区财政经济史资料选编·财政编》,第307页。

由表7—10不难看出,修改后的营业税征收项目大幅减少,税率等级除免税外缩减为4级。除制造业外,所有行业均按月缴税。征收程序大大简化,但多数行业的营业税税率有一定上升。

2.1944—1945年,税率提高

1944年12月,营业税改按纯收益并采用累进税率计征,取消公粮负担,实施单独征税。"凡晋绥边区工商业者完纳营业税不征公粮。"[①]"每季征收一次,不满一季者按月计征。起征额为3 000元(每季纯收益),起

---

① 《晋绥边区统一救国公粮征收条例》(1944年10月20日财政字第40号),引自财政部农业财务司:《新中国农业税史料丛编》第二册,中国财政经济出版社1987年版,第456页。

第七章 边区财政税收的发展

征税率为1%,最高为20%。20%以上不再累进。"[1]营业税具有了所得税的性质。1945年,税率最高额度提高到25%。1944年,累进税制下按纯收益征收的营业税税率详见表7-11。

表7-11　　　　1944年累进税制下按纯收益征收之营业税税率

纯收益额（元）	税率（%）	纯收益额（元）	税率（%）	纯收益额（元）	税率（%）	纯收益额（元）	税率（%）
3 000～5 000	1	17 001～20 000	6	36 001～41 000	11	61 001～70 000	16
5 001～8 000	2	20 001～23 000	7	41 001～46 000	12	70 001～80 000	17
8 001～11 000	3	23 001～26 000	8	46 001～51 000	13	80 001～90 000	18
11 001～14 000	4	26 001～31 000	9	51 001～56 000	14	90 001～100 000	19
14 001～17 000	5	31 001～36 000	10	56 001～61 000	15	100 001以上者	20

资料来源:《晋绥边区修正营业税暂行条例(1944年12月31日)》,引自山西省财政厅税务局、内蒙古自治区税务局、山西省档案馆、内蒙古自治区档案馆编:《晋绥革命根据地工商税收史料选编(1938.2—1949.12)》,第279页。

表7-11纯收益的计算公式是:

纯收益=营业额-资本额-营业人员伙食费(带家眷的不论人口多少,均按一人伙食扣除)-雇工工资-租用的房铺租金

从事工商业兼农业者,在计算纯收益时,如农业劳动时间占1/3以内,其全部伙食费在工商业中扣除;如农业劳动时间超过1/3的,其农业所需伙食费则不在工商业中扣除。[2]

3.1946—1948年,税率进一步提高

1946年后,工商业税率进一步提高。1946年《修正营业税暂行条例》规定:"营业税的起征额为2万元(每半年),起征率为1%,最高率为25%。"[3]1947年,税率进一步大幅提高。1947年《修正营业税暂行条例》

---

[1] 《晋绥边区修正营业税暂行条例》(1944年12月31日),引自山西省财政厅税务局、内蒙古自治区税务局、山西省档案馆、内蒙古自治区档案馆编:《晋绥革命根据地工商税收史料选编(1938.2—1949.12)》,第279页。

[2] 《晋绥边区修正营业税暂行条例实施细则》(1944年12月31日),引自山西省财政厅税务局、内蒙古自治区税务局、山西省档案馆、内蒙古自治区档案馆编:《晋绥革命根据地工商税收史料选编(1938.2—1949.12)》,第282页。

[3] 《晋绥边区修正营业税暂行条例》(1946年2月20日),引自山西省财政厅税务局、内蒙古自治区税务局、山西省档案馆、内蒙古自治区档案馆编:《晋绥革命根据地工商税收史料选编(1938.2—1949.12)》,第286页。

规定:"营业税之起征额为 10 万元(一年),起征率为 10%,最高率为 42%,42%以上不再累进。但 601 万元以上之商户,与一般商户比较负担过轻者,亦可酌情增加税率。"[1]1948 年,税率又有降低,商业负担最高不超过纯收益 25%。[2]

(三)减免

营业税的减免,是边区政府税收政策的一个重要组成部分。在战争环境下,税收减免对于促进边区生产建设,繁荣市场经济,发挥了重要作用。享受免税政策的行业大多为工业,体现了工轻于商的税收原则。1943 年 7 月,修正条例规定,钢铁制造业、棉织物业、毛织物业、制纸业免税。1944 年《暂行条例》又规定:(1)临时营业者、公私纺织、造纸、炼铁、熬硝及一切军火制造事业,免征营业税。(2)以政府发给之奖金、抚恤金、退职金所经营之工商业,免征营业税。但其中有非上述资本者,仅按其非奖金、非抚恤金等部分之纯收益计征。(3)各种生产合作社免征,各种群众合作社免征。军民合作社以其纯收益 5 成计征,但其群众股金超过总股金 1/4 者,以四成计征;超过总股金 1/3 者,以三成计征;超过总股金 2/3 者全部免征。在合作社中,如个人股金超过 10 万元者,以其应分红利之五成计征其个人营业税,由合作社代为缴纳,在支付红利时扣除。(4)公营工商业以其纯收益的七成计征。(5)铁匠铺、木匠铺以其纯收益的五成计征。(6)工商业中的畜养免征,但以之为主业者,仍须缴纳营业税。[3] 解放战争时期的减免条例与抗战时期基本相同。

(四)缴纳

营业税由纳税人直接向主管税务机关缴纳。如无税务机关的地方,向当地县、市、区政府缴纳,并须取得税务总局制发的税票为凭证。1943

---

[1] 《晋绥边区修正营业税暂行条例》(1947 年 3 月 10 日),山西省档案馆藏,档号 A220-13-391。
[2] 《晋绥边区修正营业税暂行条例》(1948 年 11 月 15 日),引自山西省财政厅税务局、内蒙古自治区税务局、山西省档案馆、内蒙古自治区档案馆编:《晋绥革命根据地工商税收史料选编(1938.2—1949.12)》,第 309 页。
[3] 《晋绥边区修正营业税暂行条例》(1944 年 12 月 31 日),引自山西省财政厅税务局、内蒙古自治区税务局、山西省档案馆、内蒙古自治区档案馆编:《晋绥革命根据地工商税收史料选编(1938.2—1949.12)》,第 279—280 页。

年修正条例规定,营业者于每月1日至7日为缴纳营业税之期。对于逾期者,须加收滞纳罚金。对于逾期1周以上者,加收应纳税款的5/10;逾期2周以上的,加收应纳税款的1倍;逾期3周以上者即按意图偷漏税款处理之。① 此外,领有营业证的本地商人遇到赶会卖货,不论营业收入多少,均应先行登记,月终由该本商另查明宗数一并课税。对于行止无定的外来商贩,如是大宗,每日在会营业总收入额超过500元以上者,应饬令照章领证按日就地课税掣给票据,以防偷漏税收。对于零星小商之摊床则免税。②

(五)奖励与处罚

边区政府对于营业者实报收益,踊跃纳税起模范作用者,进行酌情奖励,但对于偷漏欠税者进行处罚。1940年《草案》规定了偷税漏税的惩处原则:营业者意图偷漏税款,或不领取营业证或应换领而故意延误者,得处以50元以上1 000元以下之罚金,并履行各项规定手续及补缴其应纳营业税。营业者涂改税票或浮记水牌另立副本等行为,意图欺瞒偷漏税款,除另令其补缴应纳之营业税款外,并处以应纳税额2倍以上10倍以下之罚金。营业者抗不缴纳税款,或拒绝检查及伪造税票时,得先停止其营业,除令补缴应纳之税款外,并处以500元以上5 000元以下之罚金,人犯送司法机关依法惩处。③ 1944年修订的补充条例规定:伪造账册,或用其他方法企图偷漏税者,处以应纳税款两倍以下之罚金。④

综上所述不难发现,当时的税收征收制度已较为完整和规范,对税收征收程序的规定也较为细致。在营业税征收制度的制订上,边区政府既考虑财政收入的收取,也照顾了工商业者的利益。特别是营业税税则的

---

① 《晋西北行署修正税务稽征暂行条例》(1943年7月),引自晋绥边区财政经济史编写组、山西省档案馆编:《晋绥边区财政经济史资料选编·财政编》,第303页。
② 《晋西北行署修正税务稽征暂行条例》(1943年7月),引自晋绥边区财政经济史编写组、山西省档案馆编:《晋绥边区财政经济史资料选编·财政编》,第310页。
③ 《山西省政府第二游击区行政公署税务稽征暂行条例草案》(1940年5月21日),引自山西省财政厅税务局、内蒙古自治区税务局、山西省档案馆、内蒙古自治区档案馆编:《晋绥革命根据地工商税收史料选编(1938.2—1949.12)》,第126—127页。
④ 《晋绥边区修正营业税暂行条例》(1944年12月31日),引自山西省财政厅税务局、内蒙古自治区税务局、山西省档案馆、内蒙古自治区档案馆编:《晋绥革命根据地工商税收史料选编(1938.2—1949.12)》,第281页。

几次修改，使课税标准、税率、减免、奖惩等设计趋于合理，征收有章可循，并且注意了工商业者的负担。这不仅对于保障战时军需供给，而且对于促进工商业的发展和商品经济的繁荣无疑都是有利的。

三、营业税征收的绩效与问题

（一）营业税收入

营业税收入是考察营业税征收效果的重要指标。但由于1940年、1941年无分税数字，所以抗战时期只能考察1942—1945年的情况。抗战时期，全区营业税收入约农币4 573万元，折标准土布15 619匹。1946—1948年，边区营业税收入共计农币2 199 559万元。1942—1948年边区营业税收入详见表7-12。

表7-12　　　　　　　　1942—1948年营业税收入情况

年度	金额(农币,万元)	折实(土布,匹)	占工商税收总额(%)
1942	61	1 453	10.2
1943	256	3 288	20.61
1944	889	2 245	20.89
1945	3 367	8 633	30.65
1946	41 725	—	20
1947	1 854 400	—	48.9
1948	303 434	—	3.9

注：折布按6丈标准布为1匹。
资料来源：《晋绥边区历年各税统计表(1942年—1948年)》，引自山西省财政厅税务局、内蒙古自治区税务局、山西省档案馆、内蒙古自治区档案馆编：《晋绥革命根据地工商税收史料选编(1938.2—1949.12)》，第427页。

表7-12显示，营业税是边区的主要税源之一，营业税收入占工商税收总额的比重逐年上升，到1945年已上升至30.65%，仅次于货物税，居第二位[①]。1947年，营业税收入占工商税收总额近一半。

---

① 财政部税务总局编：《中国革命根据地工商税收史长编——晋绥革命根据地部分(1927—1949)》，第209页。

（二）工商业者的负担

由前述可知，1940—1943 年营业税税率较低。按资本额计征的税率为 0～10‰。按营业额计征的税率为 5‰～20‰。但由于工商业者同时要缴纳公粮，因此，总体来说，这一时期工商业者的负担较重。1944—1946 年，虽然营业税率提高很多，但由于取消了公粮，该时期工商业者的负担反而较前一时期轻。下面具体来看这两个阶段工商业者的负担（见表 7－13）。

表 7－13　　　　　　　1940—1946 年工商业负担情况

年份	商户户数	商户及一部分民户总负担折粮（石）	每户平均负担折粮（石）	占总额（%）
1940	240	665	2.77	9.5
1941	180	932	5.18	17.8
1942	190	931	4.9	16.9
1943	299	1 568	5.24	18.1
1944	310	609	1.96	6.7
1945	329	1 367	4.15	14.3
1946	350	1 702	4.86	16.7
合计	1 898	7 772	29.06	100

资料来源：根据《晋绥边区关于对工商业负担政策的检查》，引自山西省财政厅税务局、内蒙古自治区税务局、山西省档案馆、内蒙古自治区档案馆编：《晋绥革命根据地工商税收史料选编（1938.2—1949.12）》，第 56 页相关数据整理计算。

由表 7－13 可看出，1943 年前工商业负担普遍重于 1944—1946 年。1940—1943 年，工商业者负担占 6 年负担总额的比重大体呈逐年上升趋势。1943 年前，虽然工商业者营业税税率很低，其公粮征收亦按纯收入计征，并给予四至九成的优惠[①]，但总体来讲，这一时期公粮负担较重，从而工商业者整体负担很重。如兴县一个中商，1942 年出公粮 12 石多，到

---

① 如摊贩资本额折米一石五斗以下的其纯利以四成计征，三石以下的以五成计征。一般商业之纯收益以九成计征。一般工业性的纯收益以七成计征（参见《晋绥边区关于对工商业负担政策的检查》，引自山西省财政厅税务局、内蒙古自治区税务局、山西省档案馆、内蒙古自治区档案馆编：《晋绥革命根据地工商税收史料选编（1938.2—1949.12）》，第 56 页。）

1943年增到25石多,因此,工商业者纷纷转业。① 1944年,由于停征公粮,并以纯利按7成计征营业税,工商业负担迅速下降。该年成为抗战时期工商业负担最轻的一年。兴县商户原不足300户,1944年增为310户,1945年增为325户,增加很快。② 营业税征收条例的修改极大地促进了城镇私营企业的发展,对沟通城乡关系、活跃物资交流起到了重要作用。

(三)主要问题

营业税征收规则的不断修改,不仅对于保障财政收入,从而保障战争经费的供给,而且对于工商业经济的恢复和发展起了一定的促进作用,并为争取战争的胜利创造了物质条件。这是值得肯定的。然而毋庸置疑,由于战争时期特殊的社会经济环境,营业税征收亦存在一些问题。

第一,组织管理混乱。这一问题一方面为征收前的管理混乱。例如,有的干部不参加领导活动,直接把工作推给税局。在五寨,财政科长只参加了两点钟会,以后就不再管征收营业税的事儿了。③ 有的干部存在工作推脱现象。④ 这种责任不明确、互相推脱的管理方式,严重影响了营业税的按时有序征收。有的税局"月报常常延迟到两三月后,经数次催促,方能送到。有的虽能按期送到,可许多错误发生"。⑤ 另一方面,征收后的管理也较混乱。有的地方在营业税征收上存在有头无尾的现象。一些干部以为征收完款就是完成任务,上缴与否可以不管,结果上面得不到急需的收入。⑥ 如1946年5月边区税务总局作总结时,各地1945年度营业税征收工作多已完成,但上报的不多。⑦ 对税收收入不进行有效的管理

---

① 陈希云:《晋绥财经工作报告》(1947年),引自中共吕梁地委党史资料征集办公室编印:《晋绥根据地资料选编》第五集,第188页。
② 《晋绥边区历年来税收工作》(1940—1947年),引自中共吕梁地委党史资料征集办公室编印:《晋绥根据地资料选编》第五集,第196页。
③ 《晋绥边区税务总局工作报告材料》(1946年5月20日),引自中共吕梁地委党史资料征集办公室编印:《晋绥根据地资料选编》第五集,第180页。
④ 白如冰:《抓紧时机完成财政任务》,《抗战日报》1943年3月25日,第1版。
⑤ 《晋西北行政公署贸易总局指示信》(1943年9月7日),临县档案馆藏,档号62-2-12。
⑥ 白如冰:《抓紧时机完成财政任务》,《抗战日报》1943年3月25日,第1版。
⑦ 《晋绥边区税务总局工作报告材料》(1946年5月20日),引自中共吕梁地委党史资料征集办公室编印:《晋绥根据地资料选编》第五集,第180页。

和使用,一方面影响战争经费的筹措,另一方面变相影响税收的下一步征收。

第二,税收征收困难。应当说,税务干部也有苦衷。营业税征收材料收集困难,除税务干部本身原因外,也有工商业者的原因。不少工商业者为了避免负担而故意隐瞒营业额,从而使资本额的调查非常困难,从而加大了征收困难。如山阴县岱岳干部在调查工商业者两天后说:"这才是徒劳无功,商人不说话,甚也闹不出来。"商人则反映说:"甚也好闹,就是这个真收入,谁也不说。"①有的商人把货藏了,敷衍对付,待机停业。有的把门面缩小,假装小商。工商业者投机取巧、走私漏税的行为进一步加剧了营业税征收的困难与混乱。如何摸清、确定营业额、资本额是营业税征收面临的最大问题。有的商人甚至不记账以逃避税收。"他做的就是另一种账,或者大宗生意就不记账了。"②而对资本额的调查,商人始终不说实话。③

第三,基层干部工作作风不好。有些基层干部不重视税务工作,甚至不愿意做税务工作。他们平时不向商家进行调查,征收时没材料,认为难做,没信心。④ 有少数干部还装出一种神气,吓唬税户,甚至还有贪污腐化的不良分子,⑤有的地方还存在"断圪堆要款子"的现象,即征收营业税不按照条例规定进行周密调查研究,只是粗枝大叶调查了一下,草率评议即进行征收。⑥ 有的干部甚至有"我们今天还征收苛捐杂税"⑦这样的错误认识。直至1949年,一些税务干部思想上对税收还存在一些内容不同、程度不同的不正确认识。比如,有的干部认为:"搞税收是脱离群众惹

---

① 晋绥革命根据地工商税收史编写组:《晋绥革命根据地工商税收史料选编·续编》,内部参考,1984年,第152页、第153页。
② 《碛口市商业调查总结》(1944年10月15日),山西省档案馆藏,档号A90-4-101-4。
③ 《碛口市商业调查总结》(1944年10月15日),山西省档案馆藏,档号A90-4-101-4。
④ 《晋绥边区税务总局工作报告材料》(1946年5月20日),引自中共吕梁地委党史资料征集办公室编印:《晋绥根据地资料选编》第五集,第180页。
⑤ 廉介:《税收工作》,《新华日报》1942年10月2日,第2版。
⑥ 《晋绥边区行署关于1946年度税收工作的指示》(1945年11月30日),引自晋绥革命根据地工商税收史编写组:《晋绥革命根据地工商税收史料选编·续编》,内部参考,1984年,第9页。
⑦ 《晋绥边区行署关于1946年度税收工作的指示》(1945年11月30日),引自晋绥革命根据地工商税收史编写组:《晋绥革命根据地工商税收史料选编·续编》,第9页。

人的、最低下最卑贱的工作。"①因而有的干部对漏税不主动稽查,形成来者不拒、往者不追的应付态度。这种工作作风和态度不但影响财政收入,也扰乱和阻碍了工商业经济的发展。

第四,基层干部数量少,业务能力差。税收征收具体由税务干部执行。1943年以前,边区税务干部只有100多人,1945年后逐渐增加。由于干部人数少,很多重要市镇及商业路线没有干部。税务干部一般是从村干部与交通员、完小学生及战士提拔而来,文化程度较低,还有不识字的。如1945年河曲县局14个干部,粗通文字与文盲就有6人,还有3人从未工作过,工作能力很差。②又如五寨13个税局干部,能谈问题的只有2人。③在神池,税局干部征收营业税根本不按条例执行,哪家商号究竟纯收益多少,如何按比例征收,其完全不知道。④有的地方还出现了征税与免税的混淆,出现收入多而纳税少与收入少而纳税多的错误。这主要是干部不熟悉税收征收制度所致。1944年,边区贸易金融工作会议要求干部对税收政策理解与执行情况进行反思:"你是如何执行税收政策,曾发生过何种左或右,违反群众利益与妨碍根据地商业繁荣的事情。"⑤至1949年,晋西北区有税务分局4个、县局22个、市局1个、盐务局1个、查验所9所、税卡45处。税务干部按编制有560人、什员26人。税收干部对税收政策、方针较前有了正确的认识,对工作也积极热情。但税收干部政策理论文化水平仍很低,不识字或稍识字者差不多占70%,写票、核算较感困难。⑥显然,边区交通不便,再加上税收干部数量少且业

---

① 《山西五寨中心专署文件——晋西北税收工作概况》(1949年9月25日),引自山西省财政厅税务局、内蒙古自治区税务局、山西省档案馆、内蒙古自治区档案馆编:《晋绥革命根据地工商税收史料选编(1938.2—1949.12)》,第108页。
② 《晋绥边区历年来税收工作》(1940—1947年),引自中共吕梁地委党史资料征集办公室编印:《晋绥根据地资料选编》第五集,第197—198页。
③ 《晋绥边区历年税收工作概况》(1948年3月5日),引自晋绥边区财政经济史编写组、山西省档案馆编:《晋绥边区财政经济史资料选编·财政编》,第538页。
④ 《晋绥边区税务总局工作报告材料》(1946年5月20日),引自中共吕梁地委党史资料征集办公室印:《晋绥根据地资料选编》第五集,第180页。
⑤ 《贸易金融工作会议干部思想反省要点》(1944年5月),山西省档案馆藏,档号A96-3-22-7。
⑥ 《山西五寨中心专署文件——晋西北税收工作概况》(1949年9月25日),引自山西省财政厅税务局、内蒙古自治区税务局、山西省档案馆、内蒙古自治区档案馆编:《晋绥革命根据地工商税收史料选编(1938.2—1949.12)》,第108页。

务水平差的事实,极大地影响了营业税的顺利征收。

从边区营业税征收过程中的问题可以看出,营业税征收的有效运行不仅要重视税制建设,还要重视组织管理制度建设和人员数量和干部素质的培养,更要对商人群体进行积极动员。

通过对边区营业税运行程序的梳理和考察,我们可以看出,边区营业税在税务管理、税款征收、机构建设和干部培养等方面,经历了从无到有,从小到大,从分散到集中,从不完整到比较完整,从不规范到比较规范的发展历程并逐渐走向成熟。在此过程中,边区营业税征收始终贯彻合理负担的原则,一旦发现工商业者负担较重,政府便很快修改、调整营业税征收条例。征收程序制度化使营业税征收有章可循。税收是革命政权促进经济发展的重要经济杠杆。抗日战争以来,边区营业税征收以"发展经济,保障供给"的方针作为基础,不是单纯依靠财政需要,而是更注重经济发展。边区营业税征收程序体现了根据地税收政策这一基本原则。如对于人民生活和斗争的必需品实行轻税甚至免税政策,对临时营业者及经营困难者实施免税,还通过减税或免税措施鼓励合作经济的发展。营业税运行程序与实践表明,合理的营业税征收,不仅使边区政府获得了一定的财政收入,支持了战争,还推动了边区工商业经济的恢复与发展。在营业税运行过程中,虽然出现了一些问题,但这是在特殊战争环境下以及营业税初创期不可避免的。绩效与问题同在,反映了抗战条件下边区营业税征收工作的艰巨性和复杂性。

第五节 边区审计监督制度

新民主主义革命时期的审计监督是边区政府经济制度建设的重要内容。中国共产党一贯高度重视审计监督。中国共产党的审计监督产生于苏区时期,发展于抗战时期和解放战争时期。审计监督制度是革命根据地经济制度建设的重要组成部分。习近平总书记指出:"审计是党和国家监督体系的重要组成部分。"[1]社会学家周雪光认为,现实与历史有连续性关系,要从中国历史过程中寻找认识和解读中国国家治理的线索。[2]无疑,历史维度能帮助我们更好地从纵向上理解当前中国的审计监督制度。为进一步健全完善当前审计监督制度,实现审计监督全覆盖,有必要了解新民主主义革命时期中共在根据地的审计监督制度,以起追根溯源之效。正如习近平总书记指出的:"历史是不可能割断的。历史是从昨天走到今天再走向明天,历史的联系是不可能割断的,人们总是在继承前人的基础上向前发展的。"关于中共在革命根据地的审计监督,学界目前已有一些研究成果。如张希坡[3]、邢俊芳[4]、方宝璋[5]等前辈学者均对此做过专题研究。李金华[6]、方宝璋[7]在其专著中亦论述了革命根据地的审计史。总体来看,已有研究多侧重宏观整体性研究。由于当时各根据地之间相隔较远,政策不尽相同,故已有研究尚有不够细致之处。进一步来看,若将其放在整个根据地研究之中观察,审计监督属于研究薄弱之处。事实上,审计史研究亦是学界研究较为薄弱的地方。[8] 有鉴于此,本节拟在已有研究基础上,历史地考察边区审计监督制度的形成、特点及历史作用,总结历史经验,以反映中国共产党在特殊历史条件下对中国审计监督制度的积极探索。

一、审计监督制度的形成

中共审计监督制度产生于中央苏区时期。至抗战时期和解放战争时期,审计监察制度得以在较大范围的根据地形成发展,并不断完善。具体到晋绥边区,这时期边区的审计监督制度经历了从无到有、从粗糙到逐渐细致、从不规范到较为规范的演变过程。

---

[1]《习近平主持召开中央审计委员会第一次会议》,光明网,2018年5月23日,http://politics.gmw.cn/2018-05/23/content_28939524.htm
[2] 周雪光:《寻找中国国家治理的历史线索》,《中国社会科学》2019年第1期。
[3] 张希坡:《革命根据地的审计立法及其基本经验》,《法学杂志》1982年第6期。
[4] 邢俊芳:《中央革命根据地的审计监督制度》,《中共党史研究》1989年第5期。
[5] 方宝璋:《革命根据地时期的审计经验略论》,《审计研究》2013年第5期。
[6] 李金华:《中国审计史》第二卷,中国时代经济出版社2004年版。
[7] 方宝璋:《中国审计史稿》,福建人民出版社2006年版。
[8] 魏明孔:《我国审计史研究的可喜成果》,《光明日报》2006年12月28日,第010版。

(一)抗战时期边区审计监督制度的创立

边区政府成立初期,财政经济非常紧张,尤其是粮食极为短缺,军队、机关、老百姓甚至无饭可吃。[①] 入不敷出、经费不足是新政权成立初期财政的特点。由于没有正式制度约束,财政开支方面常常出现无预算、自行开支的现象。财政制度欠缺进一步导致了边区的财政困难。财政是政治力量的基础性支持,是一个国家赖以生存和发展的基础。没有财政经济的支撑,军事上的胜利难以实现。晋绥边区是华北、华中、华南各边区与陕甘宁边区进行联系的唯一交通孔道,承担着保障陕甘宁边区与党中央的重任。晋绥边区的财政不仅要应对本边区的各项开支,还要支援陕甘宁边区与党中央。"陕甘宁边区在军事上和财政上主要依靠晋绥。"[②]显然,晋绥边区的财政建设意义至关重大。因此,自边区政府成立伊始,制定审计制度以解决财政困难、保证财政供给进而支持战争就迫在眉睫。

1941年至1943年是审计监督制度的初创时期。1941年4月,边区审计机构初建,审计机构设在行署财政处。"行署财政处设立审计科,各专属、各县设审计员1至2人,开始建立审计工作。"[③]同年9月,边区二次高干会议决定:分区一般由地委书记、专员、分区司令员和政治委员共同组织审核委员会,审查各部开支是否合乎决算,在晋西一级有党的财政经济委员会,无该会之批准,不能列入预算。同年10月,晋西北第三次行政会议决定了各级政府的审核权,同时初步确定了审计原则:(1)合乎编制经费规定及工作上需要。(2)决算数不能超过预算数,科目不能互相依用。(3)防止贪污浪费,必要时派员出外实际调查。[④] 晋西北行署行政处处长汤平在此次会议上把建立一套健全的会计、审计制度以及训练会计

[①] 《晋西北财政经济建设报告提纲(摘录)》(1940年10月),引自山西省财政厅税务局、内蒙古自治区税务局、山西省档案馆、内蒙古自治区档案馆编:《晋绥革命根据地工商税收史料选编(1938.2—1949.12)》,第4页。

[②] 《习仲勋传》编委会:《习仲勋传》上卷,中央文献出版社2013年版,第520页。

[③] 中共晋西区党委:《经济建设材料汇集——财政》(1941年12月),山西省档案馆藏,档号A22-7-8。

[④] 中共晋西区党委:《经济建设材料汇集——财政》(1941年12月),山西省档案馆藏,档号A22-7-8。

审计工作人员作为 1942 年财政工作的重要计划。① 显而易见,边区审计监督制度创立的背景和出发点就是解决边区财政困难、规范边区财政制度。审计监督制度亦成为边区政府成立初期经济制度建设的重要内容。

边区审计监督制度初创时面临诸多困难,审计工作开展得并不理想。1941 年 12 月,中共晋西区党委总结审计科工作时指出:"行署审计科自成立到现在七个月中,共审核了预算 160 份,决算 83 份,各专署各县因干部缺乏,审计员都没有补充起来,审计工作由会计兼任。"②1942 年 11 月,晋西北临时参议会在讨论晋西北三十二年度概算决议时强调:"行署应特别增强财政干部,……尤应严格执行财政、审计制度。"③可以说,审计监察制度建设困难重重,但可喜的是,审计监督意识已经开始在人们脑海中形成。

1944 年,边区审计监督工作开始走向正规化、制度化阶段。1944 年4 月,中共正式成立晋绥边区审计委员会并颁发《审计条例》(以下简称《条例》)。这是晋绥边区第一部较为规范的审计制度。该《条例》第一次以条例、法规的高度规定了审计在边区的地位,突出了边区审计的独立性。《条例》第一条就指明了该项审计制度的背景和出发点:"为建设与巩固根据地,贯彻统筹统支、财政供给制度,以保证物资供给,杜绝贪污浪费,特制定本条例。"④1944 年 8 月,边区财政经济会议进一步强调:"要健全边区级审计机构。"⑤显然,边区审计监督制度与财政密不可分。

1944 年《条例》颁布后,边区审计监督机构初具雏形。边区审计监督机关地位很高,领导非常重视。1944 年成立的边区审计委员会是抗战时期边区范围内最高审计机关。领导均由各级党、政、军的负责人担任。负

---

① 汤平:《健全财政制度开展财政工作》(1941 年 10 月 1 日),引自晋绥边区财政经济史编写组、山西省档案馆编:《晋绥边区财政经济史资料选编·财政编》,第 82 页。
② 中共晋西区党委:《经济建设材料汇集——财政》(1941 年 12 月),山西省档案馆藏,档号 A22-7-8。
③ 晋西北临时参议会:《晋西北三十二年度概算决议》(1942 年 11 月 6 日通过),引自晋绥边区财政经济史编写组、山西省档案馆编:《晋绥边区财政经济史资料选编·财政编》,第 89 页。
④ 《中共晋绥分局审计委员会颁发审计条例》(1944 年 4 月 1 日),山西省档案馆藏,档号 A21-8-7-3。
⑤ 《晋绥边区财政经济会议——财政部分的报告》(1944 年 8 月 15 日),引自晋绥边区财政经济史编写组、山西省档案馆编:《晋绥边区财政经济史资料选编·财政编》,第 115 页。

责人共5人,其中主席1人,委员4人。中共中央晋绥分局常委吕正操担任委员会主席,王达成(时任中共晋绥分局组织部长)、白如冰(时任晋西北区党委常委兼财经委员会副书记)、陈漫远(时任晋绥军区参谋长)、陈希云(时任晋绥军区后勤部部长)为委员。各地地委设审委分会,由机关负责人3~5人组成,设主席1人,委员2至4人。王德、孙志远、孙超群、罗贵波、姚喆为各分区的审计分会主席,其他委员由各地委决定。[①] 可见,边区审计机关自成立起,就具有较强的权威性与独立性。

(二)解放战争时期边区审计监督制度基本形成

1945年后,随着战争局势的变化,边区审计制度进一步完善,审计相关制度基本形成。1947年3月,边区政府颁布财政供给制度命令,对粮食、被服开支的会计制度、审计制度进一步作了细致规定,再次强调审计的重要性:"审计方面:预算必须经过审核始能发款,决算必须经过核准始能报销;没有首先审计盖章之预决算,拒绝审核;如无审计人员之部门,得由会计兼任。"[②]特别是陕甘宁边区与晋绥边区统一行政领导后,审计制度有了较大发展。1948年10月,边区政府颁布了《陕甘宁晋绥边区暂行审计条例》(以下简称《审计条例》)。同时,边区政府还颁布了专门针对军队的审计制度《陕甘宁晋绥联防军单行审计规程(草案)》,并指出制定该制度是"为了保证军队供给,实行统筹统支,统一审计职权"。[③] 1949年3月,贾拓夫在西北财经会议上明确指出:"各级财务制度的建立有其一定的目的。如审计制度是为了统一收支,合理支付,发展生产,保证供给。"[④]在一系列制度颁布的同时,边区审计机构逐步发展并完善。

解放战争时期,陕甘宁边区与晋绥边区统一。1948年《审计条例》规定,西北财政经济委员会为边区审计方面的最高决审权力机关。其下设

[①] 《中共晋绥分局审计委员会颁发审计条例》(1944年4月1日),山西省档案馆藏,档号A21-8-7-3。

[②] 《晋绥边区行署、军区司令部联合颁发财政供给制度命令》(1947年3月15日),引自晋绥边区财政经济史编写组、山西省档案馆编:《晋绥边区财政经济史资料选编·财政编》,第585页。

[③] 《陕甘宁晋绥边区暂行审计条例》(1948年10月1日),山西省档案馆藏,档号A90-4-21-2。

[④] 贾拓夫:《关于四八年财经工作的检讨及四九年财经工作的任务与方针问题》(1949年2月27日、3月18日),引自晋绥边区财政经济史编写组、山西省档案馆编:《晋绥边区财政经济史资料选编·总论编》,第843页。

审计处，是日常办事机关。除最高审计机关外，边区党政军以及晋绥行署各系统分别建立各级审计机构。其具体机构包括：(1)晋绥行署设审计分处，陕甘宁边区政府秘书处、联防军后勤部、西北局秘书处各设立审计科。晋绥行署审计分处受晋绥财政经济委员会领导，边区政府秘书处及西北局秘书处审计科受秘书长领导，联防军后勤部审计科受后勤部长领导。(2)陕甘宁边区晋绥行署所属各分区，各设立审计室，受分区财政经济委员会领导。(3)各分区所属各县，各设审计员，受县委统一领导。各级政府、机关、部队、学校等以民主方式选举组织经济委员会，作为审计机构的基层组织。西北财委会授予晋绥财政经济委员会、西北野战军前委财政经济委员会决审特权，但各项收支及财政情况，必须分别汇编送交西北财委会。①

值得注意的是，解放战争时期中共还专门在军队设立了审计机关。联防军审计委员会是联防军最高决审机关。联防军审计委员会由联防军军政委员会组成，但地位低于陕甘宁晋绥边区审计委员会。联防军审计委员会在陕甘宁晋绥边区审计委员会授权下行使审计决审权。在联防军审计委员会下面，又在野战军和军区两部根据级别分别设置相应的不同级别的审计机关。野战军审计机关从上到下依次是：野战军审计总分委员会(野战军最高审计机关，由野战军军政委员会组成)、各纵队审计分委员会(野战军复审权力机关，由各纵队军政委员会组成)、各旅审计支委会(野战军初审权力机关，由各旅军政委员会组成)。军区审计机关从上到下依次是：联防军晋绥审计总分委员会(晋绥军区最高审计机关，由晋绥军区军政委员会组成)、晋绥军区军政委员会审计分委员会(军区复审权力机关，由晋绥军分区军政委员会组成)、直属军分区审计分委会(军区初审权力机关，由直属军分区军政委员会组成)。各级审计机关的日常办事机关依次是审计处、审计室、审计科。初审权力机关下属单位还设置了相应的审计工作人员。②

---

① 《陕甘宁晋绥边区暂行审计条例》(1948 年 10 月 1 日)，山西省档案馆藏，档号 A90-4-21-2。
② 《陕甘宁、晋绥联防军暂行审计规程(草案)》(1948 年 10 月)，引自山西省审计局、山西省档案局编印：《山西革命根据地审计历史资料选编》，内部发行，1989 年，第 99—100 页。

显然,从抗战时期的边区审计委员会到解放战争时期的西北财政经济委员会、联防军审计委员会,这几个审计机关的地位都非常高。在最高审计机关下面,又分别设立了级别不同的审计机构。各级不同的审计机构的领导又由各级党政军的主要领导担任。可以看出,边区政府已经建立了一个比较固定的审计工作体系和长期设置的审计机构。当时各级审计机构分工明确,大致遵循"初审、复审、决审"三级审计制度。各级审计机构和审计人员既受上级党委的领导,又受上级审计机关的业务指导。至此,边区审计制度逐渐形成,审计机构初具雏形,审计工作日渐正规。

二、审计监督制度的主要内容与特点

1944年,《条例》具体规定较为详细、完善,在各根据地中是比较完整的审计制度。该条例规定边区审计的主要内容包括预决算审计、粮秣审计、被服审计、汇兑审计以及交接审计等。这些审计监督制度规定一直延续到解放战争时期。1948年《审计条例》在部分内容上完善了1944年的《条例》。本部分将对边区审计监督制度的主要内容与特点进行归纳与总结。

(一)审计监督重点关注边区财政预决算

预决算制度是现代公共财政制度的基础。建立预决算制度是边区财政现代化的重要体现。边区审计监督制度建立的出发点主要是审计监督政府财政收支以保障供给。因此,预决算审计是边区审计监督制度中最重要的内容,也是边区审计监督的重点。

第一,掌握编制、预算是边区审计监督工作的中心与关键。掌握了预算,就能严格掌握开支,克服浪费。边区政府成立初期,由于制度不健全、干部意识差、战争环境等因素,各级政府尚不能很好地执行预算制度。审计监督制度要求严格依据审计制度实行预算。审计制度规定了边区各级机关编制预算的程序及内容。具体的编造程序及规定如下:"(1)一切费用须分年度、季度、月份三种预算。团、县级为月份预算,在上月二十五日以前报审委分会。分区专署级为季度预算,在上季末月十日以前造报审委会,经审核批准后方能开支。(2)造报预算时,须将现有人员、马匹及一切费用数目精确缮造,不得马虎,并须经过该单位首长审核、署名、盖章,送请上级审核批准。(3)关于一切临时费用以及先造的预算不足开支时,须造追加预算,并附情由报告书经审核批准后,方准开支,决不能先用后报。"[1]通过上述三条预算审计制度,我们可以看到,审查人员、马匹的数量是预算审计的重要内容。由于战争中部队、机关人员及马匹、武器等在不断地发生变化,弄清每个单位的人员、马匹数量是审计机关的重要职责。只有弄清数量,才能明确供给数量及标准,避免虚报重领等现象,才能进行较为客观、准确的预算审计。预算审计制度的确立,标志着边区财政理念从传统到近代的转变,意味着起步于民国初期的中国近代预算制度在根据地开始生根发芽。

第二,决算审计与预算审计相结合。边区政府成立伊始,中共就曾指出一切财政开支不仅要有预算,还要有定期的决算和结账。但直至1941年年底,边区决算执行效果并不好。例如,1941年11月,行政方面实际作了决算的占应作决算的比例不足1/3。[2] 为此,1944年《条例》专门规定了决算审计规程。其具体条目如下:"(1)各机关、部队、学校的决算应附报销单据或说明书交审委会审核。(2)如有超过预算各项费用,须先向审委会报告超过原因及数目,经审委会批准,才能报销。(3)在规定费用金额内开支,亦以正当开支为限,实报实销,如有盈余之款项,应缴回财政供给机关。(4)特别开支之单据,须有该单位首长批发和签字盖章,方为有效。(5)季决算须于下季第一个月末旬以前呈报分局审委会。"[3]通过上述制度规定可以看出,边区决算审计的目标主要有两大方面:一是审核报销单据、说明是否符合规定;二是审核各项费用数据是否准确、真实、完整。事实上,在战争环境中,由于战况瞬息万变,很多开支事前很难预料,所以预算常常不准确。因此,边区政府非常注重决算审计,审核财物能否真正有效使用、合理分配。

---

[1] 《中共晋绥分局审计委员会颁发审计条例》(1944年4月1日),山西省档案馆藏,档号A21-8-7-3。

[2] 中共晋西区党委:《晋西北政权初建时期财政状况概述》(1941年12月),引自晋绥边区财政经济史编写组、山西省档案馆编:《晋绥边区财政经济史资料选编·财政编》,第30页。

[3] 《中共晋绥分局审计委员会颁发审计条例》(1944年4月1日),山西省档案馆藏,档号A21-8-7-3。

第三，对预决算单据的审计监督。由于边区缺乏干部，很多工作人员没有财政、财务工作经验，不知道预决算单据的具体填写办法。为此，审计监督制度规定得比较具体、细致，甚至包括预决算单据规范填写等具体事宜。"(1)凡预算决算单据簿上须要有该单位的公章（如无盖公章者则需另函声明）及该单位首长及经手人共同签名盖章。(2)报销单据要填写清楚，字迹不得模糊及涂改。(3)所有单据不许任意涂改，无图章印记之单据，须经该单位首长证明盖章。(4)对于审查完毕的账目单据，日后发现其中有错误、遗漏、重复等情况或有伪造舞弊情况等，审委会仍可提出再为审查。"[①]显然，边区审计监督制度较为细致。对预决算单据填写进行细致规定，能够减少预决算编制流程中的不规范现象，提高预决算编制的效率与规范性。

（二）审计监督与保障军需供应密切关联

战争时期的审计监督与保障军需供应密切相关。粮食与被服是战争时期最重要的军需物资。粮食与被服能否按时按量供给直接关系部队作战和根据地建设。在边区财政困难时期，财粮、被服的开支与审批尤为重要。审计制度对粮秣、被服支出审计均作了详细规定。粮秣、被服审计本着计划供应、节约、保证战争需要的原则。

粮秣审计涉及粮秣收支的会计核算年度、预算的审核与政府权限、公粮支出凭证及使用规则、公粮使用范围、公粮变款等。在1944年《条例》全部45条条款中，有关公粮支出审计的条款达12条。公粮支出审计的大致做法是：事先审批计划标准，事后审核开支是否合理、合法、合规。1944年《条例》中关于被服审计的条目共7条。这几条审计条例明确规定了被服领取的数目、程序、被服使用期限、使用人员、被服销缴、被服使用范围等内容。"服装装具之规定（件数、种类），由审委会按实际情况（地区环境物质力量）决定之。领取服装、装具、物品时，必须缮造预算表及领物证，经各单位首长审核盖章呈报审委会批准发给之。""各季服装及被毯使用期限：棉被干部盖四年，战士盖三年，皮大衣穿三年（大青山骑兵例

[①] 《中共晋绥分局审计委员会颁发审计条例》（1944年4月1日），山西省档案馆藏，档号A21-8-7-3。

外)。皮短衣一律穿两年。棉大衣一律穿两年(每年拆洗或旧里新面)。""一切破烂衣服及逃亡人员之服装、装具应有一律缴送供给机关,决不准私自动用或拆毁,否则该单位负赔偿之责。"①可以看到,被服审计条例规定得较为细致、具体,大到制度建设,小到各类人员被服使用年限均作了细密的规定,从而保证了战争和党政军开展工作的需要得到满足。1948年,边区政府再次发布了《晋绥党政军民关于经费粮秣收支手续及制度规定》②及《关于公布粮秣会计规则的令》③文件,进一步完善了边区粮秣审计制度。

(三)审计监督肩负稳定边区金融职责

金融稳定是边区经济稳定、政治安全的重要基础。维护金融稳定,是关系边区经济社会正常发展的大事。边区审计监督作为一种国家制度安排,将其制度安排嵌入金融领域,能够抑制导致金融不稳的因素。新政权成立后,边区政府开始发行本位币——农币,为稳定金融,边区政府禁止白洋和法币的流通使用,但特殊情况下仍须使用法币与白洋。在这种情形下,常常有投机分子乱用法币与白洋,对边区金融稳定危害很大。审计监督制度赋予审计机关监督审查各单位使用非本位币的职责。审计制度对非本位币的使用条件及范围作了规定:"本边区范围内非绝对必需品,不得使用非本位币。如系绝对必需品者,得将物资数量,需款数目呈报审委会,经批准后,方准开支。""购买兵工器材以及军用器材、印刷材料、药品、电料及根据地其他需要物品等,折合白洋五百元以下者,由地委审委会批准,白洋五百元以上者,须经分局审委会批准。"④这些制度规定,对于稳定边区金融、物价起了积极的作用。显然,审计监督有利于维护边区有序的金融活动秩序,有助于提升农币信用与价值,提高其为边区经济实

---

① 《中共晋绥分局审计委员会颁发审计条例》(1944年4月1日),山西省档案馆藏,档号A21-8-7-3。

② 《晋绥党政军民关于经费粮秣收支手续及制度规定》(1948年2月22日),山西省档案馆藏,档号A90-4-24-1。

③ 晋绥边区行政公署:《关于公布粮秣会计规则的令》(1948年12月20日),山西省档案馆藏,档号A90-4-24-2。

④ 《中共晋绥分局审计委员会颁发审计条例》(1944年4月1日),山西省档案馆藏,档号A21-8-7-3。

体服务的能力。

(四)审计监督与边区反贪污腐败相联系

审计监督是边区反贪污腐败、反浪费的重要手段。防治贪污腐败是边区审计委员会的重要职权。1944年,《条例》规定审计委员会及各分区审委分会的职权之一就是检查各机关财政开支是否真实完整,防治贪污腐败。由于边区厉行节约,支出是边区审计的重点。审计监督重点看支出得怎样,结果怎样。因此,审计委员会"严格检查供给制度的执行,如有浪费舞弊违犯开支制度时,审委会有提交有关机关处分之权。有不正当、不正确开支者,审委会有退回及不准报销之权。有不明瞭之处,审委会有直接向该机关查问之权。"①1948年《审计条例》进一步把清算与检举贪污浪费及收支不合理等行为作为各级审计机构的一般职权:"凡未批准之人员、马匹数以及违背供给制度者,则剔除之。凡不合理收支与贪污舞弊之情事,则进行清算与检举。"②无疑,审计监督工作有利于预防贪污腐败。边区审计委员会反贪污腐败的职权,彰显出边区审计独立性与权威性的特点,决定其在边区反贪污浪费活动中具有独特的重要作用。

(五)审计监督制度与财务制度建立相联系

边区审计监督制度推动了财务制度的建立与规范。1944年,《条例》把交接审计作为边区审计监督的重要内容。《条例》规定的交接审计法规共7条,对工作人员调动时,工作、资料、财物等的交接作了规定。"凡本边区内党政军民各级负责人、财政经济供给负责人,以及各机关内部总务负责人等调动工作时,均依照本条例进行交接。"③《条例》规定了移交人、接收人、监交人的具体职责。边区政府十分重视交接审计事宜,把财政、财务工作是否完整、无误,对待交接工作是否认真、按期、守法作为审计交接的重要指标。这就从制度上使各机关财政、财务工作人员平时从事财政收支、财务工作时就谨慎小心、兢兢业业,从而保证日常财政报表编制

---

① 《中共晋绥分局审计委员会颁发审计条例》(1944年4月1日),山西省档案馆藏,档号A21-8-7-3。
② 《陕甘宁晋绥边区暂行审计条例》(1948年10月1日),山西省档案馆藏,档号A90-4-21-2。
③ 《中共晋绥分局审计委员会颁发审计条例》(1944年4月1日),山西省档案馆藏,档号A21-8-7-3。

的完整与准确。

解放战争时期,边区政府各级审计委员会肩负了推动各单位财务制度建立的职责。这时期边区各单位逐渐规范了会计制度,如1946年边区贸易公司规定了具体的会计规程。[①] 与此同时,一系列关于规范会计制度的指示先后发出,《关于统一会计科目,执行新会计科目的要点的指示信》[②]《关于按会计规程整理记账报送的指示》[③]《晋绥贸易公司会计科目规程》[④]以及《关于会计审核方面补充办法的通知》[⑤]等。该年贸易公司给会计人员的一封信显示:"由于贸易公司之业务与总行局有些不同,故会计制度亦有变更。但在此变更伊始,经验尚无,关于会计规程中一些具体做法是否完善,尚希公司商店会计同志提供在实践中之经验,以便研究改进。新印之账簿表单,同样亦系一种试验性质,例如:(1)商品账之内容是否需要;(2)采用单页式是否便利;(3)零售日记账是否合适;(4)表单大小及印刷是否合适等,皆希提供意见。"[⑥]1948年,《审计条例》规定,各级审计机构不仅要"检查与督促各级政府、机关、学校、部队财务制度的建立",还要检查各单位的账目和有关文件、资料等。"各级政府、机关、学校、部队等的账本、表册、单据及其他证明文件,随时调阅或派员审查。"[⑦]显然,审计监督制度有助于推动边区财务制度的建立与规范。

综上所述,边区审计监督制度是中共在实践中创造的监督制度,对边区经济建设及法治建设起了重要作用。边区审计监督制度之所以重要,与该制度具备的特点紧密相关。上文对审计监督制度主要内容的讨论表明,边区审计监督制度具备以下基本特点:第一,广泛性。由于边区审计监督的对象主要是政府财政收支、财务收支活动,从而使其审计监督范围

[①]《晋绥边区贸易公司会计规程》(1946年8月15日),山西省档案馆藏,档号A96-1-29-1-2。

[②]《关于统一会计科目,执行新会计科目的要点的指示信》(1946年8月15日),山西省档案馆藏,档号A96-1-29-10。

[③]《关于按会计规程整理记账报送的指示》(1946年8月20日),山西省档案馆藏,档号A96-1-29-9。

[④]《晋绥贸易公司会计科目规程》(1946年8月10日),山西省档案馆藏,档号A96-1-29-18。

[⑤] 晋绥贸易公司:《关于会计审核方面补充办法的通知》(1947年4月19日),山西省档案馆藏,档号A96-1-29-16。

[⑥]《关于会计规程的改进给会计同志的信》(1946年10月20日),山西省档案馆藏,档号A96-1-29-13。

[⑦]《陕甘宁晋绥边区暂行审计条例》(1948年10月1日),山西省档案馆藏,档号A90-4-21-2。

具有广泛性。边区审计机构的权限较大,审计监督的范围较广,不仅审计党政军民各机关、部队、学校的各类预决算、财务收支项目,而且审计各类建设项目、人员编制、供给标准并反贪污浪费,还监督各单位财政财务制度的建立。第二,权威性。边区审计监督已经突破其传统的会计审计功能,而是与边区财政预决算、军需供应、稳定金融、反贪污腐败、财务制度建立等相联系。这表明边区审计监督的功能及作用较大,其执行主体是政府审计机关,是一种国家审计行为。因此,边区审计监督制度自产生伊始,就具备了相当的权威性。进一步来看,边区审计监督的实质是边区审计机关对各级政府、机关的财政收支和使用情况进行经济监督,其监督行为不是以本部门收益为目标,而是为维护边区政府和人民的利益,保障革命战争胜利的需要。显然,边区审计监督的权威性来自其本质是维护人民群众的根本利益,是为人民服务的。第三,独立性。边区审计监督制度的独立性是在创立与发展过程中逐渐形成的。前述表明,作为边区最高国家审计组织边区审计委员会与西北财政经济委员会在职能与组织上具有相当的独立性,各级审计机关及成员均具有一定的独立性。第四,注重事前审计。边区政府对财政预算、决算等进行的审计属于事前审计。由于边区财政困难、经费财物有限,所以比较注重经济活动发生之前进行的审计。事前审计可以达到预防错误、防患于未然,保证有限财物的合理使用和有效使用。

三、审计监督制度的历史作用

边区审计监督制度的形成与发展,是新民主主义经济条件下中共的审计监督制度创新,也是中共新民主主义经济制度建设的重要组成部分。这是中国共产党领导中国革命与经济建设的具体实践成果。历史证明,边区实行审计监督制度对于中共革命与建设的胜利有重要的历史作用,主要体现在以下五个方面。

(一)监督了中共财政制度与财务管理制度,推动了财政相关制度的建立与完善

边区审计监督制度的目的一方面是严格边区财政制度、监督财政预

算有效合理使用;另一方面是审核边区财政预决算,并对财政预决算情况进行鉴定。边区审计监督制度具体规定的审计工作的各项内容,使边区审计工作有法可依,预决算制度能够确实执行,从而保证了审计工作能在边区财政开支中发挥巨大的监督作用。在财政极为短缺的战争时期,边区审计监督制度对于中共财政制度、财务管理制度起到了直接的监督与落实作用。

在审计监督制度这面"镜子"的监督下,边区财政方面的几种制度,如金库制度、预决算制度、会计制度等逐步完善。1942年,晋西北行政公署向晋西北临时参议会所作的工作报告指出:"健全并改进财政制度。"①例如,金库制度建立后,各级财政机关的一切收入都要归入金库,没有行署签发的命令,金库不能支付任何款物。行署与专署各机关在开支供给时,须遵循以下规定:"供给标准规定之内有批准之权,供给标准未规定之开支,一律要经过财经委员会批准后,通知本署批准并根据预决算制度始得开支。"②会计制度的建立逐渐改变了"原来的老流水账记账法,甚至没有账的现象",纠正了"开支了既不抵解又不报销的错误做法"③,曾经轻视或忽视预决算制度的观点亦有克服。边区大部分领款的人都能带来预算,并履行相关手续。会计人员对预决算制度的执行亦有了比较正确的认识,不擅自支付、不做预决算和没有支付命令绝不随意开支:"不正当的开支,我们比你们也卡得紧,我们就不发给他们款。"④可以看出,审计监督制度推动了财政相关制度的建立与完善,或者反过来也可以说,正是边区预决算制度的建立催生了审计制度:"因为没有建立和健全金库制度,大家不做预决算也可以支用款项,因而也妨碍了审计制度的建立。"⑤显然,财政制度、财务制度与审计制度相互影响、相互促进。

---

① 《晋西北行政公署向晋西北临时参议会的工作报告》(1942年),兴县档案馆藏,档号1-2-3。
② 晋绥边区行政公署:《1946年度供给标准规定》(1945年10月20日),兴县档案馆藏,档号10-81-1。
③ 《晋绥过去九年财政工作概要检查报告(草稿)》(1949年5月),山西省档案馆藏,档号A220-13-522。
④ 《晋绥过去九年财政工作概要检查报告(草稿)》(1949年5月),山西省档案馆藏,档号A220-13-522。
⑤ 中共晋西区党委:《经济建设材料汇集——财政》(1941年12月),山西省档案馆藏,档号A22-7-8。

（二）揭露了浪费与贪污腐败等行为，实现了精简节约

边区审计监督制度坚持精简节约的原则，揭露了边区机关干部的浪费损失与贪污腐败等违法行为，从而保证了军需供给、支持了革命战争、保卫了革命政权。毛泽东早在苏区时期就曾指出："节约每一个铜板为着战争和革命事业，为着我们的经济建设，是我们会计制度的原则。"①1947年，边区行署指出："保证财政制度之执行，更重要的是为了避免财政上的浪费现象。"②所以，边区审计监督的主要目标就是严抓各部门的节约开支，杜绝贪污浪费，严格检查监督财政供给标准、制度的执行。

随着边区审计制度的建立与执行，不少浪费与贪污现象被审计机关揭露出来。例如，有的地方"关于财政政策原则等问题不请示不报告，自己就决定了，八专署1948年度自己决定每人发农币津贴十万元，而我们的统一规定是四万元"。③ 有的地方"向行署借用了经费，不向行署抵解，导致财政上的许多收入与开支数目堆在各级财政机关。这种做法大大妨碍了我们的财政制度的健全"。④ 特别是，有的地方干部利用手中权力和制度不完善的漏洞进行贪污，审计机关对这种现象进行了有力的揭露。"离石二区区长张穆俊1945年把行署拨款买下棉花卖去570斤，卖了公粮20石，提了公款300元，自力更生开一个药铺，买了八个驮骡，成立了一个运输队，由碛口贩粮到柳林（敌区），倒贩大烟金子。"⑤可见，即便在极为艰苦的革命战争时期，党风廉政建设始终是党建的重要工作，而审计制度则在这一廉政建设中起了极为重要的作用。审计监督制度能够有效预防边区的浪费与贪污现象，推进边区有限财物资金的合理使用。这对于加强边区的经济建设、制度建设与党风廉政建设均具有重大意义。

（三）抑制了金融波动，规范了银行财务制度

审计监督是边区金融稳定的重要保障。实行农币单一本位制是中共

---

① 《我们的经济政策》(1934年1月)，《毛泽东选集》(第一卷)，第134页。
② 《晋绥边区行政公署通令》(1947年8月8日)，兴县档案馆藏，档号10-84-6。
③ 《晋绥过去九年财政工作概要检查报告（草稿）》(1949年5月)，山西省档案馆藏，档号A220-13-522。
④ 《晋绥边区行政公署通令》(1947年8月8日)，兴县档案馆藏，档号10-84-6。
⑤ 《晋绥过去九年财政工作概要检查报告（草稿）》(1949年5月)，山西省档案馆藏，档号A220-13-522。

稳定边区金融的具体举措。自农币发行伊始，中共就强调禁止银洋与法币的使用，农币为唯一合法货币。① 除特殊需要使用法币须经审批外，其他一律入晋绥边区者必须将法币兑换成农币，包括持陕甘宁边区法币许可证的也必须遵守此规定："凡陕甘宁来晋绥之携带法币者必须于过河入境后，到碛口贸易局（即银行）将法币一律兑成农币然后通行，否则以破坏单一币值论处。陕甘宁银行所发给之携带法币护照等证明文件，到晋绥境内即应视为失去效用，不得成为暗流法币之借口。"② 可见，边区银行作为稳定金融、兑换法币银洋的具体执行机关，还肩负代理金库的职责，必然成为审计监督的重点。

中共对金融领域尤其是银洋、法币的使用进行审计监督，对于维护边区物价稳定、抑制金融波动具有重要意义。战争时期，一方面危害边区金融稳定的行为广泛存在，如私自使用银洋导致农币价值下跌、物价上涨等现象较为普遍；另一方面人们对农币的信心比较低，包括边区干部。"一般人士对农钞的认识还不够得很，对于农钞前途缺乏信心，因而发生担忧。"③甚至连政府贸易局系统的人都"怀疑农币不能用，对本币没信心"。④ 在这种情形下，对银洋、法币的使用情况进行审计监督，不仅能直接地稳定物价，而且能够提高人们对农币的信心从而间接地稳定物价。在审计监督制度的推动下，边区银行的财务制度相应建立并逐渐规范。1943年8月《西北农民银行会计规程》颁布，⑤该规程的颁布标志着边区银行会计制度开始走向规范。随后，西北农民银行颁布《关于在本局系统一切会计事务必须执行会计规程的指示信》，要求必须严格执行会计规程。⑥ 显然，审计监督有助于进一步规范银行的行为与财务活动，一定程度上也维护了边区金融稳定。

---

① 《巩固农钞禁止白洋流通，坚决驱逐伪钞》，《抗战日报》1941年12月15日，第1版。
② 《晋绥边区行政公署令》（1946年5月28日），兴县档案馆藏，档号12-203-12。
③ 《提高与巩固农钞》，《抗战日报》1942年12月5日，第1版。
④ 《关于金融贸易问题的检讨（会议材料）》（1947年），山西省档案馆藏，档号A90-4-117-3。
⑤ 《西北农民银行会计规程》（1943年8月），山西省档案馆藏，档号A96-1-28-2。
⑥ 西北农民银行：《关于在本局系统一切会计事务必须执行会计规程的指示信》（1943年8月29日），山西省档案馆藏，档号A96-1-28-1。

（四）提高了中共的政府信用，提升了中共的国家治理能力

边区审计监督制度及其实施提高了中共在边区执政的信用，提升了其在边区的国家治理能力。马克思指出：国家职能"既包括由一切社会的性质产生的各种公共事务的执行，又包括由政府同人民大众互相对立而产生的各种特有的职能"。[①] 边区审计监督制度通过其职责，对边区各机关、部门、人员进行监督和制约，对违规、违法行为进行揭露，从而提升其国家治理能力。可以说，自边区审计监督制度产生起，审计监督就逐渐成为中共国家治理的重要组成部分。由前述知，边区审计监督制度的产生与发展源于财政。从更深层次原因看，财政又是国家治理的基础和支柱。也可以说，边区审计监督制度的产生和发展源于中共国家治理，中共在边区的国家治理目标决定了边区审计的主要内容和特点，而审计监督又进一步提升了中共的国家治理能力。具体来讲，革命战争时期，中共在边区国家治理的主要目标是保证供给、支持革命战争，而财政则是完成边区国家治理目标的基础。"为了今后生产与财政结合，收入与支出的掌握合一……所有关于供给、被服、兵站、运输等后方勤务工作，均应划归政府负责。"[②] 显然，中共在边区的国家治理需求决定了边区审计监督制度的产生，其保证供给、支持革命战争的目标则决定了边区审计的主要内容和方向，而审计监督制度则通过发挥其职能，不断为人民服务，进一步提升了中共的国家治理能力，实现了边区的良好治理。

（五）丰富了新民主主义审计监督事业

边区审计制度监督了边区财政预决算的执行，一定程度上推进了边区审计及财政制度的近代化，为革命战争胜利提供了重要的制度保障。可以说，边区审计制度适应了当时的政治经济形势需要，丰富了新民主主义审计事业。边区审计监督制度是新民主主义经济条件下中共的审计制度实践，亦是中国共产党进行边区经济、政权建设的一项重要工作，为新

---

① 马克思：《资本论》（第三卷），中共中央马克思恩格斯列宁斯大林著作编译局译，人民出版社2004年版，第431—432页。

② 《晋绥边区行政公署、军区司令部联合命令》（1947年11月13日），兴县档案馆藏，档号10-84-27。

中国审计监督制度及中国特色社会主义审计事业的形成发展奠定了坚实的基础。其反映的近代审计思想,体现了中国共产党在特殊历史条件下对中国审计现代化以及财政现代化的重要探索。

小　结

边区审计监督制度是中国特色社会主义审计事业的重要组成部分。1940—1949年,虽处战争时期,但由于边区政府的不懈努力,边区审计监督制度经历了从无到有、从粗糙到逐渐细致、从不完善到比较完善、从混乱到较为规范、从不合理到比较合理的演变过程。在当时极其艰难的战争环境中,中国共产党力排万难努力推进审计监督制度建设。这期间,边区已经建立起相对独立的审计机构和审计制度,并厉行审计监督制度。边区审计对象的范围很广,包括党、政、军、民、机关、部队、学校的财政、财务收支,以及建设项目、人员编制、供给标准、法规制度等。可以说,在当时条件下,边区审计监督工作有相当的权威性,也取得了不少成绩,保证了边区各部门的供给,总结了诸多经验。

当然,就整个中共审计监督制度史而言,这一时期的审计监督制度还处于起步和探索阶段,审计制度仍不够完善,组织亦不够健全,还存在诸多问题。不过,这些情况在审计制度初创期和战争环境下是不可避免的。历史是过往的,又是发展的。毋庸置疑,边区对审计监督制度的探索一定程度上推进了边区审计及财政制度的现代化,为革命战争胜利提供了重要保障。边区审计监督制度监督了中共财政制度与财务管理制度,揭露了浪费与贪污腐败等行为,抑制了金融波动,规范了银行财务制度,提高了中共的政府信用,提升了中共的国家治理能力,丰富了新民主主义审计监督事业,适应了当时的政治经济形势需要。在此意义上,边区审计监督制度不仅是中共革命与经济建设历史的一笔宝贵遗产,而且完全有可能成为推进新时期审计监督及党风廉政建设、提升国家治理能力的宝贵的精神源泉。

结 语

　　本书除绪论部分外,共分 7 章对晋绥边区经济现代化的路径选择,农业、工业、交通邮政、商业贸易、金融、财政税收等行业的经济发展,进行了考察和论述。本部分将结合前述相关内容,对 1937—1949 年边区经济发展的特征及历史经验进行总结。这期间,中国共产党在边区成功实践了新民主主义经济。这是一种适合中国国情的新型经济形态,是中国共产党探索出来的实现经济现代化的新模式。在这一新型经济形态下,边区社会经济得以较快恢复与增长。但若将其放在整个 20 世纪经济增长的历史长河中考察,这一增长速度却是较为缓慢的。这期间,中国共产党在边区的经济工作取得了重大成就,并推动了经济发展。其主要表现在:第一,为中共赢得战争胜利奠定了重要经济基础,并最终建立了中华人民共和国;第二,探索出一条适合中国国情的新型经济形态:新民主主义经济形态,这是经济现代化的新道路;第三,推动了边区经济由传统向现代的演进,使其成为近代中国经济增长的重要组成部分;第四,为中国共产党积累了丰富的经济建设经验,这对于新中国成立后的经济工作有重要意义;第五,中国共产党领导的新民主主义经济成为当前中国特色社会主义政治经济学的重要历史实践基础。可以说,边区经济发展及其经济现代化的过程,是马克思主义理论与边区实际相结合的过程,也是新民主主义经济理论产生和实践的过程,更是中国特色社会主义政治经济学的实践源泉和基础,也是经济发展"中国道路"的核心所在。

一、边区经济发展的特征

(一)农业经济增长具有鲜明的传统特征

1937—1949年,边区农业经济虽有一定程度增长,但无根本的实质性变化,仍然属于传统小农经济条件下的缓慢增长。关于近代中国农业经济增长的特点,目前较为一致的观点是,近代中国的农业一直没有突破障碍进入现代经济增长的进程,属于过密型农业生产。正如珀金斯认为:"1949年前的中国农业未达到西方那种质变的程度。甚至在1960和1961年,从某些基本观点来看,它的耕作技术跟19世纪甚至14世纪流行的方式相比,改变很少。"[①]黄宗智指出,新中国成立前华北的小农经济基本属于过密型生产,是在生产技术没有质性突破的情况下进行生产,高密度人口的事实妨碍了节省劳动的技术革新,而被困在一个如伊懋可提出的"高水平均衡陷阱"中。[②] 赵冈也认为,传统中国农业陷入了人口陷阱,人口密度太高,人均耕地太少,将贫穷农民推入效率低下、耗费劳动的农业技术,进而导致过密型农业的产生。[③] 自边区政府成立,在中共一系列政策指导与推动下,边区农业生产开始恢复并有了一定程度的增长。这主要表现在耕地面积扩大、农田水利发展、粮棉产量增加、畜牧数量增加、农业技术改进、亩产提高等几个方面。但因经济条件、外部环境等因素制约,农业经济的增长基本是以经验性为特征的,有量的增长并无质的提高。从农业技术改进看,边区以多种路径方式系统改进农业生产技术,内容丰富广泛且实用,促进了农业经济增长,取得了显著绩效,为以后农业技术改进和推广奠定了基础。但农业技术改进主要是经验性的,而非现代意义的科学技术。虽无明显技术革新,但这种经验性的技术改进与农业发展相伴。

---

① [美]德怀特·希尔德·珀金斯:《中国农业的发展(1368—1968年)》,宋海文等译,上海译文出版社1984年版,第5页。
② [美]黄宗智:《华北的小农经济与社会变迁》,第177页。
③ 赵冈:《过密型农业生产的社会背景》,引自《农业经济史论集——产权、人口与农业生产》,第34页。

我们认为,虽然边区农业生产技术处于不断地改进过程中并导致了农业经济增长,但这种改进并没有出现现代意义的技术突破和革新。事实表明,在农业经济增长过程中,新的农业生产要素显然是异常缺乏的,农民的经验本身无疑重于现代科学技术。边区政府曾指出:"农业产量的提高决定于技术条件。虽然由于我们所处的环境,不能应用现代科学的方法,但是土方法中也有比较进步的。"[①]这进一步印证了诸多学者提出的中国传统农业技术难题。不过,即便如此,与此前相比,农业经营和生产技术已有明显的进步。可以说,边区农业发展的显著特征是,现代因素较少的农业技术改进伴随农业产量的增加。

总体来看,边区农业经济虽有增长,但无根本的实质性变化,具有鲜明的传统特征。因此,从这点来看,传统农业经济不可能对经济现代化产生巨大的推动作用。边区农业经济增长主要是通过互助合作、精耕细作、广种薄收以及传统农业技术改进等途径实现的。也就是说,农业技术基础尚未从根本上改变。经验性的技术改进能够在一定程度上增加农业产量,但粮食亩产增幅有限。正如李伯重对江南农业的研究表明:"除非从根本上改变农业生产的技术基础,否则江南农业很难出现长期持续的令人注目的发展。而从根本上改变农业生产的技术基础,又只有在近代工业发展起来后才能做到。"[②]这一论断,也可代表边区农业经济增长的基本特征。

(二)工业经济增长体现了边区经济从传统到现代的演进

总体来看,1937—1949年,边区工业不断恢复与发展。边区工业主要是传统手工业。虽如此,工业生产力仍发生了较为显著的变化。这不仅表现在工矿业数量的变化上,还体现在生产技术的变化上。具体来说,这种生产技术的变化表现为传统生产方式的普遍延续与缓慢革新,以及少数机器生产的出现。这些重要变化标志着传统手工业正在发生变化,并有了向工业化发展的趋势。进一步看,这种变化尽管意义重大,但其在

---

① 《对生产展览及劳动英雄检阅大会的希望》,《抗战日报》1942年12月10日,第1版。
② 李伯重:《发展与制约——明清江南生产力研究》,联经出版事业股份有限公司2002年版,第409页。

边区工业生产中的比重极小,传统力量仍然非常强大。即便如此,这种变化已经逐渐打破传统的手工业生产,诱导和刺激工业向现代工业缓慢过渡。不论是作为轻工业代表的纺织业,还是作为重工业代表的煤矿业,其发展都表现出传统与现代并存且共同发展的特点。这也是边区工业生产力结构的特征。

毫无疑问,传统因素是边区工业的基本生产要素。虽然机器生产亦存在,但这种机器生产的力量显然过于薄弱。这种现象反映了传统力量的持久性和传统手工业与机器工业的相互依存性。海内外中国经济史学者曾有一种观点,认为中国传统的家庭手工业妨碍了近代工业的发展,但亦有诸多学者认为机器生产与传统手工生产有互补的关系。[1] 而这种依存性,正是边区特有的生产力结构,体现了工业经济从传统到现代的演进。事实上,关于近代以来传统手工业的变化趋势,到底是解体还是延续,学界一直争论不休,长期以来备受学者关注。不同观点主要是在解体与延续之间存在。如果是延续,原因是什么,学者也从不同角度进行了探讨。[2] 但已有研究均较少涉及抗战之后的乡村手工业。解体与延续之争主要集中在20世纪30年代前。我们的研究将考察视野下延至抗战后。研究表明,传统的手工生产具有顽强的生命力。尽管其曾经一度中断[3],但总是顽强地存在、再生。边区手工生产延续和存在的原因则是中共强有力的制度安排。这种制度安排充分考虑晋西北落后的经济基础,因地制宜地恢复与发展了传统手工业,是符合当地生产力发展要求的。正因为如此,这种制度安排促进了生产力的发展,推动了生产力结构的改变。因此,我们可以证明,在现代化进程中,需要尊重传统要素、注重传统的延续性,而不是抛弃或否认。李金铮提出,在近代手工业的发展演变中,现代因素远未占领农村手工业的阵地,手工业的变化更多是传统因素所致,

---

[1] 李伯重:《发展与制约——明清江南生产力研究》,第410页。
[2] 研究成果较多,可参见李金铮所作的相关述评。李金铮:《中国近代乡村经济史研究的十大论争》,《历史研究》2012年第1期。
[3] 彭南生:《日本侵华战争与近代乡村手工业发展进程的中断——以近代乡村织布业、缫丝—丝织业为讨论中心》,《江汉论坛》2007年第9期。

传统力量绝非不堪一击。①

进一步来看,由于边区工业发展主要依靠传统经验,因此,边区工业虽有产量的恢复与增长,但技术变化不大,基本没有技术突破。亚当·斯密认为经济增长的动力是劳动分工及专业化。② 斯密型成长是明清以来中国经济增长的特点。③ 可以说,边区工业发展也属于斯密型成长。边区工业的发展是一个很复杂的历史事实。其发展的动力主要是政府主导的制度变迁。制度变迁蕴含劳动分工和专业化。这种劳动分工和专业化,主要体现在两方面:一方面,是工业和农业之间的逐步分工与专业化。这一点表现得较为明显。我们可以看到,边区农村已经出现了一定数量的专门的工人,相当一部分妇女开始独立地从事纺织业。这反映出农村开始出现工农业分离的现象,以及男女之间的劳动分工与专业化。另一方面,是地区之间的分工与专业化。战争时期,边区虽被经济封锁,但边区内部之间以及与其他根据地、地区之间(尤其是与陕甘宁边区)有了产业上的分工与专业化。比如,边区内部形成了纺织区、榨油区、煤矿区等,边区亦从外地输入不少纺织业所需原料,同时向外输出棉布等产品。可见,根据地之间的劳动分工与专业化是通过贸易实现的。这里的贸易,指的是边区与其他根据地、地区之间的贸易。可以说,制度变迁下的劳动分工与专业化是推动工业发展的主要力量。边区内部以及陕甘宁边区这些巨大的市场能够使边区得到劳动分工的好处,从而推动工业发展。

一般认为,由于没有技术突破,所以斯密动力无法导致近代工业化。不论是近代早期西欧国家还是明清江南工业的发展都没有导致工业革命。而江南近代工业化最主要的制约因素是能源与材料,缺乏煤铁。④ 这样,边区工业经济发展与明清江南的工业化就有很大不同。因为晋西北盛产煤铁,这是边区工业能够发展的重要基础。马克思的再生产理论

---

① 李金铮:《传统与现代的主辅合力:从冀中定县看近代中国家庭手工业之存续》,《中国经济史研究》2014年第4期。
② [英]亚当·斯密:《国民财富的性质和原因的研究》(上卷),郭大力、王亚南译,商务印书馆1972年版,第5—12页。
③ 李伯重:《江南的早期工业化(1550—1850)》,第413页。
④ 李伯重:《江南的早期工业化(1550—1850)》,第412—413页。

也认为,扩大再生产需要重工业有较快的发展。① 更重要的是,边区出现劳动分工与专业化有一个重要前提,这就是政府主导的制度变革。换言之,边区的劳动分工与专业化是在新民主主义经济条件下实现的。这也就是说,边区的劳动分工与专业化既有自然形成的因素,更是制度变革推动的结果。这是边区劳动分工与专业化区别于以往近代中国及欧洲分工与专业化②的地方。正因为如此,这时期工业经济的增长虽属于斯密型增长,但却为边区工业化提供了基础与保障,推动了边区经济从传统到现代的演变。

基于上述认识,从生产力结构和经济结构的角度审视,边区工业经济的发展开辟了边区通往工业化、经济现代化的新道路、新方向,反映出生产力由传统向现代的转变与前进。它不仅使被日本侵华战争中断的近代农村经济现代化进程得以延续,而且证明传统手工业是中国现代化进程不可逾越的阶段。从更广阔的空间视野看,传统的手工业把工业传播到边区农村的每个角落。由此,新民主主义经济的新观念逐步深入人心,为农村向工业化、现代化前进提供了基础和前提。荣维木提出:"中国原有的现代化进程伴随着日本侵华战争而中止,但全面抗战的兴起又逐渐地积累了新的现代化因素。而中共在敌后抗日根据地实施的一系列经济政策成为现代化因素的间接积累。"③无疑,边区工业的发展是新的现代化因素积累的重要表现。

(三)交通、商业贸易发展推动边区经济市场化,但贸易水平处于初级阶段

1940—1949年是边区交通邮政、商业贸易的一个重要发展时期。这时期,边区建立了较为完善的交通邮政网络体系,邮政业务能力不断提升,畅通了物流与信息。边区邮政业务量虽小,甚至看似微不足道,但对于战争胜利与经济建设的作用却至关重要。在此基础上,边区商业贸易

---

① 李伯重:《江南的早期工业化(1550—1850)》,第418页。
② 关于近代欧洲范围的劳动分工与专业化,可参见[美]王国斌:《转变的中国——历史变迁及欧洲经验的局限》,李伯重、连玲玲译,江苏人民出版社1998年版,第10—12页。
③ 荣维木:《从抗日战争看中国现代化历程的顿挫与嬗变》,近代中国研究网 http://jds.cass.cn//Item/31450.aspx,2015年8月25日。

数量不断增加,商品种类日益丰富,交通日趋便利,逐渐形成了一定程度的区域性商业贸易网络。这得益于政府推动商业贸易发展的一系列制度安排。商业贸易在边区经济运行中发挥了承接生产、启动消费、调节供需、平抑物价的重要功能,从多方面满足群众与战争的需求,影响经济运行的效率。交通邮政、商业贸易的发展不仅在流通方面为战争胜利奠定了较为坚实的基础,而且反映出中共在新民主主义经济形态下对实现农村经济现代化的探索。

众所周知,中国的经济现代化始于流通领域。近代中国被迫卷入国际市场,并依附国际市场。从此,商业、贸易、金融领域等较早走上现代化的道路。抗战开始后,虽受战争影响,但边区境外贸易并未因此停止。在总量和结构方面,境外贸易取得了一定成就。境外贸易成为推动边区经济增长的重要因素。通过境外贸易,中共充分利用边区内部、友区、敌占区、兄弟区等的资源,积极改善边区内部资源配置,促进了边区经济增长,从而使为战争提供物资保障成为可能。从结构上看,边区境外贸易结构变化微弱,从而导致边区经济增长较为缓慢。新政权成立以后,虽然边区出入境商品种类不断扩大,新的出境品种不断被发掘出来,但新品种所占比重极小,输出数量也极为有限,输出产品仍以土产品、初级产品为主。一些工业制成品虽被逐渐开发出来,但出境比重极小。边区境外贸易是一种初级的贸易。这进一步说明边区工业化水平极低,其经济增长是一种量的增长,而较少有质的提升,增长也较为缓慢。

(四)金融业发展是边区经济从传统向现代迈进的重要方面

金融业发展是边区经济从传统向现代迈进的重要方面。西北农民银行成立后,首要任务是采取有效措施建立货币制度,发行农币,扩大农币流通范围,提高农币信用,进而对货币流通进行管理。边区货币发行依靠的是物资这种"特殊"的准备金。在此基础上,中共对货币发行准备金、货币流通、通货膨胀等货币思想进行了积极的探索。中共在边区建立的货币制度及其中体现的货币思想,是推动经济发展的核心因素之一。可以说,边区金融业的发展,使中共能够采取各种措施积极开展货币斗争,有效抑制严重的通货膨胀,为经济发展提供较好的金融环境。中共认为货币斗争不仅是经济斗争,而且是政治斗争、思想斗争。正是基于这样的认识,在进行货币斗争时,中共不仅采用经济手段,还采用了行政手段。经济手段涉及金融领域、生产领域、流通领域、财政领域等。可以说,货币斗争是一场全方位的经济斗争。而恰恰是这场全方位的经济斗争直接支撑了军事战争。没有经济斗争的胜利,军事上的胜利是难以想象的。货币斗争也反映了中共在复杂经济问题面前较强的应变和处理能力。在货币斗争中,中共已经认识到"物价上涨是货币现象""物价上涨源于物品供不应求"等现代经济学理论。显然,中国特色社会主义政治经济学理论有深厚的历史及思想渊源。

(五)传统财政向现代财政的转变是边区经济现代化的重要体现

边区财政原则是统筹统支、量入为出、适当的量出为入。这是特殊历史条件决定的。这种财政理念决定边区财政政策必然是以节约为主,同时增加财政收入或减少财政支出,尽可能紧缩社会总需求。在收支平衡上集中表现为财政结余。在巨大支出面前,边区政府建立了一系列长期且稳定的税收制度、金融制度以支持开支,而非通过临时性的调剂政策。显然,中共对于财政有极强的控制能力,亦有长远的、全盘的打算。进一步看,此时的中共财政已经逐渐突破传统中国的财政体制。农业型财政体制慢慢解体、发生变化。在边区财政体系中,田赋已经不再是边区财政收入的唯一主体。工商税开始慢慢出现,比重逐渐上升并成为边区财政收入的重要组成部分。

财政对政治力量的基础性支持,是一个国家赖以生存和发展的基础。没有财政经济的支撑,军事上的胜利就难以实现。可以说,中共最终赢得战争的胜利,本质上缘于财政领域的现代化。这种财政现代化集中表现在中共创造的新民主主义经济形态下的财政模式。这种新型财政模式不仅使边区公粮、各类税收征收得以有效进行,而且推进了边区财政的制度建设,体现了中共财政从传统向现代的演进。这是中国经济史、财政史上的新创举。边区财政现代化是中国经济现代化的重要体现,开辟了中国财政史的新时代。总体而言,1940—1949年是中共推动财政现代化的重要时期。与苏区时期相比,这一时期财政现代化取得重大进展,现代财政

结　语

体系进一步构建与完善。边区财政体系包含的财政预算决算制度、金库制度、会计制度、审计制度、财政监督体系等,体现了财政领域的现代化,标志着中共财政体系建设逐渐向成熟迈进。

(六)新型经济形态下的经济增长

总之,从边区经济发展史来看,边区经济在这时期有了一定程度的恢复与增长,并出现了从传统向现代演进的趋势。其中的现代化因素不是主要表现为生产力的发展,而是表现为生产关系之改革。[①] 因此,边区经济发展主要是经济增长。这种经济增长构成近代中国经济增长的重要组成部分,但与近代中国经济增长有根本的不同。这就是,中国共产党探索出了适合中国经济发展的新型经济形态和实现边区经济增长的新模式。这种新模式就是新民主主义经济形态。其精髓是用新民主主义的办法实现经济现代化。毛泽东曾提出,新民主主义经济的任务就是开展经济现代化建设。"中国工人阶级的任务,不但是为着建立新民主主义的国家而斗争,而且是为着中国的工业化和农业近代化而斗争。"[②] 显然,中共新民主主义经济思想明确认为,新民主主义经济的任务就是为国家工业化和农业近代化而斗争,并且指出新民主主义经济要有发达的农业、工业以及交通、贸易、金融等事业。因此,边区经济增长是新民主主义经济形态下的经济增长。

这种经济增长模式具有以下特点:第一,经济结构是多种经济成分并存,允许资本主义经济、个体经济成分存在。第二,经济的领导力量是社会主义性质的国营经济。第三,边区经济建立在落后生产力的基础之上,其任务是在多种经济成分下发展生产力、推进中国经济现代化。第四,边区经济主要是农村经济,农村经济发展的前提是进行土地改革。通过组织农业合作社(前提是肯定农民个体经济)以推动农村经济现代化。第五,城市经济发展的途径是组建国营工业与商业,允许与鼓励个体私营工商业的存在与发展。可以说,边区经济发展模式是中共全面总结新民主

---

① 荣维木:《另一种视角:从抗日战争看中国现代化历程的顿挫与嬗变》,《河北学刊》2015年第3期。
② 《论联合政府》(1945年4月24日),《毛泽东选集》(第三卷),第1081页。

主义革命和经济建设正反两方面经验的产物,是马克思主义理论与中国实际相结合的过程与结果,是适合中国国情的新型经济模式——新民主主义经济形态产生的过程,是具有中国特色的经济学理论创造。

二、边区经济发展的历史经验

(一)坚持中国共产党的领导

坚持和加强中国共产党的领导,是做好边区经济工作和实践的根本保证,是边区经济发展最鲜明的特征,也是边区经济发展最宝贵的历史经验。坚持党对经济工作的统一领导,是我们党在长期经济实践中确立的重大政治原则。

在党的领导下,边区经济发展为战争胜利奠定了物质基础。毛泽东在《必须注意经济工作》中就系统阐述了经济发展和革命战争的关系。他指出:"我们要使人民经济一天一天发展起来,大大改良群众生活,大大增加我们的财政收入,把革命战争和经济建设的物质基础确切地建立起来。"[①]随后,他强调"我们的经济政策的原则,是进行一切可能的和必需的经济方面的建设,集中经济力量供给战争,同时极力改良民众的生活。……我们的经济建设的中心是发展农业生产,发展工业生产,发展对外贸易和发展合作社"。[②] 抗战时期,为了解决边区财政经济困难,党提出了"发展经济,保障供给"的经济工作和财政工作的总方针。[③] 在党的这一经济工作总方针的指导下,边区开展了大生产运动,大力发展了农工商业及金融业,并建立了公营经济,发展了边区经济,保障了财政供给。可以说,坚持党的领导是边区经济发展的最基本的历史经验。对此毛泽东曾强调经济和财政机构必须"建立统一的、指挥如意的、使政策和制度能贯彻到底的工作系统"。[④] 解放战争时期,党继续领导边区军民进行经济建

---

① 《必须注意经济工作》(1933年8月12日),引自《毛泽东选集》(第一卷),第122页。
② 《我们的经济政策》(1934年1月),引自《毛泽东选集》(第一卷),第130、131页。
③ 《抗日时期的经济问题和财政问题》(1942年12月),引自《毛泽东选集》(第二卷),第891页。
④ 《抗日时期的经济问题和财政问题》(1942年12月),引自《毛泽东选集》(第二卷),第896页。

设,并坚持"一切依靠自力更生"①的原则。毛泽东在党的七届二中全会报告中总结到:"我们已经进行了广泛的经济建设工作,党的经济政策已经在实际工作中实施,并且收到了显著的成效。"②显然,我们党非常重视领导边区进行经济建设并推动边区经济发展,为战争胜利提供相当的物质基础。可以说,始终坚持党的领导,是边区经济能够不断发展的根本保证。

此外,坚持党的领导是边区经济发展坚持新民主主义方向的根本保证。边区经济是新民主主义经济。毛泽东曾对边区社会、经济性质作过明确界定:"判断一个地方的社会性质是不是新民主主义的,主要是以那里的政权是否有人民大众的代表参加以及是否有共产党的领导为原则。……因此,无论就政治、经济或文化来看,只实行减租减息的各抗日根据地,和实行了彻底的土地革命的陕甘宁边区,同样是新民主主义的社会。"③可以说,坚持党的领导是边区经济坚持新民主主义方向并在将来过渡到社会主义的前提与保证。土地革命时期毛泽东就强调:"保证无产阶级对于农民的领导,争取国营经济对私人经济的领导,造成将来发展到社会主义的前提。"④抗战时期,毛泽东进一步指出:"在无产阶级领导下的新民主主义共和国的国营经济是社会主义的性质,是整个国民经济的领导力量。""各种合作经济,也具有社会主义的因素。"⑤解放战争时期,党进一步在"发展生产、繁荣经济、公私兼顾、劳资两利"⑥总目标的指导方针下在边区践行新民主主义经济。可以说,坚持党的领导不仅保证了边区经济发展的新民主主义方向,而且为新民主主义政权奠定了基础。

(二)坚持马克思主义理论与中国实际相结合

边区经济发展史,是中国共产党通过制度变革与经济实践将马克思

---

① 《以自卫战争粉碎蒋介石的进攻》(1946年7月20日),引自《毛泽东选集》(第四卷),第1188页。
② 《在中国共产党第七届中央委员会第二次全体会议上的报告》(1949年3月5日),引自《毛泽东选集》(第四卷),第1429页。
③ 《关于打退第二次反共高潮的总结》(1941年5月8日),引自《毛泽东选集》(第二卷),第785页。
④ 《我们的经济政策》(1934年1月),引自《毛泽东选集》(第一卷),第130页。
⑤ 《新民主主义论》(1940年1月),引自《毛泽东选集》(第二卷),第678页。
⑥ 《目前形势和我们的任务》(1947年12月25日),引自《毛泽东选集》(第四卷),第1256页。

主义理论与边区实际相结合的过程,是新民主主义经济理论产生的过程。在边区经济发展过程中,一方面,坚持了马克思主义的基本原理,坚持无产阶级政党中国共产党对经济的领导,坚持边区经济发展的社会主义方向与前途;另一方面,中国共产党根据中国实际,提出了符合中国实际的新民主主义经济思想,在边区实施了符合中国实际的具体经济政策。边区经济发展史,体现了马克思主义中国化的过程。关于这一点,本书论述的经济史实有诸多内容体现。但最值得一提的是,中国共产党关于土地制度和私营工商业的政策。马克思主张土地国有。他认为:"土地只能是国家的财产。""土地国有化将彻底改变劳动和资本的关系,并最终消灭工业和农业中的资本主义生产方式。"[1]无产阶级夺取政权后,应完成土地私有制向集体所有制过渡。中国共产党也曾实行过短暂的土地收归国有的政策。但这种政策很快被抛弃。在多次实践后,中国共产党将土地国有改为肯定土地私有制的减租减息与土地改革。经验证明,减租减息与土地改革是促进边区经济从传统向现代演进的前提与基础,有利于边区农业生产力的发展。这是把马克思主义土地理论与中国经济实际相结合的产物。关于私营工商业,马克思认为,共产党夺取政权后,应实行资本家私人财产的国有化。"我们的党一旦掌握了国家政权,就应该干脆地剥夺大土地占有者,就像剥夺工厂主一样。……假如我们能赎买下这整个匪帮,那对于我们最便宜不过了。"[2]对于私营工商业者,中国共产党在边区采取的是保护与不侵犯的政策。虽然在实践中亦发生了政策与实践脱节的现象,私营工商业者的利益受到侵犯。但中共发现后很快进行纠偏,并及时改正错误。总体上看,中国共产党采取的是肯定和保护私营工商业者的政策,肯定私有制。因此,允许私有制存在、经济成分多元化成为新民主主义经济模式的重要特征。

  新民主主义经济理论及其指导下的新民主主义经济模式,是马克思主义理论与边区实际相结合的成果,是中国共产党人在多年根据地经济

---

[1] 马克思:《论土地国有化》,引自《马克思恩格斯选集》(第3卷),人民出版社2012年版,第178页。

[2] 恩格斯:《法德农民问题》,引自《马克思恩格斯选集》(第4卷),人民出版社2012年版,第375页。

建设的实践中,以马克思主义为指导,不断总结经验教训的结果。历史经验证明,这种经济发展模式是中国共产党在新民主主义经济建设中的理论创造,是有利于边区经济发展的,反映了边区经济发展规律,是符合中国国情和经济实际的制度选择,因而促进了边区经济的恢复与发展。反过来,边区经济的恢复与发展又进一步促进了新民主主义经济思想的形成与发展。

(三)选择适合国情的经济发展模式,走自己的路

边区经济发展史证明,经济恢复与增长的关键在于,中国共产党选择了适合边区发展和实际的经济发展模式,从实际出发,走自己的路。这期间,中国共产党选择了新民主主义经济模式,并在边区成功实践。这种经济模式带来边区经济的快速恢复与增长,为革命与建设提供了坚实的经济基础。从此意义上讲,新民主主义经济模式是有生命力的,能够给人们带来经济实惠,是合乎当时中国实际的。人们对此经济模式是满意的。该模式在边区的成功实践,体现了经济发展规律与人们物质利益主观要求的一致。

边区经济发展的实践也证明,带来边区经济增长的新民主主义经济模式,是中国共产党人创造的中国特有的经济发展模式。这一经济模式没有别国经验可借鉴与模仿,是中国共产党在革命根据地长期实践而探索出来的经济模式。这一经济模式不仅得到边区人民的支持,而且推动了边区经济从传统向现代演进,从而有利于边区经济实现现代化。可以说,在经济发展水平极为落后的边区,新民主主义经济形态是边区走向社会主义不可逾越的历史阶段。任何试图超越或否定新民主主义经济形态的做法都可能适得其反。1945年,毛泽东曾指出:"没有新民主主义的国家经济的发展,没有私人资本主义经济和合作社经济的发展……要想在殖民地半殖民地半封建的废墟上建立起社会主义社会来,那只是完全的空想。"[①]1982年,邓小平曾总结道:"我们的现代化建设,必须从中国的实际出发。无论是革命还是建设,都要注意学习和借鉴外国经验。但是,照

---

① 《论联合政府》(1945年4月24日),引自《毛泽东选集》(第三卷),第1060页。

抄照搬别国经验、别国模式,从来不能得到成功。这方面我们有过不少教训。把马克思主义的普遍真理同我国的具体实际结合起来,走自己的路,建设有中国特色的社会主义,这就是我们总结长期历史经验得出的基本结论。"[1]2021年,党的十九届六中全会进一步对党的百年历史经验作了高度概括:"坚持中国道路。方向决定道路,道路决定命运。党在百年奋斗中始终坚持从我国国情出发,探索并形成符合中国实际的正确道路。"[2]这也是边区经济发展史的历史经验。

---

[1] 《中国共产党第十二次全国代表大会开幕词》(1982年9月1日),引自《邓小平文选》(第三卷),人民出版社1993年版,第2—3页。

[2] 《中共中央关于党的百年奋斗重大成就和历史经验的决议》,《人民日报》2021年11月17日,第1版。

主要参考文献

一、档案资料

《1944年窑头自然村的互助变工》,临县档案馆藏,档号62-1-20。
《1947年12月份物价情况》(1948年7月17日),山西省档案馆藏,档号A96-1-6。
《1948年金融贸易工作总结》,山西省档案馆藏,档号A96-1-20-2。
《春耕总结与夏锄布置》(1946年6月),兴县档案馆,档号14-126。
《春季生产中的具体工作及问题》(日期不详,可能是1946年),临县档案馆藏,档号62-2-57。
《都督村纺织材料》(1946年12月10日),临县档案馆藏,档号62-1-54。
《杜家岭纺织材料》(1945年),临县档案馆藏,档号62-2-41。
《纺织变工学习爆炸和反奸的结合问题》,临县档案馆藏,档号62-2-41。
《各地市场主要商品价格表》(1947年5月26日),山西省档案馆藏,档号A90-120-4-2。
《各地市场主要商品价格表》(1947年5月30日),山西省档案馆藏,档号A90-120-4-8。
《公粮工作问答》(1942年11月11日),临县档案馆藏,档号62-2-5。
《关于按会计规程整理记账报送的指示》(1946年8月20日),山西省档案馆藏,档号A96-1-29-9。
《关于发放救济粮工作指示》(1949年4月21日),兴县档案馆藏,档号13-118-1。
《关于告知岢岚县没有工程技术人员的函》(1954年),山西省档案馆藏,档号C006-0006-1765-0031。
《关于告知五寨县没有规定范围内工程技术人员的函》(1954年),山西省档案馆藏,档号C006-0006-1765-0043。
《关于各公商统一经营的令》(年份未写,估计是1944年9月5日),山西省档案馆藏,档号A90-4-97-10。
《关于公粮折成布军鞋的几点通知》(1948年10月6日),山西省档案馆藏,档号A90-4-60-5。

《关于公粮征收中执行减征或免征问题的意见》,山西省档案馆藏,档号 A90-4-60-6。

《关于会计规程的改进给会计同志的信》(1946 年 10 月 20 日),山西省档案馆藏,档号 A96-1-29-13。

《关于今后掌握金融物价、物资的指示》(日期不详,估计在 1946 年),山西省档案馆藏,档号 A90-04-11-06。

《关于今后掌握金融物价物资的指示》(日期不详),山西省档案馆藏,档号 A90-04-111-6。

《关于金融贸易问题的检讨(会议材料)》(1947 年),山西省档案馆藏,档号 A90-4-117-3。

《关于举办定期折米存款的指示》(1946 年 11 月 5 日),山西省档案馆藏,档号 A96-1-14-1。

《关于煤炭作外汇提高煤产的几点办法》(1946 年 1 月 5 日),山西省档案馆藏,档号 A96-1-14-4。

《关于目前金融物价指示》(1946 年 8 月 30 日),山西省档案馆藏,档号 A96-1-14-6。

《关于所有商店移交当地贸易局的通令》(1944 年 3 月 5 日),山西省档案馆藏,档号 A90-4-97-9。

《关于统一会计科目,执行新会计科目的要点的指示信》(1946 年 8 月 15 日),山西省档案馆藏,档号 A96-1-29-10。

《关于支付 1945 年度公债息票通知》(1945 年 10 月 19 日),兴县档案馆藏,档号 10-79-7。

《桦林村互助变工材料》(1944 年 10 月 19 日),临县档案馆藏,档号 62-1-20。

《晋绥边区 1940 年至 1948 年公粮草收支总结表》(1949 年 6 月 10 日),山西省档案馆藏,档号 A90-4-67。

《晋绥边区的劳动互助(摘要)》(1944 年 7 月),山西省档案馆藏,档号 A220-13-248。

《晋绥边区各类邮件资费表(1949 年 2 月 10 日)》,山西省档案馆藏,档号 A90-5-107-5。

《晋绥边区管理对外汇兑办法》(1944 年 10 月 20 日),山西省档案馆藏,档号 A90-4-97-5。

《晋绥边区管理对外贸易办法》(1944 年 10 月 20 日),山西省档案馆藏,档号 A90-4-97-4。

《晋绥边区管理对外贸易汇兑办法施行细则》(1944 年 10 月 20 日),山西省档案馆藏,档号 A96-3-22-15。

《晋绥边区行署 A90 档案说明》,山西省档案馆藏,档号 A90。

《晋绥边区行署对营业税工作的指示》(1947年3月20日),山西省档案馆藏,档号A220-13-395。

《晋绥边区行署关于金融贸易工作的指示》(1948年2月1日),山西省档案馆藏,档号A220-13-453。

《晋绥边区行署关于禁止洋蓝入口的命令》(1945年10月6日),山西省档案馆藏,档号A90-4-98-10。

《晋绥边区行署关于严禁美蒋敌货入口的通令》(1948年7月15日),山西省档案馆藏,档号A90-4-125-12。

《晋绥边区行政公署、晋绥军区司令部通令》(1945年4月3日),山西省档案馆藏,档号A90-4-98-7。

《晋绥边区行政公署、军区司令部联合命令》(1947年11月13日),兴县档案馆藏,档号10-84-27。

《晋绥边区行政公署关于公粮工作的指示》(1948年1月7日),山西省档案馆藏,档号A90-4-60-1。

《晋绥边区行政公署关于今年秋粮折收的实物集中办法的通知》(1948年11月19日),山西省档案馆藏,档号A90-4-60-4。

《晋绥边区行政公署关于征收1945年营业税工作的指示》(1946年2月20日),山西省档案馆藏,档号A220-13-303。

《晋绥边区行政公署令(财粮字第500号)》(1948年12月25日),山西省档案馆藏,档号A90-4-60-7。

《晋绥边区行政公署令》(1945年11月30日),山西省档案馆藏,档号A90-4-98-6。

《晋绥边区行政公署令》(1945年5月22日),山西省档案馆藏,档号A90-4-98-12。

《晋绥边区行政公署令》(1945年6月1日),山西省档案馆藏,档号A90-4-98-14。

《晋绥边区行政公署令》(1945年6月24日),山西省档案馆藏,档号A90-4-98-11。

《晋绥边区行政公署令》(1945年6月6日),山西省档案馆藏,档号A90-4-98-14。

《晋绥边区行政公署令》(1946年5月28日),兴县档案馆藏,档号12-203-12。

《晋绥边区行政公署秘密指示信》(1944年1月31日),兴县档案馆藏,档号10-75。

《晋绥边区行政公署命令(财政字第110号)》(1946年6月25日),山西省档案馆藏,档号A90-4-106。

《晋绥边区行政公署通令》(1947年8月8日),兴县档案馆藏,档号10-84-6。

《晋绥边区行政公署通知》(1946年1月28日),山西省档案馆藏,档号A90-4-98-8。

《晋绥边区货物税暂行条例》(1946年3月15日),山西省档案馆藏,档号A220-13-313。

《晋绥边区货物税暂行条例》(1947年2月28日),山西省档案馆藏,档号 A220-13-388。

《晋绥边区贸易总局关于管理赤金通知》(年份不详),山西省档案馆藏,档号 A96-1-14-5。

《晋绥边区统一度量衡办法》(1941年),山西省档案馆藏,档号 A90-4-97-8。

《晋绥边区修正营业税暂行条例》(1947年3月10日),山西省档案馆藏,档号 A220-13-391。

《晋绥党政军民关于经费粮秣收支手续及制度规定》(1948年2月22日),山西省档案馆藏,档号 A90-4-24-1。

《晋绥过去九年财政工作概要检查报告(草稿)》(1949年5月),山西省档案馆藏,档号 A220-13-522。

《晋绥行署对临县及三交、白文、招贤镇工商业调查材料》(1948年),山西省档案馆藏,档号 A90-4-128。

《晋绥行署对碛口市工商业政策的调查材料》(1948年4月1日),山西省档案馆藏,档号 A90-4-129。

《晋绥行署关于巩固金融的指示》(1945年12月5日),山西省档案馆藏,档号 A90-4-98-4。

《晋绥贸易工作报告》(1948年4月2日),山西省档案馆藏,档号 A96-1-20-1。

《晋绥贸易公司关于各地县物价货币的通报》(1946年9月30日),山西省档案馆藏,档号 A96-1-25-5。

《晋绥贸易公司关于各县物价货币的通报》(1946年9月3日),山西省档案馆藏,档号 A96-1-25-8。

《晋绥贸易公司会计科目规程》(1946年8月10日),山西省档案馆藏,档号 A96-1-29-18。

《晋绥贸易总局银行总指示》(1943年8月16日),山西省档案馆藏,档号 A96-1-10-2。

《晋绥七县十个村子的负担状况调查表》(1948年),山西省档案馆藏,档号 A90-4-60-8。

《晋绥区土改前后土地变化等情况典型调查表》(1948年7月23日),山西省档案馆藏,档号 21-3-56-1。

《晋西北管理对外汇兑办法》(1941年11月1日),山西省档案馆藏,档号 A88-5-9-3。

《晋西北行政公署贸易总局指示信》(1943年9月7日),临县档案馆藏,档号 62-2-12。

主要参考文献

《晋西北行政公署向晋西北临时参议会的工作报告》(1942年),兴县档案馆藏,档号1-2-3。

《晋西北减租交租条例解释》,临县档案馆藏,档号62-2-5。

《晋西北金融贸易材料》(1942年9月),山西省档案馆藏,档号A88-5-9-3。

《扩大会后生产的检查》(1945年),兴县档案馆藏,档号14-123。

《李家沟自然村种棉材料》(1946年),临县档案馆藏,档号62-2-51。

《梁家会合作社的工作总结》(1944年),临县档案馆藏,档号62-1-20。

《临北四区春季妇纺工作总结》(1945年5月10日),临县档案馆藏,档号62-2-40。

《临南后庄纺织材料发展概况》(1946年12月),临县档案馆藏,档号62-1-54。

《临南棉纺织》(1943年8月25日—9月20日),临县档案馆藏,档号62-2-15。

《临南三区麦洼村阶级关系及土地占有变化材料》(1945年12月),临县档案馆藏,档号62-1-54。

《临南县第四区瓦窑塌村夏季纺织变工材料总结》(1945年8月12日),临县档案馆藏,档号62-2-43。

《临南县纺织总结》(1945年8月2日),临县档案馆藏,档号62-2-41。

《临县1945年生产奋斗目标》,临县档案馆藏,档号62-2-41。

《临县八区招贤镇工商业调查》(1948年3月4日),山西省档案馆藏,档号A90-4-128-5。

《临县财政工作材料及意见》(1947年),临县档案馆藏,档号62-2-58。

《临县城工商业调查》(1948年3月9日),山西省档案馆藏,档号A90-4-128-2。

《临县的减租工作》(1942年),山西省档案馆藏,档号A88-3-25。

《临县第五区白文镇工商业材料》(1948年3月6日),山西省档案馆藏,档号A90-4-128-6。

《临县第五区白文镇工商业材料》(1948年3月6日),山西省档案馆藏,档号A90-4-128-6。

《临县纺织业发展及其现状》(1949年5月),临县档案馆藏,档号62-2-9。

《临县碛口征营业税、征奸商及土改后工商业材料调查》(1948年3月6日),山西省档案馆藏,档号A90-4-127。

《临县群众负担总结》(1946年9月10日),临县档案馆藏,档号62-2-58。

《临县五区半年来纺织总结》(1944年8月6日),临县档案馆藏,档号62-1-20。

《临县一区万安坪村纺织工作总结》(1944年8月26日),临县档案馆藏,档号62-1-20。

《刘长亮同志一分区扩干会上的总结报告》(1945年8月),兴县档案馆藏,档号1-5。

《贸易工作会议工作检讨提纲》(1944年),山西省档案馆藏,档号 A96-3-22-8。

《贸易金融工作会议干部思想反省要点》(1944年5月),山西省档案馆藏,档号 A96-3-22-7。

《贸易总局银行总行关于兴县支局稳定金融的经验介绍》(1943年9月1日),兴县档案馆藏,档号 10-72。

《贸易总局银行总局经验介绍》(1943年9月1日),兴县档案馆藏,档号 10-72-6。

《碛口市过去执行工商业政策的材料》(1948年3月1日),山西省档案馆藏,档号 A90-4-127-4。

《碛口市商业调查总结》(1944年10月15日),山西省档案馆藏,档号 A90-4-101-4。

《全县纺织材料》(1946年),临县档案馆藏,档号 62-2-57。

《日寇投降后紧张形势下行政公署关于最近半年内贸易工作的指示》(1945年11月14日),山西省档案馆藏,档号:A90-4-98-3。

《日寇投降后紧张形势下行政公署关于最近半年内贸易金融工作的指示》(1945年11月14日),兴县档案馆藏,档号 10-79。

《塞北分区朔平两县合作社联席会议对于今后朔平两县合作社工作的意见》(1942年9月7日),内蒙古自治区档案馆藏,档号 1-1-24。

《三交大众商店物价表》(1947年5—8月),山西省档案馆藏,档号 A96-1-26-11。

《三区训练班总结》,临县档案馆藏,档号 62-2-40。

《山西省委发给各地委市委并报华北局的材料》(1952年5月8日),河北省档案馆藏,档号 855-1-202。

《山西省忻县专区保德县煤矿表》(1953年1月20日),山西省档案馆藏,档号 C006-0004-1907-0014。

《山西省忻县专区偏关县煤矿一览表》(1953年1月16日),山西省档案馆藏,档号 C006-0004-1907-0015。

《陕甘宁、晋绥行署关于目前掌握物价问题的指示》(1948年12月23日),山西省档案馆藏,档号 A90-4-125-9。

《陕甘宁晋绥边区暂行审计条例》(1948年10月1日),山西省档案馆藏,档号 A90-4-21-2。

《陕甘宁晋绥联防军单行审计规程(草案)》(1948年),山西省档案馆藏,档号 A90-4-21-1。

《四区两个村纺训班的总结材料》(1947年2月),临县档案馆藏,档号 62-1-63。

《五区纺织总结》(1945年5月12日),临县档案馆藏,档号 62-2-40。

《西北农民银行会计规程》(1943年8月),山西省档案馆藏,档号 A96-1-28-2。

主要参考文献

《新华总社关于农村划阶级的几点解释》(1949年10月17日),河北省档案馆藏,档号758-1-1。

《兴县1947年一至五月份一般物价指数表》,山西省档案馆藏,档号A90-4-120-2。

《兴县第二区收买站结算表》(1947年8月10日),兴县档案馆藏,档号10-79-12。

《兴县第三区第二次收买药材结算表》,1947年12月10日,兴县档案馆藏,档号10-79-14。

《兴县关于总结夏锄工作的报告》(1948年9月17日),兴县档案馆藏,档号14-129-6。

《窑头行政村纺织材料总结》(1945年7月17日),临县档案馆藏,档号62-2-40。

《窑头自然村的互助变工》(1944年),临县档案馆藏,档号62-1-20。

《窑塌村纺织变工典型材料》,临县档案馆藏,档号62-1-20。

《要迅速纠正在工商业中对外贸易的自由主义的现象》(1945年6月29日),山西省档案馆藏,档号A90-4-98-9。

《一年来金融工作的基本总结与今后的任务与方针》(1944年8月5日),山西省档案馆藏,档号A90-4-101-3。

《一区纺织工作总结材料报告》(1945年6月2日),临县档案馆藏,档号62-2-40。

《有关银洋使用方面的通知》(1946年11月18日),山西省档案馆藏,档号A96-1-14-18。

《赵立德给刘县长的信》(1947年11月8日),兴县档案馆藏,档号10-79-6。

《中共晋绥分局审计委员会颁发审计条例》(1944年4月1日),山西省档案馆藏,档号A21-8-7-3。

《中共中央晋绥分局关于土改工作与整党工作基本总结提纲》(1949年1月30日),山西省档案馆藏,档号A220-13-188。

冀晋区党委研究室:《土地改革数字汇集》(1947年),山西省档案馆藏,档号A42-5-6-3。

晋绥边区行署:《半年来金融工作总结》(1945年4月),山西省档案馆藏,档号A90-4-100。

晋绥边区行署:《半年来贸易工作的总结》(1945年4月),山西省档案馆藏,档号A220-13-260。

晋绥边区行署:《关于巩固金融开展对外贸易的指示》(1946年4月21日),山西省档案馆藏,档号A220-13-326。

晋绥边区行署:《关于金融贸易工作的指示》(1948年2月1日),山西省档案馆藏,档号A220-13-453。

晋绥边区行署:《关于金融贸易工作的指示》(1948年5月9日),山西省档案馆藏,档号 A220-13-459。

晋绥边区行署:《关于纠正执行工商业政策中几个错误问题的指示》(1948年2月1日),山西省档案馆藏,档号 A220-13-452。

晋绥边区行署:《关于贸易金融工作的决定的令》(1946年1月29日),山西省档案馆藏,档号 A220-13-298。

晋绥边区行署:《关于下发贸易金融材料的通知(附:贸易金融材料)》(1944年8月29日),山西省档案馆藏,档号 A96-1-11-7。

晋绥边区行署:《关于迅速稳定金融的指示》(1946年11月16日),山西省档案馆藏,档号 A220-13-375。

晋绥边区行署:《晋绥边区历年税收工作概况(1940年—1947年)》(1948年3月5日),山西省档案馆藏,档号 A220-13-454。

晋绥边区行署:《晋绥行署关于1940—1947年金融工作的总结及今后金融工作的意见》(1948年11月),山西省档案馆藏,档号 A90-04-124。

晋绥边区行署:《目前贸易中存在的问题与贸易工作的任务》(1944年8月5日),山西省档案馆藏,档号 A90-4-101-2。

晋绥边区行政公署、抗联:《关于坚持发展民间纺织有计划的准备开展今冬明春纺织运动的指示》(1946年6月10日),临县档案馆藏,档号 62-2-55。

晋绥边区行政公署:《1946年度供给标准规定》(1945年10月20日),兴县档案馆藏,档号 10-81-1。

晋绥边区行政公署:《关于春耕几个问题的紧急指示》(1945年4月3日),兴县档案馆藏,档号 14-125。

晋绥边区行政公署:《关于春耕几个问题的紧急指示》(1945年4月3日),兴县档案馆藏,档号 14-125。

晋绥边区行政公署:《关于公布粮秣会计规则的令》(1948年12月20日),山西省档案馆藏,档号 A90-4-24-2。

晋绥边区行政公署:《关于决定将各级行政委员津贴自本年二月起停发的命令》(1947年2月24日),兴县档案馆藏,档号 10-83-6。

晋绥边区行政公署:《关于开展贸易、稳定金融的秘密指示》(1944年3月10日),内蒙古自治区档案馆藏,档号 1-1-24。

晋绥边区行政公署:《关于夏锄工作指示》(1945年6月12日),兴县档案馆藏,档号 14-125。

晋绥边区行政公署:《晋绥边区的工业》(1944年6月),山西省档案馆藏,档号 A220-

13-247。

晋绥边区行政公署贸易总局:《关于对敌实行经济斗争特决定各点的通令》(1944年5月29日),山西省档案馆藏,档号 A90-4-97-12。

晋绥边区贸易总局:《关于骡马大会经验介绍》(1945年1月17日),山西省档案馆藏,档号 A96-1-13-2。

晋绥第八贸易分局:《关于发放青苗贷款中供给物资及维持金融的指示信》(1944年7月17日),山西省档案馆藏,档号 A96-3-22-12。

晋绥行署:《关于颁布牲畜买卖征税办法、粮食买卖手续费征收办法的命令》(1945年10月25日),山西省档案馆藏,档号 A96-4-75-8。

晋绥行署:《关于对美货倾销应给以无情的打击的通令》(1947年1月30日),山西省档案馆藏,档号 A90-4-118-1。

晋绥行署:《关于负担问题的调查研究提纲》(1945年5月22日),兴县档案馆藏,档号 10-79。

晋绥行署:《关于货物税暂行条例修改的令》(1945年11月30日),山西省档案馆藏,档号 A96-4-75-4。

晋绥行署:《关于禁止牛驴骡马骆驼出口补充与陕边税收问题的决定令》(1945年12月22日),山西省档案馆藏,档号 A96-4-75-9。

晋绥行署:《关于决定自6月1日起禁止所有外来进口火柴的通令》(1947年5月22日),山西省档案馆藏,档号 A90-4-118-2。

晋绥行署:《关于与陕甘宁边区税收问题的决定》(1945年11月30日),山西省档案馆藏,档号 A96-4-75-3。

晋绥行署:《关于征收牲畜买卖手续费及粮食斗佣的指示》(1945年10月25日),山西省档案馆藏,档号 A96-4-75-7。

晋绥行署:《货物税暂行条例施行细则》(1945年11月30日),山西省档案馆藏,档号 A96-4-75-5。

晋绥行署:《晋绥边区货物税暂行条例》(1945年11月30日),山西省档案馆藏,档号 A96-4-75-6。

晋绥行署检查团:《关于碛口市廿三家工商业补正的材料》(1948年1月15日),山西省档案馆藏,档号 A90-4-127-2。

晋绥贸易公司:《各地粮食涨价情况表》(1947年7月18日),山西省档案馆藏,档号 A96-1-26-6。

晋绥贸易公司:《关于各地县物价货币的通报》(1946年10月11日),山西省档案馆藏,档号 A96-1-25-10。

晋绥贸易公司:《关于各地县物价货币的通报》(1946 年 10 月 16 日),山西省档案馆藏,档号 A96-1-25-7。

晋绥贸易公司:《关于各地县物价货币的通报》(1946 年 11 月 15 日),山西省档案馆藏,档号 A96-1-25-6。

晋绥贸易公司:《关于各地县物价货币的通报》(1946 年 11 月 20 日),山西省档案馆藏,档号 A96-1-25-11。

晋绥贸易公司:《关于各地县物价货币的通报》(1946 年 11 月 24 日),山西省档案馆藏,档号 A96-1-25-9。

晋绥贸易公司:《关于各地县物价货币的通报》(1946 年 9 月 30 日),山西省档案馆藏,档号 A96-1-25-5。

晋绥贸易公司:《关于各县物价货币的通报》(1946 年 9 月 3 日),山西省档案馆藏,档号 A96-1-25-8。

晋绥贸易公司:《关于会计审核方面补充办法的通知》(1947 年 4 月 19 日),山西省档案馆藏,档号 A96-1-29-16。

晋绥贸易公司:《关于物价货币的情况通报》(1946 年 7 月 19 日),山西省档案馆藏,档号 A96-1-25-1。

晋绥贸易公司:《关于一周内金融、物价变动情形的通报》(1947 年 3 月 7 日),山西省档案馆藏,档号 A96-1-26-3。

晋绥贸易公司:《内地商情表》(1946 年 12 月 24 日),山西省档案馆藏,档号 A96-1-26-9。

晋绥贸易总局:《关于金融波动现象的通知》(1946 年 3 月 17 日),山西省档案馆藏,档号 A96-1-14-12。

晋绥区工商局:《关于金融、物价等问题的通知(业务参考材料)》(1948 年 7 月 17 日),山西省档案馆藏,档号 A96-1-2-15。

晋西北行政公署:《关于各级政府利用冬闲广泛动员群众割草问题的训令》(1943 年 11 月 1 日),内蒙古自治区档案馆藏,档号 1-1-8。

晋西北行政公署:《关于公粮中奖励扩大耕种轮息地的训令》(1943 年 10 月 21 日),内蒙古自治区档案馆藏,档号 1-1-8。

晋西北行政公署:《关于收起农业贷款问题的指示信》(1942 年 11 月 8 日),内蒙古自治区档案馆藏,档号 1-1-6。

晋西北贸易八分局:《关于建立经济情报制度的通知》(1943 年 8 月 27 日),山西省档案馆藏,档号 A96-3-22-2。

临县县政府:《关于坚决贯彻金融政策的指示》(1946 年),临县档案馆藏,档号 62-2-

主要参考文献

56。

临县县政府:《关于禁止银洋法币暗流的令》(1946年10月8日),临县档案馆藏,档号62-2-56。

刘卓甫:《晋绥金融贸易工作报告》(1948年4月3日),山西省档案馆藏,档号A96-1-20-1。

民委会:《四区纺训班四次总结材料》(1946年10月),临县档案馆藏,档号62-1-54。

牛荫冠、王磊:《关于参加贸易金融会后主要工作尽量妥善地布置的绝密信》(1945年1月24日),山西省档案馆藏,档号A90-4-97-18。

牛荫冠:《1948年金融贸易工作总结》,山西省档案馆藏,档号A96-1-20-2。

陕甘宁边区政府、陕甘宁晋绥联防军司令部:《关于1948年供给标准的命令》(1948年1月),山西省档案馆藏,档号A90-4-21-3。

陕甘宁晋绥贸易公司、西北农民银行:《关于畅通贸易稳定金融的方案》(1947年11月18日),山西省档案馆藏,档号A96-1-16-29。

绥蒙区党委:《关于中农问题的通知》(1948年12月26日),山西省档案馆藏,档号24-1-16-6。

西北农民银行:《关于在本局系统一切会计事务必须执行会计规程的指示信》(1943年8月29日),山西省档案馆藏,档号A96-1-28-1。

县政府:《临县1946年纺织工作总结》,临县档案馆藏,档号62-2-51。

中共晋绥分局:《农村土地及阶级变化材料》(1946年),山西省档案馆藏,档号A21-3-14。

中共晋西区党委:《经济建设材料汇集——财政》(1941年12月),山西省档案馆藏,档号A22-7-8。

中共晋西区党委:《经济建设材料汇集——工矿生产》(1941年12月),山西省档案馆藏,档号A22-7-9。

中共晋西区党委:《经济建设材料汇集——货币金融》(1941年12月),山西省档案馆藏,档号A22-7-5。

中共晋西区党委:《经济建设材料汇集——农林牧畜》(1941年12月),山西省档案馆藏,档号A22-7-10。

中共晋西区党委:《经济建设材料汇集——商业贸易》(1941年12月),山西省档案馆藏,档号A22-7-4。

中共兴县县委会:《关于深入领导生产具体组织夏锄工作指示》(1948年6月14日),兴县档案馆藏,档号14-129-4。

二、资料汇编

东北书店辽宁分店编印:《各解放区劳动互助经验介绍》,1948 年。

《晋绥边区关于变工互助的几个问题》,冀南书店 1946 年版。

《平鲁党史县志资料选(第八期)》(油印本),内部资料,年份不详。

《延安民主模式研究》课题组编:《延安民主模式研究资料选编》,西北大学出版社 2004 年版。

《中国的土地改革》编辑部、中国社会科学院及经济研究所现代经济史组编:《中国土地改革史料选编》,国防大学出版社 1988 年版。

《中国土地法大纲研究资料》,光明书店 1947 年版。

《中国现代史资料汇编(1919—1945)》,香港文化资料供应社 1978 年版。

财政部农业财务司编:《新中国农业税史料丛编》第二册,中国财政经济出版社 1987 年版。

财政部税务总局编:《中国革命根据地工商税收史长编——晋绥革命根据地部分(1927—1949)》,中国财政经济出版社 1988 年版。

成致平主编:《中国物价五十年(1949—1998)》,中国物价出版社 1998 年版。

共青团山西省委、山西省档案馆编:《山西青年运动历史资料(晋绥革命根据地分册)》(第 1—5 辑),1986、1987 年。

韩延龙、常兆儒:《中国新民主主义革命时期根据地法制文献选编》第 4 卷,中国社会科学出版社 1984 年版。

华北财政经济会议秘书处编印:《华北财政经济会议文献》,1947 年。

华北交通邮政史料整理组编:《华北解放区交通邮政史料汇编(晋绥边区卷)》,人民邮电出版社 1993 年版。

华北新华书店编:《土改整党参考资料》,华北新华书店 1948 年版。

江苏省财政厅等:《华中抗日根据地财政经济史料选编(江苏部分)》第四卷,档案出版社 1986 年版。

晋察冀边区财政经济史编写组等:《晋察冀边区财政经济史资料选编(财政金融编)》,南开大学出版社 1984 年版。

晋绥边区财政经济史编写组、山西省档案馆编:《晋绥边区财政经济史资料选编》(总论编、农业编、工业编、财政编、金融贸易编),山西人民出版社 1986 年版。

晋绥边区第二中学校史编写组:《晋绥边区第二中学校史暨资料汇编》(内部印刷),1988 年。

晋绥边区行政公署编印:《晋绥边区变工互助的发展形式——变工合作社》,1944 年。

晋绥边区行政公署编印:《晋绥边区第四届群英大会重要文献集》,1945 年。

晋绥边区行政公署编印:《一年来的妇女纺织运动及其经验教训》,1946年。

晋绥边区行政公署编印:《一年来劳武结合的新发展》,1946年。

晋绥边区行政公署编印:《一年来综合性合作社的经验介绍》,1946年。

晋绥边区行政公署编印:《怎样种庄稼》,1943年。

晋绥边区行政公署建设处编印:《怎样积肥》,1945年。

晋绥边区行政公署建设处编印:《怎样种蓝》,1945年。

晋绥边区行政公署建设处编印:《庄稼生虫和生病的防治法》,1945年。

晋绥边区民主妇女联合会编:《晋绥解放区妇女纺织发展概况》,全国图书馆文献缩微中心,2013年。

晋绥边区民主妇女联合会编:《晋绥解放区妇女工作概况》,1949年。

晋绥边区民主妇女联合会编印:《晋绥妇女参加农业生产的概况》,1949年。

晋绥边区生产委员会编印:《发展工矿手工业》,1946年。

晋绥革命根据地工商税收史编写组编:《晋绥革命根据地工商税收史料选编》(上下册),内部参考,1984年。

晋绥革命根据地工商税收史编写组编:《晋绥革命根据地工商税收史料选编·续编》,内部参考,1984年。

晋绥新华书店晋南分店编:《生产法令经验汇集(上、下编)》,1948年。

晋绥新民主主义青年团筹委会、晋绥民主青年联合会编印:《晋绥解放区青年运动简述》,1948年。

孔祥毅主编:《"民国"山西金融史料》,中国金融出版社2013年版。

李文海主编:《"民国"时期社会调查丛编(二编)》乡村社会卷,福建教育出版社2014年版。

内蒙古自治区档案馆:《大青山抗日游击根据地档案史料选编(1938—1945年)》下编,内部发行,1984年。

全国供销合作总社编:《中国供销合作社史料选编》第一辑(上),中国财政经济出版社1986年版。

山西省财政厅税务局、内蒙古自治区税务局、山西省档案馆、内蒙古自治区档案馆编:《晋绥革命根据地工商税收史料选编(1938.2—1949.12)》,山西人民出版社1986年版。

山西省妇运史编纂委员会办公室:《晋绥革命根据地妇女运动大事记》(征求意见稿),1984年。

山西省工商行政管理局编印:《晋绥边区山西工商行政管理史料选编》,内部印刷,1985年。

山西省教育史晋绥边区编写组、内蒙古自治区教育史志办公室:《晋绥革命根据地教育史资料选编》(一、二),内部资料,1987年。

山西省审计局、山西省档案局编印:《山西革命根据地审计历史资料选编》,内部发行,1989年。

山西省图书馆、《山西省志·人物志》编写组:《晋绥边区党政干部任职表(征求意见稿)》,山西省地方志编纂委员会办公室编印,1984年。

山西省图书馆编印:《晋绥边区资料拾零》,1977年。

史敬棠等编:《中国农业合作化运动史料》上、下册,生活·读书·新知三联书店1962年版。

苏星、杨秋宝编:《新中国经济史资料选编》,中共中央党校出版社2000年版。

武衡主编:《抗日战争时期解放区科学技术发展史资料》(第2—3辑),中国学术出版社1984年版。

武衡主编:《抗日战争时期解放区科学技术发展史资料》(第6—7辑),中国学术出版社1988年版。

忻州地区对资改造丛书领导组编:《忻州地区对资改造资料集》(内部资料),1990年。

薛幸福主编:《晋绥根据地军工史料》,中国兵器工业历史资料编审委员会编印,内部发行,1990年。

杨世源主编:《西北农民银行史料》,山西人民出版社2002年版。

张闻天选集传记组、中共陕西省委党史研究室、中共山西省委党史研究室:《张闻天晋陕调查文集》,中共党史出版社1994年版。

张希坡:《革命根据地法律文献选辑(第3辑)》第3卷,中国人民大学出版社2018年版。

中共冀鲁豫边区党史工作组办公室:《中共冀鲁豫边区党史资料选编》第3辑(上),山东大学1989年版。

中共吕梁地委党史研究室编印:《晋绥边区第一中学校校史》,1989年。

中共吕梁地委党史资料征集办公室编印:《晋绥根据地大事记》,1984年。

中共吕梁地委党史资料征集办公室编印:《晋绥根据地资料选编》(第1—2集),1983年。

中共吕梁地委党史资料征集办公室编印:《晋绥根据地资料选编》(第3—5集),1984年。

中共内蒙古自治区委员会党史资料征集委员会、内蒙古自治区档案馆编:《大青山抗日游击根据地资料选编(中册)》,内蒙古人民出版社1987年版。

中共内蒙古自治区委员会党史资料征集委员会、中国人民解放军档案馆、内蒙古自治区档案馆:《大青山抗日游击根据地资料选编(历史档案部分)》,内蒙古人民出版社1986年版。

中共山西省委党史研究室、中共内蒙古自治区委党史资料征研委办公室、晋绥革命根据地史料征集指导组办公室:《晋绥革命根据地大事记》,山西人民出版社1989年版。

中共山西省委党史研究室等:《太岳革命根据地财经史料选编》(下),山西经济出版社1991年版。

中共雁北地委党史研究室编印:《晋绥雁北根据地大事记》,内部资料,1991年。

中共中央文献研究室编:《建国以来重要文献选编》(第1—8册),中央文献出版社2011年版。

中共中央文献研究室编:《刘少奇论新中国经济建设》,中央文献出版社1993年版。

中国财政科学研究院主编:《抗日战争时期陕甘宁边区财政经济史料摘编》(十卷本),长江文艺出版社2016年版。

中国革命博物馆编:《解放区展览会资料》,文物出版社1988年版。

中国科学院经济研究所手工业组:《1954年全国个体手工业调查资料》,生活·读书·新知三联书店1957年版。

中国人民银行华东区行编著:《怎样做好农业贷款工作》,华东人民出版社1954年版。

中国人民银行金融研究所等:《冀鲁豫边区金融史料选编》(上册),中国金融出版社1989年版。

中国人民政治协商会议、山西省兴县委员会文史资料委员会编:《兴县文史资料》(第8辑),内部资料,2004年。

中国人民政治协商会议山西省委员会文史资料研究委员会编:《山西文史资料》(第13辑),1979年。

中国社会科学院,中央档案馆编:《中华人民共和国经济档案资料选编(1949—1952)》(农村经济体制卷),社会科学文献出版社1992年版。

中国社会科学院、中央档案馆编:《中华人民共和国经济档案资料选编(1953—1957)》(金融卷),中国物价出版社2000年版。

中国社会科学院经济研究所现代经济史组编:《中国革命根据地经济大事记》(1937—1949),中国社会科学出版社1986年版。

中国社会科学院经济研究所中国现代经济史组编:《革命根据地经济史料选编》(上、下),江西人民出版社1986年版。

中国新民主主义青年团苏南区工作委员会编:《新民主主义青年团是什么》,苏南新华书店1949年版。

中华人民共和国国家农业委员会办公厅编:《农业集体化重要文件汇编(1949—1957)》(上),中共中央党校出版社1981年版。

中央档案馆编:《解放战争时期土地改革文件选编(1945—1949年)》,中共中央党校出版社1981年版。

中央档案馆编:《中共中央文件选集》(第17册),中共中央党校出版社1992年版。

三、方志

[日]东亚同文会编:《中国省别全志·山西省》(第31册),国家图书馆出版社2015年版。

贾维桢、尚永红、孙海声主编:《兴县志》,中国大百科全书出版社1993年版。

临县志编纂委员会编:《临县志》,海潮出版社1994年版。

山西省史志研究院编:《山西通志·气象志》(第3卷),中华书局1999年版。

山西省史志研究院编:《山西通志·卫生医药志(卫生篇)》(第41卷),中华书局1997年版。

山西省史志研究院编:《山西通志·总述》(第1卷),中华书局1999年版。

四、经典文献

《陈云文集》(第一、二卷),中央文献出版社2005年版。

《邓小平文选》(第三卷),人民出版社1993年版。

《列宁选集》(第三卷),人民出版社1972年版。

《刘少奇选集》(上、下),人民出版社1981、1985年版。

《马克思恩格斯全集》(第36、39、46卷),人民出版社1974、1975、1979年版。

《马克思恩格斯选集》(第3—4卷),人民出版社2012年版。

《毛泽东文集》(第1—2卷),人民出版社1993年版。

《毛泽东文集》(第3—5卷),人民出版社1996年版。

《毛泽东文集》(第6卷),人民出版社1999年版。

《毛泽东选集》(第1—4卷),人民出版社1994年版。

《毛泽东选集》(第5卷),人民出版社1977年版。

《毛泽东选集》(卷5),东北书店1948年版。

《薛暮桥文集》(第2卷),中国金融出版社2011年版。

《张闻天文集》(第1—4卷),中共党史出版社2012年版。

《张闻天选集》,人民出版社1985年版。

《资本论》(第1—3卷),人民出版社2004年版。

五、报纸

《抗战日报》《晋绥日报》《解放日报》《新华日报》《人民日报》《晋察冀日报》《晋西大众报》

六、日记、人物传记、年谱与回忆录

《习仲勋传》编委会:《习仲勋传》(上卷),中央文献出版社2013年版。

李烈主编:《贺龙年谱》,人民出版社1996年版。

李新:《流逝的岁月:李新回忆录》,山西人民出版社2008年版。

理红、理京整理:《高鲁日记》,内蒙古大学出版社2004年版。

穆欣:《林枫传略》,中共党史出版社2006年版。

王一民、齐荣晋、笙鸣:《山西革命根据地文艺运动回忆录》,北岳文艺出版社1988年版。

张闻天选集传记组编:《200位老人回忆张闻天》,人民出版社2013年版。

中共中央党史研究室张闻天选集传记组编:《张闻天年谱》(1900—1976)(上、下卷),中共党史出版社2000年版。

中共中央文献研究室编:《陈云传》,中央文献出版社2015年版。

中共中央文献研究室编:《陈云年谱》(1905—1995)(上、中、下卷),中央文献出版社2000年版。

中共中央文献研究室编:《刘少奇年谱》(1898—1969)(上、下卷),中央文献出版社1996年版。

中共中央文献研究室编:《毛泽东年谱》(1893—1949),中央文献出版社2013年版。

中共中央文献研究室编:《毛泽东年谱》(1949—1976),中央文献出版社2013年版。

中国社会科学院现代革命史研究室:《回忆贺龙》,上海人民出版社1979年版。

七、专著

[澳]大卫·古德曼:《中国革命中太行抗日根据地社会变迁》,田酉如等译,中央文献出版社2003年版。

[澳]蒂姆·赖特:《中国经济和社会中的煤矿业》,丁长清译,东方出版社1991年版。

[德]马克·赛尔登:《革命中的中国:延安道路》,魏晓明、冯崇义译,社会科学文献出版社2002年版。

[俄]A. 恰亚诺夫:《农民经济组织》,萧正洪译,中央编译出版社1996年版。

[法]克劳德·梅纳尔主编:《制度、契约与组织——从新制度经济学角度的透视》,刘刚等译,经济科学出版社2003年版。

[美]道格拉斯·C. 诺思:《制度、制度变迁与经济绩效》,杭行译,格致出版社、上海三联书店、上海人民出版社2008年版。

[美]道格拉斯·C. 诺思:《经济史上的结构和变革》,厉以平译,商务印书馆2009年版。

[美]德怀特·希尔德·珀金斯:《中国农业的发展(1368—1968)》,宋海文等译,上海译文出版社1984年版。

[美]格奥尔格·伊格斯:《欧洲史学新方向》,赵世玲、赵世瑜译,华夏出版社1989年版。

[美]黄宗智:《华北的小农经济与社会变迁》,中华书局2000年版。

[美]黄宗智:《长江三角洲小农家庭与乡村发展》,中华书局2000年版。

[美]科斯等:《财产权利与制度变迁》,刘守英等译,上海三联书店、上海人民出版社1994年版。

[美]李丹:《理解农民中国》,张天虹等译,江苏人民出版社2009年版。

[美]罗纳德·H. 科斯等:《财产权利与制度变迁——产权学派与新制度学派译文集》,刘守英等译,上海人民出版社2014年版。

[美]马克·赛尔登:《革命中的中国:延安道路》,魏晓明、冯崇义译,社会科学文献出版社2002年版。

[美]马若孟:《中国农民经济》,史建云译,江苏人民出版社1999年版。

[美]裴宜理:《华北的叛乱者与革命者(1845—1945)》(增订本),池子华等译,商务印书馆2017年版。

[美]彭慕兰:《大分流:欧洲、中国及现代世界经济的发展》,史建云译,江苏人民出版社2004年版。

[美]施坚雅:《中国农村的市场和社会结构》,史建云等译,中国社会科学出版社1998年版。

[美]斯塔夫里阿诺斯:《全球通史》(1500年以后的世界),吴象婴等译,上海社会科学院出版社1999年版。

[美]万志英:《剑桥中国经济史》,崔传刚译,中国人民大学出版社2018年版。

[美]王国斌:《转变的中国——历史变迁及欧洲经验的局限》,李伯重、连玲玲译,江苏人民出版社1998年版。

[美]西奥多·W. 舒尔茨:《改造传统农业》,梁小民译,商务印书馆2006年版。

主要参考文献

［美］亚历山大·格申克龙:《经济落后的历史透视》,张凤林译,商务印书馆 2012 年版。

［美］约瑟夫·熊彼特:《经济发展理论》,何畏、易家详等译,商务印书馆 2017 年版。

［美］詹姆斯·M.布坎南:《自由、市场与国家——80 年代的政治经济学》,平新乔等译,生活·读书·新知三联书店上海分店 1989 年版。

［日］顾琳:《中国的经济革命:二十世纪的乡村工业》,王玉茹等译,江苏人民出版社 2010 年版。

［日］森时彦:《中国近代棉纺织业史研究》,袁广泉译,社会科学文献出版社 2010 年版。

［英］大卫·李嘉图:《政治经济学及赋税原理》,周洁译,华夏出版社 2005 年版。

［英］迈克尔·佩罗曼:《资本主义的诞生——对古典政治经济学的一种诠释》,裴达鹰译,广西师范大学出版社 2001 年版。

［英］亚当·斯密:《国民财富的性质和原因的研究》(上卷),郭大力、王亚南译,商务印书馆 1972 年版。

［英］亚当·斯密:《国民财富的性质和原因的研究》(下卷),郭大力、王亚南译,商务印书馆 1974 年版。

《晋绥日报简史》编委会:《晋绥日报简史》,重庆出版社 1992 年版。

《兴县革命史》编写组:《兴县革命史》,山西人民出版社 1985 年版。

《战地总动员——民族革命战争战地总动员委员会斗争史实》(上、下),山西人民出版社 1986 年版。

《中国敌后解放区概况》,编者与出版地不详,1944 年。

《中国敌后抗日民主根据地概况》,编者与出版地不详,1944 年。

八路军第一二〇师陕甘宁晋绥联防军抗日战争史编审委员会:《八路军第一二〇师暨晋绥军区战史》,解放军出版社 2017 年版。

薄一波:《若干重大决策与事件的回顾》上,中共党史出版社 2008 年版。

财政部财政科学研究所:《抗日根据地的财政经济》,中国财政经济出版社 1987 年版。

财政科学研究所:《革命根据地的财政经济》,中国财政经济出版社 1985 年版。

柴树藩等:《绥德、米脂土地问题初步研究》,人民出版社 1979 年版。

陈漫远:《抗日战争的战术问题》,抗战日报社 1945 年版。

陈廷煊:《抗日根据地经济史》,社会科学文献出版社 2007 年版。

陈新岗、陈强:《山东革命根据地的奇迹与启示:货币、金融与经济政策》,山东人民出版社 2014 年版。

第一二〇师陕甘宁晋绥联防军抗日战争史编审委员会:《第一二〇师陕甘宁晋绥联防军抗日战争史》,军事科学出版社1994年版。

杜润生:《中国的土地改革》,当代中国出版社1996年版。

樊润德:《晋绥边区史话》,中共兴县委员会党史资料征集研究办公室印,1986年。

方宝璋:《中国审计史稿》,福建人民出版社2006年版。

方行、经君健、魏金玉主编:《中国经济通史》清代经济卷(上),经济日报出版社2000年版。

费孝通:《费孝通文集》第3、4卷,群言出版社1999年版。

费孝通:《江村经济——中国农民的生活》,商务印书馆2012年版。

冯崇义、大卫·古德曼编:《华北抗日根据地与社会生态》,当代中国出版社1998年版。

郭士星、孙寿山:《晋绥革命根据地文化大事记》,内蒙古人民出版社1993年版。

贺文乐:《晋西北根据地互助合作运动研究(1940—1949)》,中国社会科学出版社2017年版。

胡荣明、赵元成:《抗日根据地统一累进税制研究》,江西人民出版社2022年版。

黄道炫:《张力与限界:中央苏区的革命(1933—1934)》,社会科学文献出版社2011年版。

黄正林:《陕甘宁边区社会经济史(1937—1945)》,人民出版社2006年版。

晋绥革命根据地工人运动史编写组:《晋绥革命根据地工人运动史(1937.7—1949.9)(讨论稿)》,1991年。

晋绥革命根据地工人运动史编写组:《晋绥革命根据地工人运动史》,中国工人出版社1992年版。

李伯重:《发展与制约——明清江南生产力研究》,联经出版事业股份有限公司2002年版。

李伯重:《江南的早期工业化(1550—1850)》,中国人民大学出版社2010年版。

李伯重:《理论、方法、发展、趋势:中国经济史研究新探(修订版)》,浙江大学出版社2013年版。

李伯重著:《江南农业的发展(1620—1850)》,王湘云译,上海古籍出版社2007年版。

李常生:《20世纪三四十年代晋西北乡村劳动力资源开发与利用》,光明日报出版社2019年版。

李金华:《中国审计史》第二卷,中国时代经济出版社2004年版。

李金铮:《传统与变迁:近代华北乡村的经济与社会》,人民出版社2014年版。

李金铮:《近代中国乡村社会经济探微》,人民出版社2004年版。

主要参考文献

李里峰:《革命政党与乡村社会——抗战时期中国共产党的组织形态研究》,江苏人民出版社 2011 年版。

李新等主编:《中国新民主主义革命时期通史(初稿)》(第 3 卷),人民出版社 1961 年版。

刘佛丁、王玉茹:《中国近代的市场发育与经济增长》,高等教育出版社 1996 年版。

刘淑珍:《晋西北抗日根据地教育简史》,四川教育出版社 2000 年版。

刘欣、景占魁:《晋绥边区财政经济史》,山西经济出版社 1993 年版。

刘欣、景占魁主编:《晋绥边区财政经济史》,山西经济出版社 1993 年版。

刘跃光、李倩文:《华中抗日根据地鄂豫边区财政经济史》,中国财政经济出版社 2017 年版。

龙登高:《地权市场与资源配置》,福建人民出版社 2012 年版。

龙登高:《中国传统地权制度及其变迁》,中国社会科学出版社 2018 年版。

路克利:《哈佛大学的中国共产党研究》,山东大学出版社 2012 年版。

罗荣渠:《现代化新论——世界和中国的现代化进程》,北京大学出版社 1993 年版。

马克垚:《中西封建社会比较研究》,学林出版社 1997 年版。

毛泽东:《经济问题与财政问题》,苏北新华书店印行 1949 年版。

穆欣:《晋绥解放区民兵抗日斗争散记》,上海人民出版社 1959 年版。

穆欣:《晋绥解放区鸟瞰》,吕梁文化教育出版社 1946 年版。

南虹:《劳动互助集论》,大连大众书店 1948 年版。

南开大学历史系编:《中国抗日根据地史国际学术讨论会论文集》,档案出版社 1985 年版。

南开大学历史系中国近现代史教研室编:《中外学者论抗日根据地——南开大学第二届中国抗日根据地史国际学术讨论会论文集》,档案出版社 1993 年版。

内蒙古军区《大青山武装抗日斗争史略》编写组:《大青山武装抗日斗争史略》,内蒙古人民出版社 1985 年版。

牛崇辉:《晋绥革命根据地研究》,中国广播电视出版社 1994 年版。

彭南生:《中间经济:传统与现代之间的中国近代手工业(1840—1936)》,高等教育出版社 2002 年版。

齐武:《晋冀鲁豫边区史》,当代中国出版社 1995 年版。

钱穆:《中国社会经济史讲稿》,叶龙记录、整理,北京联合出版公司 2016 年版。

秦晖、金雁:《田园诗与狂想曲——关中模式与前近代社会的再认识》,语文出版社 2010 年版。

秦晖、苏文:《田园诗与狂想曲——关中模式与前近代社会的再认识》,中央编译出版社 1996 年版。

全汉昇：《中国经济史论丛》（合订本），香港中文大学新亚书院 1972 年版。

人民出版社：《抗日战争时期解放区概况》，人民出版社 1953 年版。

山西省地方志办公室编：《晋绥革命根据地史》，山西人民出版社 2015 年版。

山西省妇女联合会：《晋绥妇女战斗历程》，中共党史出版社 1992 年版。

山西省史志研究院：《晋绥革命根据地政权建设》，山西古籍出版社 1998 年版。

山西省委党史办公室：《山西省抗日战争时期人口伤亡和财产损失》，中共党史出版社 2017 年版。

石荣璋撰：《合河政记》，蓉城仙馆印行，民国九年铅印本。

孙圣民：《经济史研究中经济学范式的应用》，社会科学文献出版社 2019 年版。

太行革命根据地史总编委会：《政权建设》，山西人民出版社 1990 年版。

陶湘、陈雨露：《货币银行学》，中共中央党校出版社 1995 年版。

王玉茹：《近代中国物价、工资和生活水平研究》，上海财经大学出版社 2007 年版。

王志芳：《抗战时期晋绥边区农村经济研究》，中国社会科学出版社 2015 年版。

魏宏运、左志远：《华北抗日根据地史》，档案出版社 1990 年版。

魏宏运：《晋察冀抗日根据地财政经济史》，中国财政经济出版社 2017 年版。

魏宏运：《晋察冀抗日根据地财政经济史稿》，档案出版社 1990 年版。

魏明孔主编：《中国手工业经济通史（先秦秦汉卷）》，福建人民出版社 2005 年版。

吴承明：《经济史：历史观与方法论》，商务印书馆 2014 年版。

吴承明：《经济史理论与实证》，浙江大学出版社 2012 年版。

吴慧：《新编简明中国度量衡通史》，中国计量出版社 2006 年版。

吴慧：《中国历代粮食亩产研究》，农业出版社 1985 年版。

谢忠厚、肖银成：《晋察冀抗日根据地史》，改革出版社 1992 年版。

徐新吾：《江南土布史》，上海社会科学院出版社 1992 年版。

许道夫：《中国近代农业生产及贸易统计资料》，上海人民出版社 1983 年版。

严中平：《中国棉纺织史稿》，科学出版社 1955 年版。

杨奎松：《"中间地带"的革命——国际大背景下看中共成功之道》，山西人民出版社 2010 年版。

杨世源：《晋绥革命根据地货币史》，中国金融出版社 2001 年版。

虞和平：《中国现代化历程》第二卷，江苏人民出版社 2007 年版。

岳谦厚、张玮：《黄土·革命与日本入侵——20 世纪三四十年代的晋西北农村社会》，书海出版社 2005 年版。

张静：《建国初期长江中下游地区乡村地权市场探微》，中国社会科学出版社 2011 年版。

张培刚:《农业与工业化》,商务印书馆 2019 年版。

张伟保:《艰难的腾飞:华北新式煤矿与中国现代化》,厦门大学出版社 2012 年版。

张玮、李俊宝:《阅读革命——中共在晋西北乡村社会的经历》,北岳文艺出版社 2011 年版。

张玮:《战争·革命与乡村社会》,中国社会科学出版社 2008 年版。

张晓彪、萧绍良、司俊:《陕甘宁边区财政经济史》,中国财政经济出版社 2017 年版。

赵德馨:《经济史学概论文稿》,经济科学出版社 2009 年版。

赵德馨:《中国近现代经济史(1842—1949)》,河南人民出版社 2003 年版。

赵德馨:《社会科学研究工作程序与规范》,湖北人民出版社 2016 年版。

赵冈:《农业经济史论集——产权、人口与农业生产》,中国农业出版社 2001 年版。

赵冈:《中国传统农村的地权分配》,新星出版社 2006 年版。

赵冈等:《清代粮食亩产量研究》,中国农业出版社 1995 年版。

赵效民:《中国革命根据地经济史(1927—1937)》,广东人民出版社 1983 年版。

赵秀山:《抗日战争时期晋冀鲁豫边区财政经济史》,中国财政经济出版社 2017 年版。

郑伯彬:《国家贷款在促进农业合作化中的作用》,新知识出版社 1956 年版。

中共山西省委党史办公室:《中国共产党山西历史(第一卷)》(1924—1949)下册,中共党史出版社 2012 年版。

中共中央党史研究室:《中国共产党历史(第一卷)》(1921—1949)下册,中共党史出版社 2011 年版。

中华人民共和国财政部主编:《中国农民负担史》第三卷,中国财政经济出版社 1990 年版。

周文:《周文文集》第 4 卷,作家出版社 2011 年版。

朱玉湘:《山东革命根据地财政史》,中国财政经济出版社 2017 年版。

八、期刊论文

[美]白馥兰著,陈慧贞译:《世界农业的历史观》,华南农学院农业历史遗产研究室主编:《农史研究》第 5 辑,农业出版社 1985 年版。

[美]黄宗智:《评关于江西时期的几本西方著作》,《中共党史译丛》第一辑,求是出版社 1984 年版。

[日]村田忠禧:《从〈人民日报〉元旦社论看中华人民共和国历史》,《中共党史研究》2002 年第 4 期。

［日］村田忠禧：《通过对字词使用的计量分析研究中共党史——以政治报告素材为例》，《中共党史研究》1999年第4期。

［日］小林孝纯：《抗日戦争時期における晋西北根拠地の財政問題》，《社会文化史学》1995年第34号。

《内地市场的物价》，《经济通讯》1945年第12期，1945年12月30日。

《山西日报》记者：《贺龙同志在晋绥》，《书刊资料》1977年第8期。

把增强：《晋西北抗日根据地精兵建设中的荣退军人安置》，《军事历史研究》2013年第4期。

把增强：《抗日战争时期国共两区的通邮——以华北之晋绥边区为例》，《重庆邮电大学学报（社会科学版）》2007年第4期。

曹树基：《山东省梁山县的粮食与农民负担研究（1947—1948）——以徐集、拳南为中心》，《中共党史研究》2019年第6期。

曹树基：《中国共产党历史研究的方法论》，《科学与管理》2012年第5期。

曾雄生：《评李约瑟主编白馥兰执笔的〈中国科学技术史〉农业部分》，《农业考古》1992年第1期。

常芝青：《在晋绥日报的年代里》，《新闻业务》1956年第6期。

陈贤春：《元代粮食亩产探析》，《历史研究》1995年第4期。

陈争平：《经济史与经济现代化研究》，《政治经济学评论》2016年第5期。

大五：《我国信用合作的发展情况及其作用》，《学习杂志》1954年第2期。

邓广：《加征与发还：战后初期胶东解放区公粮征收的考察》，《中国农史》2016年第2期。

邓广：《山东解放区的农村财粮征收（1946—1949）》，《近代史研究》2017年第1期。

丁龙嘉：《论"南下"与"南下干部"研究中的若干问题及当代价值》，《中共党史研究》2016年第1期。

董佳：《革命与乡村：晋绥抗日根据地党与村政权的二元分析》，《历史教学（高校版）》2007年第8期。

董佳：《抗战时期边区农村的地权转移与乡村土地关系——以晋绥边区黑峪口村为中心的历史考察》，《中国经济史研究》2014年第2期。

董佳：《抗战时期中共晋西北根据地的变工运动述论》，《中共党史研究》2014年第9期。

董佳：《征粮中的农民与国家关系：观察现代中国构建的一个视角——以抗战时期的晋陕根据地为例》，《中共历史与理论研究》（第2辑），社会科学文献出版社2015年版。

董佳：《转变中的乡村：1942年"延安农村调查团"的记录——晋绥边区黑峪口村的地

权变动与社会变迁》,《党史研究与教学》2012年第5期。

董世超、张小兵:《抗战时期陕甘宁边区的集市贸易》,《理论导刊》2014年第2期。

方宝璋:《革命根据地时期的审计经验略论》,《审计研究》2013年第5期。

方行:《中国封建社会农民的经营独立性》,《中国经济史研究》1995年第1期。

费讯、李子白:《重视基础理论研究,加强党史学科建设——中共党史史学史暨中共党史史学理论学术研讨会综述》,《党史研究与教学》2008年第3期。

冯小红:《高阳模式:中国近代乡村工业化的模式之一》,《中国经济史研究》2005年第4期。

冯小红:《全面抗战初期"财政无政府"状态下的赋税征收和农民负担——以1938年涉县甘泉村为中心的考察》,《近代史研究》2019年第3期。

高西莲:《简论抗日战争时期陕甘宁边区的金融比价与物价问题》,《延安大学学报(社会科学版)》1993年第1期。

耿化敏、李春峰:《二〇一四年中共党史研究述评》,《中共党史研究》2015年第8期。

耿磊:《探索中的转型:1941—1942年陕甘宁边区的农业劳动互助》,《党史研究与教学》2014年第2期。

龚关:《近代华北集市的发展》,《近代史研究》2001年第1期。

龚育之:《新民主主义·过渡时期·社会主义初级阶段》,《中共党史研究》1988年第1期。

光梅红:《华北抗日根据地的手工业研究》,《晋阳学刊》2008年第4期。

光梅红:《西北农民银行成立原因探析》,《山西档案》2008年第2期。

郭松义:《清代北方旱作区的粮食生产》,《中国经济史研究》1995年第1期。

郭夏云:《冬学教育与根据地民众政治意识形塑(1937—1945)——以晋西北根据地为例》,《党史研究与教学》2017年第4期。

韩振国:《抗战初期"村选"政权结构探析——以晋绥边区首府兴县几个村庄为例》,《学海》2005年第1期。

韩志宇:《晋绥边区工商税政策的演变》,《近代史研究》1986年第4期。

韩志宇:《晋绥边区农业税政策初探》,《晋阳学刊》1984年第1期。

行龙、张万寿:《近代山西集市数量、分布及其变迁》,《中国经济史研究》2004年第2期。

郝建贵:《晋绥革命根据地货币斗争史料》,《山西财经学院学报》1982年第3期。

郝平:《太行、太岳革命根据地煤矿业发展》,《抗日战争研究》2012年第3期。

贺文乐:《晋西北抗日根据地的革命动员与互助合作》,《党的文献》2017年第3期。

贺文乐:《新革命史视野下"组织起来"之考察——以晋西北抗日根据地为例》,《历史教学(下半月刊)》2016年第1期。

胡绳:《毛泽东的新民主主义论再评价》,《中国社会科学》1999年第3期。

黄伊基:《西北农民银行和晋绥贸易总局史实回顾》,《山西党史通讯》1987年第1期。

黄正林、文月琴:《抗战时期陕甘宁边区的农业税》,《抗日战争研究》2005年第2期。

黄正林:《1980年以来国内革命根据地金融史研究综述》,《河南大学学报(社会科学版)》2008年第1期。

黄正林:《20世纪80年代以来国内陕甘宁边区史研究综述》,《抗日战争研究》2008年第1期。

黄正林:《抗战时期陕甘宁边区粮食问题研究》,《抗日战争研究》2015年第1期。

黄正林:《抗战时期陕甘宁边区农业劳动力资源的整合》,《中国农史》2004年第1期。

纪希晨:《常芝青和〈晋绥日报〉》,《新闻战线》1987年第4期。

季崇威:《论手工业生产的方向》,《人民日报》1950年5月19日,第5版。

贾继毅:《在战争的年代里》,《宁夏文艺》1961年第4期。

江沛:《中国抗日根据地史国际学术研讨会综述》,《中共党史研究》1992年第1期。

江太新:《谈粮食亩产研究中的几个问题——以清代为例》,《中国经济史研究》2009年第2期。

金芳、顾蓉:《宋代江南地区的粮食亩产及其估算方法辨析》,《湖北大学学报(哲学社会科学版)》2000年第3期。

景怀斌:《政府决策的制度—心理机制:一个理论框架》,《公共行政评论》2011年第3期。

景占魁:《晋绥革命根据地农业浅探》,《晋阳学刊》1983年第3期。

寇润圻:《晋绥边区化学工厂回忆片段》,《化学工业》1965年第16期。

李伯重:《史料与量化:量化方法在史学研究中的运用讨论之一》,《清华大学学报(哲学社会科学版)》2015年第4期。

李伯重:《唐代江南地区粮食亩产量与农户耕田数》,《中国社会经济史研究》1982年第2期。

李伯重:《一八二三年至一八三三年间华亭—娄县地区水稻亩产量——一种新研究方法的尝试》,《历史研究》2007年第6期。

李广军:《晋绥根据地的农村政权建设》,中共中央党校2007年硕士学位论文。

李建国:《试论陕甘宁边区的通货膨胀与反通货膨胀措施》,《抗日战争研究》2007年第2期。

李蕉:《征粮、哗变与民主建政:陕甘宁初期边区治理方式的变革》,《党史研究与教学》2014年第5期。

李捷:《2005—2010年中共党史研究的回顾与展望》,《江西师范大学学报(哲学社会科学版)》2011年第1期。

李金铮:《传统与现代的主辅合力:从冀中定县看近代中国家庭手工业之存续》,《中国经济史研究》2014年第4期。

李金铮:《从"问题"到难题:"中共革命胜利来之不易"一解》,《社会科学辑刊》2017年第1期。

李金铮:《革命策略与传统制约:中共民间借贷政策新解》,《历史研究》2006年第3期。

李金铮:《华北抗日根据地私人借贷利率政策考》,《抗日战争研究》2001年第3期。

李金铮:《抗日根据地的"关系"史研究》,《抗日战争研究》2016年第2期。

李金铮:《抗日战争时期晋察冀边区的农业》,《中共党史研究》1992年第4期。

李金铮:《论1938—1949年华北抗日根据地、解放区的农贷》,《近代史研究》2000年第4期。

李金铮:《生态、地权与经营的合力:从冀中定县看近代华北平原乡村的雇佣关系》,《近代史研究》2020年第2期。

李金铮:《私人互助借贷的新方式——华北抗日根据地、解放区"互借"运动初探》,《中共党史研究》2000年第3期。

李金铮:《向"新革命史"转型:中共革命史研究方法的反思与突破》,《中共党史研究》2010年第1期。

李金铮:《小历史与大历史的对话:王笛〈茶馆〉之方法论》,《近代史研究》2015年第3期。

李金铮:《再议"新革命史"的理念与方法》,《中共党史研究》2016年第11期。

李金铮:《中国近代乡村经济史研究的十大论争》,《历史研究》2012年第1期。

李里峰:《抗战时期中国共产党的农村支部研究——以山东抗日根据地为例》,《中共党史研究》2010年第8期。

李丽娜等:《铁路与山西近代煤矿业的发展:1907—1937》,《山西师大学报(社会科学版)》2008年第1期。

李晓英:《抗战时期陕甘宁边区的过载栈》,《历史教学》2016年第10期。

李新荣等:《政府信任与居民通货膨胀预期》,《经济研究》2014年第6期。

李长路:《终生难忘的幸福情景——缅怀毛主席在晋绥讲话》,《国家图书馆学刊》1977年第1期。

林刚:《传统、变革与国情——对鸦片战争后至抗战前中国手工业的一个分析》,《中国经济史研究》2005年第4期。

刘本森:《英美学界的中共抗日根据地史研究》,《日本侵华南京大屠杀研究》2019年第3期。

刘辉:《新中国成立前后经济学界对新民主主义的理论思考》,《中共党史研究》2013年第1期。

刘萍:《对华北抗日根据地妇女纺织运动的考察》,《抗日战争研究》1998年第2期。

刘诗古、曹树基:《新中国成立初期土地改革中"工商业兼地主"的政治身份认定——主要以南昌县为例》,《中共党史研究》2011年第2期。

刘诗古:《国家、农民与"工商业兼地主":南昌县土改中的"清算"斗争》,《近代史研究》2013年第4期。

刘晓丽:《山西抗日根据地的妇女纺织运动》,《晋阳学刊》2005年第3期。

罗平汉:《晋绥土改的"左"倾偏向及其纠正》,《文史精华》2004年第10期。

吕光:《战斗在晋绥边区的七月剧社》,《戏剧报》1962年第7期。

马德茂:《中国共产党新民主主义经济理论的初期探索》,《中南财经政法大学学报》2004年第4期。

马加鞭:《党的政策要使广大群众知道——读"对晋绥日报编辑人员的谈话"》,《江苏教育》1960年第23期。

马敏:《21世纪中国近现代史研究的若干趋势》,《史学月刊》2004年第6期。

马敏:《计量史学与民国社会发展指标体系》,《光明日报》2001年8月7日,第B3版。

马玉山:《明清山西市镇经济初探》,《山西大学学报(哲学社会科学版)》1992年第4期。

马云飞:《再论刘少奇对我国新民主主义经济建设的理论贡献》,《中共党史研究》1999年第6期。

茅海建:《不同的声音——读〈中间地带的革命〉》,《近代史研究》1995年第1期。

宁可:《有关汉代农业生产的几个数字》,《北京师院学报(社会科学版)》1980年第3期。

牛崇辉、郭翠香:《抗战时期晋绥边区党的干部教育》,《中共山西省委党校学报》1992年第4期。

牛崇辉:《略论贺龙率领的一二〇师在开辟建立晋绥根据地中的地位和作用》,《吉首大学学报(社会科学版)》1987年第2期。

牛崇辉:《略论晋绥土改运动中的"左"的偏向》,《中共党史研究》1994年第5期。

牛建立:《抗战时期晋绥边区的农业》,《许昌学院学报》2011年第1期。

欧阳淞:《关于党史研究的理论借鉴问题》,《中共党史研究》2013年第5期。

潘静远:《为什么要开放自由市场》,《政治学习》1956年第11期。

彭南生:《半工业化:近代乡村手工业发展进程的一种描述》,《史学月刊》2003年第7期。

彭南生:《行业经济史刍议》,《近代史学刊》2016年第1期。

彭南生:《近50余年中国近代手工业史研究述评》,《史学月刊》2005年第11期。

彭南生:《日本侵华战争与近代乡村手工业发展进程的中断——以近代乡村织布业、缫丝—丝织业为讨论中心》,《江汉论坛》2007年第9期。

祁建民:《日本的中共革命根据地史研究》,《抗日战争研究》2019年第2期。

乔南:《浅析清代山西农村集市及庙会》,《山西财经大学学报》2008年第3期。

秦晖:《关于传统租佃制若干问题的商榷》,《学术月刊》2006年第9期。

渠桂萍、王先明:《论述晋西北抗日根据地乡村权力结构的变动(1937—1945)》,《社会科学研究》2002年第1期。

任放:《二十世纪明清市镇经济研究》,《历史研究》2001年第5期。

任放:《近代市镇研究的回顾与评估》,《近代史研究》2008年第2期。

任立新:《新民主主义经济体制理论与社会主义市场经济理论之比较》,《中国特色社会主义研究》2008年第1期。

任晓伟:《外资经济:新民主主义经济理论的重要组成部分》,《中共党史研究》2007年第2期。

荣维木:《另一种视角:从抗日战争看中国现代化历程的顿挫与嬗变》,《河北学刊》2015年第3期。

申春生:《山东抗日根据地保持币值和物价稳定的措施》,《山东社会科学》1995年第3期。

石攀峰:《晋绥边区营业税征缴引发社会问题的化解》,《江西社会科学》2013年第1期。

石涛、马国英:《清朝前中期粮食亩产研究述评》,《历史研究》2010年第4期。

史建云:《从市场看农村手工业与近代民族工业之关系》,《中国经济史研究》1993年第1期。

史建云:《论近代中国农村手工业的兴衰问题》,《近代史研究》1996年第3期。

史建云:《农村工业在近世中国乡村经济中的历史作用》,《中国经济史研究》1996年第1期。

史志宏:《十九世纪上半期的中国粮食亩产量及总产量再估计》,《中国经济史研究》2012年第3期。

宋学勤:《中共党史研究的认识误区与学术选择》,《党史研究与教学》2013年第2期。

苏少之、赵德馨:《毛泽东的新民主主义经济学说的理论地位》,《中国经济史研究》1994年第2期。

苏少之:《对新民主主义经济形态的系统反思——读〈中华人民共和国经济史〉第一卷》,《中南财经大学学报》1989年第5期。

孙道同:《毛泽东与晋绥抗日根据地的创建》,《军事历史研究》1996年第4期。

孙英:《中共党史研究中的历史思考、现实思考、理论思考》,《中共党史研究》2016年第2期。

万立明:《抗战时期陕甘宁边区的通货膨胀及成因》,《江苏社会科学》2015年第5期。

王敏启:《晋绥边区的精兵简政》,《晋阳学刊》1982年第4期。

王明前:《陕甘宁抗日根据地财政体系演变新探》,《中国延安干部学院学报》2014年第6期。

王明前:《中央革命根据地财政体系演变新探》,《中国经济史研究》2011年第2期。

王先明:《晋绥边区的土地关系与社会结构的变动——20世纪三四十年代乡村社会变动的个案分析》,《中国农史》2003年第1期。

王先明:《晋绥边区乡村民主建设的历史审视——以1945年的"村选"运动为例》,《福建论坛(人文社会科学版)》2016年第4期。

王先明:《士绅构成要素的变异与乡村权力——以20世纪三四十年代的晋西北、晋中为例》,《近代史研究》2005年第2期。

王玉茹:《城市批发物价变动与近代中国经济增长》,《山西大学学报(哲学社会科学版)》2006年第5期。

王志芳:《抗战时期西北农民银行的农贷》,《抗日战争研究》2010年第2期。

魏本权:《革命与互助:沂蒙抗日根据地的生产动员与劳动互助》,《中共党史研究》2013年第3期。

魏宏运:《抗日根据地史研究述评》,《抗日战争研究》1991年第1期。

魏宏运:《论晋冀鲁豫抗日根据地的集市贸易》,《抗日战争研究》1997年第1期。

魏明孔:《我国审计史研究的可喜成果》,《光明日报》2006年12月28日,第010版。

温锐:《苏维埃时期中共工商业政策的再探讨——兼论敌人、朋友、同盟者的转换与劳动者、公民、主人的定位》,《中共党史研究》2005年第4期。

吴朝阳、晋文:《秦亩产新考——兼析传世文献中的相关亩产记载》,《中国经济史研究》2013年第4期。

吴承明:《传统经济·市场经济·现代化》,《中国经济史研究》1997年第2期。

吴承明:《从传统经济到现代经济的转变》,《中国经济史研究》2003年第1期。

吴承明:《关于研究中国近代经济史的意见》,《晋阳学刊》1982年第1期。

吴承明:《近代中国工业化的道路》,《文史哲》1991年第6期。

吴承明:《经济史:历史观与方法论》,《中国经济史研究》2001年第3期。

吴承明:《论工场手工业》,《中国经济史研究》1993年第4期。

吴承明:《私营贸易的社会主义改造》,《人民中国》1956年第10期。

吴承明:《中国近代经济史若干问题的思考》,《中国经济史研究》1988年第2期。

吴承明:《中国近代农业生产力的考察》,《中国经济史研究》1989年第2期。

吴汉全、王炳林:《以社会史为基础深化中共党史研究的再思考》,《中共党史研究》2014年第9期。

吴永:《一九四一年陕甘宁边区"救国公粮"征缴及其引发的社会问题论析》,《中共党史研究》2010年第9期。

夏寒:《"民国"事前审计制度思想研究》,《财经问题研究》2016年第3期。

肖加元:《税收效率思想发展演进及其前沿研究》,《财经理论与实践》2009年第1期。

辛逸:《山西省委农村新民主主义政策及其实践初探》,《党史研究与教学》2019年第2期。

邢俊芳:《中央革命根据地的审计监督制度》,《中共党史研究》1989年第5期。

徐秀丽:《中国近代粮食亩产的估计——以华北平原为例》,《近代史研究》1996年第1期。

许淑贤:《抗日战争时期妇女纺织运动及其意义——以山西省武乡县为例》,《妇女研究论丛》2012年第3期。

许檀:《明清时期农村集市的发展》,《中国经济史研究》1997年第2期。

旭初:《晋西北雇工的生活》,《中国工人》1940年第7期。

严映辉、刘燕明:《晋绥革命根据地工商税收概述》,《税务研究》1987年第3期。

杨豪、秦铁柱:《新政治史路径下的中共党史研究述评——以新世纪以来华北抗日根据地和解放区的研究为中心》,《中共党史研究》2014年第2期。

杨际平:《唐代尺步、亩制、亩产小议》,《中国社会经济史研究》1996年第2期。

杨军:《历史虚无主义虚无了什么?》,《中国社会科学报》2013年1月25日,第A7版。

杨奎松:《抗日战争:使中国走向现代民族国家》,《文汇报》2015年8月28日,第T02版。

杨奎松:《毛泽东为什么放弃新民主主义——关于俄国模式的影响问题》,《近代史研究》1997年第4期。

杨青:《抗战时期党的私营工商业政策与抗日根据地的私营工商业》,《中共党史研究》2004年第1期。

杨青:《土地革命战争时期党的私营工商业政策与革命根据地的私营工商业》,《中共党史研究》2005年第5期。

于松晶、薛微:《抗日根据地的物价管理》,《历史档案》1999年第1期。

虞和平:《关于中国现代化史研究的新思考》,《史学月刊》2004年第6期。

岳谦厚、董春燕:《抗日根据地时期中共基层干部群体——以晋西北抗日根据地为中心的研究》,《安徽史学》2009年第1期。

岳谦厚、韩晋成:《晋西北抗日根据地的对外贸易政策》,《中国高校社会科学》2015年第4期。

岳谦厚、李卫平:《村选与根据地基层政权建设——1941年晋西北抗日根据地村选考析》,《党的文献》2010年第5期。

岳谦厚、罗佳:《抗日根据地时期的女性离婚问题——以晋西北(晋绥)高等法院25宗离婚案为中心的考察》,《安徽史学》2010年第1期。

岳谦厚、乔傲龙:《全面抗战时期晋绥边区的冬学运动与群众办报实践——以《抗战日报》为中心的考察》,《党的文献》2019年第1期。

岳谦厚、张基辉:《中共重构下的晋西北乡村领袖——以"张初元模式"为个案研究》,《中共党史研究》2007年第6期。

岳谦厚、张玮:《抗战时期张闻天之晋陕农村调查简述——兼述新发现的晋西北兴县农村调查原始资料》,《晋阳学刊》2005年第2期。

岳谦厚、张文俊:《晋西北抗日根据地的"中农经济"——以1942年张闻天兴县14村调查为中心的研究》,《晋阳学刊》2010年第6期。

岳谦厚、张熙:《盟友抑或"敌人":晋西北革命根据地的开明士绅》,《历史教学问题》2017年第6期。

翟亚柳:《对党史资料量化研究的一种尝试——以引文分析方法分析〈中共党史研究〉中"文革"史研究论文资料利用情况》,《世纪桥》2003年第4期。

张成思、芦哲:《媒体舆论、公众预期与通货膨胀》,《金融研究》2014年第1期。

张国祥:《论山西妇女纺织运动》,《经济问题》1982年第9、10、11期。

张静如:《解放和发展生产力与党史研究》,《北京党史研究》1993年第1期。

张玮、岳谦厚:《中共减租政策中的两个环节及相关问题讨论——以战时中共晋西北根据地区域为中心的考察》,《中国乡村研究》(第五辑),2007年。

张玮:《晋西北抗日根据地的减租与交租问题》,《中共党史研究》2008年第4期。

张玮:《抗战前后晋西北乡村私人借贷》,《抗日战争研究》2011年第3期。

张玮:《抗战时期晋西北的地租、租率及其变动——以1942年张闻天调查为中心的研究》,《中国经济史研究》2009年第3期。

张玮:《抗战时期晋西北减租过程中的查租问题(1944—1946)》,《暨南学报(哲学社会科学版)》2015年第7期。

张玮:《抗战时期晋西北农村土地流转实态分析》,《晋阳学刊》2009年第3期。

张玮:《三四十年代晋西北农民家庭生活实态——兼论"地主阶层"经济与生活水平之变化》,《晋阳学刊》2005年第1期。

张玮:《中共减息政策实施的困境与对策——以晋西北抗日根据地乡村借贷关系为例》,《党的文献》2009年第6期。

张文俊:《革命乡村阶级结构与土地关系之嬗变——以晋绥边区西坪村为例》,《兰州学刊》2009年10期。

张希坡:《革命根据地的审计立法及其基本经验》,《法学杂志》1982年第6期。

张秀芬:《抗日战争时期陕甘宁边区的物价斗争》,《北京商学院学报》2001年第2期。

张学强:《"新革命史"视野下山东革命根据地研究的再出发——"第一届山东革命根据地史学术研讨会"综述》,《抗日战争研究》2018年第2期。

张照青:《抗战时期晋察冀边区物价问题研究》,《中国经济史研究》2008年第3期。

赵德馨、苏少之:《从新民主主义到社会主义初级阶段——论中国共产党对马克思列宁主义的独特贡献》,《湖北社会科学》1991年第7期。

赵德馨:《经济史学科的分类与研究方法》,《中国经济史研究》1999年第1期。

赵德馨:《市场化与工业化:经济现代化的两个主要层次》,《中国经济史研究》2001年第1期。

赵德馨:《我们想写一部怎样的〈中国经济通史〉》,《中国社会经济史研究》1997年第3期。

赵晋:《晋绥土地改革的成绩和偏差》,《理论探索》1990年第2期。

赵亮、龙登高:《土地租佃与经济效率》,《中国经济问题》2012年第2期。

仲华、赵占豪:《改革开放以来华中抗日根据地经济建设研究述评》,《军事历史研究》2015年第4期。

周邦君:《清代四川粮食亩产与农业劳动生产率研究》,《中国农史》2005年第3期。

周国林:《关于汉代亩产的估计》,《中国农史》1987年第3期。

周国林:《魏晋南北朝时期粮食亩产的估计》,《中国农史》1991年第3期。

周雪光:《寻找中国国家治理的历史线索》,《中国社会科学》2019年第1期。

周一平:《胡绳中共党史研究的理论和方法》,《中共党史研究》2005年第4期。

周祖文:《动员、民主与累进税:陕甘宁边区救国公粮之征收实态与逻辑》,《抗日战争研究》2015年第4期。

周祖文:《封闭的村庄:1940—1944年晋西北救国公粮之征收》,《抗日战争研究》2012年第1期。

祝华:《晋西北的经济建设》,《群众》第9卷第3、4期,1944年2月25日。